本丛书为云南大学
"双一流"建设民族学一流学科建设项目成果

编委会

主　任：林文勋

副主任：何　明　关　凯　赵春盛　李志农　李晓斌

委　员（按姓氏笔画为序）：

　　　　马居里　马翀炜　马雪峰　马腾岳　王文光

　　　　王越平　牛　阁　龙晓燕　朱　敏　朱凌飞

　　　　庄孔韶　李永祥　李伟华　李丽双　何　俊

　　　　张　亮　张　赟　张海超　张锦鹏　陈庆德

　　　　陈学礼　周建新　郑　宇　赵海娟　高志英

　　　　谢夏珩

云南大学民族学与社会学研究生研究成果文库

民族、区域与国家
中国民族史研究的西南传统与多元范式

龙晓燕 主编

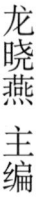

教育部人文社会科学重点研究基地
云南大学西南边疆少数民族研究中心文库

学苑出版社

图书在版编目（CIP）数据

民族、区域与国家：中国民族史研究的西南传统与多元范式 / 龙晓燕主编. —北京：学苑出版社，2020.10

ISBN 978-7-5077-6027-9

Ⅰ.①民…　Ⅱ.①龙…　Ⅲ.①民族历史-研究-西南地区　Ⅳ.①K280.7

中国版本图书馆 CIP 数据核字（2020）第 181198 号

责任编辑：	战葆红
出版发行：	学苑出版社
社　　址：	北京市丰台区南方庄 2 号院 1 号楼　100079
网　　址：	www.book001.com
电子信箱：	xueyuanpress@163.com
销售电话：	010-67601101（营销部）　010-67603091（总编室）
印刷厂：	保定市彩虹艺雅印刷有限公司
开本尺寸：	710×1000　1/16
字　　数：	350 千字
印　　张：	30.25
版　　次：	2020 年 10 月北京第 1 版
印　　次：	2020 年 10 月北京第 1 次印刷
定　　价：	98.00 元

总序

故家乔木 薪火相传

何 明

培养高素质创新型人才，是教育的最高境界与理想追求，是人类社会可持续发展的动力和保障。

云南大学的民族学、人类学和社会学的人才培养和学科建设始于20世纪30年代末。1938年，吴文藻先生应熊庆来校长之邀来到云南大学创办社会学系，进行社会学、民族学和人类学的人才培养和学术研究，不仅汇聚了费孝通、许烺光、陶云逵、林耀华、杨堃、江应樑等一批享誉世界的学术精英，创作了《乡土中国》《生育制度》《云南三村》《祖荫下》《昆厂劳工》《个旧女工》《芒市边民的摆》等一批学术经典，而且培养出田汝康、张之毅、刘尧汉等一批综合素质高、创新能力强的优秀人才。60年代初开始培养中国民族史研究生。在80年代初国家恢复重建学位制度过程中，云南大学成为全国最早培养中国民族史硕士研究生和博士研究生的高校。随着国家学科体系和研究生培养体系的不断完善，云南大学先后获准设立民族学、社会学、人类学的硕士学位授权和博士学位授权以及社会工作专业硕士学位授权，为民族学、人类学和社会学的教学和研究以及社会各界培养了一大批优秀人才。

2017年国家启动"双一流"建设，云南大学荣膺"双一流"建设高校，民族学学科进入"一流学科"建设行列。作为"一流学科"建设重中之重的目标和任务，民族学、社会学和创新人才培养被推到前所未有高度。根据国内外形势的变化、国家重大战略、地方重大需求、民族学学科创新人才成长规律，确立围绕铸牢中华民族共同体意识和构建人类命运共同体"两个共同体"的人才培养目标，坚持"立维护民族团结之德，树促进民族团结之才"的人才培养理念，实施"校园+田野+语言（周边国家语言/少数民族语言）+应用技术（影像技术/信息技术）"的"四维"人才培养模式，全方位提升学生的综合素养、知识层次和创新能力。

本套丛书呈现的是云南大学民族学和社会学研究生在导师汲引忘疲指导下完成的部分成果，从中可以窥见楚楚不凡之一角，希望他们及其同学堪当船骥之托，传承并创新云南大学民族学和社会学的优良传统，成长为国家乃至人类文明建设大厦的栋梁。

2020年4月22日午夜
草于白沙河畔寓所

目　录

序/1

清代《普洱夷人图说》研究……赵　荔/1

　绪　论/3

　　一、名称与由来/9

　　二、版本与源流/20

　　三、归属与特征/37

　　四、承继与发展/55

选择与归属

　——口述史视野下德昂族的历史文化研究……王　燕/77

　导　论/79

　　一、史籍中的德昂族/90

　　二、口述史中的德昂族历史表述/115

　　三、口述史中的德昂族文化表述/149

　　四、民族　符号　利益——一个选择与归属的过程 178

清末以来云南小凉山彝族农村家庭家支通婚的历史考察
——以嘉日家支为例……全海燕/195
　绪　论/197
　一、云南小凉山彝族嘉日家支的基本情况/200
　二、清末至民主改革前嘉日家支的家支通婚/210
　三、民主改革至改革开放前嘉日家支的家支通婚/227
　四、改革开放至今嘉日家支的家支通婚/251
　结　论/277

金平勐拉傣族的历史源流及族群关系研究……刘　洁/285
　导　论/287
　一、金平勐拉傣族的基本概况/295
　二、金平勐拉傣族的历史源流考释/302
　三、历史上金平勐拉傣族的族群关系/322
　四、中华人民共和国成立后金平勐拉傣族的族群关系/339

耿马摆夷土司及其与国家关系研究……朱　迪/347
　导　论/349
　一、耿马摆夷源流与族群关系/356
　二、耿马摆夷土司的国家化进程/384
　三、边缘的姿态：耿马摆夷社会与国家间的张力/434

序

  20世纪末21世纪初，中国民族史研究经历了从基于民族客观特征论的线性溯源式研究到主张民族是主观、流动的范畴的"边缘研究"的范式转移，具有深厚传统的中国西南民族史研究也面临"被解构"的危机与挑战。本书收集了5篇云南大学民族学下二级学科中国少数民族史专业的硕士研究生论文。这些论文从内容上来看彼此并无关联，但却体现了近几年来中国少数民族史专业教师及学生对西南民族史研究的思考及实践。一方面继承了西南民族史研究的传统，论文注重历史资料，包括口述及图像资料的收集及整理、解读，以及考古学、语言学、民族学、人类学等多学科结合研究的方法；另一方面引入历史人类学方法，眼光向下，从民族、区域出发自下而上探讨边疆民族如何在不同的政治经济背景下展开互动并参与到国家历史中。

一

  历史学研究的基础是史料。1928年中央研究院历史语言研究所创立之初，傅斯年发表著名的《历史语言研究所工作之旨趣》，提出："近代的历史学只是史料学，利用自然科学供给我们的一切工具，整理一切可逢着的史料。"[1] 傅斯年主张为了探索历史真相，必须不断地从考古学、语言学、人类学等学科开拓历史研究的资料来源。同时历史学必须建立在对史料的收集、整理、鉴别、分析和解释的基础上，研究者要做的就是在此范畴内排除或补充史料。"史学即史料学"意味着中国历史学实现了从文本考据到追求历史事实的现代性突破。[2]

对于诞生于同一时期的中国西南民族史研究来说，一方面是西南族群众多、大部分族群缺乏文字，另一方面是历代汉文文献对西南人群记录的碎片化和因袭传抄，因此学者们从一开始就重视史料的收集、整理与解释，同时在研究中较早地引入了语言学、考古学以及人类学的资料。例如，西南民族史开创者之一的方国瑜先生在研究的同时就花费大量的时间和精力来收集整理文献史料，他编纂100多万字的《云南史料目录概说》，筹划出版的《云南史料丛刊》收录了史料400余部（篇），上起汉代，下迄近代；每篇史料分为三个部分，首先是方国瑜教授的考证，其次为正文，最后是后记，强调从史料的来源入手，进而明确史事之时间、空间、环境与撰者之活动，阐明历史实际，

---

[1] 傅斯年：《历史语言研究所工作之旨趣》，载《傅斯年全集》第4册，台北：联经出版事业公司，1980年，第253页。
[2] 傅斯年撰，朱渊清导读：《史学方法导论》，上海：上海古籍出版社，2011年，第13页。

并总结了鉴别史料的种种方法。[1] 为了科学地呈现西南尤其是云南各民族的历史脉络，学者们也重视汉文资料之外的金石、谱牒以及少数民族文献的收集，基于史料整理的西南历史地理考释、族源研究也为西南民族史的学科构建打下了坚固的基础。此外，汉文文献记载的阙如也促使学者们积极地拓展语言学、人类学等学科的资料，江应樑先生在《论人类学与民族史研究的结合》[2] 中写到文献材料有其自身的缺陷，人类学又包括体质人类学、文化人类学、考古学、语言学，民族史研究自来便是和考古学联系在一起的，而民族语言又是当时民族识别的一个重要依据。除此之外，民族史的研究并不能抛开原始社会，而许多文献记载的史前时代的事件，需要人类学的调查。强调"把民族调查资料、体质测量数据、考古学论证、民族语言记录和历史文献结合起来进行研究"。所以，中国西南民族史的研究从诞生之初就不断地在扩展可利用的史料的范围以图科学地厘清西南各民族发展演变之脉络，为理解西南地区的人群演变打下了深厚的基础。

1973年，美国学者海登·怀特出版《元史学》，标志着后现代史学理论的诞生。与其相伴的是一系列历史学研究方法和领域的革新，体现在历史编纂学领域大概有三个方面：一是对西方历史学中大写历史的否定；二是注重对他者的研究；三是运用后现代主义的文本理论进行写作，企图取消历史与文学、过去与现在以及真实与虚构的界

---

[1] 龚荫：《西南民族史地理学的一代大师——回忆方国瑜先生的治学方略》，《西南民族学院学报》1996年第5期。
[2] 江应樑：《论人类学与民族史研究的结合》，《思想战线》1983年第2期。

限。[1] 后现代史学瓦解了宏大叙事，对历史的真实性和客观性产生了冲击，其只破不立的态度受到多数史学家的反对，但是作为一种具体的分析方法，它提供了对史料的新的解释视角，[2] 史料的范围也大大扩宽。有学者提出了"一切史料都是史学"：不仅要涵盖一切已经被新史学开拓出来的史料，而且要涵盖尚未被新史学开拓出来的史料。"我们能够了解的过去、所谓的历史，都是不完整的碎片，这些碎片是往昔岁月中持续进行的各种竞争——记忆与记忆的竞争、遗忘与遗忘的竞争、记忆与遗忘的竞争——的结果。那些相互矛盾的史料碎片，不再是简单的孰是孰非的关系，值得我们辨识的是它们各自体现着怎样的叙述传统，代表着怎样的竞争力量，反映了什么样的竞争过程。我们要考察那些被排斥在集体记忆之外的内容。"[3]

历史学从确保史料真实可靠，追寻唯一真实的历史转向追寻一种多层次的历史。史料的真伪并不重要，重要的是史料为什么会呈现现在的样式，它又反映了什么样的历史面貌。叙事方式和诠释方法的转变对于民族史的研究产生了重要的影响，也促使少数民族图像、口述、传说、地方文献、谱牒等资料使用范围的扩大以及诠释方式的改变。图像因其直观的视觉效果，可提供比文字资料更生动的信息。通过与文字资料的相互印证，图像成为建构史实的重要工具。近年来学界关于少数民族图像研究内容日增，这些研究除了从图像内部研究看图像里有什么、讲什么之外，更多的研究关注的是图像的社会性与政治性，

---

[1] 王晴佳、古伟瀛：《后现代与历史学：中西比较》，台北：巨流图书公司，2001年，第200页。

[2] 赵世瑜：《历史学即史料学：关于后现代史学的反思》，《学术研究》2004年第4期。

[3] 罗新：《一切史料都是史学》，《文汇学人》2018年4月13日。

关注其对异文化群体的认识和看法以及背后的观念世界。口述史则让历史的参与者也参与了历史书写，基于小凉山彝族婚姻变迁的口述史的梳理展示了国家化进程中族群"小传统"的维系，金平和耿马的例子反映了民族与国家之间既顺从又博弈的张力，而德昂族关于族源的口述则呈现出国家书写作为历史记忆资料的不确定性及其对于族群记忆的影响；通过口述、地方文献、地方图像等资料研究不同的人群如何依据其对现实生活的历史背景的解释来记忆历史，可以成为传统民族史书写的补充，既理解国家、学者对西南民族史的建构与认知，同时也使当地人"发声"，从而使历史书写呈现多声道和动态的表现形式，进而深刻理解过去如何被现在所创造出来。同时语言作为表达思想和观念的工具，学习少数民族语言以及文字，进而更接近主位地去理解西南民族的历史，这也是治民族史学生必需的功课。

二

中国民族史研究的对象为民族，而民族是一个外来的词汇及概念。根据文化对人群进行分类是人类认识世界的一个重要手段。传统王朝时期，基本上是以与王朝国家的政治文化关系的远近对他者进行分类。近代以来，西学东渐，民族概念引入，民族是一体质、文化单位的认识逐渐明晰，"民族史是研究各个民族的族属渊源、民族形成、文化，各民族间的关系及一切制度的发生、发展、消亡的历史"[1]。治民族史

---

[1] 江应樑：《论人类学与民族史研究的结合》，《思想战线》1983年第2期。

的学者纷纷尝试以文化特征探寻中国的民族结构，民族史研究的基本框架和研究内容逐渐形成。

民国初期，意识到历代汉族中心主义的历史书写导致的史料的阙如、偏见以及"层累的造成"，接受了新学的学者纷纷尝试利用社会科学知识来重构中国民族起源及发展的历史。其中中央研究院历史语言研究所开风气之先。受德国社会科学民族主义取向的影响，[1] 1928年成立的历史语言研究所在中国开创了现代的考古学、语言学、人类学等多个学科，这些学科的设立多和民族主义有关，即希图利用其研究以扩大史料之范畴，针对中国文明史来说，强调中华民族文化的本源。[2] 早期考古学的特点就是将物质遗存置于一个时空框架中，而特定的物质文化等同于某一民族，进而可以将民族溯源到史前。[3] 比较语言学通过对语言的亲属关系进行研究建构出语言的谱系树理论，进而构拟出民族的起源、迁徙和分化。民族学的任务"在于探索民族文化的进化过程，属于历史学的范畴"[4]。物质遗存＝语言＝民族，不同的语言和物质遗存，反映了不同人群的文化，是为不同的民族。民族是客观的文化实体，物质文化以及语言的连续性反映了民族的连续性，将现实的民族与历史书写中出现的相同区域具有相似文化的人群名称相比对，进而确立不同民族的名称以及其迁徙和流布。

---

1 彭文斌：《中西之间的西南视野：西南民族志分类图示》，《西南民族大学学报》2007年第10期。
2 傅斯年撰，朱渊清导读：《史学方法导论》，上海：上海古籍出版社，2011年，第9页。
3 ［英］希安·琼斯：《族属的考古——构建古今的身份认同》，上海：上海古籍出版社，2017年，第6页。
4 蔡元培：《蔡元培全集》第五卷，北京：中华书局，1988年，第103、105页。

这样的研究方法也延续到了对少数民族的分类，由于考古遗存出现的偶然性，语言成了最重要的指标。马长寿即认为："人种分类的标准有二：一曰体质，二曰文化。文化质素之较固定者为语言。然以语言与体质较，语言之游离性乃较体质为大。故以语言划分人类者为不得已而求其次之方法。因其方法本身不甚健全，故须佐之以其他文化质素，如宗教、衣饰之类。而最要者尤当追溯其民族历史之演变，由历史演变即可辨证语言变迁之所由来矣。"[1] 因此民国时期学者更多的是借鉴了西方学者的语言分类体系对我国的古今民族进行了分类。1909年，戴维斯《云南：印度与扬子江之间的链环》将西南民族分为四个系统：蒙克语族、掸语系、汉语系、藏缅语系。之后或由于学术的原因或因为"学术民族主义的意识形态"，从民国到中华人民共和国成立初期，不同的学者对于语系语族的命名以及每个民族语言的具体归属有不同意见和争议，但从整体框架看，语言结合历史文献中的人群名称进行分类的民族演化体系基本形成。通过对"藏缅语族"民族、"苗瑶语族"民族、"壮侗语族"民族以及"南亚语系"民族等民族类别进行共时性的识别与历时性的定性，学者们逐渐建构起了对古今不同时期民族类别的宏观认知，最终形成典范的历史叙事。因此有学者认为云南大学民族史研究形成了第一代学者资料整理，第二代学者搭建地方民族史研究框架的学术研究特点。[2]

21世纪初，民族史学界所秉持的民族是客观实体的上述溯源式研

---

[1] 马长寿：《中国西南民族分类》，载《马长寿民族学论集》，北京：人民出版社，2003年，第64页。
[2] 黄泽：《人类学与民族史结合研究在中国的发展》，《广西民族研究》1999年第3期。

究受到质疑和反思。鲁西奇针对吕思勉将分布于广大南方地区的诸种人群根据文身等特征视为"同族"，概括出一个分布得非常广大的"粤族"，指出"主要根据文献和考古材料，概括出先秦时期越国之'越人'具有哪些特征，然后将后世文献记载中凡具有这些特征的人群均归入'越族'或'百越'系统的研究理路，无论是在认识逻辑上，还是在史料辨析上，都是存在问题的"。[1] 王明珂则对以客观特征识别民族及建基于其上的线性溯源式研究法提出了批评与反思，认为这一方法忽略了族群及民族是主观的范畴，人群在一定的政经条件下认同是变化的，边界也是流动的，形成了民族史的"边缘研究"范式。[2] 从金平傣族的例子，我们也可以看到地处中越边境的地方社会有其自身的人群分类体系，中华人民共和国成立后的民族识别既是国家主导，同时也是地方人群参与的结果，而现代政治经济的变化又导致了不同族群意识的强化及诉求。诸如民族、文化等概念，并不反映人类放之四海而皆准和一成不变的划分，恰恰相反，它们代表了特定历史条件下不同人群看待世界的方式，而这类视角又与更广泛的社会和政治关系交织在一起。而且早先对人类多样性的分类方法仍然常常制约着晚近的视野，甚至与其形影相随。[3]

民族并不是先验的存在，而是在特定的时空背景下人群分类观念

---

[1] 鲁西奇：《"越"与"百越"：历史叙述中的中国南方"古族"》，《东吴历史学报》2014年第33期。

[2] 详见王明珂：《华夏边缘——历史记忆与族群认同》，台北：允晨文化实业股份有限公司，1997年，第24—32页。

[3] [英]希安·琼斯：《族属的考古——构建古今的身份认同》，上海：上海古籍出版社，2017年，第51页。

既延续又断裂的结果，因此从民族出发研究其形成的政治经济背景及文化与人群互动，仍然是民族史研究的出发点。同时新的研究范式的出现并不必然是旧的范式的消失。一方面，主观的、边缘的研究"力图揭示过去的研究中被忽略的那个层面，即被称为民族或族群的大型人群，在利用其历史资源来构建一个特定想象共同体时所经历的心路历程。这样的研究视角充实和丰富着民族史研究的内容，可以帮助我们从不同的角度来理解中国社会文化体系及其历史进程"。[1] 另一方面，客观特征论在理解人群变化的长程规律以及探寻中国各文化群体历史走向方面的作用不可否定，也将是中国民族史长期研究的重要内容。

三

抗战时期大量学者转移到西南，西南相较于内地的时间与空间的异质性与特殊性日益被认识。"西南是西方文化输入最早的地方，是新文化的策源地；西南又是中国传统文化传播最迟的地方，是固有文化的保留所。再从另一方面看，西南的民族极为复杂，若干文化还保存着原始文化的特征，西南又可说是原始文化的博览会。"1942年，方国瑜在云南大学创办西南文化研究室，并与凌纯声、向达等人创办《西南边疆》杂志。"以研究西南文化为宗旨"，第一，收集西南历史文献、研究诸族历史；第二，开展田野研究，了解文化；第三，研究

---

[1] 黄向春：《从疍民研究看中国民族史与族群研究的百年探索》，《广西民族研究》2008年第4期。

西南周边东南亚诸国历史，促成与我国协力的命运共同体。[1] 江应樑吸收了陈序经的观点，1948年在国立云南大学社会学系主编的《中央日报·社会研究》副刊12、13期发表《西南社会与"西南学"》，一方面认为西南内部存在具体的历史文化发展的差异以及独特性，另一方面认为宏观上把握西南文化发展的整体特征，有助于理解和研究中国文化通史。[2] 1956年中共中央开始起草《关于国内民族问题和少数民族历史、语言的科学研究工作十二年规划草案》，规划草案对少数民族历史格外重视，要求编纂少数民族通史、简史、古代民族史、民族关系史等。在此背景下，1959年云南大学历史系设立了中国民族史专业"西南民族史专门化"（专业方向），随后又改为"云南民族史专门化"，同时又建立了云南民族史研究室。20世纪70年代以来，中国西南古代民族研究在族别史、地方民族史以及民族关系史、民族史地等方面取得了重大的突破。

此外，20世纪90年代初出版的《西南研究书系》在之前的富于进化思想的西南研究基础上有了进一步的思考和阐发，强调区域民族文化在中华文化整体研究中的重要意义，对传统汉文化中心史观支配下形成的"一点四方"的中国结构予以反思，主张从西南出发审视其独特的历史文化内涵及发展道路，探讨西南相对于中原的独立文化地位及互动关系。[3]

从早期提出的基于西南空间上的边缘、时间上的落后而开展研究，

1　娄贵品：《方国瑜与中国西南边疆研究》，昆明：云南大学出版社，2001年，第322页。
2　娄贵品：《"西南学"考论》，《西南边疆民族研究》2015年第16辑第1期。
3　黄泽：《人类学与民族史结合研究在中国的发展》，《广西民族研究》1999年第3期。

到以西南为中心审视其独特性及其与中原的互动,以上将西南作为一个主体进行研究的视野及学术特点,体现了西南民族史研究从一开始就有一种从区域出发自下而上的学术敏锐。但是以国家的、进化的视野来审视西南,以现代民族国家逻辑支配下的对史料的解释、现代性话语支配下的历史叙事来叙述西南时,西南研究还是难以跳出以国家来"塑造"其民族历史的宏大叙事,因此先验地将西南地方的历史简化为国家单向的进入与设置的结果。

历史人类学方法的引入使得从西南出发的西南研究成为可能。英国社会史学家彼得·伯克将历史人类学的特点总结为:定性的个案研究、空间有限的田野考察、深描法、对日常实践或礼俗具有的保持世界图像功能进行的分析以及和人类学、文化学理论传统的联系。[1] 我们将研究的视角转化到地方的、民族的视野后,通过对环境、事件以及人的整体研究,可以多层次地展现区域不同人群的历史过程,他们彼此交往的过程以及进入国家的历史过程,进而清晰地展示区域的主体性及其特点。近年来王明珂的羌族研究、温春来的彝族研究、马建雄的拉祜族研究等都已经展示出了这类研究的精妙之处:动态而又生动地再现了特定时空中人的活动以及社会经济变化历程。

由于西南民族大杂居小聚居的特点,民族的研究其实是离不开区域中人群互动的,德昂族的历史记忆要以傣族作为参照系,金平傣族的族群认同离不开不同人群之间的历时性互动,耿马傣族土司区汉族以及山地民族也是社会结构的一部分。因此,民族和区域的研究总是

---

[1] [瑞士]雅各布·坦纳:《历史人类学导论》,北京:北京大学出版社,2008年,第10页。

形影不离的，田野调查和文献分析，历时性研究与结构性研究，国家与民族社会，区域研究和民族研究的有机结合，将突破传统民族史、民族关系史研究的固有模式，有助于探究西南民族历史发展的内因与深层关联。

四

中国民族史学科诞生于国家危亡之际，因此其研究从一开始就带有探索多元统一的多民族国家命运的使命。

早在1963年，方国瑜基于自己长期的民族史研究以及中国的政治、民族的现实需求，就已经提出了"中国历史发展的整体性"理论，其核心论点是汉族与少数民族是一个整体、边疆与内地是一个整体、历史中国与现代中国是一个整体，必须以整体史观指导研究中国的边疆史地。[1] 江应樑在《关于中国少数民族史的几个问题》中也强调中国历史是由汉族和少数民族共同创造的，少数民族是中国历史不可分割的有机部分。[2] 1988年费孝通在香港中文大学发表的阐述中华民族多元一体格局理论的演讲，对中华民族的形成及其结构特点做了理论概括。近年来王文光也指出从中国历史发展的宏观进程来看，必须把民族史研究与统一多民族中国国家历史研究紧密结合起来，重点关注民族与国家两个变量之间的内在逻辑关系，从国家研究的角度注

---

[1] 潘先林：《中国历史发展的整体性是现代中华民族建设与认同的基石——方国瑜〈论中国历史发展的整体性〉研究之一》，《思想战线》2019年第2期。

[2] 江应樑：《关于中国少数民族史的几个问题——〈中国少数民族史〉绪论》，《思想战线》1989年第2期。

意民族与国家的"多元一统"关系。"多元一统"格局是从民族发展历史与国家发展历史的互动关系着眼,强调的是民族与国家的关系。[1]

不过以往对西南民族的研究主要偏重政治史,因此在与国家关系问题上,主要的方法还是一种线性政治史的梳理,大多是将国家当作主体,从制度建设、文化传播以及经济联系等方面研究对西南地区的施治历程,甚少关注地方与民族的反应和应对方式,以及"底层社会"与国家的互动关系。以土司制度研究为例,不同区域、不同民族的土司社会各有其社会结构及运行模式,与国家的互动也会呈现出不同特点,但单向度的土司制度考证在一定程度上湮没了区域的、民族的特色,也将西南与国家的双向互动及其复杂性简单化了。

历史人类学则为研究提供了另外一种思路,即隐藏在地方社会文化结构之中对国家的主动参与。例如,耿马傣族土司的国家化进程,从地方、民族出发审视在国家权力对"边缘"地区有意识的控制的历史进程中,地方是如何通过社会文化结构对其进行反应,主动地参与到构建之中的——在他们的日常生活中,"国家"的概念如何被建立起来;在这个相互的作用力过程之中,当地政治结构又是怎样利用这些和国家沟通的,它如何同时承载着当地社会文化的变迁和外部的压力,在这个历史过程中它经历了怎样的变化。从这个角度开展国家与地方整合的研究,可以在一定程度上摆脱单纯的政治史的书写,丰富整体史的研究。

从这个意义上来说,西南视角、民族视角并非解构中国,梳理西

---

[1] 王文光:《"多元一统"格局与南诏关系史》,《光明日报》2015年11月19日。

南地方的特殊性及其发展的脉络，而是通过过程的阐释展示西南民族与国家如何互动及整合，进而体现中国历史发展的整体性。这种基于地方的对中国民族历史多元一统进程的大的观照恰恰可以充分地展示"两千多年的历史长河中，差距如此巨大的几十个民族，是怎样在一起共同创造了祖国历史的"。[1]

五

云南少数民族图册，是民族史研究中一个日益受到关注的部分。《清代〈普洱夷人图说〉研究》是对收藏于故宫博物院的《普洱夷人图说》的首次介绍及研究。文章一方面探讨了《普洱夷人图说》的名称由来、版本渊源，另一方面对图册的内容从族群归属与社会文化含义两个方面进行了分析，力图从纵向的历史比较与横向的社会关联两方面，立体地阐明《普洱夷人图说》在民族、历史、社会等诸多领域所凸显的史料价值。图像研究不断地在拓展着民族史研究的史料范围以及研究方法和研究内容。

《选择与归属——口述史视野下德昂族的历史文化研究》一文从汉文历史文献记载、德昂族历史书写以及德昂族口述三个方面对德昂族历史进行了梳理。无文字民族有其独特的历史心性，而汉文历史记载的缺乏以及碎片化给中华人民共和国成立初期民族识别时学者对德昂族的起源、族属及演变过程、相关文化事项等线性溯源式的德昂

---

[1] 木芹:《中华民族历史整体发展论》，北京：民族出版社，1995年，第1—2页。

历史书写留下了空间，典范的德昂族历史呈现出歧义性及模糊性。此外，通过走访德昂族学者及知识精英，以及在芒市三台山乡两个德昂族村寨的细致的田野调查，研究者从普通大众、文化精英两个层面展示了德昂族有着一套不同于史乘文献及学者的表述，而这种表述又很大程度地受到文献记载与学者研究的影响，是一个基于民族认同及民族利益诉求而在不同的观点之间选择与归属的过程。文章上下结合全面地呈现了德昂族典范历史与民间口述历史的形成背景、过程以及彼此的交织及影响，是理解及反思少数民族历史书写以及不同社会背景中少数民族参与国家社会生活的实证研究。

《清末以来云南小凉山彝族农村家庭家支通婚的历史考察——以嘉日家支为例》则是依靠田野调查和口述资料开展的微观民族史研究。文章以宁蒗地区嘉日家支为例，对清末以来小凉山彝族农村家庭的家支通婚情况、通婚特点以及影响因素进行了历史考察。指出在近100年的时间里，小凉山彝族社会经历了从奴隶制、等级制到社会主义民主改革再到市场经济席卷的重大变革，但在这一漫长的历史变迁中，小凉山彝族的婚姻文化演变并未与社会制度的变迁同步发展，传统的民族内婚、等级内婚、家支外婚仍是彝族社会的主流婚姻形式。传统的婚姻形式与传统的家支制度并存且相互支持，使得这种家支通婚也继续支持着整个社会的家支观念、等级观念的延续。从小凉山彝族通婚的微观研究可以看出，当传统文化与现代化社会发生冲突与矛盾时，社会结构或社会组织如何进行自我调适与适应。

《金平勐拉傣族的历史源流及族群关系研究》聚焦于金平勐拉境内三个傣族支系"傣皓""曼丈"及"傣泐"历时性的族群表达及展

示。通过历史资料的梳理以及田野调查，从历史来源到族称、语言文字、传统服饰和宗教习俗等方面指出三个支系之间不仅存在着地理上的边界，社会边界也根深蒂固。中华人民共和国成立前，傣皓和傣泐及曼丈之间的族群界限同时也是阶层的界限。地方不同文化群体对"自我"与"他者"的界定，稳固地维护着族群内部的认同。中华人民共和国成立后将他们都识别为傣族，通过国家力量的介入，各个支系之间实现了政治平等，经济社会交往日益频繁。与此同时，在国家化以及全球化的浪潮中，不同的支系不断地利用服装、语言、节日等不同的文化符号彰显其族群性，以期在旅游业发展、国家对人口较少民族的政策扶持等各种政治经济背景下争取权益。金平傣族的例子可以帮助深入了解我国的民族识别的背景过程，同时也以实证的案例诠释了民族与族群的关系问题。

《耿马摆夷土司及其与国家关系研究》借鉴区域史的研究方法，通过对耿马摆夷土司在国家化过程中的参与和历史叙述的研究，展现该地方在与国家互动中的地方适应性和灵活性。耿马摆夷土司地区有独特的历史文化、族群关系、政治结构以及社会秩序，自元代开始的移民进程以及层层推进的土司制度的设立、军事设置、资源开发等国家化进程中，耿马土司基于地方族群、政权的竞争以及合法性的建立，通过与国家的合作而逐步树立起了明确的国家认同，同时通过本土政治制度与南传佛教的结合，在政治、日常生活、文化等多层社会结构方面将外来的文化体系整合到自己的社会文化之中，从而维持其社会的独特性。相比于传统的单向度的国家整合，研究展示了边疆民族地区国家化进程的复杂性与必然性。

以上论文内容各异，但都反映了史料的收集与阐释是西南民族史研究的基础，而民族、区域和国家的关系仍然是中国西南民族史研究关注的重点。

史学范式，大概是指某一史学家共同体对于研究对象所涉及的概念、理论、方法达成某种具有典范性的认识，包括提出问题的方式、分析问题的框架及共有的观点等。[1] 100年来，中国民族史研究经历了重大的范式转移，但是不同的范式并非非此即彼、你消我长的关系，不存在整体的唯一的历史，也没有观察所有事件的上帝之眼，[2] 不同范式民族历史撰述的意义在于对中国历史事实的无限探索。"横看成岭侧成峰，远近高低各不同"，既延续中国民族史研究的西南传统，又不断扩展历史的视角，开拓新的史料来源，提出新的问题，丰富历史的分析解释。多元范式并存，展示历史本来的多种可能，是当前中国西南民族史研究的特点及发展方向。

龙晓燕

2019年6月30日于泰国清堪曼湾

---

[1] 杨华：《近四十年来美国中国学理论、范式与方法对国内史学研究的影响》，《史学理论研究》2019年第2期。

[2] 傅斯年撰，朱渊清导读：《史学方法导论》，上海：上海古籍出版社，2011年，第21页。

清代《普洱夷人图说》研究

作　者：赵　荔（云南大学民族学中国少数民族史专业硕士）

指导教师：古永继

绪　论

（一）选题缘由

在明清中国少数民族史的研究中，人们常涉及当时编绘而存留下来的各种有关少数民族的图册；这些图册泛称为"苗图"，多以西南少数民族为主，也包括其他地区的民族。这些图册，在西方人著述中习称 Miao albums，Miau albums，Miao–tze Albums，国内则多用"苗蛮图""百苗图"等来称呼。本文以云南境内的民族图册为研究对象，考虑其反映的地域多样性以及民族及其支系的多样性，采用"滇夷图"来进行指称。此前学者对少数民族图册的研究主要集中在"苗蛮图"领域，对"滇夷图"的研究较少。《普洱夷人图说》是一部描绘中国云南清代少数民族族群特征的图册，在少数民族发展史及族群社会文化演变研究等方面，具有不容忽视的重要意义。该图具有以下三个优点：其一，该图的编写虽属杨遇春的个人行为，但该图最终为清宫大内收藏，可见其级别之高，编绘之严谨；其二，该图序、跋、图完整，作者、成书年代明确，是现在已知的"滇夷图"中最完整的少数民族图册；其三，该图具有清晰的地理概念，这在"滇夷图"中尚属首例。因为该图具有较高的史学价值，对研究普洱，乃至云南各少数民族具有非常重要的意义，因而笔者将其作为研究对象。

从19世纪开始，一批来华的西方政府官员、传教士、探险家、商人、学者出于各种不同的目的，广泛收集"苗图"，致使大量有价值的"苗图"珍本、孤本流落海外，被收藏在英国、德国、法国、美国、意大利等国图书馆、博物馆、研究机构及个人手中。"苗图"作为传播到海外的中华民族文化资料的一部分，已融汇入西方的史学、汉学、中国学的发展脉络之中。在当代，随着人文学科的发展，苗图研究在国外呈现出民族史、艺术史、文化人类学等不同学科视域与方法交叉融汇的面貌，产生了若干有一定影响的代表人物和研究成果。

笔者研究的内容：一是梳理国外"苗图"的收藏状况，介绍并重点考证珍贵版本资料，与国内藏品进行比较；二是勾勒国外不同历史阶段的研究进展，介绍西方史学、人类学新的研究视野和方法，探讨、阐释其研究成果；三是借鉴中外研究成果，在中国历史文化的语境下重点阐释《普洱夷人图说》的价值、意义；四是从文化批评角度，对作为整体的近代西方"苗图"研究进行反思，提出对"殖民论"和"苗图"中的"他者"理论视角的批评。

（二）学术研究回顾

中国大陆学者最早注意"苗蛮图"的是刘咸先生，他将这类文献概称为"苗图"。1936年，刘咸先生发表《苗图考略》一文（载《山东大学丛刊》第二号，又载《方志》第九卷，第一期），介绍了所见国内外收藏的数十种各类"苗蛮图"以及国外学者的研究情况，并将他所见到的各本"苗蛮图"所绘124种"苗人"的名称一并列出，以供研究者参考。自此以后的很长时间内，在中国很少再见到有关"苗蛮图"的研究论著，甚至连介绍性文章都很少见。

直到20世纪70年代，我国台湾学者才将台湾"中央研究院历史语言研究所"傅斯年图书馆所存的11种"苗蛮图"中的《苗蛮图册》《番苗画册》影印出版。可惜的是，由于当时两岸文化交流存在着巨大的障碍，在当时很少有大陆学者能见到这两部书和台湾学者的相关研究论著。中国大陆学者的研究，在中华人民共和国成立之前，涉及"苗蛮图"研究的成果，只有刘咸先生发表的《苗图考略》孤文。此后直至1987年，中国大陆始终未见有关《苗蛮图》研究的成果问世。1988年，国家博物馆的文物专家宋兆麟先生在《文物》第四期上发表《清代贵州少数民族风俗画》一文，介绍并考证了中国历史博物馆（今国家博物馆前身）所藏清代《贵州民族》条幅。通过介绍可知，这件四联条幅的内容是包括28个画面、100多个人物在内的清代贵州省少数民族社会生活场景。作者认为，该条幅属于贵州"苗蛮图"系列艺术品，与其他"百苗图""苗蛮图册"相比，该条幅的绘画技巧、包含的内容均属上乘之作。

1989年，当时客座日本的胡起望教授发表了《东邻馆藏"苗图"实录》，概略地介绍了日本收藏"苗图"的情况，对于日本东洋文库所藏《苗族风俗图》的内容介绍得比较详细。他在文章中说，该图于"昭和十年（1935）4月15日入藏东洋文库，共有78幅图，每图附有文字说明,并配有七言诗一首"。其他的相关成果,仅仅是一些图书目录或研究论著中提及了"苗蛮图"类文献,如《南方民族古史书录》《云南书目》等书中均列有部分"苗蛮图"类文献书目。另外,在马新生的论文《"百苗"浅议》,杨正文《苗族服饰文化》第一章,伍新福、龙伯亚《苗族史》第三章第六节中,也提到了"苗图"类文献。

进入21世纪初,教育部人文社会科学重点研究基地云南大学西南边疆少数民族研究中心组织黔、湘、滇三省部分学者,对"苗蛮图"文献展开了系列研究,取得了前所未有的成果。贵州民族出版社以"《百苗图研究丛书》"的形式,先后出版了《百苗图校释》(李汉林著,2001年7月)和《百苗图汇考》(杜薇著,2002年12月)两部专著,可谓成果喜人。湖南吉首大学李汉林所著《百苗图校释》一书,以清嘉庆初年陈浩所著"苗蛮图"为底本,参以其他本十数种,对"苗图"之"图说"部分的文字记录进行了比勘。杜薇撰著的《百苗图汇考》,对"百苗图"的体例传承、苗族支系、侗族称谓以及"百苗图"中所反映的苗族经济生活、社会制度和服饰、婚配、信仰等风俗进行了概括描述。

2004年3月,作为《西南边疆民族文库·边疆文化研究丛书》之一,刘锋的《百苗图疏证》问世。该书将"苗蛮图"文献中的"苗蛮"分作五大类,即苗瑶类、百越类、氐羌类、汉移民类和存疑类,逐一进行研究,重点将"苗蛮图"中的每种"苗蛮"与今天的民族相对应,其结论是陈浩所著"苗蛮图"中82种"苗蛮",分属于今天的苗、瑶、布依、侗、水、壮、毛南、仡佬、彝、土家、白、汉等12个民族，另将"狗耳龙家"等5种"龙家"的民族属性，作为存疑篇进行了推论性剖析。

以上这3部开创性的著作，的确为"苗蛮图"的进一步研究打下了很好的基础，拓展了研究的空间。除以上成果之外，尚有资料性丛书的出版。如贵州人民出版社出版的《百苗图抄本汇编》、云南美术出版社出版的《清代滇黔民族图谱》、中央民族大学出版社出版的《黔南苗蛮图说研究》等。

（三）研究对象简介

《普洱夷人图说》是一部描绘中国云南清代少数民族族群特征的图册，在少数民族发展史及族群社会文化演变研究等方面，具有不容忽视的重要意义。

中国少数民族图册[1]出现很早，但大发展却是在清代。据不完全统计，迄至清末，存世的少数民族图册有百种以上。这些图册依其所描绘对象的居住地域可以划分为若干类，如黔苗图（贵州）、滇夷图（云南）、楚苗图（湖南、湖北）、琼黎图（海南），等等。它们各有渊源，各具特色，相互促进，共同发展。《普洱夷人图说》则属于其中的滇夷图范畴。

《普洱夷人图说》所描绘的，是清嘉庆初期生活在滇省普洱府境

1　少数民族图册，是指以少数民族人物形象为主体、展现少数民族族群认同的图册。主要包括两种类型：一是由官方画师绘制、由官方认定的"职贡图"；二是由官方组织、由专门画师绘制或由民间画师自行选材绘制以反映当时少数民族形象的图册。

内的一些少数民族风情，借生动活泼的人物形象，展示出其族群的认同特征。图册为纸本，白宣纸裱装。图版长 39.2 厘米，宽 30.9 厘米。图册厚 3.8 厘米。其内容包括"图"与"说"两部分，图有 44 幅，说亦分为 44 段；一幅图配一段说明，图说分离，左说右图。图与说分离，即图画上面没有文字，不像《滇省夷人图说》等，文字题写在图画上面。图是中国画，彩绘，风格一致；说之文字是用中国传统毛笔书写，笔体统一，字迹清晰。44 幅图画及其说明文字之前，有 4 页序言，也是用毛笔书写。该图册为一册装订，外有函套。函套为深蓝色。

《普洱夷人图说》目前收藏于故宫博物院，本文是对该图册的首次探讨。

一、名称与由来

《普洱夷人图说》，无论是封页或封底，都没有任何题名标注，只是在外面的函套上贴有标签，上书"滇黔苗蛮民图说"。

据笔者调查了解，该函套是当代人所更换，"滇黔苗蛮民图说"的名称也是当代人所拟定，此前那个被更换的函套上所写的题名是"苗民图说"。2012年6月笔者所见的《故宫善本库目录》，又将该图册定名为《普洱夷人图说》；该书作者以皇史宬所藏清宫档案为依据，考证该图之名应为《普洱夷人图说》。为了慎重起见，故笔者在行文时使用《故宫善本库目录》对该图的称呼。

（一）序言与作者

《普洱夷人图说》正文之前，有长达4页的序言，作者署名杨遇春。序言中说："余在黔最久，历任苗疆；丁巳季冬，奉命镇普。马迹所经，备阅百蛮种类，钩念夷情，每叹滇黔苗蛮之俗性不甚相远也。公余之暇，汇得四十五种，外域不与焉。爰命丹青绘辑成图，务肖其实，不假装饰。"[1] 从序言中的这段话，再结合序言署名，综合研究，可以明显看出以下四点：

其一，该图册的编纂者就是序言作者杨遇春。杨为清朝名将。《清史稿》和光绪《云南通志》都有传，一些县志中也有关于他生平的详细介绍。杨遇春，字时斋，四川崇庆州白碾村（今四川省崇州市西郊白碾村）人。生于乾隆二十五年腊月二十五日（1761年1月30日），道光十七年（1837）病逝，终年77岁。6岁入私塾学习，17岁时家业凋零，遂弃文习武。乾隆四十四年（1779）中武举人，乾隆四十五（1780）年被征调入伍。后随福康安出征甘肃、台湾，屡建战功，深受福康安赏识。乾隆六十年（1795），随福康安入贵州，率领敢死队血战松桃城下，解去松桃之围。福康安上奏朝廷赏赐孔雀翎，赐号劲勇巴图鲁。继之，又解永绥城围，迁云南都司。其后数年，转战滇、黔以及湘、鄂、陕、甘诸省，勇武过人，深受朝廷赏识。道光五年（1825），署理陕甘总督。入清以来，西北一直动荡不定，因而朝廷十分重视这一职位，向来多选择满人担任。道光六年（1826），新疆伊斯兰教白山派首领张格尔在英国殖民主义者支持下，勾结阿富汗等外国势力，煽动位于新疆南部的喀什噶尔（今新疆西南部喀什市）、英吉沙尔（今新疆西南部英吉沙县）、叶尔羌（今新疆西南部叶城县）、和阗（今新疆南端和田市）四城发动叛乱，欲脱离清廷，分裂祖国。杨遇春时年65岁，奉道光皇帝谕旨，以陕甘总督身份率领大军赴哈密，与清廷重臣扬威将军长龄（1759—1839，正白旗人）、喀

---

[1] 参见故宫博物院藏本。

什噶尔参赞大臣武隆阿（？—1831，正黄旗人）共同进剿。杨洞察全局，独当一面，力战半年，终于收复南疆四城。道光七年（1827）除夕，擒张格尔，平定叛乱。由于战功卓著，道光八年（1828）正月，杨遇春被朝廷正式任命为陕甘总督（实授，而非再为署理）。六月，绘杨遇春肖像，长期置于紫光阁内。道光十年（1830），张格尔之兄迈玛特玉素普在浩罕汗国[1]的支持下再度入侵南疆叶尔羌及喀什噶尔等地，烧杀劫掠。杨遇春被任命为钦差大臣，率兵进剿彻底平定了叛乱，再次维护了国家的统一。杨遇春在陕甘总督任上10年，整顿吏治，裁减军队，促进生产，改革机构，为稳定和开发西北做出了巨大贡献。道光十五年（1835），以年老辞官返里。杨遇春辞归时，道光皇帝晋封其为一等昭勇侯，在籍支食全俸，并赠以御制紫光阁画像一轴。道光十七年（1837），杨遇春病逝于成都南门外"望禾亭"别墅，终年77岁。后移葬崇庆州娘娘岗其家族墓地。逝世后，道光皇帝又照兵部尚书例赐恤，入祀贤良祠，谥号"忠武"，追赠太子太傅。杨遇春一生经历大小战斗数百次，毫发未伤，时称"福将"。

其二，该图册编纂于嘉庆三年（1798）四月。其时，杨遇春督率军队驻扎在普洱，这在序言末尾署名部分有所显示："嘉庆三年四月朔日，时斋杨遇春书于普洱军次。"

其三，本图册是杨遇春个人行为，偶然所成，并非先有设想，或奉上谕而制。所谓"公余之暇，汇得四十五种"，显见是日积月累，取于各方，非一日一时一处之功。

---

[1] 18世纪初，乌孜别克92个部族之一的明格部在位于天山西部的费尔干纳盆地建立了浩罕汗国，至1876年为沙俄所灭。

其四，该图册的编纂原则是：只取亲身所见所闻，地域限于普洱府境内，所谓"外域不与焉"。换言之，该图说中所描绘的各少数民族，当时都生活在普洱府境内；如普洱未见，则弃之。它有以下两层含义。

第一，过去曾经居住在普洱而目前已经见不到的少数民族，不录。

第二，居住在普洱府所辖地域之外的少数民族，一律排除在外。

由此，可以看出该图说的一个显明特点，即选取对象仅仅局限于普洱府及少数周边地区当时仍然存在和生活的各个少数民族；而其所描绘的少数民族分支特征，也都是以普洱府及少数周边地区所见各少数民族为根据。因而它并不能确切反映清代滇省其他大部分地区的少数民族风情，更不涉及贵州或湖南湖北的少数民族。

今人将该图说定名为"滇黔苗蛮民图说"，以该图说的上述特征考之，显然不妥，名称与内容相异太过明显。另外，如按前封套所标将其称为"苗民图说"，似亦失之过泛。苗民图，是苗蛮图的别称。其与《普洱夷人图说》当归属之的滇夷图，是两个不同的系列，宜当详辨。

（二）苗蛮图概念的内涵与演变

苗蛮图，是少数民族图册中的一个重要组成部分。苗蛮图的出现，与少数民族图册的演变紧密相关。

中国少数民族图册，目前有据可查的最早出现在南朝，[1] 梁武帝

---

[1] 关于少数民族图画的描述，前秦已有，然多仅知其名，不知其实。如《周礼·夏官》中谈到的"天下之图"以及《山海经》《汉书》等史籍所言诸图，都不知具体内容，不足为凭。

时绘制了《方国使图》，梁元帝时绘制了《职贡图》。两者都专以"状其形而识其土俗"。这种做法被后来的王朝所继承，逐渐形成为一种传统，并在有清一代得到加强与发展，苗蛮图的出现则证明了这一点。而导致出现这种发展的主要原因，或当归之于中央政府地区政策的变化。

一方面，明朝灭亡后，清帝国随着康熙时期的国力扩张，加强了对少数民族地区的控制力度。云南和贵州由于地处西南边陲，数千年来境内居民的主体一直是当地少数民族，历代中央政府对这些地区的控制一直比较薄弱。清廷加强控制的企图，激化了原本已经不断扩展的西南地区民族与社会矛盾，导致滇、黔、川、湘等地不断爆发大规模反清起义。例如：嘉庆元年（1796），威远牛肩山一带拉祜族起义，缅宁的佤族和布朗族起义。嘉庆二年（1797），黔西南布依族人民发动反清起义，滇东罗平、师宗各民族起而响应，席卷贵州、云南、广西广大地区；同年七月，大理、楚雄爆发白族、彝族、回族大起义。嘉庆四年（1799），缅宁大黑山拉祜族再度爆发反清起义。西南地区的长期动荡，导致其在清政府维护全国稳定政策中的地位不断上升，甚至凸显为一个特殊区域。同时，由于清廷一直习惯性地称南方包括西南地区在内的少数民族为苗或苗蛮，并强调"无君长不相统属之谓苗，各长其部割据一方之谓蛮"，[1] 遂将南方少数民族聚居的地区通称为苗疆。

另一方面，清廷在加强对少数民族起义进行武力镇压的同时也注

---

[1] 赵尔巽：《清史稿》卷512《土司列传一·湖广》，北京：中华书局，1977年。

意制定一些安抚政策，试图促进苗疆的稳定，并因此而提高了对全国各地包括西南地区少数民族状况调查了解的重视程度。在这种背景下，乾隆于其在位期间下令编制了《皇清职贡图》。

《皇清职贡图》是中国古代规模最大的一部少数民族图册。其编制始于乾隆十五年（1750），至二十八年（1763）始告完成，其后仍续有增补。全图共9卷，依地区编排，[1] 总共绘制了300余种不同民族与地区的人物图像；每一种人物均画有男、女图像两幅，其后则附有关于当地风土民情的文字说明。该图分为彩绘图和黑白图两种。彩绘本为正本；黑白图为白描本，[1] 是彩绘正本的摹本。

《皇清职贡图》编成后影响巨大，各地编制少数民族图册成风，被后人称为苗蛮图的少数民族图册亦应运而生。

"苗蛮图"之称，发端于贵州。贵州是清廷所谓"苗疆"中的极重要地区。在完成朝廷的编图使命时，贵州省派遣人员或深入民间据实描画，或收集史料对证比较，花费了巨大的人力物力。《皇清职贡图》完成后，贵州也随之形成了一种绘制少数民族图册的风气，其所绘皆称为"苗蛮图"。

这时的苗蛮图，其所绘内容尚仅限于贵州的少数民族，包括苗族、布依族（仲家苗）、侗族（侗家苗）、水族（水家苗）、仡佬族（仡佬苗）、壮族（侬苗）等，[2] 因而又称《黔苗图》。然而，后来随着形势

---

[1] 卷七为云南地区，记录了36族，绘图72幅；卷八为贵州地区，记录了42族，绘图82幅。

[1] 白描本有两种，一是乾隆四十三年八月的《四库全书》写本，一是乾隆五十四年的武英殿刊本。

[2] 李德龙：《黔南苗蛮图说》，北京：中央民族大学出版社，2008年，第65—94页。

的发展，非贵州的其他苗疆地区的少数民族图册也被称为苗蛮图。特别是清中后期，甚至南方一些非苗疆地区的少数民族图册，也常常被称为苗蛮图。这一时期的欧美著述中，则通常将其简称为"苗图"。

18世纪末至20世纪晚期，"苗蛮图"名称一度泛滥，几乎成为中国南方少数民族图册的代名词。这种情况的造成虽然有很多原因，但同中国学界少数民族图册研究长期落后有很大关系。

中国民族学的发展，同日本、欧洲和北美比较相对滞后。直至20世纪中期，西南各族以及各族内部众多族支、家支的区分和界定尚不明确，而汉族对其他民族，一般延续历史习惯，统称为"土著""苗人""蛮人"或"苗蛮"。此期间，以"苗蛮图"统称黔滇以及滇黔之外的少数民族图册名称是否妥当，一直未受到学界质疑。最先开始进行中国少数民族图册研究的是欧美学界，其学术称谓则是"苗图研究"，亦即"苗蛮图研究"。这导致中国学界在追随西方开始少数民族图册研究时，也沿用了这一名称。

迄今为止，一般认为最先开展中国少数民族图册研究的是德国汉学家诺梦（C. F. Neumann），他在1837年将录有79类人的一本苗蛮图册翻译成德文，其目的在于促进欧洲人类学研究。1894年，来华的传教士格拉克（G. W. Clark）出版《贵州与云南》（*Kweichow and Yunnan Provinec*, 1894）一书，书中依据"苗蛮图"描述了82种"苗蛮"的当时状况。

如前文所述，在欧洲开展中国少数民族图册研究近100年后，中国学界才开始注意研究少数民族图册。但研究者廖廖。1973年，台湾"中央研究院历史语言研究所"傅斯年图书馆将其所藏《苗蛮图册》

影印出版，标志着当代中国少数民族图册研究重新起步。

其后，中国大陆学者宋兆麟于 1988 年在《文物》第四期上发表《清代贵州少数民族风俗画》一文，标志着大陆学界少数民族图册研究开始进入再度发展的新时期。至 20 世纪末期，中国境内主要是大陆和台湾地区，各类杂志上陆续发表了少数民族图册研究的论文，也有一些专著出版，但以苗蛮图泛指南方少数民族图册特别是滇黔少数民族图册的习惯，仍未受到质疑。这种状况在进入 21 世纪后才有所改变。随着滇夷图概念受到的关注增多，凡云南少数民族图册包括本文所论的《普洱夷人图说》，不应再归属于苗蛮图范畴。

（三）滇夷图概念的形成与发展

滇夷图，专指云南少数民族图册，它是中国少数民族图册总体的一个重要组成部分。滇夷图作为一个专有学术名词受到当代学界的重视，始于 2008 年。当时，中央民族大学祁庆富等三人在云南大学主办的刊物《思想战线》上，发表《国内外收藏滇夷图册概说》一文。文中指出，长期以来学界一直以"苗蛮图"或"苗图"作为滇黔少数民族图册的代称，实际缺乏科学性，是一种谬误，应当重新正名。文章提出，应当以"苗蛮图"（黔苗图、百苗图）专指贵州少数民族图册，而以"滇夷图"专指云南少数民族图册，从而在西南少数民族图册中形成两个并列的系统。

滇夷图概念因提出时间不长，目前尚未得到学界的充分认可。例如，2012 年西南大学一位硕士研究生在他的学位论文《清代前期西南少数民族族群形象研究》中，继续以苗蛮图统称西南地区少数民族图说。尽管如此，笔者却认为，滇夷图概念的提出，为正确划分云南和贵州两个不同的少数民族图册系统，推进云贵两省少数民族图册比较研究，奠定了基础，指明了方向。

事实上，在全国各省区特别是西南各省区少数民族图册中，滇夷图出现最早。而其后来被视为苗蛮图类，如前所述，很大程度是源自19世纪后半期有在华经历的欧洲人的著述。中国少数民族图册研究的起步远远晚于欧洲而受到欧洲学界的影响，因而接受其称谓，约定俗成，沿用未改。然而中国本土的滇夷图最初出现时，并未冠以"苗蛮"之称谓。

滇夷图，最早出现于南诏。南诏孝哀帝舜化贞中兴二年（899年，即唐昭宗光化二年），大臣王奉宗等依据南诏早期史籍绘制了《南诏中兴画卷》，又称《南诏图传》。该图分为两部分：一是图画卷，为纸本彩绘，长573厘米，宽30余厘米；二是文字卷，是图画卷内容的解说。《南诏图传》描绘了被认为是今天云南一些少数民族先民的人物形象，同时又有文字说明。这种形式奠定了后来滇夷图的基础，可以认为是目前已确知的年代最早的一部"滇夷图"。其后，在明初，又出现了一部新的云南种人图册，当时被称为《云南诸夷图》。其原本虽至今尚未面世，是否佚失也不可知，但确有再刻本传世。明宣德六年（1431），云南左布政使殷序将该图册重刻印行，影响扩大，并为史籍所明确记载。《云南诸夷图》这一名称，按照字义，实际就是《滇夷图》。因而可以认为，滇夷图之名，是真正出自本土，而非舶来品。

清乾隆、嘉庆朝以后，随着《皇清职贡图》的绘制与完成，云南编制少数民族图册也蔚然成风，官方和私人编绘的各种图册相继出现。20世纪，中国著名学者方国瑜在《云南史料目录概说》中指出："官修《职贡图》后，多有作者，或仅作图，或仅作说，或兼图说。"[1] 仅从形式看，就包括册页（包括散页）、图本、条屏等；所记录的族称条目，从几条到数十条都有。图画和说明文字的风格也是各有不同，长短不一。随着数量的增长，规模也日益扩大，最终形成了以《伯麟图说》[2] 为代表的滇夷图系统。

从总体看，同苗蛮图（黔苗图）比较，滇夷图具有以下两大特点。

第一，历史久远。苗蛮图的出现是在清中期，滇夷图的出现则远早于苗蛮图。开创了滇夷图模式的《南诏图传》出现在唐代，于公元899年完成，较苗蛮图早近千年。即使是明代成书的《云南诸夷图》，也较苗蛮图早数百年。

第二，包含的信息更为丰富，也更为准确。突出表现在以下两个方面。

一是背景信息明确全面。苗蛮图的一个重要特点，就是原本之外往往有众多抄本。例如，广为人知的陈浩《八十二种苗图并说》，其抄本据不完全统计不下百种。这些抄本题名各异，有的称为《百苗图》，有的称为《百苗图咏》《黔省苗图》，还有的称为《苗蛮图册》《番苗画册》《黔苗图说》，等等，诸如此类，各不相同。而且，大多

---

[1] 方国瑜：《云南史料目录概说》第二卷，北京：中华书局，1984年，第737页。
[2] 《伯麟图说》为清嘉庆朝大臣伯麟主持编制的一部大型云南少数民族图册。

数抄本都是前无序言，后无作者，成书的时间、地点以及抄写所依据的原本对象也一概不标。这些重要背景信息的缺乏，往往严重地影响了该图所应当具有的多方面价值。相比之下，滇夷图却大多信息比较完整。具有代表性者，如《云南营制苗蛮图册》《滇省迤西迤南夷人图说》《伯麟图说》等，都有完整的作者以及成书的时间、地点等信息，从而极大地提高了其在民族学、历史学以及社会学方面所具有的重要价值。

二是舆地信息丰富。苗蛮图，一般是只描绘少数民族人物形象，而对其所居住区域的舆地信息大都弃之不论。滇夷图则不然，往往将舆地信息也包含其中。如《云南营制苗蛮图册》，将舆地图与种人图合二为一；《滇省夷人图说》，则是将舆地信息包含在配套的《滇省舆地图说》之内，两者共同组成一个整体。无论前者还是后者，都强调在自然地理环境中表现种人特征，从而更好地描画了种人特色。这些滇夷图价值的外延也因而较之苗蛮图明显扩展。

从以上所论可以看出，滇夷图并不是在苗蛮图影响下出现的，它自成体系、别有特点，两者是并列关系，以苗蛮图代称滇夷图明显不妥。

因而，本文所论之图册，不以苗蛮图类的名称《苗民图说》命名；该图册为云南少数民族图册，当属于滇夷图系列。但是，该图册所描绘的种人仅限于普洱府范围，非滇之全省，笔者因而将其定名为《普洱夷人图说》。

二、版本与源流

　　《普洱夷人图说》，为其编纂者杨遇春在"公余之暇"，汇集当地少数民族风情图"四十五种"编辑而成。[1] 但查考图册本身，却只有图 44 幅。如非因故最终删除一幅，则后缺的可能性很大。另外，从序言起句看，也不排除丢失最前面数句的可能性。该序言的起首句是："束吏人稍以礼辑约之，则群相嬉笑而跳走矣。"按内容看，此句应是承接句，而不像是起始句。按格式看，这种略显突兀的开端，似乎也有违于序言的传统惯例。

　　依此判断，该图册有可能不是全本。但虽如此，它仍是学界迄今未见的一种孤本，其发现和研究，在民族史学、民俗学、社会学以及滇夷图版本比较学等诸多方面，具有不容忽视的价值和意义。

（一）概说

　　当代的滇夷图研究，重点是清代，特别是乾隆朝及其后编制成册

---

[1] 参见故宫博物院藏本。

的云南各种少数民族图册。出现这种状况，一方面是由于清代为滇夷图大发展的时期，另一方面是由于此期间的图册留存于世者较多，其情状较易于探索。据不完全统计，目前海内外尚存的滇夷图有数十种，其中影响较大的有以下几种。

1. 国内收藏

（1）以全省少数民族为描绘对象的图册。

《滇夷图说》，藏于台湾"中央研究院历史语言研究所"傅斯年图书馆。该图册为彩绘绢本，内含少数民族图画 47 幅，每图附有说明。一般认为，该图册是清代出现最早的滇夷图册，它以明代图册《云南诸夷图》为蓝本，增补而成。其书推断成于清康熙或雍正朝。

《苗蛮图》，藏于中国社会科学院民族学与人类学研究所图书馆。绘者佚名，绘制时间不详。该图册被认为是《滇夷图说》的抄绘本。

《滇省民族图说》，藏于中国国家博物馆图书馆。被认为是《滇夷图说》的另一种抄绘本。

《滇省夷人图说·滇省舆地图说》，收藏于中国社会科学院民族所图书馆。被认为是《伯麟图说》的副本或传抄本。

《云南三迤百蛮图》，中央民族大学图书馆善本库藏，全 4 册，被认为是《伯麟图说》的抄本之一。

《云南民族图考》，藏于中央民族大学图书馆。被认为是依据《皇清职贡图》及其他图册抄绘编纂而成。图册为彩绘，折装。收有夷人 40 种，每种男女各一图，共 80 幅图。解说文字题写在图中右上方。

《云南种人图说》，藏于云南大学图书馆。（详见后文）

（2）以道、府、厅范围民族为描绘对象的图册。

《蒙化所属汉夷风俗及各种夷蛮情形分类图册》，藏于中国国家图书馆。(清）邬振驿纂制，成书于光绪二十七年（1901）。

《大理府浪穹县所属地方风土人情及舆图清册》，藏于中国国家图书馆。彩绘。成书于光绪三十四年（1908）。

《云南永昌府永平县属风土人情汉夷耕读各类清册》，藏于中国国家图书馆。(清）王宝制，彩绘。成书于光绪二十七年（1901）。

2. 国外收藏

（1）以全省少数民族为描绘对象的图册。

《云南夷类图》，藏于英国不列颠图书馆（British Library）。

《云南三迤百苗图》，藏于牛津大学博林图书馆（Bodleian Library, Oxford University）。被认为是《伯麟图说》的抄本。

《云南营制苗蛮图册》，藏于伦敦威尔康图书馆（Wellcom Library）。

《滇苗图说》，藏于美国哈佛—燕京图书馆。

（2）以道、府、厅范围民族为描绘对象的图册。

《永北舆地并土司所属夷人种类图》，彩绘，纸本，硬纸封套。意大利社会地理学会收藏，共有图6幅，其中第一幅是舆地图。

《滇省迤西迤南夷人图说》，藏于德国莱比锡民族学博物馆（Museum Furvolkerkunde, Leipzig）。(详见后文）

《普洱府舆地夷人图说》，藏于英国不列颠图书馆（British Library），包括图13幅，地图1幅2页；末页有题署，绘制于嘉庆十四年

（1809）。

在所有的滇夷图中，被学界公认为规模最大也是影响最广泛的一部图册，是《伯麟图说》。

《伯麟图说》，为清嘉庆朝重臣伯麟（1747—1824）奉上谕主持编制的一部大型滇夷图。据今人考证，其图原名《云南种人图说》，成书于嘉庆二十三年（1818）。伯麟，字玉亭，满洲正黄旗人，嘉庆年间任云贵总督。伯麟在云贵总督任上，奉皇上旨意，编纂了一部滇省夷人图说，时称《伯麟图说》。道光十五年（1835）成书的《云南通志稿》编纂者，在编纂该书种人部分时参考了《伯麟图说》，并在很多地方直接引用了其中的图文资料，包括旱摆夷、花摆夷、蒲蛮、黑窝泥、野古宗、野西番、龙人、长头发等。然而，道光朝以后未再见《伯麟图说》的原本或直接引用原本者，久而久之，世人认为该书已经佚失。直至近年，学界才发现《伯麟图说》尚有多种传本存世。其中，收藏于中国社会科学院民族学与人类学研究所图书馆的《滇省夷人图说·滇省舆地图说》，经考证被认为是《伯麟图说》原本的副本或抄本，与原作最为接近。

由于《伯麟图说》影响广泛，其抄本、节抄本或改绘本名目变换，散布于各地，增加了滇夷图源流探讨的复杂性。近年关于《云南种人图说》（藏于云南大学图书馆）、《伯麟图说》以及《滇省迤西迤南夷人图说》（藏于德国莱比锡）相互关系的讨论，可以认为是该图说复杂性的力证。

《云南种人图说》于2005年由云南美术出版社出版，其出版者在前言中指出，该图册可以认为是伯麟图说的节抄本。而后，学界对此提出质疑，并根据其图画条目名称，认为《云南种人图说》应是《滇省迤西迤南夷人图说》的改绘本。事实上，根据笔者对本文所探讨的《普洱夷人图说》的解析可以看出，《云南种人图说》是《普洱夷人图说》的节选改绘本，而《滇省迤西迤南夷人图说》所根据的则主要是普洱府流传的少数民族图画，而非得之于迤西或迤南。

以下，分别从《普洱夷人图说》的特色及其与《滇省迤西迤南夷人图说》《云南种人图说》的关系三个方面加以阐述。

（二）《普洱夷人图说》

在存世的诸多滇夷图中，《普洱夷人图说》具有三个明显特点。

第一，其所描绘的对象，主要集中于普洱府这一重要地区内，包含部分周边地区的民族。清代云南所属边境各府中，普洱府管辖地区广大，民族众多，地位突出。

普洱府建置于清朝雍正七年（1729），为二级行政区划，归云南省管辖，民国二年（1913）废。

在清代云南所属边境各府中，普洱府管辖地区广大，民族众多，地位突出。其地，在尧舜时期不通中原，至商周称为产里。秦汉时属西南夷，是少数民族杂居之地。三国时期，归蜀国。其后直至唐宋，其地只有归属，没有独立建置。元朝时，对西南边疆地区的控制大幅度增强，在该地区设立土司制度。至元二十九年（1292），置彻里路军民总管府。泰定三年（1326），为稳定对当地的控制，改而成立车里军民总管府。至明，又改为车里宣慰司，属元江府。清朝雍正七年

（1729），改土归流，初置普洱府，为流官制。雍正十三年（1735），置宁洱县为郡治。乾隆三十五年（1770），将原属镇沅的威远、属元江的他郎划归普洱。至此，普洱府所辖扩大为一县三厅，即宁洱县（今宁洱县）以及思茅厅（今普洱市）、他郎厅（今墨江县）、威远厅（今景谷县）。此外，尚管辖车里十四土司（今西双版纳地区），即车里宣慰司和十三土司（十三版纳），同时，还管辖威远地区的三个土司和他郎地区的一个土司，从而成为滇南大府。此外，普洱一直是少数民族聚居区，清代境内有明确记载的种人超过百种。即使是今天，仍有36个民族居住在该地区，在总人口中所占比重约为60%。其中，唐宋以后世代居住的民族有14个，包括哈尼族、彝族、傣族、拉祜族、佤族、布朗族、瑶族等。普洱府地处交通要道，自古以来一直是通往越南、老挝、缅甸的必经之路，其区域内的少数民族状况尤其受到清廷关注。

　　第二，在现存的明确以府、厅级种人为描绘对象的滇夷图册中，《普洱夷人图说》所收种人种类最多。目前，学界所知的云南区域性少数民族图册明确以府级行政区划为地域范围者，较突出的尚有《丽江府十种彝人图》与《普洱府舆地夷人图说》两种。前者于19世纪中后期被英国人购买携带出境，所收种人不过10类，后者所收种人也未能超过13类。而查考《伯麟图说》原始目录，迤南道所属普洱府下种人种类恰好是13类，且也有舆图一幅（两页）。由此推断，现藏于英国不列颠图书馆的《普洱府舆地夷人图说》或许与《伯麟图说》有某种渊源关系。

　　同上述两种滇夷图比较，《普洱夷人图说》中种人的数目达44类而明显居多；若依据序言所论尚应增加一类，远远超过已知存世府级滇夷图中的种人目类。

《普洱夷人图说》中的44类种人称谓具体如下：

①水摆夷；②龙人；③大头倮罗；④山苏；⑤黑倮罗；⑥莽子；⑦僰人；⑧塔城古宗；⑨倮罗；⑩古宗；⑪刁巴；⑫情普罗；⑬么些；⑭倷人；⑮红喇嘛；⑯土兵；⑰刺毛；⑱桥头人；⑲鲁巨人；⑳黑猓猡；㉑小利米；㉒西番；㉓犵子；㉔利米；㉕黄喇嘛；㉖怒子；㉗西藏大二三宝；㉘雪松村人；㉙民家；㉚佧佤；㉛沙人；㉜三作毛；㉝黑窝泥；㉞缅和尚；㉟糯别；㊱旱摆夷；㊲卡堕；㊳白倮罗；㊴倮黑；㊵摆夷；㊶卡高；㊷仆蛮；㊸苦葱；㊹僰夷。

仅此一个方面，即可知《普洱夷人图说》作为国内目前仅见的云南大府专有民族图册，其价值不可忽视。

第三，《普洱夷人图说》所收种人称谓中，有一些在目前存世的国内外滇夷图中实属罕见，迄今滇夷图研究界，无论是境内或境外，从未对其认真探讨，并得出正确结论。

这些称谓中，最突出的是第23类"犵子"。该条目仅另见于现藏德国的《滇省迤西迤南夷人图说》，其编纂者将其列入归属不明类，而且相关说明文字多有差误，依据本文所讨论的《普洱夷人图说》才能得以澄清（详见后文）；其他各类图册、史籍，无论官修还是私修，从康乾至民国，包括最为著名并被认为是具有包罗万象性质的道光《云南通志稿》，也同样未见"犵子"之名。

《普洱夷人图说》中所载"土兵"（第16类），情况亦与"犵子"类似。"土兵"，不像"犵子"，其所代表的是一种少数民族社会阶层

(详见后章)。遍寻存世的其他各类滇夷图，也只见载于现藏于德国的《滇省迤西迤南夷人图说》，而其编纂者的解说和探讨错误甚多，亟待改正。于此，也再度证明了《普洱夷人图说》现世的巨大价值。

（三）《普洱夷人图说》与《滇省迤西迤南夷人图说》

《普洱夷人图说》为国内孤本，然与海外存世滇夷图相较，则与《滇省迤西迤南夷人图说》十分相像。

《滇省迤西迤南夷人图说》原件，现藏于德国莱比锡民族学博物馆。原件为手工绘制书写，木板包装，长 31 厘米，宽 26.9 厘米，厚 3.5 厘米。内含彩色图画 44 幅。每幅图画均在页面的右侧，左侧则为说明文字，图与文字分开。各幅图均为中国传统画，风格不一。文字均用中国毛笔书写，笔迹也不一致。由此可以推断，该图册的文与说，皆非出自一人之手，也并非一时之作。

《滇省迤西迤南夷人图说》在 1891—1896 年流出国外。当时，德国的吕车纳镇之赫尔曼·施裴克·冯·星堡男爵（Hermann Freiherr Speck von Stemburg, 1852—1908）在北京担任德皇特使。男爵喜好中国少数民族图册，该图册即是其在任期内所购入，为个人收藏品之一，携回德国。男爵去世后，家人将该图册和其他一些男爵所有的文物，出卖给莱比锡博物馆，遂为该馆所有。

21 世纪初，德国莱比锡大学汉学研究所研究生何凯婷（Kathrin Hirth）在莱比锡民族学博物馆研究部主任南因果博士（Ingo Nentwig）的指导下，围绕该图册进行研究，完成了她的硕士论文。其后，在最初收藏者后裔的财政支持下，该图册的德文本于 2003 年出版发行，印制十分精美。该书包括了原图册中全部的 44 幅图画、序言和各幅图画的说明文字，同时载有德文版编纂者的一些相关研究成果。借助该书，我们可以看到该图册的全貌。

该书在种人图说前，有序言，署名贺长庚。序言全文如下：

> 自蜀汉诸葛丞相平蛮理治，封白国王龙佑那于故地，配蛮中大姓焦雍娄爨孟量毛李为部曲，厥后南北纷争，宁州道绝。爨氏王滇诸姓散居三迤，不知纪律，名号差殊，语言服食因之各异。我朝声教远敷，诸夷与汉人杂居者多知向化，读书习礼，不惟列庠食者比比而出，且缀科名登仕版者亦颇有人，服食婚丧悉变汉俗，讳言为夷矣。惟边域岩栖谷处之辈犹仍夷风，其种尚繁。此守土者之责，而丑类又不可不辨也。予滥竽仕籍，历篆滇之三迤，体访治夷之情，而难易不齐。爰就耳目所及，绘得四十四种，并录其概于端。非欲争齐好异，聊备为治之采访云。
> 旹　乾隆五十三年岁次著雍涒滩仲春如月三楚贺长庚序[1]

贺长庚的序言传递了大量信息，与《普洱夷人图说》比较，相似之处至少有四个方面：其一，该图册的绘制，与《普洱夷人图说》类似，并非奉命，而是个人的独立行为，其随意性和自发性很明显；其二，两者都是基于个人的体验与经历，所谓耳闻目见，非为故本传抄；

---

[1] 旹，即"时"。著雍涒滩，即"戊申"，乾隆五十三年（1788）的干支。贺长庚，湖北钟祥人，乾隆中后期出任云南迤南道道员及普洱府知府。

其三，两者目的相同，都是为了帮助改善地方政府少数民族政策的制定，促进少数民族地区的稳定；其四，两者完成时间相隔不久，前者绘制于乾隆五十三年（1788），后者完成于嘉庆三年（1798），相差不过10年。

另外，两者所收种人条目十分相似，均为44类。其中称谓完全相同而次序不同的有39类，占了绝大多数；略有出入者有1类，《普洱夷人图说》第12类为"情普罗"，《滇省迤西迤南夷人图说》则称"情普特"；两者中次序与称谓均不同的有4类，《普洱夷人图说》有龙人、糯别、黑傈僳和摆夷，《滇省迤西迤南夷人图说》无，却增加了侬人、瓢头窝泥、糯比和僳僳。考两者之"图"，人物动作十分相像；两者之"说"，框架相似之处亦很多。

由此可见，《普洱夷人图说》在编绘过程中，必然多方面参考了《滇省迤西迤南夷人图说》。

虽然如此，却不能简单地认为《普洱夷人图说》就是《滇省迤西迤南夷人图说》的改抄本。《普洱夷人图说》本身显然有其独特的价值和意义，大体表现在以下四个方面。

第一，《普洱夷人图说》是独立完成的，并非根据某一范本而改绘。杨遇春在《普洱夷人图说》序言中强调，该图册所收各类种人名称，是其公务之外，乘闲暇时四处汇集而得，非仅凭借一现成图册照抄编改而已。此外，其汇集的种人是45类，与《滇省迤西迤南夷人图说》之44类有差异。同时，杨序中指出，其在汇得45类种人名目后，命画工"绘辑成图，务肖其实，不假装饰"。由此可知，杨当时是让画师仿照实际所见到的少数民族人物形象进行描绘，而非照描已经存在的某一图册。在绘制过程中，画师是否参考过各种蓝本，则是另外之事。事实上，由于两者成书年代相近，画师所参考的并不一定是成书的《滇省迤西迤南夷人图说》，而是前者赖以成书的单张种人画稿。否则，以杨遇春的身份，当在序言中有所提及。

第二，为解决《滇省迤西迤南夷人图说》学术研讨中的一些悬疑提供了新的思路。《滇省迤西迤南夷人图说》所收种人，有不少是以地域冠名的，如"桥头人""鲁巨人""雪松村人"等，但这些地域都在丽江府境内。而在目前学界已经考证出的关于贺长庚的经历中，却尚未发现其在丽江任过职。因而，学界基于"不熟悉这里的风土人情，是无法想象出这些名目的"认识，提出"贺长庚是否在丽江活动过，有待探究"的命题。《普洱夷人图说》的出现，则为这一命题的解决提供了一个新的思路。由于《普洱夷人图说》中同样有"桥头人""鲁巨人"和"雪松村人"等名称，同时强调仅限于收录生活在普洱府境内的种人，因而有理由认为，至少在清中期，这些被认为仅仅生活在丽江府的种人，也曾出现在普洱府境内。同时也可以推断，即使贺长庚没有到过丽江府，其在普洱府境内也能够收集到这些种人的风情图。

第三，《普洱夷人图说》根据实际情况，修正了《滇省迤西迤南夷人图说》中的一些不足和谬误之处。

其一，图画方面。《普洱夷人图说》的人物构图虽然与《滇省迤西迤南夷人图说》有很多相似，却亦有改变，特别是有的服饰颜色明显不同。这些更改基于普洱府的实情，往往具有至关重要的意义。其最突出的表现，是《普洱夷人图说》种人第 15 类"红喇嘛"。在《滇省迤西迤南夷人图说》中，第 37 类是"红喇嘛"，但所描绘的喇嘛披红衣、戴红帽，而《普洱夷人图说》中的喇嘛却是黄衣黄帽。这一点在教派辨别方面，所具有的作用不容忽视。

其二，文字说明方面。《普洱夷人图说》与《滇省迤西迤南夷人图说》尽管文字框架有很多类似，内容却并不完全相同。前者对于后者，在诸多地方起到了匡正的作用。如"犸子"类，《滇省迤西迤南夷人图说》（第39类为"犸子"）文字说明的首句是"产于迤西所属，泸江之首"。考泸江并不在迤西界内，其发源于今云南开远市，而开远市则位于云南省东南部。若指泸水，则不当称泸江；泸水是金沙江，而非泸江。《滇省迤西迤南夷人图说》中这种不知所云的说法，无疑给"犸子"的考证增加了极大困难。而《普洱夷人图说》（第23类为"犸子"）的说明，首句却是"产于迤西潞江之左"，明显地更正了《滇省迤西迤南夷人图说》的错误。

此外，《滇省迤西迤南夷人图说》中种人第1类"侬人"，实误；考其图画与文字说明，应名为"龙人"（详见第三部分）。《普洱夷人图说》根据实际情况对此做了更正。其他尚多，诸如"猓黑""猓罗"等条目均有类似情况，限于篇幅，不能一一列举。

（四）《普洱夷人图说》与《云南种人图说》

《普洱夷人图说》的编纂，对其后滇夷图的绘制产生了明显影响，《云南种人图说》是最明显的例子。

《云南种人图说》，现收藏于云南大学图书馆。纸本，左说右图。文字为毛笔行书，字迹清楚，笔法熟练。图画为中国传统彩色绘画，风格一致,形象生动。2005 年,云南大学图书馆编辑《清代滇黔民族图谱》,由云南美术出版社出版发行。该书收录的《云南种人图说》,包括原书的各种夷人图(彩色)以及图说原文并加以适当说明,学界因此得以看到该图册的新貌。[1] 该书有三个特点。

其一,无序言,但以抄录康熙《山川考谕》全文作为替代。抄录者为楚雄都阃府署□世昌,时间是光绪十八年(1892)。这种做法,在滇夷图中不多见。然而,考虑到舆图与少数民族风情图联合构成一个整体是滇夷图的一个重要特点,则可将其看作以文字叙述替代舆地图的一种尝试,既避免了舆图与风情图相互割裂的缺陷,又使得民族风情图具有了舆地背景。这种开创性的做法,应有其存在的价值。

其二,图画生动活泼,线条流畅。诚如该书序言中所称,"画面构图中心突出,错落有致,情状各不相同,落笔或自臂起,或从足先,均能不失尺度。所绘种人,神采酷肖,各具形态,衣衫皱褶,潇洒飘逸,表情肤色,悉本天然,笑貌愁容,纤毫不苟,生动朴实,神态逼真,而且各民族人物形象,均从实际出发,善于描摹各自的神情意态,栩栩如生[2]。"如果将此图册之图画,与《滇省迤西迤南夷人图说》或《普洱夷人图说》相比较,其生动活泼之处,显而易见。由此可见,该图说不仅具有重要的民族学和社会学价值,而且在云南美术史,特别是民间美术史方面,亦应占有不容忽视的地位。

---

[1] 该书新版时删除了原文中对少数民族带有歧视性的叙述,并以空白方框表示删除的字数。古籍在整理出版时修改带有歧视性的偏旁理所当然,但删除部分叙述文字则损害了该书原貌,从学术角度来讲实不可取。

[2] 云南大学图书馆:《清代滇黔民族图谱》序,昆明:云南美术出版社,2005 年,第 6 页。

其三，在正文"图"与"说"之后，附有另外62类夷人的名称，以及有关于其居住地域、生活习惯、服饰特点等方面的文字介绍。这62类夷人，只有文字说明，没有配套的图画。这种做法，在存世滇夷图中并不多见。它明显地扩张了《云南种人图说》所欲保存和传递的信息规模与外延，同时又有效地节省了信息传递所赖以凭借的各种物理载体的体积与重量，从而极大地有利于该图说的保存与流传，并因此而开创了一种新的格式。

《云南种人图说》成书于清光绪年间，《普洱夷人图说》成书于清嘉庆年间。两者进行比较，可以看出前者受到后者的明显影响，其表现在以下方面。

首先，前者正文中所收种人图及其相关文字解说，与后者所收相同占比重高达82％，只是次序不同。《云南种人图说》正文收录夷人图22类，具体为：

①龙人；②山苏；③白窝泥；④黑倮罗；⑤卡堕；⑥扑蛮；⑦旱摆夷；⑧糯比；⑨卡瓦；⑩摆夷；⑪大头倮罗；⑫倮黑；⑬僰夷；⑭苦葱；⑮白倮罗；⑯沙人；⑰三作毛；⑱民家；⑲黑窝泥；⑳水摆夷；㉑缅和尚；㉒莽子。

其中只有"白窝泥"和"糯比"两条为《普洱夷人图说》所无，其他条目则或完全相同，或差异不大。

其次，两者图说文字十分相像，有些条目完全一致。如《云南种人图说》第11类"大头倮罗"之图的解说文字："新平嶍峨皆有之。性情淳和，栽种田园。身穿红绿五色衣服，宽领满钉银泡。头缠青布，坠耳裹足，好歌唱，名为跳弦。姑娘私自入山与人饮，父母遇见，用鸡一支酒一壶说合。许配嫁时,与耕牛一条。"这与《普洱夷人图说》同名条目完全一致,仅更改无关紧要数字。[1]《云南种人图说》第12类倮黑与《普洱夷人图说》第39类猓黑,也是同样情况。

最后,两者图画构图相似者很多。如"龙人""山苏""卡瓦""大头倮罗""倮黑""僰夷""苦葱聪"等都是如此。

《云南种人图说》与《普洱夷人图说》的紧密关联,可以推导出前者版本源流的一些新轨迹。

目前,关于《云南种人图说》的版本源流,学界存在不同观点。有学者认为,该图册是节选自《伯麟图说》:"清光绪年间,有人据《伯麟图说》遴选其中之二十二幅彩绘成册,题名《云南种人图说》,即今云南大学图书馆馆藏之本。《伯麟图说》早已散佚不存,故此本更弥足珍视。"[2] 又有学者提出:"认为《云南种人图说》是《伯麟图说》的传抄节选本,实误。""《云南种人图说》名目与《滇省迤西迤南夷人图说》前22种相合,显然是改编抄绘该书的前半部分。《云南种人图说》无疑可以看作是《滇省迤西迤南夷人图说》的节选改抄本。"[3]

笔者认为,《普洱夷人图说》的被发现,可以证明后者的观点略显唐突,有修正的必要。事实上,《云南种人图说》借重《普洱夷人图说》之处,远远多于借重《滇省迤西迤南夷人图说》之处。主要表现在两个方面。

---

[1] 见故宫博物院藏本。
[2] Van schöllis:《中国的民族图册》德文版,柏林:企鹤出版社,2003年,第235页。
[3] Van schöllis:《中国的民族图册》德文版,柏林:企鹤出版社,2003年,第235页。

其一，有些条目名称，《滇省迤西迤南夷人图说》中没有，《云南种人图说》与《普洱夷人图说》则不但有，而且完全相同，解说也相似。最为明显的是《滇省迤西迤南夷人图说》中没有"龙人"和"摆夷"两条，《云南种人图说》与《普洱夷人图说》却均有且文字相近。

《云南种人图说·龙人》的文字说明为："龙人，生于临安。性情最直，男耕女织。喜穿红绿衣，头包青蓝布，耳坠大环。男子亦有读书知礼者，与汉人相同。每逢正月，立秋千一架，男女同乐。"

《普洱夷人图说》的"龙人"条文字为："龙人，生于临安府所属。性情最直，男耕女织。穿戴青蓝红绿。耳坠大环，缠足包头。读书识礼，与汉人相同。每年正月内立秋一架，男女耍鞦则乐。"

两者内容基本一致。

《云南种人图说·摆夷》的文字说明为："摆夷，此种夷人，属威远地方。男知耕种，女知织纺。每年二月之内择期，男女、缅僧聚集，敲锣打鼓，走山采花献佛。此即同汉人做太平会也。头上顶红白花包头，身穿白布汗衣，下面穿织花布筒裙。男子执鼓钹助乐，女子采花，惟愿年丰景象。"

《普洱夷人图说》的"摆夷"类解说的文字为："摆夷，此种夷人，属威远地方。男知耕种，女知纺织。每年二月内择期，男女聚集，敲锣打鼓，赴山采花献佛。此即汉人太平会是也。头裹白布包头，身穿白布汗衫，下穿花布筒裙。男执皷钹助性，预庆年丰。"

两者内容也基本一致。

其二，《云南种人图说》《普洱夷人图说》和《滇省迤西迤南夷人图说》三者都有一些条目名称完全相同，但解说文字却有差异，而前两者更为相近。这突出表现在"缅和尚"条。此条在《普洱夷人图说》中为种人第34类，《云南种人图说》正文中为第21类，《滇省迤西迤南夷人图说》中则为第16类。其说明文字分别如下。

《云南种人图说》："缅和尚，思茅、宁洱、威远俱有。头顶身披，腰系俱黄，须眉皆不留。不忌荤，惟戒酒色。饮食俱人送去。念经似汉人。读书，写字用贝叶铁笔写。喜爱猫、鸡。至十八九岁还俗，与人婚配。死后火葬。"

《普洱夷人图说》："缅和尚，思茅威远宁洱俱有。头顶身披，腰系俱黄。不忌荤。饮食俱人送去。日时念经，即汉人读书，写字用贝叶铁笔。喜爱花猫、矮鸡。至十八九岁，有还俗配婚者，有不还俗者。死则火葬。"

《滇省迤西迤南夷人图说》："缅和尚，进西南边地均有。头顶身披，腰系俱黄。食肉饮酒。村寨中人或其亲属日送饮食。至则德头赤足，虽父母无跪递。别有缅字经文，写字用贝叶、铁笔。爱畜鸡猫。至十七八岁时仍还俗婚配。亦如来佛归家与妻子耶轮陀莫侯罗完聚之遗风也。"

比较三段文字，可以看出：《云南种人图说》与《普洱夷人图说》相差不多，而与《滇省迤西迤南夷人图说》则差别明显，特别是《滇省迤西迤南夷人图说》之末句，为前两者所无。

三、归属与特征

《普洱夷人图说》中，载夷人44种，大致可分为四类：（1）志书和各种史料中有较多记载，学界已经熟悉，或条目虽较新颖，但学界已有探讨的，共32类，约占73%。（2）各种志书和史料中从无记载，学界亦尚未探知其根源的，1种，占2%。（3）虽有民族属性，但其突出强调的却是职业特征，6种，占14%。（4）较之民族属性更加重点描述的是其地域特点，5种，占11%。以下依次论述。

（一）族称与族属

《普洱夷人图说》中所出现的种人条目，有32类是学界较熟悉的，涉及13个民族。

（1）彝族。我国56个民族中，彝族人口较多，分布地区也较广泛，云南、四川、贵州和广西都有，而以云南最多。关于彝族的族源，学界有多种说法。获得赞同最多的是北来说，即认为彝族的祖先是古羌人。公元8世纪初，著名的南诏政权就是由彝族先民建立的。明清时期，彝族已经形成了多种分支，称谓各不相同。《普洱夷人图说》中的"大头倮罗""山苏""倮罗""小利米""利米""白倮罗"6类种人，都属于彝族分支。

（2）傣族。在我国境内，傣族主要分布在云南的西双版纳、德宏、耿马、孟连、新平、元江、景东、景谷、普洱、澜沧等县和地区。其居住地，一般都是河谷及平坝。

汉代已有关于傣族的记载。《史记·大宛列传》中称之为"滇越"，分布在今大理以西德宏州一带。《后汉书》中，傣族的先民则被称为"掸"。当时，傣族地区属于益州郡，后改为永昌郡。唐宋元明，傣族地区建置屡次改变。至清雍正时期，改土归流，设立普洱府，原属于车里宣慰司管理的大片傣族区域，包括思茅、普腾、整董、猛乌、六大茶山、橄榄坝等地，均被划归普洱府管辖。

历代史籍中，傣族通常被称为"黑齿""金齿""银齿""绣脚""白衣"以及"百夷""伯夷""白夷""僰夷"等，清代则多称为"摆夷"。

《普洱夷人图说》中，"水摆夷""莽子""旱摆夷""摆夷""僰夷"5类种人，皆属于傣族。

（3）哈尼族。其祖先一般认为是古羌人，战国时期居住在四川大渡河和雅砻江以东的阿泥河一带。而后几经迁徙，到达今天云南的红河流域，逐步形成了集中的哈尼族居住地。在长期的发展过程中，哈尼族形成了众多的支系，其自称包括哈尼、卡多、雅尼、豪尼、碧约、白宏、锅锉、哦怒、阿木、多泥、卡别、海尼等，而以哈尼支系所占比重最大。此外，各支系之间和其他民族对哈尼族的他称也不少，如雅尼、俊尼、布都、西摩洛、觉围等。历代的汉文史料中，则称为和夷、和蛮、禾泥、和泥、窝泥、倭泥、阿泥、豪泥、斡泥等。清代又出现了哈尼、糯比、路弼、卡惰、罗缅5个名称。

《普洱夷人图说》中的种人，"黑窝泥""卡堕""卡高"以及"糯别"4类，都属于哈尼族。称谓"卡高"，清以前的典籍不多见，然《南诏野史》已有提及。乾隆间胡蔚订正本《南诏野史》"卡惰"条下明言：卡惰，"亦名卡高"。最后一个称谓"糯别"，虽罕见于史籍，但学界已经有过诸多探讨。目前一般趋向于认为，哈尼族从大渡河南下后，几经曲折，抵元江。后来，由于发生瘟疫，其中一支沿元江东下，分别抵达红河县及金平县，自称糯别。

（4）拉祜族。拉祜族为云南所独有。云南省西南部，特别是普洱和临沧市，为其最大的聚居地。其先民属羌人族系，从青藏高原南下，曾活动于四川西南部。约在春秋战国时期，迁入云南。到了两汉，拉祜族先民曾出现于滇东，后又退回到滇中。三国至唐，拉祜族先民活动于今永胜、姚安、巍山一带。唐代，拉祜族曾作为单一族体见诸史籍。宋代，拉祜族聚居在洱海南部的巍山、弥渡之间。公元13世纪，元军攻占大理国。拉祜族分两路再度南迁。一路，从哀牢山西面南下景东、景谷、思茅、西双版纳等地，定居于澜沧江东岸，即今普洱地区。另一路则进入澜沧江西岸，定居在临沧市。另外也有一些人辗转迁至金平县，后来演变成为苦聪人。

拉祜族有很多支系，其称谓包括"拉祜纳""拉祜西""拉祜普"以及"古宗""野古宗""苦葱""倮黑""磨察""木察""目舍"等。

《普洱夷人图说》中的"倮黑""苦葱"两类种人，都属于拉祜族。

（5）壮族。壮族旧称僮族，其先民是古代南方越人。明末清初顾炎武在《天下郡国利病书》中已经指出："僮则旧越人也。"[1] 宋代史籍中，已有关于壮族的记载。宋人范成大《桂海虞衡志》云："庆远、南丹溪洞之民，呼为僮。"[2]

目前，壮族主要聚居在广西壮族自治区内。在云南、广东、贵州、湖南等省，也有分布。云南壮族主要居住在滇东南文山地区。

民国《马关县志稿·风俗志·夷族琐记》中壮族的称谓很多，有"俍人""土人""侬人"以及"布壮""布越""布依""布沙""布泰"等。《普洱夷人图说》中，"龙人""沙人"都是壮族的一支。"龙人"与"侬人"不是同一分支。沙人是明末酋长沙定洲之后裔，因其前辈首领姓沙，其部才谓之沙人。

（6）白族。这是长期居住在云南洱海地区的一个土著民族。白族的语言属汉藏语系藏缅语族。白族有本民族的文字，很多白族人会说汉语，不少人还认识汉字，有使用汉字的习惯。

白族一般称为"白""白人""白子"。有3个支系，其自称为"民家""那马""勒墨"。其中民家占白族总人数的大多数，其他两支较少。除大理外，剑川、鹤庆、永平、云龙等县以及怒江沿岸和澜沧江流域的维西、兰坪、丽江等地，也有白族居住。《普洱夷人图说》中，"僰人""民家""刺毛"3类种人，均属于白族。

---

[1]（清）顾炎武：《天下郡国利病书》卷2，上海：上海书店，1985年。
[2]（宋）范成大著，齐治平校补：《桂海虞衡志校补》，南宁：广西民族出版社，1984年。

（7）傈僳族。傈僳族主要居住在云南省金沙江、怒江、澜沧江沿岸的山谷中和台地上。诸如贡山、丽江、永胜、宁蒗、中甸、维西、腾冲、潞西、陇川等地，都有傈僳族的踪迹。

一般认为，傈僳族是唐代"乌蛮"部落集团的一部分，与当时自称诺苏的部落有亲缘关系。傈僳族的名称，最早出现在唐代史籍中，樊绰《蛮书》有"栗粟两姓蛮"之载。[1] 傈僳族于明嘉靖、万历年间开始进入澜沧江西岸，进而西行至怒江沿岸的碧江和福贡地区，并在此聚居，成为当地的统治者。而原来生活在这一带的土著居民独龙族和怒族，则变成了被统治者。清代，部分傈僳族越过高黎贡山，进入缅甸境内。有的则沿澜沧江向南移动至今天的德宏地区。从而，滇西北的丽江、滇西的怒江流域和滇西南的广大地区，都成为傈僳族的分布区。

傈僳族历史上被称为"栗些""力些""栗粟""家傈僳""野傈僳"等，有的还根据他们的服饰颜色称为"白傈僳"和"黑傈僳"。《普洱夷人图说》中的种人"黑傈僳"，就归属于傈僳族。

（8）普米族。普米族主要居住在今云南西北的兰坪、丽江、维西、永胜及宁蒗等地。四川的木里和盐源等地也有少量分布。

普米族的先人，一般认为是西周时的西戎，原来居住在甘肃、青海东部，后进入青藏高原东部，元明时期才从金沙江、雅砻江南下进入云南西北和四川西南一带地区定居，演变成为现在的普米族。

普米族在民国时自称"普英米""普日米"或"培米"，在元明清

---

[1]（唐）樊绰撰，向达校注，《蛮书校注》，北京：中华书局，1962年，第105页。

三代的史籍中，被称为"西番"或"巴苴"。清人余庆远写的《维西闻见录》说："巴宜，又称西番，亦无姓氏。"《普洱夷人图说》中种人"西番"，就是属于普米族。

（9）怒族。怒族主要居住在怒江流域的贡山、福贡和泸水等地，维西和兰坪县也有少量分布。

怒族在元明清时，被称为"路蛮""怒子""怒人""弩人""怒夷"等。怒族有不同的支系，其自称各不相同，泸水市以北的自称为"怒苏"，福贡的自称"阿农"，北部贡山的自称"阿龙"，兰坪地区的则自称"若桑"，意思是"小麦人"。各个分支通常居住在不同地域，彼此沟通不多，语言也因地域关系而有所差异。中华人民共和国成立后，统一称为怒族。

《普洱夷人图说》中的种人"怒子"，就是归属于怒族。

（10）独龙族。这是中国56个民族中人口较少的一个民族，主要居住在云南省独龙江流域。

清代，独龙族散布在丽江府的西北部，北邻西藏，西接缅甸。语言属汉藏语系藏缅语族，语支尚待确认。独龙族长期聚居在偏远的大山峡谷之中，自然条件十分恶劣。秦汉至宋元，各种历史文献中很少有相关记载。明清时期，有关独龙族的记述逐渐增加，多称为"俅人""俅夷""俅子"以及"曲子""曲夷"等。中华人民共和国成立后，以其居住于独龙江流域，而定名为独龙族。

《普洱夷人图说》中的种人"俅人"，就归属于独龙族。

（11）佤族。佤族主要分布在今云南省的西盟、沧源、孟连、镇康、耿马、澜沧等县，腾冲、昌宁、景东等地也有少量分布。

佤族的自称很多，镇康一带者自称"佤"，西盟一带者自称"阿佤"，沧源、澜沧地区的佤族则自称"布饶克"，即山地居民的意思。

佤族原来主要聚居在西盟阿佤山一带，后来渐渐流入云南其他地区。特别是今之西双版纳、德宏、保山、澜沧以及缅甸的木邦、泰国的清迈等地，均逐渐成为佤族的分布地。

佤族在唐代被称为望苴子蛮、望蛮、望外喻等，明清文献中有"哈剌""古喇""哈杜""哈佤""本人""佧佤""阿佤"等称。其中佧佤又分为大佧佤和小佧佤两种，大佧佤指西盟一带的佤族，小佧佤则指沧源、澜沧一带的佤族。汉族的佤族称谓中之"佧"字，在傣语中是奴隶的意思。汉人称佤族为佧瓦，显然带有贬义。中华人民共和国成立后，废止了各种原有的称谓，统一称为佤族。

《普洱夷人图说》中的种人"佧佤"，就归属于佤族。

（12）基诺族。基诺族为中国56个民族中最后识别的一个民族。"基诺"，是基诺族的自称，意思是"跟随在舅舅的后边"，加以引申即为"尊崇舅舅的民族"。基诺族主要聚居在今云南省西双版纳州景洪县基诺乡以及四邻山区。

有关基诺族的汉文记载始见于清代，名"三撮毛"，系他称。当时，基诺山区因盛产普洱茶，名气渐增。一些汉族茶商陆续进入该地区，从而对基诺族社会产生了初步的了解。清雍正朝，官府在基诺山地区设立了攸乐同知，并修筑了城池，派有驻军500人，但数年后由于难以适应当地的瘴气，被迫裁撤。其后，该地区由傣族土司统治。

《普洱夷人图说》中的种人"三作毛"，就归属于基诺族。

（13）藏族。藏族主要居住在今西藏自治区，但云南、四川、青海、甘肃等省也有分布。在云南,则主要聚居在同西藏接壤的丽江、迪庆地区。

藏族有许多分支,其称谓见于诸多史籍,包括吐番、西番、古宗等。《普洱夷人图说》中的种人"古宗",就归属于藏族。(关于藏族的详细论述,见后章)

(二) 犸子

《普洱夷人图说》中,有一个尚未被学界所认知的称谓,即种人第23类,名"犸子"。"犸子"是一个新的称谓,其民族归属,尚未为学界所知。本节可以认为是迄今对该称谓的首次探讨。

"犸子"的解说全文为:"犸子,产于迤西潞江之左。居处深山,结芦为屋。男女身穿蓝布短衣,肩披虎皮,腰以此皮为裙。头戴毡巾,女挽发结。男直女柔。粮务差役——昔汉诸葛侯至其地即有此种,撑船搭岸、负运柴薪甚勤,从此而免。专以捕猎为生,誓不耕种。"[1]

"犸子"称谓,秦汉以来直至清代中期,各类史籍中均未见记载。该称谓的首次出现,是在清乾隆朝末年。当时,由贺长庚编纂的《滇省迤西迤南夷人图说》,其种人第39类名为"犸子"。然而,由于该图册19世纪末已流往欧洲,百年来国内无人知晓。2003年该图册在德国出版后,开始引起中国学界的关注,但重点仍偏向于滇夷图系列整体的版本比较研究方面,而对于其中描绘的具体种人则关注不多,

---

[1] 见故宫博物院藏本。

对犸子一条罕见提及。

另外，德文版《滇省迤西迤南夷人图说》的编著者虽对图册进行了一些研考，尝试辨明各类种人的民族归属，但限于条件，成果并不理想。图册中有相当一部分种人被标识为待确认或族属不明，《滇省迤西迤南夷人图说》第75页中的犸子也被标为族属不明的种人之一。此后，无论是国内或国外的学术界，均未见有对犸子归属问题的新探讨。

笔者认为，犸子应归属于彝族，是彝族中和羌族有较紧密联系的一个分支。主要依据如下。

第一，无论犸子作为一个分支属于今天的哪一个民族，其最初当源于羌族。犸子的"犸"（mǎ）字，是汉人对夷人名称的音译。写为"犸"，是表示该族文明程度较低，带有明显的贬义。按照今天的习惯，应当写为"玛"，或"伱"，甚至"马"亦可。而第一个将"犸子"称谓介绍给国际学术界的《滇省迤西迤南夷人图说》编著者，在原文和译文中均将"犸子"写为"伱子"。据笔者考察，在中华各民族自称中，唯有羌族自称"玛"（mǎ）或"尔玛"（erma）。即使目前社会各界均以"尔玛"一词作为羌族的代称时，羌族人自己仍在谈话中自称"玛"。

此外，今羌族人习俗中，诸如"不事耕种"，男皆"头戴毡帽"，无论冬夏身穿皮衣，女子"发髻高挽"，"大都自由恋爱"等，皆与犸子的相关介绍相符。

第二，犸子所属之民族，必当居住在清代云龙、保山一带（今保山地区）。《普洱夷人图说》指出："犸子，产于迤西潞江之左。"考清代之潞江，实为今天怒江的一段。问世于康熙五十八年（1719）之

《山川考谕》云："澜沧江之西，为禹贡之黑水，今云南之潞江也。"又云：其水"流入怒夷界为怒江。入云南大塘隘名潞江。南流经永昌府入缅甸"。据考，明万历时为加强边防，在云南腾冲地区兴建了巨石、铜壁、铁壁、虎距、天马、汉龙等八个边关，还设立了九个隘口，大塘隘为其中之一。大塘隘位于今腾冲城区以北的界头乡大塘村，南距县城103千米，东为高黎贡山，西为黎花山。另外，《全滇纪要》则直称："潞江，自云龙州南流入保山县境。"[1]

康熙《山川考谕》提到的"永昌府"地望与《全滇纪要》中的潞江流域相一致，均为今之保山地区。考今之保山市，古为永昌府府治所在地，位于云南西南部，地处横断山脉滇西纵谷南端，境内多山。在群山之间，镶嵌着大小不一的近80个山间盆地，最大的保山坝子，面积149.9平方千米。最高点为腾冲境内著名的高黎贡山之大脑子峰，海拔3780.9米。所谓"潞江之左"，则大体在今之保山市处于怒江左侧的高黎贡山、腾冲、龙陵、潞西一带。这一地区，至今仍居住有彝族、傣族、白族、傈僳族诸多民族。

第三，猡子一支，当为清代生活在永昌府地区的彝族支系。永昌地区清代生活着诸多民族，其习俗，最与猡子图中所画人物风情相似的，就是彝族。

从猡子图中可以看到：男女二人，均披虎皮，赤足，行走在大山之中。男子头戴蓝色毡帽，挎腰刀，右肩扛着猎物，左肩扛着三股叉。女子发髻高挽，右手也提着三股叉。男女二人背后均背着装满东西的

---

[1] 马玉华：《西南边疆卷5：咸阳王抚滇绩·全滇纪要》，哈尔滨：黑龙江教育出版社，2012年，第235页。

背箩。据笔者考察，在目前已为学界所知的各类滇夷图中，描绘狩猎民族者众多，但没有任何民族手持三股叉。因而，有理由认为，惯常使用三股叉作为狩猎工具，是名为"犸子"种人的最显著特点。而考云南各民族中，只有彝族在狩猎中善用三股叉。

在中国，彝族人数最多的是四川省。而在四川最大的博物馆四川博物院的民族馆所展示的近代彝族生产工具中，三股铁叉实物被作为彝族生活生产的代表性工具之一进行展示。四川博物院收藏的三股叉和犸子图中的三股叉完全一致。

彝族善用叉，表现在诸多方面。在彝族的传统舞蹈中，非常著名的一种就是"叉舞"。这是一种表现使用三股叉狩猎以及战斗的舞蹈，由男性手持三股叉组成舞队，模仿在作战以及狩猎中使用三股叉时的各种动作。表演者随着音乐节奏，举叉刺向各个方向，有攻、有守，动作威武雄猛。直至今天，云南各地以及四川、广西的彝族在其民族风情舞蹈中，大都保留有"叉舞"，即使是很小的村寨也不例外。如在红河哈尼族彝族自治州北部的泸西县，有一个只有四个村民小组的彝族村落，名为凤舞村，其传统舞蹈不多，却有"叉舞"。与之相对照，其他南方民族中，三股叉均未见占有如此突出的地位。

此外，图中男女二人均身披虎皮，也与彝族风俗类似。彝族崇拜虎，以虎为图腾。在彝族创世史诗《梅葛》中，天、地、风、云、山、海、江、河，皆为虎身各个部分化成。在古代，彝族人多以虎为保护神，并认为死后经火葬灵魂会还原为虎，而有生之日则要披虎皮，显虎威。早在唐代，云南的南诏国王异牟寻在会见唐使时，为显示威风，即身披老虎之皮。

第四,彝族与羌族渊源甚深,关系十分紧密。"羌"原是中国古代西部游牧民族的泛称。在漫长的历史发展过程中,羌人不断分化,其中有一部分迂回迁徙至今四川西北部。这一部分羌人,有些后来逐步发展成现代的羌族,也有一些演变成今天彝族的一部分。这一过程大约始于唐代,至明清时期完成。近年学术界通常将这一过程称为"羌人地带的萎缩",[1] 其地域主要在大、小凉山及丽江地区,正包括所谓的迤西一带。随着羌族地带的萎缩,纳西族和彝族先民的地域逐渐扩大,云南西部的彝族先民地区出现了很多羌人杂居的局面。至明清,汉人对西南少数民族的了解明显加深,出现了不少描述少数民族情状的文献,一些原来被称为羌的彝族转而脱离了羌族范畴,而被称为彝族或其他民族。这一"萎缩"的完成,导致很多原本应当视为羌族的人,最终演变成了彝族中的一部分;"猓子"当为其中之一,其虽日益与彝族混同,却仍旧带有很多羌族特征。

(三) 龙人

《普洱夷人图说》所载种人中,第二类为龙人。龙人并不是一个新出现的称谓,清代史籍中屡见记载。然而,迄今学界大都认为龙人就是另一个壮族分支侬人的别称。其实他们之间存在着明显差异,不应等同视之。

学界将侬人与龙人等同,主要源于某些云南地方志在提及龙人时

---

[1] 王明珂:《羌在汉藏之间》,北京:中华书局,2008年,第179页。

将其视为侬人的别称。如嘉庆《阿迷州志》云："侬人，亦作龙人。"这自然产生误导，当以更正。事实上，龙人与侬人并非完全相同。目前被认为是最接近《伯麟图说》的《滇省夷人图说》，其条目中就将"龙人"与"侬人"分列为两类。（详见后文）

笔者认为，龙人与侬人间的差异主要是前者更多地带有哈尼族的习俗特征，这可从《普洱夷人图说》和《云南种人图说》两幅描绘龙人的风情图画中得到验证。

两幅图画都绘有荡秋千的龙人形象，文字中也有相关说明。因而可以认为，喜爱荡秋千是龙人的一个重要特征。以下是两幅图说明文字的全文。

《普洱夷人图说》："龙人，生于临安府所属。性情最直，男耕女织。穿戴青蓝红绿。耳坠大环，缠足包头。读书识礼，与汉人相同。每年正月内立秋一架，男女耍鞦则乐"[1]。

《云南种人图说》："龙人，生于临安。性情最直，男耕女织。喜穿红绿衣，头包青蓝布，耳坠大环。男子亦有读书知礼者，与汉人相同。每逢正月，立秋千一架，男女同乐。"[2]

两段说明文字，不仅都明确地提到了龙人喜荡秋千，而且所标出的时间都是正月。由此可知，正月荡秋千是龙人的一个标志性风俗习惯，而这一习惯在史籍关于侬人的诸多记述中却未能看到。清嘉庆年间所修《临安府志》对侬人的描述是："侬人，性狡诈，好斗。男子首裹青花帨，衣粗布如绨。女子短衣长裙。楼居无椅凳，解履升梯，

---

1 见故宫博物院藏本。
2 云南大学图书馆编：《清代滇民族图谱》，昆明：云南美术出版社，2005年。

席地而坐。"[1]

另外，查考中国南方各民族风俗，喜好在正月荡秋千者，最突出的是哈尼族。至今，云南一些地区的哈尼族仍旧保留着春节荡秋千的习俗。哈尼族的秋千，分为车秋、甩秋、磨秋三种。其中的甩秋，又称吊秋，哈尼人称"阿戽"，用7棵大竹子搭成。做法是：选择一块比较平坦的地面，将用3棵大竹子捆绑在一起支成的两个三脚架放置一起，中间距离3米左右；再将一根大竹子，横着捆绑支放在两个三脚架上方，距离地面高度为4～5米，然后在横竹上面拴绳子垂向地面。这与图中所画秋千的样式完全一样。

详查云南壮族侬人一支的历史，可以发现这一关系发生与发展的轨迹。

云南的侬人，史载多是宋侬智高及其部下的后裔。康熙《元江府志》载："侬人，其种在元江，与广南同俗，是智高党窜于此者。"[2] 其他明清史籍，诸如明代的《云南志》《滇志》，清代的《云南府志》等，所载大体相同。

侬智高，北宋中期广源州（今广西南宁一带）壮族首领，宋皇祐四年（1052）举兵反宋，次年被宋朝大将狄青击败，其后率领余部退入云南南部。

目前，学界已经考知侬智高率领余部进入云南后，经阿迷（今开远）、蒙自到建水的官厅，再到元阳的南沙和红河的木龙，最后进入

---

1 （清）江睿源纂：嘉庆《临安府志》卷18《土司》，北京：中国社会科学院图书馆藏。
2 （清）张凤鸣纂：康熙《元江府志》卷2《土司种人附·人种类》，北京：中国社会科学院图书馆藏。

元江坝子。这一地区，明清时期归属临安府。侬智高率部队到达蒙自地区后，恰逢元江西南岸元阳地区哈尼族的几个家族因矛盾激化而发生战斗。其中有的家族为壮大自己的力量，求助于侬智高。侬智高慨然应允，率军队将其对手击败。作为回报，对方将红河沿岸一些地区划归侬智高管辖。侬智高的壮族军队就在该地区驻扎、繁衍，并与该地的原居住民哈尼族日益融洽，从而受到后者的诸多影响。

这一段历史，在史籍中也有记载。嘉庆《阿迷州志》载："侬人，亦作龙人，昔因纳更司（今元阳一带）龙氏兄弟相争，连约侬人为助，后遂育种于阿、蒙诸处，其俗与沙人相似。"[1] 明弘治《蒙自县志》载："侬人，侬智高之后，也作龙人。县初无此种，因纳更土司龙氏者兄弟相争，约侬人为助，后侬氏寝衰，侬人遂育种于蒙，其俗与沙人相似。"[2]

中华人民共和国成立后新修的《绿春县志》亦云："据本地哈尼族口传史，宋代大理国时期，又有一批人从今文山州方向迁入，其中一部分成了哈尼族村社头人的'部曲'，逐步与哈尼族融合，但至今仍保留着他们原有的一些习俗，这部分人称为'哈欧麻然'（意为被雇来的伍卒），简称'哈欧'，他们至今还自称侬族，认作是侬智高的后裔。"[1]《红河州民族志》也说："现今绿春一带自称哈欧的，原为

---

[1]（清）张大鼎纂：嘉庆《阿迷州志》卷6《风俗·种人》，北京：中国社会科学院图书馆藏。
[2]（民国）佚名：宣统《续修蒙自县志》卷3《社会志·风俗·彝俗》，北京：中国社会科学院图书馆藏。
[1] 云南省绿春县志编纂委员会：《绿春县志》，昆明：云南人民出版社，1992年，第79页。

文山、广南等地的壮族，宋时侬智高起义失败后融入当地哈尼族。"[1]

由此可证，所谓龙人，实为壮族之在元江的一支。其虽源出于侬人，但又与一般侬人有所不同，而更多地带有一些哈尼族的习俗特征。

（四）种人形象的地区差异

《普洱夷人图说》中多层次的历史与社会文化意义，除了表现在少数民族分支内部特色、军事制度补证以及地域宗教教派繁衍等方面外，还与其民族风情演变、氏族相互间文明程度的异同发展、种人社会形象的更改等有关，其中的种人形象更改意义尤其重大。

《普洱夷人图说》所描绘的夷人涉及10余种少数民族，如僰夷、摆夷、白倮罗、僰人、黑倮罗等皆带有明显的普洱特色，社会形象与其他地区有所不同，其中最突出的是大头倮罗。

《普洱夷人图说》中，种人第3类名为"大头倮罗"，源出于清代新平、嶍峨的彝族分支"倮罗"。

查清康熙《新平县志》，其云："倮罗，性最凶悍。口角之嫌，持戈相向。邻里亲族，仇杀无忌。数世之冤必报，一物之微必争。出入佩刀乘马，以抢劫为生。缠大头，顶皮盔，披皮甲棉被，野贼是也。据峻岭，住茅庐。不论老幼男妇，衣服多用红绿。然长幼有节，尊卑有礼。会饮以跪为敬。凡设席，必以生肉剁碎，用蒜调和，每人一分而食之。如有酒食，必聚集合寨共乐。其占卜用鸡胯骨，插竹签，断

---

[1] 邓玮、龙壮图、吴琼华：《红河州民族志》，昆明：云南大学出版社，1989年，第269页。

其吉凶。俗皆尚鬼，病不服药。"[1]

普洱"大头倮罗"的解说则是："性情淳和。栽种田园。身穿红绿五色衣服，宽领满钉银泡。头缠青布数围，耳坠大环。足穿花鞋。喜好歌唱，名为跳弦。姑娘私自入山与人饮酒，父母兄弟遇见，用鸡一只，酒一壶，说合婚配。嫁时，给耕牛一条。喜食酸臭。"[2]

两相比较，彼此的人物形象差异明显。虽然同缠大头，归属于同一彝族分支，但前者性情凶悍，骑马持刀，抢劫为生，实为"野贼"；后者则性情平和，耕田种地，喜好歌唱，实为善良百姓。后者的文明程度显然高于前者，融入主流社会的程度也更高。

普洱与新平，两地相距不是很远；时间跨度，康熙末至嘉庆初也仅仅数十年间。而同一民族分支，形象改变竟然如此巨大，除自然条件外，社会文化条件必然产生了巨大影响。这也从另一个方面说明，清前中期民族政策在普洱地区的实施尽管有诸多缺陷，但在促进社会和谐与稳定发展方面起到了一定作用。

《普洱夷人图说》由于具有多方面的特点，对后世滇夷图的发展产生了一定影响。如清代最著名的滇夷图册《伯麟图说》，其原本虽然自清道光朝以来未再重现，但据其副本或抄本，也可以考证出其绘制过程中对《普洱夷人图说》的借重和参考之处。

目前，传世的《伯麟图说》抄本中，《滇省夷人图说》被认为最接近原本。前已述及，有学者甚至提出，它就是《伯麟图说》原本的副本。而在《滇省夷人图说》中，至少有四五处明确地显示出其对

1　康熙《新平县志》卷2《风俗·附种人》。
2　见故宫博物院藏本。

《普洱夷人图说》的借重，如"缅和尚""黑窝泥""三作毛""沙人"等。而表现最突出的，则是该图册中关于"龙人"的描绘。

《滇省夷人图说》中，"龙人"为种人第90类。

将其与《普洱夷人图说》中描绘"龙人"的图画相比较，可以看出两者构图完全类似。

同时，考查《滇省夷人图说》中"龙人"条的文字说明，也与《普洱夷人图说》相似："龙人，知耕织。其俗以正月元日作秋千戏。殆以习轻趫而寓介寿之意欤。普洱府近郭有之。"其文字与图画结构，除与《普洱夷人图说》"龙人"条相似外，与《滇省迤西迤南夷人图说》中"侬人"条，也十分相似。但是，《滇省迤西迤南夷人图说》中该类种人冠名为"侬人"，而《滇省夷人图说》则冠名为"龙人"，后者与《普洱夷人图说》完全相同。加之，《滇省迤西迤南夷人图说》中仅仅言及该类种人"生于临安府"，而《滇省夷人图说》则明言"普洱府近郭有之"。考虑到《普洱夷人图说》记载了生于临安府的龙人在普洱府出现的事实，而其他史料均未见记载，则由此亦可知《滇省夷人图说》所参考的，必然是《普洱夷人图说》，而不是《滇省迤西迤南夷人图说》。

四、承继与发展

滇夷图的产生发展经历了漫长的历史演变过程，长期以来虽然生动活泼的风情图类时有出现，但占主导地位的种人图像，仍一直是比较呆板的正面和侧面图，而且人数不多，男女分绘。这种模式至清乾隆朝《皇清职贡图》出世而盛行。其后，随着滇夷图创作的普及与内容的扩展，旧的模式明显已不再能满足新的要求。

清嘉庆、道光以后，一种新的少数民族图说模式日益占据主导地位。其与职贡图模式的区别主要表现在两个方面：首先，图像取自"夷人"生产与生活的实践，图画人物很少有呆板的正面和侧面像，而是动态的各种姿势，并且均与适当的背景融于一体，从而能够更准确生动地表现少数民族特色。其次，人物众多，男女混杂，服从于种人特色描绘的需要，而不再仅限于单人男女。

《普洱夷人图说》正是出现在这一模式转变期，起到了承上启下的作用。图中所绘人物最多时达10多人，均是动态，场景配合也生动有致。[1] 其在模式方面还采取了宏观与微观相结合的创新视角，不仅强调地域（府、县）的种人特征，而且注意通过地点（汛、里、保、村）特征，表现各民族及其分支间的差异。此外，其对少数民族宗教流派和军制演变，也有所顾及。该图在总体上均具有重要的社会、历史、文化等多方面价值。

（一）行政区划

《普洱夷人图说》中，以地点冠名的种人类共有5个，所占比重超过10%，这在目前学界所知的各类府级种人图说中较为少见。这5类种人原居村落，或是历史上著名而具有重要的文化含义，或是具有独特的自然特征而给种人生存留下了烙印。因而，其在种人比较研究以及丽江周边地区民族史和社会学史研究方面，具有不容忽视的重要意义。

《普洱夷人图说》中，以地名冠名的种人类，皆集中在清代丽江府丽江县所属的一些汛、约、里和村，大致在今玉龙县地区。汛、约，在清代是和里、保同一级的行政单位，归属于县级行政单位管辖。清之丽江县，战国时属秦国蜀郡，秦朝因之。汉属益州郡。蜀汉划归云南郡。隋属南宁州总管府。唐初属吐蕃神川都督府管辖。唐贞元十年（794），南诏攻破吐蕃铁桥城，设铁桥节度，辖县域。至元，属丽江路宣抚司管辖。明归属丽江军民府。清为丽江府。乾隆三十五年

---

[1] 见故宫博物院藏本。

(1770)，设置丽江县，下辖 12 里、12 约、2 保。清末，县辖行政区里、约、保统称为里。宣统三年（1911），全县划为 5 个区，共辖 25 里。

《普洱夷人图说》中强调地域特征的 5 类种人是塔城古宗、情普罗、桥头人、鲁巨人和雪松村人。以下分别研讨。

（1）塔城古宗、古宗，学界有谓之普米族者。然而，《普洱夷人图说》中的种人古宗，依据其所描绘的特点当为藏族。其在《普洱夷人图说》中，为种人第 8 类。

塔城，指塔城汛，是清代丽江府西北部的一个行政区域，在今云南省丽江市玉龙县西北部塔城乡塔城村一带，距玉龙县城 158 千米，与香格里拉市县相邻。塔城是云南通往西藏的交通要道，海拔 1910 米。金沙江从青藏高原奔腾南下，经塔城流入玉龙县境内。隋唐时期，其地曾修建了横跨江面的铁索长桥。据《丽江府志略》所载，唐贞元十年（794），南诏异牟寻攻入当时为吐番神川都督府所属的铁桥城，铁索桥在战斗中被摧毁。尽管如此，其遗迹至今仍是一个闻名中外的丽江旅游亮点。

《普洱夷人图说》中已经列有"古宗"（第 10 类），谓其"居中甸"。《丽江府志略·种人·古宗》云，"古宗，即吐番。旧属本府，今归中甸管辖。金沙江边，皆其种类"。其再将"生于丽江所属"[1]的塔城古宗单独列出，是为了标示两者之间的差异。事实上两者确有不同，前者属于么些古宗，即明朝木氏土司势力扩展至铁桥斩杀"吐

---

[1] 见故宫博物院藏本。

番旧民"时,其"屠未尽者,散处于么些之间",谓之么些古宗,而后者则属于所谓的臭古宗。两者的差异,历来史料所述不多。而依据《普洱夷人图说》,可知么些古宗的一个显著特点是,其人生病得愈,或遭灾遇难,则做乞丐三年,将乞讨所得金银捐给喇嘛,以求脱解。[1]

(2)情普罗。在《普洱夷人图说》中为种人第12类。情普罗,是大具情普罗约人的简称,属纳西族。据乾隆《丽江府志略》记载,大具情普罗约是丽江府北部山外12约之一。[2] 其地大约在今玉龙县大具乡营盘镇一带。营盘镇,在大研镇北的大具坝子内,位于金沙江东侧,海拔1760米。清代其地有驻军,因名营盘,为大具情普罗约设置之所。人口不多,主要为纳西族。

清代丽江府的纳西族,史称么些,是唐代么些蛮后裔。《丽江府志略·种人·么些》记载其特点:"性轻捷柔懦,儇慧相高,俗不颇泽。语带鸟音,安分畏法。务耕种,畜牛羊。善劲弩骑射。勤俭治生。饮食疏薄,虽馈遗不过麦酒束脯。夷习,男子头总二髻,旁剃其发,名三搭头;耳坠绿珠,腰挟短刀,膝下缠以毡片,四时着羊裘。妇人结高髻于顶,前戴尖帽,耳坠大环,服短衣,拖长裙,覆羊皮,坠饰锦绣金珠相夸耀。"[3]

同上述丽江府纳西族大众的特点相对照,情普罗人虽然也归属于纳西族,却具有明显的不同特点:身披虎皮,大多以砍柴割草赴市售卖作为维持生计的主要方式。考其原因,主要是当地气候条件恶劣,

---

1 见故宫博物院藏本。
2 (清)管学宣:乾隆《丽江府志略》上卷《建置略·市肆》。
3 (清)管学宣:乾隆《丽江府志略》上卷《建置略·市肆》。

"常有冰雪,不产五谷",不得不以"挑柴割草为生"。[1] 这一带有职业性的特点,在其他诸多种人著述中罕有记载。

(3) 桥头人。其在《普洱夷人图说》中为种人第 18 类,为桥头村人的简称。桥头村,在清代丽江府西北部,归属桥头汛。桥头汛,丽江府山外 12 约之一,《丽江府志略》有载,在金沙江西岸,海拔 1872 米,因村旁有古代的铁索桥而得名,即今之玉龙县金庄乡中兴村。清时,桥头汛即设在桥头村。中华人民共和国成立后,改村名为中兴,取兴旺发达之意。清代桥头村,人烟稀少,主要为纳西族,其特点也与《丽江府志略》所述纳西族的一般特点有所不同,性情淳良,而非"善劲弩骑射",喜穿花鞋,外披羊皮,每日则赴市卖酒为生。桥头村地处交通要道,过往行人较多,而桥头人又善于酿酒,因而其多以卖酒为生。[2]

(4) 鲁巨人。其在《普洱夷人图说》中为种人第 19 类。鲁巨人是清代丽江府鲁甸村与巨甸村一带纳西族人的简称。该地分属鲁甸汛和巨甸汛,即今之玉龙县鲁甸乡和巨甸乡一带。其地为金沙江边的重要通道,设有驿站,驻有军队。鲁巨人性情平和,与桥头人类似,但赖以维持生计的方式是捕鱼,而不是卖酒。鲁巨人所居之地近金沙江,江中鱼类丰富,而相邻的藏人并不吃鱼,故以鲁巨人为代表的该地纳西族专以捕鱼为生。关于纳西族善于捕鱼的记载史籍中不多见,《普洱夷人图说》可以补充其不足。

(5) 雪松村人。其在《普洱夷人图说》中为种人第 28 类。雪松

---

1 见故宫博物院藏本。
2 见故宫博物院藏本。

村,又称雪嵩村,即今之玉龙县白沙乡玉湖村,位于玉龙山下。玉龙山,俗称玉龙雪山,又名雪岭。《丽江府志略·山川》云其山:"群峰插天,经年积雪,数百里外望之,俨如削玉。山半有池,融雪飞流,盛夏伏暑,寒冽不可逼视。蒙氏僭封为北岳。"

位于雪山脚下的雪松村,是一个纳西族古村寨,居民全部是纳西族人。20世纪前半期,美国人洛克为研究纳西族风情,就长期居住在这里。

清代的雪松村人,被称为"里外么些"。这是由于其所居在白沙里之外的荒野之地,十分偏远。尽管该地也是"不产五谷",但雪松村人既不善捕鱼,也不以砍柴割草为生,而是以烧炭卖炭为生,使得丽江地区的纳西族又增加了一个史籍中不多见的新特点。

(二) 土兵

《普洱夷人图说》中,第16类名为"土兵"。这是该称谓第二次出现在滇夷图册中。第一次出现早10年,即成书于乾隆五十三年(1788)的《滇省迤西迤南夷人图说》。此称谓真正引起学界关注,则是在21世纪初的德国。当时《滇省迤西迤南夷人图说》德文版在莱比锡出版,其编纂者在书中对土兵的含义进行了初步探讨,但由于受到国外条件的限制,尽管其首议之功不可抹杀,其所阐述的观点却有诸多可质疑之处,特别是将土兵视为"土著之兵",实在是一种误解。迄今海外学界未再见有进一步的相关探讨,国内学界也从未真正关注过滇夷图中的土兵称谓。本节可以认为是国内学术界探讨土兵含义的首次尝试。

滇夷图中的土兵,并非指清朝兵制中那种属于乡兵之一的土兵。清代的乡兵作为一种兵制,始于雍正时期。《清史稿》云:"雍正八年,鄂尔泰平定西南夷乌蒙之乱,调官兵万余人,乡兵半之,遂定东川,是为乡兵之始。"[1] 此后乡兵遍于全国,湖南曾国藩所练湘军,就是其中的一种。土兵则是乡兵的另一种,乡兵中称为"夷兵"或土司兵的,就是指土兵。夷兵是由土著少数民族组成的军队,土司兵,则是指由土司统领的当地少数民族组成的军队。

土兵,在清代"惟川、甘、湖广、云、贵有之",且"调征西南,常得其用"。《清史稿》指出,土兵由居住在西南地区的僰人、摆夷、西番、么些以及花苗、红苗、花仡佬、红仡佬、白倮罗、黑倮罗等诸多少数民族组成,"故骁强可用"。而"土兵之制,甘肃、四川、两广、湖南、云、贵或隶土司,或属土弁,或归营汛。甘肃土兵附番部。四川土兵附屯弁、屯蕃。湖南土兵附练兵、屯兵。别有番民七十九族,分隶西宁、西藏"。[2] 土弁,即土守备、土千总、土把总等,是废除土司的地区中由政府委任的土著负责人。

当时云南的土兵,以府为单位的归属于都司或守备。如在镇远府的,归属大雅口土都司;在丽江的,则归属大山茨竹寨土守备。下一级,如维西奔子栏、阿敦子以及思茅的猛猎、六顺、猛笼等地的土兵,则分别归属于当地的土把总。

土兵的特点是:没有固定的具体编制,所有兵器也没有固定的标

---

1 赵尔巽:《清史稿》卷 133《兵制四·乡兵》,北京:中华书局,1977 年,第 3950 页。
2 赵尔巽:《清史稿》卷 134《兵制五·土兵》,北京:中华书局,1977 年,第 3964 页。

准，征召与解散因势而定，因而与正规军有差别，但也像正规军一样领取粮饷，且有时比正规军还多。土兵与正规军联手作战，是正规军作战中必不可少的得力助手。所谓"奋勇摧敌，固仗八旗。乡导必用土兵，小金川土兵尤骁勇善战"；[1] "搜剿山路"以及退兵断后，也都常用土兵。这与《普洱夷人图说》或《滇省迤西迤南夷人图说》中所描述的土兵特点，明显不同。

《普洱夷人图说》与《滇省迤西迤南夷人图说》中描绘的"土兵"为同一种人，其特点是：（1）"身穿各色衣裤，头戴皮帽"；（2）"惟习标弩，不吃粮饷，惟免夫役"；（3）在本地边隘遭遇进攻时，参加防御，并不奔赴外地作战。[2] 可知这种土兵是一种非正规军，类似兵夫，身穿杂色衣服，没有统一的服装，不领取粮饷，无正规编制，其责任在于防守本地边境隘口。因而有理由认为，滇夷图中所描绘的"土兵"，其"土"字是非正规的意思，而非通常所认为的是"土著"之"土"。

据笔者查考，清代云南确实存在这种兵夫制度，其源出于明代的卫所制。

卫所制，是明初推行的一种军事制度。朱元璋建立明朝后，为维护全国一些重要地区，特别是边疆地区的稳定，建立了后人所称的卫所制度。

卫所制的基本原则，是因防设卫。当时明朝统治区域内，凡交通重镇皆设有卫，而在一些偏远的隘口则设立千户所或百户所。千户所一般归属于卫，也有直属都司的。在西南少数民族地区，则设长官司、

---

[1] 赵尔巽：《清史稿》卷134《兵制五·土兵》，北京：中华书局，1977年，第3963页。
[2] 见故宫博物院藏本。

安抚司、招讨司、宣抚司、宣慰司等,归各省都司管辖。[1] 卫所制实行以屯养军,各地卫所除京师外,均实行军屯自给,以减轻国家负担。卫所制最初实行的是军户世袭制度,即军丁世袭,军有军籍,民有民籍,军民分治。明中期以后,卫所屯田制遭到破坏,兵源出现问题。从正统二年(1437)开始,明朝廷逐步推行募兵以扩大兵源,各种形式的民间武装组织成为募兵的主要对象。弘治七年(1494)以后,又推行征兵制度,每里(110户为一里)签兵二人,平时由都司或卫所训练,战时发给行粮听调出征,称为民壮队伍。[2] 西南少数民族地区的民壮队伍大都归本地土司统辖,一般不去外地作战。明末秦良玉两度率领四川石柱(今重庆石柱土家族自治县)土司兵出境参加抗击后金军战斗,实属例外。

  明朝灭亡后,清朝推行八旗兵和绿营兵制度,基于卫所制的民壮队伍制度逐渐被破坏,但它并没有完全消失,特别是在云南一些地区,其虽有所变更,却继续存在。《普洱夷人图说》中的土兵,就应当归属于其范畴。

  《普洱夷人图说》明确指出,普洱府的土兵,最初存在于广南府境内。[3] 考乾隆《广南府志》,确有相关记载。其兵防条云:"府旧由罗平拨驻防一员,兵五十名,以为城守。后以十三嶍沙夷入府境杀掠,郡绅赴省请兵剿戮,于康熙二十四年始移协镇。共兵一千二百名,马

---

[1] (清)张廷玉:《明史》卷310《土司列传一》,北京:中华书局,1974年,第7982页。
[2] 《中国军事史》编写组:《中国历代军事制度》,北京:解放军出版社,2009年,第443页。
[3] 见故宫博物院藏本。

战兵一百一十名,步战兵四百四十名,守兵五百五十名。"[1] 同卷兵夫条则云:"本府守城兵勇五十名,万历五年知府邵鸣岐议于居民签选充当,免其杂差,给与器械,分拨四门,常用看守。查有入官无主田地,每名给数亩,以充工食。自丁亥流寇肆毒,田地荒芜。顺治十六年开滇时,已垦者因军需浩繁,所征租粒充放兵粮,将续垦者征米二十八石。每岁签兵夫二十四名,即以此项给充工食,看守城门。"[2]

从上述两段文字可以看出,其所言之兵夫:①并非正规士兵;②不拿饷银;③唯免杂差;④防守本地。其与滇夷图中所描绘的土兵主要特征完全相符。

由此可知,《普洱夷人图说》中所述土兵,其实是一种始于明代的兵夫。这种兵夫制度在清代虽略有更改,但基本特征仍未脱离明朝的框架。由于诸书多未见记载,借此可补正史之不足。

(三)宗教

《普洱夷人图说》中描绘了4种少数民族宗教职业人士,所占比重超过10%。在存世的滇夷图中,这也是十分罕见的。

这4类宗教人士,其名称为缅和尚、刁巴、黄喇嘛和西藏大二三宝。其原居住地,除缅和尚一种在普洱府境内外,其余3种均在丽江府境内。虽然如此,4种宗教人士所属教派,却源出于不同的民族。以下分别探讨。

---

[1] 《广南府志略》卷2,乾隆年抄本,北京:中国国家图书馆藏。
[2] 《广南府志略》卷2,乾隆年抄本,北京:中国国家图书馆藏。

（1）缅和尚，又称缅僧，指傣族僧侣，而非指来自缅甸的和尚。长期以来，云南傣族所信奉的佛教，一直是"南传上座部佛教"，又称"小乘佛教"。公元1—2世纪，印度佛教中分裂出主张"普度众生"的大乘教派后，原来只求自我解脱的原始佛教和部派佛教则被称为小乘佛教。小乘佛教后来传至斯里兰卡和缅甸。约在7世纪前后，小乘佛教从缅甸传入云南。明隆庆三年（1569），缅甸金莲公主嫁与车里第十九代宣慰使刀应勐时，缅甸国王派僧团携三藏典籍及佛像随来传教。其后，小乘佛教逐渐成为傣族的主要信仰。后世所谓傣族佛教，即指小乘佛教。小乘佛教的传播，对傣族社会的文化和风俗演变产生了重大影响。傣族男童达到入学年龄时，一般要出家为僧并在寺院中学习文化知识，接近成年时再还俗，其中少数人继续留寺深造，以后按僧阶逐步升为正式僧侣。由于傣族宗教是自缅甸传入，因而其僧侣一般被称为缅和尚、缅僧，其寺庙则被称为缅寺。缅和尚在傣族社会中的地位非常高。凡为缅僧者，不必自己烧火做饭，饮食皆由当地傣族百姓轮流供给。而供奉饮食者要将做好的饭食捧至缅寺门外，自己摘帽脱鞋，将饮食置于头上，入门跪献。即使缅和尚是自己的孩子或晚辈，奉献饮食者也一样要如其他人那样跪下献上饮食。而在身为缅和尚的孩子或晚辈还俗后，则尊长之礼也回复如常。[1] 道光时史载，威远厅的大缅寺中即有缅和尚百余人，皆剃发，用黄布裹身。[2]

《普洱夷人图说》中所描绘的缅和尚，充分体现了缅僧的特点。

---

[1] （清）郑绍谦：道光《普洱府志》卷18《土司·种人附》，北京：中国社会科学院图书馆藏。
[2] （清）谢体仁：道光《威远厅志》卷8《杂记》，道光十七年刻本重抄本，北京：中国社会科学院图书馆藏。

特别是指出其"头顶身披，腰系俱黄。不忌荤，饮食俱人送去"；"读书写字，用贝叶铁笔"。一望而知，其为傣族僧侣无疑。此外，该图说还描绘了普洱缅和尚的特殊习俗，即喜爱畜养花猫和矮鸡。而这一点，在各类地方志中记载不是很多，可视为普洱地区志书的补充。[1]

(2) 刁巴。这是一个各类史籍中罕见的少数民族宗教称谓，指云南玉龙、中甸、维西、永胜等地的纳西族所信仰的东巴教中的祭司。

东巴教中的祭司，纳西语称为"do ba"，汉文史籍中常常译为"多宝""多巴""东跋""刀巴""刀把"等。其中"刀巴"一词最为常见，志书中多有记载。如乾隆《丽江府志略》云：纳西族"亲死既入棺，夜用土巫名刀巴者，杀牛羊致祭。亲戚男女毕集，以醉为哀"。又云：其后每年至十一月初旬，"凡死人之家始诣焚所拾灰烬余物，裹以松枝瘗之。复请刀巴念夷语彻夜，再祭以牛羊，名曰葬骨"[2]。可见，刀巴即纳西族巫师，官名祭司。

《普洱夷人图说》中关于刁巴的文字说明，其首句即称"刁巴，土巫也"。考其图画，人物形象亦与纳西族巫师类似，为占卜、念经者。[3] 加之，刁巴与刀巴读音又十分相近。由此可知：刁巴，亦即刀巴，为纳西语"do ba"的另一个音译名称；其人，则为东巴教祭司。另在云南傣族地区，"刀""刁"二字常相互换用，有关史载甚多。民国《新纂云南通志》云："明定云南，元时土官归附，蛮人无姓，或请姓于主将，主将谩之曰：'汝辈之性，惟刀砍斧剁耳。安得有性。'

---

1 见故宫博物院藏本。
2 （清）管学宣：乾隆《丽江府志略》下卷《风俗》。
3 见故宫博物院藏本。

其人误'性'为'姓',遂取四字姓之。'刀'转为'刁','砍'转为'衎',又转为'罕','斧'转为'普','剁'转为'多'。汉人即其语书之,刀为首姓,故土司中刀氏十居六七。刀与刁形声皆相近,或作刀,或作刁,不能悉辨。"[1] 此载不乏"戏说"的成分,但在有关傣族史籍中的确能看到两字用作土司之姓常被人们相互调换。如《明史》中记载洪武时威远州傣族土知州刀算党,康熙《云南通志》中则为"刁算党";[2]《清高宗实录》卷933中记车里宣慰土司刀维屏,卷1005中则为"刁维屏";等等。这说明,"刁巴"之称虽与丽江纳西族有关,但却是经普洱傣族本地化后的特殊用语,也表明丽江与普洱虽相隔较远,而两地间的交往及信息传播却很频繁。

刁巴,或刀巴,或东巴,意义相同。这一被广泛传播的东巴教祭司名称,其实是东巴什罗的简称,而东巴什罗则被认为是东巴教的创教始祖。

东巴教,其源出于纳西族古代社会的氏族宗教,经过曲折发展,至唐代出现了巨大的变化。唐时,中甸白地的纳西族祭师为了适应形势的要求,对原有氏族宗教进行改革,借用藏族本波教祖师丁巴什罗的名号,创造了东巴什罗祖师的形象,同时,将该派宗教的祭司也改称为"东巴"。这一时期,纳西族祭司阶层对原始氏族宗教崇拜的神灵和鬼怪加以充实、完善,对原有的祭祀诵词进行删减和补充,并用象形文字书写了能够诵读的经文,还把原有的宗教祭祀仪式加以调整和完善,将氏族祖先的崇拜对象进行提炼和升华,从而逐步形成了流

---

[1] 民国《新纂云南通志》卷177《土司考五·世官二》永昌府。
[2] (清)张廷玉:《明史》卷314《云南土司列传二》,北京:中华书局,1974年,第8105页;康熙《云南通志》卷27《土司》。

传至今日的纳西族东巴教。

东巴教在纳西族社会中的影响，无所不至。有清一代，丽江府的纳西族人从小就受到东巴教文化的熏陶，信仰东巴教，自然而然地成为东巴教的信徒。事实上，直至20世纪40年代末，纳西族日常生活中，发生诸如婚嫁、生育、丧葬以及买卖交易、播种耕田、争端评判等诸类事端时，往往都要请刁巴出面主持。在丽江纳西族地区的各个自然村中，一般都有2~3个刁巴。较大的村庄，刁巴有多至10个者。

历史上，凡为刁巴者皆为男性，一般是世代相袭，传承方式包括父传子、叔传侄、舅传外甥等多种。除家族传承外，也有人本是平民百姓，后转而拜师于刁巴，艺成后成为刁巴。刁巴必须懂东巴文，熟悉各种东巴教仪式，能够主持各种祭祀道场，还要会雕刻各种祭祀物品。因此，欲成为刁巴者，必须经历一个艰苦的学习阶段，才能掌握经典、仪轨、书画等方面的诸多技艺。刁巴在纳西族民众中虽然有较高的地位，通常以"能者"的身份出现，但除少数名声极大者外，大多数刁巴都并不脱离家庭和社会生产劳动，仍是村社生活中的普通一员。

东巴教派别很多，在不违背基本教义的情况下，各派祭司都有自己的一些特点。普洱境内所见到的刁巴，其形象特点是"腰插短刀"，"手持铙钹"。[1] 这与诸多史籍中所载东巴教祭司的形象有明显差异。由此可见，《普洱夷人图说》"刁巴"条，不仅在东巴教祭司名称方面，而且在祭司的人物形象和使用器具方面，均可补史志记载之不足。

据跋文记载，刁巴"穿十行左衽衣"，这一点跟今天丽江地区的

1　见故宫博物院藏本。

东巴服饰相同，今天丽江地区的东巴仍然有穿左衽衣的习俗。

据跋文看，刁巴所使用的法器主要是铙钹，而今天丽江地区的东巴所使用的法器也主要是铙钹。他们使用的这种铙钹并不成双成对，而是只用单只，在铙钹中央开有小孔，其中系上绳索，绳子的另一端系有一个球状物，在进行宗教活动的过程中，用手拨动绳索，使球撞击铙钹，发出声音，这种法器大致与刁巴所用的法器相同。

此外，图中的刁巴，头戴圆顶毡帽，上面插有雉鸡等禽鸟的尾羽，时至今日，丽江地区的东巴仍然用这些鸟的羽毛装饰他们的帽子。手中所执的彩幡用五彩布条装饰，这一点也与今天丽江地区的东巴相似。另外，虎皮也是丽江东巴衣服和帽子上常见的饰物。

（3）黄喇嘛。从今天对西藏各宗派喇嘛的称呼来看，黄喇嘛应当是藏传佛教格鲁派的僧人。

喇嘛教，严格讲应该称之为藏传佛教。"喇嘛"一词源于藏语，被解为"无上"，通常用来称呼精通藏传佛教秘法而德高望重的僧人，因而也有"师父"的意思。时至今天，我们把西藏僧人都称作"喇嘛"；乃至在印度，有些人把老少僧俗的西藏男女都称作"喇嘛"，甚至有人以"喇嘛"为姓氏的，这些都是后期之文义演变，与原来有所差异。"喇嘛"并非西藏法师的独有称号，西藏也把汉地法师称作"汉喇嘛"（gyalama）。

据历史记载，格鲁派兴起于公元 15 世纪初期，是宗喀巴在藏地推行"宗教改革"的基础上建立起来的。当时宗喀巴主要奉行的理论称为甘丹必鲁，因而被称为甘鲁派，被后人逐渐转称为格鲁派。"格鲁"一词，本意指的是善规或善律的意思，而该派也以奉行严格的戒律修持著称。因为祖师宗喀巴和教派内部一些高级僧侣主要戴黄色僧帽，穿红色僧袍，所以该派又被人称为黄教或黄帽派。

相较于藏传佛教的其他几个宗派，格鲁派形成最晚，因而传入云南的时间也最晚，直到公元 15 世纪末才从西藏传入中甸（今香格里拉市）、德钦、维西等地，被当地的藏族、纳西族信仰。据《明实录》记载，三世达赖喇嘛索南嘉措曾于万历六年（1578）受丽江木氏土司的邀请到辖区内传教，并于两年后在理塘建立了理塘寺。[1] 由其建寺行为及当时统治者的礼遇态度可以推出，当时格鲁派在云南地区已有相当的势力。到了清代，由于五世达赖喇嘛对清政府的归顺，其教派受到当权者的极力推崇而成了藏区第一大派，中甸（今香格里拉市）、维西的其他藏传佛教派别中，不少寺院和僧侣还出现了"改宗"的情况。据《维西见闻纪》记载："黄教喇嘛，香僧也……阿墩子之寿国寺、杨八景寺，奔子栏之东竹林千余人皆是也。礼佛诵经，其经译以华语，皆与中土同，惟无《楞严经》，盖佛产天竺，即缅甸与土蕃界，相传达摩阐教其地而佛教兴，至今已千六百余年矣。黄教喇嘛起最后……"[2] 民国《云南阿墩子行政区地方志资料》亦记载了格鲁派在云南的活动情况："佛教以喇嘛为主，有寺二，德钦、红坡各一。僧徒二百余人。经典悉用藏文。每寺教主一，相传以原魂转生，能知过去未来，即所谓活佛也。每月二十九日，众僧演跳一次，名曰跳鬼，悉演魑

---

[1] 转引自祁庆富、史晖：《清代少数民族图册研究》，北京：中央民族大学出版社，2012年。
[2] 李汝春：《唐至清代有关维西史料辑录（维西史志资料1）》，迪庆：维西傈僳族自治县志编委会办公室编印行，1992 年。

魅魍魉、生死、善恶、苦乐之报应。虽曰迷信，亦可以助王化之所不及。"[1] 由此可知，从清代至民国，格鲁派始终盛行于中甸（今香格里拉市）、维西、德钦地区，成为当地藏、普米、纳西等民族的群众信仰。

另据《维西见闻纪》记载："黄教喇嘛起最后，阔袖长衣，隆冬亦露两肱，著古宗靴而不衣裤，衣黄衣，冠黄冠，故谓之黄教。"[2] 这与《普洱夷人图说》中"黄喇嘛"的形象基本相同。而据《中甸县志稿》记载："规（当做归）化寺修持之宗派：拉黑根举，译言宗或派，修此派者，可以饮酒食肉，娶妻生子，惟须一心救人，故能脱凡成佛，译其教义乃密宗也。"[3] 归化寺是当年由康熙皇帝敕建的"十三林"之一，属于格鲁派在中甸的第一大寺。由这段记载也可看出，《普洱图说》中"黄喇嘛"可以"茹荤饮酒"的习俗，与格鲁派僧人所持的戒律是一样的；同时，因为在清顺治年间五世达赖喇嘛阿旺罗桑嘉措归顺清王朝，从此在中央政府的扶植下格鲁派成为藏传佛教第一大派，到《普洱夷人图说》成书时出现"夷人最敬"的景象是符合事实的。综合以上各种证据来看，"黄喇嘛"即是格鲁派僧人无疑。

（4）西藏大二三宝。限于笔者的能力，所查各家史书中，只见载于《滇省迤西迤南夷人图说》，其释文为："即世所称活佛是也，外犹有四五宝。"[4]

由"活佛"一词可见，"西藏大二三宝"应属藏传佛教系统的僧侣，

1　张飞方：《云南阿墩子行政区地方志资料》，民国22年，第203页。
2　李汝春：《唐至清代有关维西史料辑录（维西史志资料1）》，迪庆：维西傈僳族自治县志编委会办公室编印行，1992年。
3　段绶滋纂修：《中甸县志》，载中甸县志编纂委员会办公室《中甸县志资料汇编》，1991年。
4　该文转引自祁庆富、史晖：《清代少数民族图册研究》，北京：中央民族大学出版社，2012年。

且其活佛通常为五人，即跋文所谓"五宝"也。《维西见闻纪》载："红教喇嘛，相传有十三种，维西惟格马巴一种。格马长五人，谓之五宝轮回，生番地，均十余世不灭，人称活佛。维西五寺，红教喇嘛八百人，皆格马四宝喇嘛之法子也。"[1] 这些信息都与"西藏大二三宝"的跋文相同。可知"西藏大二三宝"指的就是5位格马长，俗称为活佛；而"格马"一词应当是"噶玛"的同音词，指的是噶举派的最高宗教首领"噶玛巴"。由此可见，"西藏大二三宝"指的应该是噶举派的僧人。

噶举派是藏传佛教四大派之一，于公元十一二世纪藏地佛教后弘期发展起来，属于新译密咒派，先后由穹布朗觉巴和玛巴罗咱瓦创立，因为其早在僧侣传教时皆穿白僧裙，故后人俗称其为"白教"。《维西见闻纪》所称之"红教喇嘛"，指的并不是真正的红教——宁玛派，而是当时广泛流行于中甸地区的噶举派红帽系喇嘛。《云南通志稿》载："喇嘛教传入西藏，唐时有莲花生者，自印度宣传此教，是为旧教，亦称红教。明永乐间，宗喀巴起而改正之，别创信教，亦称黄教。"[2] 另据《中甸县志稿》载："红教为喇嘛教之旧教，其所习之经与所供之佛，均与黄教无异，不过戒律不严，又多习神异怪之种种邪法，是以信奉者稀。"[3] 从教义上看，噶举派的僧人可以分为两种：一种称为噶玛，其经典被称为伏藏，且诵读勤严，不娶妻妇，但除"三

---

1 《李汝春：唐至清代有关维西史料辑录（维西史志资料1）》，迪庆：维西傈僳族自治县志编委会办公室编印行，1992年。
2 转引自迪庆藏族自治州民族宗教事务委员会编：《迪庆藏族自治州宗教志》，中国藏学出版社，1994年，第13页。
3 转引自迪庆藏族自治州民族宗教事务委员会编：《迪庆藏族自治州宗教志》，中国藏学出版社，1994年，第13页。

禁肉"之外可以食肉；另一种称为仓巴，其主要采取独居的修行方式，多采用巫术咒法，祭祀多用血食，因此很多人认为他们不是真正意义上的佛教徒，信奉者较少。所以《中甸县志稿》中提到的"又多神异怪之种种邪法"的僧侣应当是噶举派僧人。由此可见，从清朝至民国，各类史书中只有红教与黄教之别，而对于同样被归于"红教"内部的其他派别并不加区分，因此导致了误将噶举派红帽系僧人认为是宁玛派（红教）僧人的情况。

据文献记载，公元11世纪末噶举派已传入迪庆藏区，并与本教进行了长时期的斗争，在斗争过程中也吸收了本教的一些神祇和教理、祭仪、经典。噶举派本身分化出来的"仓巴"，就是与本教长期斗争后分化演变的一种教派。[1] 但是随着统治者对格鲁派的扶持而使之成为藏传佛教中的第一大教派，其他教派逐渐被它兼并。《中甸县志稿》载："迨前清康熙己未年，经达赖五世奏请朝廷，剿灭红教，崇尚黄教，奉旨建归化寺。"[2] 其衰颓由此可见。

结　语

普洱为多民族地区，各民族的分布地域广阔。中央王朝认识到地处边疆的云南在维护国家安全中的重要地位，对当地的军事布防及政治建设十分重视，在接壤境外的普洱地区先后采取了若干的政治、军

---

[1] 杨学政：《藏族 纳西族 普米族的藏传佛教——地域民族宗教研究》，昆明：云南人民出版社，1994年，第278页。
[2] 段绶滋纂修：《中甸县志》，载中甸县志编纂委员会办公室《中甸县志资料汇编》，1991年，第187页。

事等措施，《普洱夷人图说》在此条件下应运而生。

　　这就产生了一个问题，为什么在这本如此重要的图册内出现众多其他区域少数民族？若只是周边地区民族还可以理解，其中还包括了远在丽江、保山，甚至四川、云南交界处的少数民族。是这些地区的少数民族因经商等原因曾少数出现于现今的普洱地区，还是当时画这本图册的画师曾经游历过这些地方，抑或仅仅只是道听途说。虽然笔者很想得到一个明确原因，可这些信息已经消逝于漫漫历史长河中无从考证，笔者限于自身现阶段的学术水平，只能对这些问题进行某种程度的猜测，以供参考。结合茶马古道的路线情况：茶马古道从西双版纳出发有两条路线，第一，向北，经过丽江，进入西藏。第二，向南，经过缅甸，到达印度。而在本图册中，共有40多个种人条目，其中位于现今滇西北地区的有古宗、塔城古宗、桥头人、鲁巨人、西番、黄喇嘛、西藏大二三宝、民家，共计8个条目，占总条目数的20%。另有受缅甸影响的缅和尚。因此笔者认为本图册在一定程度上可作为这些民族因有茶马古道上的贸易，曾于清末出现在普洱地区的确凿证据。另外，该图册作者记录了当时各少数民族生产活动的场景，有助于人们研究当时普洱地区各少数民族的生计模式及经济状况；此外，该图作者还在跋文中将自己对该图中各少数民族的考证记录下来，这对后世研究普洱地区，乃至云南地区的少数民族提供了珍贵的资料。该图为私修图册，在图的绘制与编写上较其他资料更为严密。该图通过绘画的形式大量记录下了当时普洱各主要少数民族的服装样式、风俗习惯，这为今天研究少数民族艺术及民族文化资源的发掘提供了重要的史料支持。

在当代，普洱地区的各个民族已经不再是被统治的角色，而他们在经济、文化层面的影响仍具有强大生命力。在我国平等团结的民族政策面前，不同民族相互合作、学习互补的趋势正日益加强。边疆地区政治、经济、文化协调发展，各民族携手前进、共建和谐社会而走向繁荣富裕，是今天 56 个民族在内的全国人民最大的期望和愿景。

选择与归属

——口述史视野下德昂族的历史文化研究

作　　者：王　燕（云南大学中国少数民族史专业硕士）
指导教师：李晓斌

导 论

（一）研究缘起

在我国民族国家建构与发展过程中，民族平等是各项民族政策和民族工作的基础，在此基础上，"百家争鸣、百花齐放"的文化多元政策为各民族和谐相处、繁荣发展提供了多种可能。近年来，为了鼓励民族发展自身文化、彰显自身特色，国家着力出台了一系列更为宽松的文化发展政策，为各民族进一步确立自身文化身份和地位提供了更全面的制度性保障，这在一定程度上或唤醒或加强了各民族的文化自觉意识；与此同时，随着市场经济进一步向西部内陆边疆少数民族聚居区渗入，东西、内外交流越发频繁与深入，使一些原本看似平淡无奇的族群文化在外界因素介入后开始凸显其自身特色，其潜在的经济价值和可资本化的因素日渐被其文化持有者重视。国家民族政策的发展和市场经济的进一步渗透，带来了某些民族自觉意识的进一步强化和各种利益诉求的再次升温，随之而来的是这些民族在其文化自觉意识引导下开展的一系列历史文化重塑及解释活动。

2011年4月,笔者随导师前往德宏州芒市三台山乡就德昂族浇花节进行调查,浇花节与泼水节之间模糊的界限关系以及同一节日在德昂族不同支系内部的差异性引起笔者的关注。泼水节为傣历新年的庆祝活动,是信仰南传上座部佛教的民族共同的佛教节日,德昂族信仰南传上座部佛教,因此也以泼水节的形式来庆祝傣历新年。[1] 20世纪50年代民族调查资料表明,之前的德昂族只有泼水节而无浇花节的提法,2008年德昂族在申报国家第二批非物质文化遗产名录中为使其节日区别于泼水节而将名称改为"浇花节",因此浇花节是一种新近"发明的传统",这一"传统"通过成功申报国家第二批非物质文化遗产名录而被逐渐建构起来。

德昂族浇花节建构活动的深入开展,引发了德昂族对其历史及文化的表述,如关于金齿国、遗址遗物、迁徙与分布、宗教文化等的表述。德昂族结合自身历史的特点,通过对学者中不同观点的选择,形成归属于自己的与史籍不同的口述史表述体系。那么,德昂族口述史表述与正史记载的差异何在?他们如何在学者的观点中进行选择以形成自己的主体性表述?这种主体性表述背后的现实原因是什么?

为了解答上述问题,首先笔者运用文献研究法对德昂族的史料进行整理。史料表明,直到清代乾隆年间才有了分化演变成单独的德昂族的记载,且记载篇幅少,加之德昂族长期以来与傣族错杂而居,其历史文化与傣族存在诸多相似性。明清以前,德昂族的历史多混合于"濮"等族群源流分化复杂的群体历史中,加上德昂族没有本民族文

---

[1] 国家民委民族问题五种丛书云南省编辑组:《德昂族社会历史调查》,昆明:云南人民出版社,1987年,第158页。

字，其历史尤其是明清之前的历史主要通过神话史诗或传说来传承。史籍对德昂族的记载情况、德昂族历来与周边民族杂居的事实及德昂族历史的传承方式造成了德昂族历史记载的不延续性、模糊性及记载的空白，这给后来的学者讨论德昂族的历史留下了很大的空间，为德昂族表述自己的历史创造了条件。其次，笔者运用口述史研究法对相关文化事项进行口述资料收集，实地访谈表明，德昂族对历史文化的梳理，使德昂族的历史逐渐由模糊的维度向相对清晰的维度转变，逐渐形成一个承载着"民族集体记忆"的"根基历史"。通过查阅史料和实地访谈，收集了足够的文献资料以及大量的第一手资料，为本文的写作做了较充分的准备。

（二）相关理论

1. 历史与记忆

要通过德昂族民族历史和口述史的比较来探讨其对历史文化的表述和认同，就不得不关注历史与记忆的关系。雅克·勒高夫在《历史与记忆》一书中通过对"过去/现在""古代/现在""记忆""历史"的专题论述认为，历史是按照社会结构、意识形态、政治对过去进行的一种编排；同时，记忆较历史更"真实"，但记忆本身受时间、立场、情感、现实等因素的影响又存在一定的建构。因此，他认为一种有效的历史阐释方式是将历史表述与现实加以比较，并进一步指出，记忆是构成所谓的个人和集体身份的一个基本因素，寻求身份是当今社会以及个体的一项基本活动。他认为，集体记忆在民族身份和群体凝聚力方面发挥着重要作用，集体在过去面前，基于不同的目的或选择记忆偏差或记忆忘却或失忆或记忆都是可以理解的。[1]

对此，王明珂也做过相应论述，他认为记忆是一种集体社会行为，是一种使当前的经验印象合理化的对过去的建构，社会群体以此得以凝聚及延续；而之所以记忆出现选择性、扭曲或错误，是因为每个社会群体都有一些特别的心理倾向或心灵历史结构。[2] 本尼迪克特·安德森在《想象的共同体——民族主义的起源与散布》中也强调了想象和创造一个社会的集体记忆，对于有效培养集体认同的重要性。[3] 莫里斯·哈布瓦赫在《论集体记忆》一书中指出记忆是社会文化的建构，过去是记忆在当下的重现，记忆的反复重现使过去和现在之间建立了一种连续性关系，也建立了文化主体连续性的共同身份。[4]

基于以上研究，结合本论文研究主题，我们的问题启示在于：德昂族何以重视过去的记忆？那些原本属于某个支系的记忆何以上升为一个民族的集体记忆，这些集体记忆的"生成"有着怎样的现实意义？德昂族对历史的表述如何在"历史"（国家史）与"记忆"（口述史）之间得到过渡和衔接，二者的差异如何体现？这些问题将在本文第二部分得以回应。

1　[法]雅克·勒高夫：《历史与记忆》，方仁杰等译，北京：中国人民大学出版社，2010年。
2　转引自王明珂：《华夏边缘——历史记忆与族群认同》，北京：社会科学文献出版社，2006年。
3　[美]本尼迪克特·安德森：《想象的共同体——民族主义的起源与散布》，吴叡人译，上海：上海人民出版社，2005年。
4　[法]莫里斯·哈布瓦赫：《论集体记忆》，毕然等译，上海：上海人民出版社，2002年。

2. 传统的发明

"传统的发明"是近年来学者研究文化建构用得最多的词汇，而最初提出"传统的发明"并对之进行系统研究的是英国的霍布斯鲍姆。

在《传统的发明》一书中，霍布斯鲍姆首先界定了"被发明的传统"，并将它和支配所谓"传统"社会的"习俗"进行了区分，指出那些影响我们日常生活的、表面上久远的传统，其实只是很短暂的历史，而"传统"社会的"习俗"是一种历史的、惯例的、社会连续性的自然认可。该书通过对威尔士的民族服装、苏格兰的典籍再造、英国皇家仪式变迁、英国统治下印度庆典仪式的变化等个案的生动叙述，得出这样的观点，"被发明的传统"在很大程度上是为了创造人们对"民族—国家"的认同，"发明传统"是一种话语建构的过程，是"为了相当新近的目的而用旧材料来建构一种新形式的被发明的传统"，是试图使当下的现实与某一适当的具有重大历史意义的过去建立连续性的体现。[1]

霍布斯鲍姆的这一理论，为我们理解当下社会背景中出现的德昂族的各种新的"传统的发明"，为研究他们基于现实需要而衍生于传统并超越于传统的文化建构行为提供了一种解释路径。同时，霍布斯鲍姆的论述仍存在一个缺憾，即没有真正清晰地将"被发明的传统"和支配所谓"传统"社会的"习俗"进行区别，他只是从社会形态角

---

[1] [英] E. 霍布斯鲍姆、T. 兰格：《传统的发明》，顾杭、庞冠群译，南京：译林出版社，2004年。

度和产生的新近时间进行划分，即"习俗"是"传统"的，而"被发明的传统"是"为了相当新近的目的而使用旧材料建构出来的"[1]，其起源时间往往相当晚近。那么问题就在于：属于传统社会的"习俗"为何在现代社会仍发挥作用？人们何以用昔日的"旧瓶"来装今天的"新酒"？"被发明的传统"和过去的历史有着怎样的内在关联性？这些是本文在第三部分试图回应的问题。

3. 文化建构[2]

人们对文化进行开发、重构和发明，从而导致文化发生急剧变化，已成为当下中国社会的一种普遍现象。从检索到的相关文献可以看出，目前学者对文化建构的研究主要集中在文化建构的背景、建构方式及意义方面。

不同主体的、不同层面的文化建构，其条件和背景不同。国家发展所需的民族文化建构，是应全球化带来的文化交流和冲突展开的；而区域性的文化建构，是人们在国家政策及市场化交织引导下的，出于自身利益考虑的对新文化的开发、建构过程；此外，民族文化资源的日益资本化，少数民族地区原有的符号体系不断被重新建构与阐释，逐渐重构地方与民族文化认同，也是少数民族文化建构的动力之一。相关的研究甚多，略举几例谨做参考：刘国强的《传统文化建构国家认同的多重面相分析》（《学术界》2009年第1期），伊利贵、刘东旭

---

[1] [英]E.霍布斯鲍姆、T.兰格：《传统的发明》，顾杭、庞冠群译，南京：译林出版社，2004年，第6页。

[2] 在中国知网上以"文化建构"为题名检索2000年到2012年的文章共有525条记录，本文择其中密切相关的文章进行研读和归纳，把握文化建构的研究动态。

的《协作与抗争：云南晋宁一个彝族村落的文化建构》（《社会研究》2010年），刘志扬的《居住空间的文化建构：白马藏族房屋变迁的个案分析》（《民族研究》2011年第3期），宁清丽的《壮锦：一个文化符号的建构与当代表征》（《柳州师专学报》2010年第3期），柴可的《从族群意识到文化资源——客家文化建构历程的社会学分析》（《赣南师范学院学报》2012年第2期），乔文红的《纳西族支系玛丽马萨人及其文化变迁》（云南大学2011年硕士学位论文），等等。

文化建构通常从传统文化着手，主要是重新解释传统的意义、对应和置换传统的概念。此外，受历史框架、社会结构和文化心理形塑的历史记忆也是文化建构的重要基础。现代传播媒介的诸多特点对文化建构也起着重要的作用。相关研究甚多，略引几例谨示如下：陶东风的《记忆是一种文化建构——哈布瓦赫〈论集体记忆〉》（《中国图书评论》2010年第9期），周建新的《在路上：客家人的族群意象和文化建构》（《思想战线》2007年第3期），朱楠的《论媒介文化在新文化建构中的作用》（吉林大学2007年硕士学位论文），等等。

文化建构对于一个共同体的文化价值是无可替代的。[1] 胡小安通过对广福王的研究，认为地域文化建构其实是地方开发与周边不同族群、不同文化被纳入主流话语的见证；[2] 李志农、乔文红通过对迪庆藏族"拉斯节"的分析，论述了民族文化精英如何通过建构一个节日来实现民族内部的治理；[3] 马燕坤通过分析国家对回民的文化建构，

---

[1] 邹明华：《古史传说与华夏共同体的文化建构》，《中国人民大学学报》2010年第3期。
[2] 胡小安：《桂林的广福王信仰与地域文化建构》，《广西民族大学学报》2010年第1期。
[3] 李志农、乔文红：《传统村落公共文化空间与民族地区乡村治理——以云南迪庆藏族自治州德钦县奔子栏村"拉斯节"为例》，《学术探索》2011年。

认为国家认同基础上的文化建构对回民生存和发展有着巨大的塑造作用;[1] 卢鹏等人通过对花腰彝女子舞龙文化的研究,认为在文化产业语境下立足当地传统民族文化建构出来的花腰彝女子舞龙,促进了地方经济发展,增强了对民族文化的自信心[2];乔文红通过维西玛丽马萨人文化变迁的研究,认为玛丽马萨人在族群意识自觉下进行的传统文化发明与重构,是关乎切身利益的政治诉求的表达[3];王清清通过对石林县糯黑村石头文化建构的研究,认为石文化建构蕴含着村民对村寨石头文化的重新认识与发明利用,在此过程中培养了对新型石文化的认同。[4]

通过上述回顾可看出,学者对文化建构的研究涉及文化建构的背景、建构方式及建构意义诸方面,从理论探讨和个案研究方面不断丰富着文化建构理论的研究,为我们做进一步的研究提供了重要的参考。但总体观之,笔者认为目前学者的研究尚存在有待拓展的空间,尽管已有学者关注到了记忆对文化建构的意义,但只是从理论方面进行了一定回应,并未真正地将一个地区、一个民族的记忆和它当下的文化建构相契合,本论文的研究除了借鉴上述研究的成果外,还将在记忆与文化建构之间的关系方面做一定探讨。

---

1 马燕坤:《试论国家认同的文化建构在回族社会中的作用——以滇东北鲁甸为例》,《青岛大学师范学院学报》2007 年第 2 期。
2 卢鹏、张永杰:《文化产业中民族文化的建构与现代意义——花腰彝女子舞龙的人类学分析》,《黑龙江民族丛刊》2011 年第 5 期。
3 乔文红:《纳西族支系玛丽马萨人及其文化变迁》,云南大学 2011 年硕士学位论文。
4 王清清:《"糯黑村"到"糯黑石头寨"的文化建构解析》,云南大学 2011 年硕士学位论文。

4. 口述史与国家史相比较的方法研究

口述史，是在和访谈者建立良好的合作关系基础上通过访问、口述手记的方式收集历史亲历者或知情者的回忆资料的一种历史研究方式。

从目前检索到的文献来看，学术界关于少数民族口述史与国家史比较的研究还很薄弱，蓝韶昱在《简述历史人类学研究的若干关系》（《传承》2008年第16期）中提到了口述史与正史文献的关系，但尚停留在理论层面，缺乏实证研究。

学者更多的是对国家史、地方史、口述史的分别研究：

国家史方面，杜玉亭在《简史丛书非凡说——中国民族史探索40年》（《云南民族学院学报》2001年第1期）一文中分析了20世纪五六十年代编撰的少数民族简史丛书产生的时代背景和社会需求，作者针对部分论者囿于时代背景提出的简史"无用说"进行了简史"非凡说"的回应，指出简史丛书对中国民族史研究的重大意义，认为它奠定了现代中国民族史学研究的根基；钱茂伟在《国家视野下的传统史学》（《史学月刊》2010年第10期）一文中提到现代国家史的编纂，实质上是实现了文化的大一统塑造。

地方史方面，石坚平的《历史的建构与建构的历史——以良溪"圣地化"为例》（《五邑大学学报》2009年第4期）从良溪罗氏宗族自身的叙述出发，剖析了良溪罗氏祖先记忆与乡土历史的建构过程及意义，以及罗氏宗族在良溪地方社会不同历史时期具有的不同社会意义。该文作者虽然呈现了该地历史建构过程的真实，但没有深入分析历史建构背后的原因。

口述史方面，向晶、周绍东的《历史记忆与清初土民社会转型：对鹤峰平山社区口述史的解读》（《铜仁学院学报》2010年第4期）从主位的视角出发，运用口述史研究法叙述了鹤峰平山社区村民面对不同的历史做出的记忆选择，表现为口述史与文献记载的偏差、对土司记忆的忘却和妖魔化、国家转型带来的集体失忆，反映了在国家权力强制推动的社会转型中土民的生存选择，作者在文末提出了忘却与重构的主题，但并没有就记忆重构进行研究，这是其研究的缺憾；陈明等的《古歌口述史：民族认同的塑型渠道——以贵州少数民族古歌为例》[《时代文学》（下半月）2008年第10期] 指出古歌的口述传唱具有民族文化的认同渠道功能和民族文化传承的教化价值。

以上关于国家史和口述史的分别研究，对本论文的写作有着重大的方法论意义，而将口述史与国家史进行比较，剖析口述史表述背后的原因，是本论文试图尝试的方向。

（三）选点简介

本文的实地访谈资料收集主要在德宏州芒市三台山乡两个德昂族村寨完成，笔者曾在这两个村子做过浇花节的调查实录，与村民建立了良好的合作关系。此外还走访了芒市、陇川县、梁河县等地的德昂族学者及知识精英。

芒市三台山乡，位于芒市西南部，是全国唯一的德昂族乡，也是德昂族最集中的聚居区，全乡辖勐丹、出冬瓜、允欠、邦外4个村民委员会，共有德昂族4031人，占全乡人口的57.4%。

出冬瓜村和邦外村不仅是三台山乡德昂族人口最多的两个村,也被认为是历史最悠久的两个老村。

出冬瓜村辖 6 个自然村,8 个村民小组,总户数 366 户 1644 人。主体民族德昂族 5 个小组 230 户 1030 人,分别占总户数与人口的 62.84% 和 62.65%。出冬瓜的德昂族自称为"梁",属于德昂族的"梁"支系,因其妇女着花色筒裙,外界和其他聚居区的德昂族称他们为"花德昂"。

邦外村位于出冬瓜村的西北边,两村距离半个小时左右的车程。全村辖邦外一、二、三组、拱别、光明、邦滇 6 个村民小组,分别分布在山区、半山区、坝区,其中德昂族 179 户 823 人。[1] 邦外村的德昂族自称为"别列""布雷",属于德昂族的"别列"支系,因其妇女着红色花纹筒裙,外界和其他聚居区的德昂族称他们为"红德昂"。

两个村寨除了信仰南传上座部佛教"多列"教派外,都保留了以大青树崇拜为代表的原始宗教。

---

[1] 文中数据来自 2008 年 4 月《德昂族村寨调查汇报材料》(内部资料)。

一、史籍中的德昂族

史籍中关于德昂族的专门记载最早出现在清代乾隆年间，在此之前，史籍对德昂族的记载是包括今天德昂族、布朗族、佤族的先民在内的濮人，随着研究的深入，学术界关于"濮人"的具体内涵与外延的争论也非常大，由此带来的影响是清代之前德昂族历史的模糊性与复杂性。另外，对明清之后史料的整理表明，涉及德昂族记载的文本与集子约10本，见诸各类史籍记载条目约16条，记录字数只有3000字左右，可见正史中德昂族记载的匮乏。再者，德昂族所居住的区域历来是一个多民族杂居的区域，多民族杂居带来的民族之间特别是与区域内主体民族之间的同化，使德昂族的历史文化与周边民族存在较大的相似性，加之德昂族口传历史的特点，使德昂族的历史传承更具模糊性。史籍对德昂族的记载情况、德昂族历来与周边民族杂居的事实及其特殊的历史传承方式造成了德昂族历史记载的不延续性、模糊性及记载的匮乏，这给后来的学者讨论德昂族的历史留下了很大的空间，为研究德昂族的历史表述提供了诸多的可能。

(一) 史籍对德昂族的记载

德昂族的族源可以追溯到秦汉时期的苞满与闽濮,但分化演变为单一民族群体则在清代,史籍中关于德昂族的记载最早也出现在清代。近年来,随着研究的深入,有学者依据缅甸崩龙族的研究情况认为德昂族出现在史籍中的时间应该早于清代,[1] 也有学者指出缅甸所称为崩龙的族群并不仅仅只与中国的德昂族对应,还与布朗族的一部分对应。[2] 鉴于本文讨论的主体为中国境内的德昂族,因此以国内德昂族的史籍记载为基准。

1. 清代之前的德昂族先民

史学界一般认为德昂族源于古代濮人,很早就定居在云南。秦汉时期,德昂族先民从濮人中逐渐分化出来,在西汉时被称为苞满,在东汉时被称为闽濮,但尚未成为一个独立的单一民族,其中包括了德昂族、佤族、布朗族先民。

两晋三国时期闽濮仍然是永昌地区的主要民族之一。隋唐、五代、两宋时期,原永昌郡内的民族发生了变化,朴子蛮和望蛮从闽濮中分化出来,朴子蛮中的一部分包括近代布朗族和德昂族的先民,他们聚

---

[1] 何平:《孟高棉语民族的起源与东南亚现代孟高棉语诸民族的形成》,《东南亚南亚研究》2010年第1期。

[2] 黄光成:《从中缅德昂(崩龙)族看跨界民族及其研究中的一些问题》,《东南亚南亚研究》2012年第2期。

居或与同区域的其他民族杂居。[1]

元、明、清时期，朴子蛮被记作"蒲蛮""蒲人"，元、明时期的"蒲蛮""蒲人"仍包括了布朗族和德昂族的先民。

"蒲蛮"一词最初见于《元史》。元泰定四年（1327）"云南蒲蛮来附"，元文宗天历二年（1329）澜沧江以东的蒲蛮"朝贡，愿入银为岁赋"，元朝政府在该地"置散府一及土官二十三所，皆赐金银符"。[2] 元朝时期的"蒲蛮"分布状况，据《元史·地理志》记载，自唐代以来，朴、和泥、金齿百夷等共同杂居于开南州（今景东）、威远州（今景谷）等地，而开南州、威远州正是在澜沧江以东。[3] 故蒲蛮主要分布于澜沧江以西。

明朝时期，各地"蒲人"的社会发展很不平衡，居住坝区的社会、经济、文化生活较为先进，在与汉族及周边民族的交往中，部分"蒲人"开始"男耕女织，渐习文字"[4]，居住在山区的则相对滞后，"男子椎髻跣足，妇人绾髻于脑后。见人无拜礼，但屈膝而已。不知节序，不奉佛教，惟信巫鬼。勇悍好斗轻生，兵不离身"[5]。但是他们都有一些共同的特征，"饮食不用箸，惟以手捻。其土蜂、蛇、虾、蜻蜓、蜘蛛、蝼蚁、水虫，无不食之"[6]。

---

1 尤中：《中国西南民族史》，昆明：云南人民出版社，1985年，第294页。
2 （明）宋濂等撰：《元史》卷35《本纪第三十五·文宗四》，北京：中华书局，1976年，第785页。
3 尤中：《中国西南民族史》，昆明：云南人民出版社，1985年，第637页。
4 万历《云南通志》卷4《顺宁府》，见《中国西南文献丛书》第1辑《西南稀见方志文献卷21》，兰州：兰州大学出版社，2003年，第110页。
5 景泰《云南图经志书》卷4《顺宁府》，云南省地方志办公室1998年翻印。
6 景泰《云南图经志书》卷4《顺宁府》，云南省地方志办公室1998年翻印。

上述先秦至明朝时期德昂族先民的演变过程表明，直至明朝，德昂族仍未分化成单独的民族群体，史籍对德昂族先民的记载多混合于"濮"等族群源流分化复杂的群体历史中。另外，史料中的"濮"在内涵和外延上都有着较复杂的呈现：其一，指代族群，且分布广泛，有滇南的濮、四川南部的濮，也有江汉地区的濮。其二，指代地名，如"濮州""濮阳""濮水"等。其三，指称事物，如"濮竹"。此外，史籍中还频繁出现"百濮"的字样，《宋书》《梁书》皆出现了"华夷百濮"之说。由此可见，史籍中的"濮"无论其内涵还是外延都比较复杂，这种复杂性也为学者留下了很大的研究空间，随着研究的深入，"濮人"的具体内涵与外延处于不断变化中。

2. 清代的"波龙""崩龙"

到了清代，永昌府地区的蒲蛮分化为崩龙，并逐步和其他地方的蒲蛮产生差异，最终形成一个单一的新的民族。史籍对分化演变为德昂族的人群的记载也出现在清代（乾隆三十二年，公元1767年），主要见于《清实录》《永昌府文征》《清史稿》等史籍。

（1）族群称谓记载

清代乾隆时的史籍称德昂族为"波龙"，关于这一名称的来源，已有学者做过专门的考证[1]。《清高宗实录》里载"……永昌、顺宁所属十四土司……其边外波竜、养子、野人、摆夷等，如有实心投顺者，亦可供向导之用"。[2]《乾隆东华录》中载"大兵出木邦交界，经

---

[1] 方慧：《论明末清初德昂族的形成》，《思想战线》1988年第4期。
[2] 《清实录》卷833《高宗实录11》，北京：中华书局，1986年，第111页。

过大山所属波龙等处，土司、头目均极恭顺"。[1] 又王昶《征缅纪闻》中记："有波龙二名往官屯探听，知缅目那表布率兵一千四百名，以八月初十日过新街西岸而北。"[2]

以上史料中所记"波龙"的族群称谓有时还指一座山，或一个地名。周裕的《从征缅甸日记》载"师至大山。……大山一名波龙山……所过村寨皆在山谷，前为波龙厂，有银矿"。[3] 孙士毅《绥缅纪事》载："将军明瑞……至竖栅处则已攻，不能拔，有波龙人引以间道得至波龙厂，是为贵家采银处。"[4] 波龙山、波龙厂的出现应该和波龙人的形成大致处于同一时期，且这些地方当为波龙人聚居的地方。

此外，还有学者考证，"勃弄"也是对德昂族的称谓。[5] 清代光绪以后的史籍著录中称德昂族为"崩龙"，这一称谓一直延续到1985年。通过梳理发现，乾隆时期关于"波龙"的记载还只停留在称谓上，光绪时期对崩龙族的记载内容则开始丰富起来。

(2) 基本情况记载

清代史籍中关于"波龙"或"崩龙"的记载内容主要涉及其分布区域、居住环境、生产活动、风俗习惯、服饰、语言等。

波龙分布于"永昌之盏达、陇川、猛卯、芒市、遮放，顺宁之孟

---

[1] 李根源辑：《永昌府文征》纪载卷14《清三》，昆明：云南美术出版社，2001年，第3438页。

[2] （清）王昶：《征缅纪闻》，载民国《永昌府文征》纪载卷17《清六》，昆明：云南美术出版社，2001年，第3486页。

[3] （清）周裕：《从征缅甸日记》，载民国《永昌府文征》纪载卷17《清六》，昆明：云南美术出版社，2001年，第3479页。

[4] （清）孙士毅：《绥缅纪事》，载民国《永昌府文征》纪载卷18《清七》，昆明：云南美术出版社，2001年，第3516页。

[5] 李道勇：《中国孟—高棉语族概略》，《云南民族学院学报》1984年第3期。

定、孟连、耿马、普洱之车里",与"养子、野人、根都、卡瓦、濮夷错杂而居"。[1] 王昶《征缅纪闻》对波龙的居住环境做了介绍。从记载来看,波龙居住和活动的区域在今德宏地区的山区,中缅交界地段,此处多深山丛林,交通不便,波龙与其他民族杂居,且人数相对较多,出现了波竜土司。"大山土司,亦名波竜,在永昌府腾越州南境外,处龙川江之南。"[2] "波龙等处土司头人罗外耀特等内附。"[3] 既设土司,表明波龙的人口已经达到了一定的规模,形成了族群聚居的分布格局。

光绪《永昌府志》中用少量的文字记录了崩龙的言语、服饰、习俗、分布:"崩竜,类似摆夷,惟言语不同。男以背负;女以尖布套头,以藤篾圈缠腰。漆齿文身,多居山巅。土司地皆有。"[4]

此外,黄炳堃对德昂的生产生活、民风民俗等做了介绍:"……男耕女织,樵采自给,习于力作,道无丐儿。虽质胜于文,顾其朴直纯诚之风,实有胜于内地者。"[5]

从史料中可以略见德昂族的语言、服饰、习俗、人口分布、生产劳作、族群性格等,文字所及内容多但却简略,只能粗略把握德昂族的情况,难以做深入的了解。如《永昌府志》对崩龙的记载只40字,寥寥数语,并未呈现其全貌,"类似摆夷"的表述为记录德昂族省去

---

1 赵尔巽等撰:《清史稿》卷528《属国列传三·缅甸》,北京:中华书局,1977年,第14663页。
2 《清文献通考》卷289《大山土司》。
3 赵尔巽等撰:《清史稿》卷13《高宗本纪四》,北京:中华书局,1977年,第477页。
4 光绪《永昌府志》卷57《群蛮志·种人》。
5 (清)黄炳堃:《巡查边境情形上王制军书》,载民国《永昌府文征》纪载卷22《清十一》,昆明:云南美术出版社,2001年,第3634页。

了大量笔墨，崩龙与摆夷之间"惟言语不同"也过于笼统，对服饰、习俗及分布的记载也不深入。

近代以后，随着各种方志的出现，尤其是中华人民共和国成立之后各少数民族简史简志的编写，史料对德昂族的记载更加细致翔实起来。

3. 近代以来的德昂族

虽然德昂族到清代才分化成为单一民族，但自元朝末期开始，德昂族先民就受到傣族土司的直接统治，直到20世纪50年代中期，中华人民共和国成立之后对德昂族地区实行社会主义社会改造，傣族土司的统治才得以彻底消除。

1954年，在进行民族识别调查的基础上，德昂族被确定为单一民族（当时称崩龙族）。1956年，德昂族地区分两个部分进行了民主改革，实现了向社会主义的过渡。1959年国庆，德昂族被正式公布为我国50多个少数民族之一。1985年9月，根据德昂族干部、群众以及专家学者的一致意见，经国务院批复，将"崩龙族"的族称更改为"德昂族"。

近代以来的史籍对德昂族的记载逐渐趋于详细，民国时期，方志、县志中对德昂族的记载更多，部分史籍对德昂族做了深入细致的描述。

在居住格局上，德昂族"好族居山巅"，"自成一社会，不与外人相混居"，"房屋建筑与蒲蛮同，惟栖于楼上"。

在服饰文化上，"妇女衣服类似摆夷，在夷山者，衣短宽袖，下束桶裙；在汉地者，多剪绒短衣，窄袖，或缀以他色布，下衣桶裙，短小，腿则束腿布，亦缀以花样。出则戴箬叶笠，顶尖缘以细竹"。

在宗教信仰上，德昂族"信佛戒杀，不渔不猎"，除了信仰佛教，还"俗信鬼"。

在丧葬礼仪上，"人死亦用棺木，多以一巨木凿成，但截山横葬，搭木为冢，不祀不扫"。[1]

中华人民共和国成立之后，随着20世纪五六十年代的民族大调查的开展，一系列民族资料汇编丛书先后出版，《德宏史志资料》《德昂族简史》《德昂族社会历史调查》等史籍对德昂族也做了深入的记载，为我们了解德昂族的社会历史文化提供了重要的参考。《德宏史志资料》中涉及明清时期傣族土司对德昂族的统治及德昂族反抗傣族土司的斗争；《德昂族简史》主要对德昂族族属及其演变做了梳理；《德昂族社会历史调查》是民族学者于1950年初对德昂族地区进行调查的资料集，其中涉及了德昂族的口述历史、迁徙传说、宗教信仰、政治经济、文化遗址等，是德昂族基本情况的缩影，是了解德昂族的基本史料。此外，《傣族社会历史调查》《景颇族社会历史调查》等书中也有涉及德昂族的记载。

通过对以上史籍中德昂族记载的简要梳理，我们可以看出史籍对德昂族记载的几个特征。

首先，史籍对明清之前德昂族先民的记载较为模糊。明清之前德昂族的发展没有单列出来，其先民的历史混合于"濮"等族群源流分化复杂的群体历史中，尚未分化成单独的民族群体，其发展历程较为

---

[1] 民国《腾冲县志稿》卷23《第十五·种人》。

复杂,而史籍对德昂族先民的记载是包括今天德昂族、布朗族、佤族的先民在内的濮人。另外,史料中的"濮人"有着较为复杂的含义,且随着研究的深入,其具体的内涵与外延也处在不断变化当中。

其次,史籍对德昂族的记载时间较晚。直到清代乾隆年间史籍中才有了德昂族的单独记载,这带来的影响是德昂族历史记载的不延续性和记载内容的空白。今天的读者通过史料了解德昂族的历史,只能确切追溯到清代,至于德昂族更早的历史只能通过它所归属的族群去大体地把握,由此造成学者对德昂族归属的争议较多。

最后,史籍对德昂族的记载资料匮乏、记载内容不详。德昂族在清代才被单独记载,而且所涉及的资料相当少。通过对史料的整理发现,涉及德昂族内容的文本与集子约10本,见诸史籍的记载条目16条,字数只有约3000字。另外,德昂族长期以来与傣族错杂而居[1],其历史文化与傣族存在诸多相似性,史籍将德、傣混合记载[2],也使德昂族的史料记录减少。德昂族史料记载的匮乏,使其所述内容不免出现不详与空白的现象。

(二)史籍记载特点产生的影响

如上所述,史籍对德昂族的记载存在模糊性与空白等诸多不足,这些不足给后来学者进行德昂族早期历史的探索及德昂族其他文化事项的研究提供了一定的空间,同时也为今天德昂族梳理和表述自己的

---

[1] 虽然德昂族到清代才分化出来成为单独的族群,但从元代开始便和傣族交错杂居。
[2] 光绪《永昌府志》卷57《群蛮志·种人》:"崩龙,类似摆夷,惟言语不同。"

历史创造了可能。

1. 史籍记载对学者的影响

从史籍对德昂族记载的特点出发，学者依据史料对德昂族展开的研究主要集中在德昂族族源、族属及演变、具体文化事项等方面，其中需要特别关注的是学者对涉及德昂族先民迁徙路径的族源讨论，对"金齿"族属及其演变的研究，以及对德昂族遗址、宗教、节日等的具体关注。

（1）学者对德昂族族源及迁徙的讨论。

德昂族先民渊源于南亚语系孟高棉语族，这在学术界应该是没有争议的。但是对于孟高棉民族的起源与迁徙，迄今为止国内外的学者都还没有定论。

国外学者对于孟高棉民族的起源与迁徙，一般有以下五种说法。

以哈威、亚瑟·潘尔、艾里克·赛登法登等为代表的学者认为孟高棉民族起源于印度南部；以莫里斯·格来兹、登耶、伊安·马贝特、A. G. 毫德里克特、马塞尔·塔拉波等学者为代表，提出孟高棉语民族就是中南半岛这块土地上的土著的观点。更多的学者认为，孟高棉民族起源于他们今天分布地的北边。弗兰克·M. 勒巴尔等学者认为今天的孟高棉人的祖先是从北方某个地方迁到他们今天居住的这块土地上的移民。也有许多学者如里查德·皮尔逊、宋迈·宾吉、凯耶斯、安布雷·多雷等则认为孟高棉民族起源于更北边的中国南方广大区域，他们是后来从中国南方逐渐迁徙到中南半岛的。以卢斯为代表，则明确指出孟高棉人的发源地在元江三角洲一带，后来越人来到当地后，孟高棉民族开始分别向柬埔寨及其西南迁徙，而留下的一部分则与越人的先民相融合。

学者对孟高棉民族起源及迁徙的讨论表明，孟高棉民族的发展及形成过程颇具争议，由此也使追溯德昂族的族源问题变得更加复杂。

对于德昂族先民的起源，中国学者从孟高棉民族的迁徙出发，大致形成了三种不同的观点，其一是土著民族说，其二是中南半岛迁移说，其三是中国西南—中南半岛分布说。

桑耀华、黄光成、段丽波、龙晓燕等学者认为云南孟高棉语族民族的先民世居于云南西南部地区，在历史上被称为"濮"，后来分化成了"闽濮""苞满"，以"苞满"和"闽濮"为中心形成了今天我国南亚语系孟高棉语族佤、布朗、德昂3个民族。[1] 德昂族是云南省西部和西南部的古老居民，历史悠久，在古代曾有过繁荣富强的时代。[2]

也有部分中国学者认为孟高棉语族渊源于中南半岛。林惠祥先生指出，孟高棉民族是中南半岛上一个古老的民族群体，孟高棉族是蒙古利亚人种的一支，和猛族、矮黑人以及印度尼西亚人混合而成[3]。王文光老师认为先秦时期西南的濮人尚不包括属于孟高棉民族先民的濮，属于孟高棉民族先民的濮人（苞满、闽濮）是大约秦汉时期从中

---

[1] 段丽波、龙晓燕：《云南百濮考——一个需要重新思考的民族源流问题》，《思想战线》2009年第4期。

[2] 桑耀华：《德昂族》，北京民族出版社，1986年；黄光成：《德昂族文学简史》（序），昆明：云南民族出版社，2002年。

[3] 林惠祥：《南洋民族的来源及分类》，载《林惠祥人类学论著》，福州：福建人民出版社，1983年，第334—354页。

南半岛迁入永昌郡的。[1] 江应樑也认为南亚语系各族族属的形成在中南半岛。[2]

第三种观点认为孟高棉民族起源于中国西南。凌纯声认为：孟高棉人起源于青藏高原，他们"大致由中国康藏高原沿喜马拉雅山南麓南下而至缅甸境，是缅甸境内的孟人，另一部分更向东徙，到了泰国和安南境，这便是先泰族人而建国于泰境的孟吉族。其后藏缅族人南下，缅甸境内的孟人便迁至下缅甸，又等到泰掸族人相继迁入泰国，孟吉族便被切为两半，西部的是缅甸的孟族，东部的即是今日的高棉或柬埔寨人，其留于中缅边境者有德昂、佤瓦等族"。[3] 何平则认为，孟高棉民族发源于中国的西南地区，但当中国史籍有了关于濮人的记载的时候，他们中的很大一部分早已迁到了中南半岛，迁徙的时间是公元前 2000 年代末[4]，而今天孟高棉民族中只有分布在偏北地区的群体是由中国古籍中提到的濮人直接演化而来的，只有这部分群体是在中国西南和中南半岛北部地区形成的，其中包括了中国云南境内的佤族—拉佤人、崩龙—德昂族和布朗族等属于孟高棉语民族中的"佤—

1　王文光、段红云：《中国古代的民族识别》，昆明：云南大学出版社，2011 年，第 193 页。

2　江应樑：《说"濮"》，《思想战线》1980 年第 1 期。

3　凌纯声：《中国边疆民族与环太平洋文化》（上册），台北：联经出版事业公司，1979 年，第 54 页（转引自何平：《孟高棉语民族的起源及其与古代濮人的关系》，《贵州民族研究》2007 年第 1 期）。

4　斯·伊·布鲁克：《印度支那半岛各国的民族成分和人口分布》，《民族问题译丛》1956 年第 4 期（转引自何平：《孟高棉语民族的起源及其与古代濮人的关系》，《贵州民族研究》2007 年第 1 期）；尤中：《云南民族史》，云南大学西南边疆民族历史研究所印，1985 年，第 10 页。

崩龙语支"诸民族。[1] 古代孟高棉语民族先民不断向南迁徙，使孟高棉民族中偏北的群体（佤族、布朗族、德昂族、克木人等的先民）形成了"中国西南—中南半岛"的分布格局。[2]

对于德昂族族源及其先民的迁徙过程，学者存在多种观点和看法，至今尚无定论，可见梳理德昂族先民族源及迁徙路径的复杂性与困难性。同时，学者的不同观点也为德昂族进行历史表述创造了可选择的条件。德昂族对其族源及先民迁徙历史的表述，是在学者观点基础上进行选择的结果。德昂族历史表述中的土著民族说与学者的部分观点相符，土著居民的说法甚至在一些民间谚语或民族语言中都得到了反映[3]，这种表述进一步体现在他们对金齿国及民族分布的讲述中，而境外迁移的提法则被他们淡化。

（2）学者对德昂族族属及其演变的研究。

由于史籍对德昂族的确切记载出现在清代，早期德昂族的族属及演变过程并没有专门的记载，学者们根据文献及考古资料对德昂族族属及其演变进行了大量的研究，但囿于文献资料，在德昂族族属及演变过程问题上，学术界一直存在不同的看法，至今仍是百家争鸣、各抒己见、难以定论。综合诸多学者的论述，关于德昂族族属及其演变的讨论主要表现在以下几个方面。

①先秦汉晋时期的"濮人"。

---

1 何平：《孟高棉语民族的起源及其与古代濮人的关系》，《贵州民族研究》2007年第1期。

2 何平：《孟高棉语民族的起源与北方孟高棉语诸民族的形成》，《广西民族研究》2003年第2期。

3 参见《德昂族简史》编写组：《德昂族简史》，昆明：云南教育出版社，1986年。

学者们普遍认为德昂族渊源于古代永昌府地区的"濮人",因此,对德昂族族属的讨论就始于"濮"的讨论。通过梳理史料发现"濮"(或"濮人")有多重含义。另外,史籍中还出现"百濮"的字样,《宋书》《梁书》皆出现了"华夷百濮"之说。可见,我们在说"濮"的时候不能简单地一概而论,随着学者的研究,濮(或百濮)的内涵与外延在不断变化。学者关于濮的争议大致有三种观点。

　　其一,认为濮是德昂族的先民。王文光老师认为德昂族的先民孟高棉人是我国古文献中所称的"濮人"或"苞蒲蛮",是秦汉时期从东南亚北上的土著民族。方国瑜、马曜、王叔武、桑耀华、张增祺、王宏道等为代表的学者认为分布在云南西南部的"濮",与楚国的"濮人"并不是同一民族群体,而是佤德语支的先民。[1]

　　这一观点得到了学界广泛的认可,认为云南古代三大民族系统羌、濮、越中没有百濮系统民族,而只存在闽濮等被称为"濮人"的南亚语系孟高棉语族的先民,而古代被称为"百濮"系统的民族活动范围主要在江汉之间,西周末年濮人为楚所逼而南迁,其后大部分与百越系统民族融合发展成为今天汉藏语系壮侗语族的民族。[2] 部分民族学者也认为德昂族的先民即古书里所称的哀牢人和濮人,汉晋时期分布

---

[1] 参见方国瑜:《元代云南行省傣族史料编年》中《绪论一:元代以前傣族的居住区域》,昆明:云南人民出版社,1958年;马曜:《云南简史》中绪论《云南各民族的源和流》,昆明:云南人民出版社,1983年;王叔武:《云南少数民族源流研究》,《云南民族学院学报》1985年第1期;桑耀华:《德昂族》,北京:民族出版社,1986年;张增祺:《"哀牢"族源新议》,《云南民族学院学报》1985年第3期;王宏道:《关于哀牢与昆明及濮的关系和族属问题》,《云南民族学院学报》1986年第3期。
[2] 段丽波、龙晓燕:《云南百濮考——一个需要重新思考的民族源流问题》,《思想战线》2009年第4期;李晓斌、龙晓燕、段丽波:《以濮人、孟高棉民族为中心的云南古代族际关系考释——结合少数民族遗传基因的多学科研究》,《学术探索》2007年第4期。

在今滇池区域及滇东、滇南、滇西各地的滇濮与永昌地区的濮人同一族属，都是佤德语支民族的先民。[1]

其二，认为百濮是德昂族的先民。这一看法认为云南古代三大民族系统为氐羌、百越、百濮，百濮发展成了佤族、布朗族、德昂族。这一观点最初出现在中央民族学院研究室编印的《中国少数民族简况》里，认为今天云南境内的布朗、德昂、佤族，就是古代百濮的后裔。[2] 尤中先生也提出了同样的观点，认为百濮即孟高棉的部落群体，主要活动在西南地区，属于百濮（孟高棉）系统的群体，是发展为近代南亚语系孟高棉语族的各少数民族的核心。[3]

尤中先生的这一观点在学术界的影响很大，在《云南少数民族概览》《德昂族——潞西三台山乡勐丹村》等书中都得到了体现。[4]

其三，认为濮或百濮与德昂族没有关系。这一看法以江应樑、梁晓强等为代表，他们从语言族系、生活习俗、分布区域、人口数量和族群分类等方面进行论述，认为百濮应是百越系统的民族，濮与佤崩语支民族没有关系。[5]

②唐代以来的"茫蛮部落"。

据史籍记载，在现今的保山、德宏、临沧和思茅这几个地州区域，

---

1 李茂琳：《德昂族跨境调查随笔》，《德宏师范高等专科学校学报》2010年第1期；宇华、知余：《滇人与佤崩民族的关系试探》，《民族学与现代化》1985年第1期。
2 中央民族学院研究室编印：《中国少数民族简况》（征求意见稿），1974年12月版。
3 尤中：《云南民族史》，昆明：云南大学出版社，1994年，第11、34页。
4 郭净、段玉明、杨福泉：《云南少数民族概览》，昆明：云南人民出版社，1999年，第6页；高发元主编：《德昂族——潞西三台山乡勐丹村》，昆明：云南大学出版社，2001年，第7—9页。
5 江应樑：《说"濮"》，《思想战线》1980年第1期；梁晓强：《〈百濮考〉详解》，《曲靖师范学院学报》2010年第1期。

出现了一个被称为"茫蛮部落"的组织。"茫蛮部落",初见于唐代樊绰《蛮书》之记载,由唐封、凤兰苴、茫天连、茫吐薅、茫昌、茫盛恐、茫鲜、茫施等小部落组成。这是云南古代诸民族中历史悠久、社会经济发展水平较高的一个族群,在云南民族的发展史上占有重要的地位。

对于"茫蛮部落"的族属,学术界传统的看法认为茫蛮是现今傣族的先民。[1] 随着研究工作的深入,近年来有人对"茫蛮部落"的族属提出了新的看法,主要以桑耀华先生为代表,他认为:茫蛮应是佤德语支的先民,并从文献资料、民族称谓、文化习俗、民族关系的演变等方面进行了分析论证。[2] 桑耀华还认为樊绰在《蛮书》一书中称茫蛮部落的君长为"茫",与傣族称为"昭"二者区别明显,他分别从语言、服饰、习俗、聚居地等方面论证了"茫蛮部落"的族属应当为佤、布朗、德昂佤德语支民族的先民。[3]

传统观点认为"茫蛮部落"为傣族的先民,而以桑耀华先生为代表的学者认为其为佤德语支民族的先民。虽然桑耀华的观点并没有成为主流,但已成一家之言,影响很大,在有关德昂族的调查报告和德昂族简史简志里大都沿用了这一观点,并逐渐得到德昂族文化精英的

---

1 方国瑜:《元代云南行省傣族史料编年》,昆明:云南人民出版社,1958年,第33—39页;尤中:《云南民族史》,昆明:云南大学出版社,1994年,第183—189页;《德昂族简史》编写组:《德昂族简史》,昆明:云南教育出版社,1986年;宋蜀华:《从樊绰〈云南志〉论唐代傣族社会》,《云南社会科学》1983年第3期。
2 桑耀华:《茫蛮和金齿族属试论》,《云南社会科学》1983年第3期。
3 桑耀华:《茫施蛮并非傣族先民——崩龙族是茫施蛮的后裔》,云南省历史研究所《研究集刊》1979年第3期(转引自刘稚:《浅谈茫蛮部落的族属》,《思想战线》1982年第1期)。

认同，进而影响到了他们对本民族历史文化的表述。值得关注的是，学者对"茫蛮部落"族属的争议，虽然论点不同，但双方所举的论据，往往相同或相似，相似的文献记载也使德昂族的历史表述成为可能。

③宋元时期的"金齿"。

史籍有关"金齿"的记载始见于唐代。《蛮书》《新唐书》《马可·波罗行纪》《元史》等都有"金齿"的记载，梳理发现金齿大致有三种含义：一是指饰齿的风俗；二是泛指所有有饰齿风俗的族群；三是由部落名或族名演变而成的地方行政机构名称。相关史料中只反映了"金齿"含义的演变过程，只笼统地记载了"金齿国"的大致区域及其境内所包含的"土蛮八种"，并未提到"金齿国"建立的主体民族，这种表述特点给学术界研究"金齿国"的建立民族提供了空间。

学者们关于金齿国的争论主要体现在金齿族属及建立"金齿国"的主体民族上。大致有以下两种观点。

一是大部分学者认为金齿指傣族，并从民族源流发展演变及习俗文化方面对金齿进行了考证，认为金齿、黑齿、茫蛮、白衣、白夷这些称谓都是傣族的异名，并没有分别，茫蛮习俗与金齿蛮、黑齿蛮相同，而所谓的金齿、银齿、漆齿、绣脚、绣面等，都是习俗的体现，并非族群的专名。自唐代迄元初，见于记录称"金齿""黑齿"者即为傣族，其他族则无此称，唐至元初傣族有以金饰齿之俗，而明后此俗逐渐消失。到了元代，金齿被用作地名，而元代所设"金齿宣慰司"区域之内，并不是单纯的金齿族居住，还有其他民族。金齿之命名是因云南行省西南广大区域以金齿族为主,故以金齿命名以团结错杂而居的各族组织部落。因此,金齿民族指傣族先民,傣族是金齿国的主体民族。[1] 还有一些从事德昂族研究的学者也表示金齿之说最初由以金镶牙的习俗演变而来,这种习俗在很多民族中都存在,金齿国包含了现在的佤、布朗、德昂、傣等民族的先民。[2] 二是认为金齿并非傣族先民,而是宋元时期佤德语支的总称,是德昂、布朗、佤等族的先民。金齿国是由宋元时的金齿民族建立的地方政权,佤、布朗、德昂等族是金齿国的主体民族。[3]

桑耀华先生对"金齿国"的考释其实与其对"茫蛮部落"的考释是一脉相承的,认为二者都是德昂族的先民,"金齿"由"茫蛮"演变而来。桑耀华先生的这一观点对德昂族研究的影响同样很大,在近现代以来出现的德昂族文献里,编者在金齿民族及金齿国上大量着墨,内容占了文献的大量篇幅。《德昂族社会历史调查》中认为"金齿一

---

[1] 方国瑜主编:《云南史料丛刊》第三卷《元代云南行省傣族史料编年》,昆明:云南大学出版社,1998年,第19—21页;尤中:《云南民族史》,昆明:云南大学出版社,1994年,第187、315页;《中国西南民族史》,昆明:云南人民出版社,1985年,第228页;江应樑:《傣族史》,成都:四川民族出版社,1983年,第97—99页;王文光、段红云:《中国古代的民族识别》,昆明:云南大学出版社,2011年,第237—238页;申旭:《乌蛮白蛮和金齿茫蛮习俗的对比研究》,《东南亚》1989年第1期;吴永章:《凿齿与黑齿、金齿、银齿考述》,《贵州民族学院学报》1990年第2期;杜若:《元明之际金齿百夷服饰、礼仪、发式的变革——兼述两本〈百夷传〉所记"胡人"风俗对金齿百夷的影响》,《思想战线》1996年第5期。

[2] CCTV4[走遍中国]寻访神秘的金齿国,http://v.ku6.com/show/sBdvSqGofUoBDgiK.html?loc=youce_tuijian。

[3] 桑耀华:《茫施蛮并非傣族先民——崩龙族是茫施蛮的后裔》,云南省历史研究所《研究集刊》1979年第3期;桑耀华:《茫蛮和金齿族属试论》,《云南社会科学》1983年第3期;桑耀华:《金齿国盛衰简论》,《中央民族学院学报》1985年第3期。

名，可能与崩龙族和卡佤族有一定关系"[1]。此外，《德昂族简史》中用了大量篇幅来阐述金齿与佤德语支民族先民的联系。在德昂族关于历史的表述中，甚至明确提到德昂族的先民在历史上建立过辉煌的"金齿国"。

④明清时期的"蒲蛮"。

"蒲蛮"一词最初见于《元史》。元延祐六年（1319）永昌蒲蛮阿八剌为寇，元统治者"命云南省从宜剿捕"，元泰定四年（1327）"云南蒲蛮来附，置顺宁府、宝通州、庆甸县"，元文宗天历二年（1329）澜沧江以东的蒲蛮"朝贡，愿入银为岁赋"，于是元朝政府在该地"置散府一及土官二十三所，接赐金银符"。[2]《明史》所记"顺宁府，本蒲蛮地，名庆甸。宋以前不通中国……元泰定间始内附"。[3] 此外，对蒲蛮进行记载的史料还有《云南志略》《招捕总录》《明史·土司传》，到了清代，关于蒲蛮的记录渐少，主要出现在《顺宁府志》《云南通志》《清职供图》中，最后"蒲蛮"逐渐消失在官方史籍的记载中。

从古代官方史籍对"蒲蛮"的记载可以简单推断，蒲蛮这一族群宋朝时就已出现，分布在今滇西永昌、顺宁地区，"不通中国"，元朝时"始内附"，到了元文宗时，蒲蛮与王朝国家的联系密切，开始向

---

[1] 国家民委民族问题五种丛书云南省编辑组：《德昂族社会历史调查》，昆明：云南民族出版社，1987年，第199页。

[2] （明）宋濂等撰：《元史》卷35《本纪第三十五·文宗四》，北京：中华书局，第785页。

[3] （清）张廷玉等撰：《明史》卷313《列传第二百一·云南土司》，北京：中华书局，2011年，第8079页。

中央王朝朝贡和纳税。从中可看出此时古代官方史籍对少数民族表述的显著特征为：以时间顺序为体例、以扼要文字为记述，概述边区民族纳入王朝国家体系的过程。正是这种"自上而下"的历史记载方式[1]，使得一些不占主体地位的民族记载欠缺甚至不被记录。

关于蒲蛮的族属，大多数学者认为滇西濮—扑子蛮—蒲蛮（蒲人）—布朗、佤、德昂，这一条线索的脉络是清楚的，是没有争论的。部分学者虽然认为滇西濮人是百越系统的民族，但也承认蒲蛮和布朗、德昂族有直接的渊源关系[2]。但张增祺先生在此问题上提出了新的看法，认为蒲蛮、扑子蛮或望蛮，是迁入滇西地区的北方游牧民族，他们和孟高棉民族无关，并进一步指出，两汉时期西北地区的蒲类国属"庐帐而居，逐水草"的游牧民族，后因获罪于匈奴被迫迁徙，有部分南移至云南澜沧江流域，滇西地区的蒲蛮很可能和西北游牧民族的蒲类国有关。张增祺先生认为，明末清初，由于蒲蛮屡遭元、明统治者的镇压和剿除，多融合于云南其他民族，作为一个民族共同体的蒲蛮已不复存在了，而佤德语支的直接先民应该是滇西地区的

---

[1] "自上而下"的历史记载方式，是指从国家或统治者的角度编撰历史的方式，即我们所理解的国家史观、正史观；与之相对的是"自下而上"的历史观，即草根历史观，是一种从民众的角度和立场看待历史事件或现象的方式。参考赵世瑜：《自上而下、自下而上与整合的历史观》，《光明日报》2001年7月。

[2] 相关文章参见方慧：《论明末清初德昂族的形成》，《思想战线》1988年第4期；方慧：《明代云南广邑州建置考——蒲人历史新探之一》，《民族研究》1985年第3期；耿德铭：《哀牢国与哀牢文化》，昆明：云南人民出版社，2003年，第149页；尤中：《云南民族史》，昆明：云南大学出版社，1994年，第323—324页；尤中：《中国西南民族史》，昆明：云南人民出版社，1985年，第637页；江应樑：《百越族属研究》，载云南大学西南边疆历史研究所编《研究集刊》第1集。

濮人。[1]

(3) 学者对德昂族具体文化事项的关注。

学者们以史籍中德昂族的历史记载情况为依据，对德昂族的起源及发展、族属及演变等做了相关研究与讨论。下文从德昂族口述史中的典型文化事项出发，呈现学者对相应文化事项的研究，以凸显德昂族口述史与学者观点之间的差异性，进而表明德昂族口述史表述的选择性。

目前，德昂族对历史文化的口述史表述集中体现在"金齿国"、德昂遗址、迁徙传说、历史分布、南传佛教、节日方面，上文已陈述了学者对"金齿国"族属及其主体民族、德昂族先民起源及迁徙的讨论，因此这部分只简要呈现学者对德昂遗址、历史分布、南传佛教及佛教节日泼水节（或浇花节）的研究。

关于德昂族的遗址，古代史籍中并没有专门的记载，学者们的研究也非常少，只在《德昂族简史》中做了简要介绍。文献中记载的遗址，事实上是20世纪50年代初期民族学者对德昂族进行调查的记录，是学者研究的结果。虽然调查资料的记载相当简略，但是德昂族的表述远远超出了文献记载的范围。例如，在德昂族的表述中，频繁提到的陇川女王宫和兴隆寨王宫遗址，在正史中并无任何记载，在《德昂族社会历史调查》中也只用了约350字的篇幅介绍了女王宫遗址，而兴隆寨王宫遗址则根本无记载。[2]

---

[1] 张增祺：《"蒲蛮"非蒲人说》，《思想战线》1985年第2期。
[2] 国家民委民族问题五种丛书云南省编辑组：《德昂族社会历史调查》，昆明：云南民族出版社，1987年，第165页。

德昂族的口述史表述中认为，历史上德昂族分布于德宏坝子，是德宏地区最古老的居民，至于德昂先民何时在德宏居住，并无相关文字可考。学者依据民族调查材料，对德宏州各县德昂族先民遗址进行实地调查，将各县历史上德昂族先民居住过的村寨和现在德昂族居住的村寨绘制成图进行比较得出：第一，德昂族先民在德宏州内的分布范围要比现在广阔得多，在今天的潞西、陇川、盈江、梁河等县的县城都有德昂先民居住过。第二，历史上德昂先民有分布在坝区的，也有分布在山脚和山区的，但现在的德昂族基本上都分布在山区。德昂族迁徙及环境改变的规律大致是由坝区向山区移动。第三，过去德昂族居住过的一些寨子，现多为傣族、汉族和景颇族居住。[1] 结合德昂族关于历史上民族的分布及迁徙过程的口述资料，发现他们的表述与学者的研究相差不大。

关于南传佛教的研究，学者们主要集中在南传佛教传入传播途径、时间、传播空间上。传播路径上，学者们普遍认为南传佛教由印度，经东南亚的中南半岛分缅甸、泰国两条路线传入现今德宏傣族景颇族自治州。[2] 从目前已获资料来看，南传佛教传入云南的时间一直是学术界争议较大的论题，传入德宏的时间也尚无定论，归纳起来有五种不同的说法[3]，而具体到何时传入德昂族地区的，仍无确切资料可稽

---

[1] 方慧、董淮平：《德宏地区历史上傣族和蒲人关系刍议》，《思想战线》1991年第5期。
[2] 刀承华、蔡荣男：《傣族文化史》，昆明：云南民族出版社，2005年，第200页。
[3] 刀承华、蔡荣男：《傣族文化史》，昆明：云南民族出版社，2005年，第200页："先于中原传入、唐代传入、12世纪传入、13世纪传入、明代传入"；张建章主编：《德宏宗教》，德宏：德宏民族出版社，1992年，第116页脚注："春秋说、唐宋说、13世纪说、14世纪说及明万历年间（1573—1619）说等观点。"

考。传播空间上，因南传佛教的传播路径和传入时间无定论，且在传入的过程中分成了"摆奘""润""多列""左抵"四个不同的派别，因此，现在对于南传佛教是先传入德昂族地区还是傣族地区也尚无定论，就"左抵"派而言，学者中也存在不同的说法。学者的研究表明，南传佛教的传入时间、传播路径及传播空间还是一个争议较大的议题，即使是《德昂族简史》对德昂族宗教信仰情况的表述，也比较复杂，从中反映了德昂族最先受大乘佛教的影响，后与傣族联系密切，受小乘佛教影响较大[1]，但是并不能做出是谁先信仰小乘佛教的论断。

泼水节是南传佛教影响下的重大节日，学者对泼水节的研究成果颇丰，但更多的是集中于傣族泼水节的研究，对于德昂族浇花节的研究，只有为数不多的研究成果。究其原因，与德昂族浇花节是"新近发明"有关。文献记载及实地访谈表明，在德昂族的传统节日中只有泼水节并没有浇花节的提法，浇花节虽然已申报为国家非物质文化遗产名录，但许多德昂族特别是散杂居地区的德昂族仍习惯称泼水节，或将泼水节与浇花节二者糅合在一起庆祝，因此，目前学者对它的关注相对较少。

2. 史籍记载对德昂族的影响

通过对史籍中德昂族史料的梳理，德昂族在史籍中被单独记载的时间在清代乾隆年间，这一记载在时间上是明确的，并无争议的余地，而后无论正史还是方志都对德昂族的历史过程进行了简略记载，故而

---

[1] 《德昂族简史》编写组：《德昂族简史》，昆明：云南教育出版社，1986年，第22、32页。

留给德昂族进行历史表述的空间并不大。但是也正是因为记载简略和记载时间晚近，加之德昂族口传历史的历史传承方式，使德昂族的历史资料并不丰富，记载内容并不详细，早期的历史记载显得模糊，等等，这些不足与缺陷给德昂族进行历史的解释创造了条件。德昂族的口述史表述在一定程度上丰富了史籍记载，同时，受现实社会情境的影响，德昂族对历史文化的表述具有一定的现实针对性。

同时，学者们的研究和争议也给德昂族的历史表述提供了选择的可能，虽然学者依据史籍记载展开的关于德昂族族源、族属及其演变、宗教文化等的研究，迄今仍是百家争鸣、各持己见，但正由于这些争议，给德昂族的文化精英表述本民族的历史提供了可选择与参考的空间。在族属问题的表述上，德昂族选择了"濮"（或"百濮"）与德昂先民有关联的观点，选择了"金齿是佤德语支先民"这一不占主流地位的观点，选择了南传佛教部分派系最先在德昂族地区传播的观点，等等。这些观点虽颇具争议、不占主流，但对德昂族来说却是至关重要的。这些观点的选择有利于德昂族建立起较明晰的历史表述，是对"由上而下"的正史记录方式的补充，也是德昂族主位参与历史的一种努力。

小　结

本章通过对史籍中德昂族记载的回溯，发现史籍对德昂族的表述存在一定的缺陷与不足。一方面，这种不足给后来学者进行德昂族早期历史文化的研究及德昂族族源、族属的探索提供了一定的空间。虽然关于清代之前德昂族族源、族属问题历来就有不同的看法，但这些研究是必要而重要的，它在一定程度上丰富了史籍对德昂族的记载，把德昂族的历史尽可能地绵延到一定久远的长度和深度，同时也为德昂族的文化精英进行历史的表述提供了可选择、可参考的对象。另一方面，这种不足为德昂族历史上一些模糊的、没有定论的事项进行集体记忆的自我归属创造了条件。一个民族的形成，必然有其可依托的清晰的历史，必须有来龙、有去脉，这样才能真正形成该民族的共同记忆。在接下来的章节中，即是德昂族结合学者的研究和本身史料记载的特点，对自身历史进行的追根溯源。如果说第一部分的内容彰显了国家层面对德昂族历史文化的客位表述，那么后面两部分的内容则体现了文化持有者主位表述历史文化的视角。

二、口述史中的德昂族历史表述

由于德昂族没有文字记录自己的历史,历史的传承主要通过神话史诗或传说来完成。神话史诗与传说丰富了德昂族的历史内容,一定程度上弥补了史籍对其历史记载的不足,同时,这种传承方式也使德昂族的历史颇具模糊性。加之德昂族所居住的区域历来是一个多民族杂居的区域,多民族杂居带来的民族之间特别是与区域内主体民族之间的同化,使德昂族的历史文化与周边民族存在较大的相似性。史籍对德昂族的记载情况、德昂族历来与周边民族杂居的事实及其特殊的历史传承方式造成了德昂族历史记载的不延续性、模糊性及记载的匮乏,因此,通过历史表述梳理更为清晰的历史记忆显得尤为重要。在德昂族的历史表述中,以金齿国为代表的政权建立说、以陇川女王宫为代表的遗址发掘说、以分布坝区的世居民族说被作为一种典型或标签选取填进了"德昂族历史"的框架,建立起了德昂族现在与过去的连续性。

(一) 金齿国探秘——古代政权建立说

在唐代的史籍里,出现了一个特别的词"金齿",关于金齿的含义、金齿所指地域及民族,无论是在文献中还是在学者的解释中,都无确切定论,而德昂族却有自己不同的话语表述。

1. 文献中的金齿国

史籍有关"金齿"的记载最初见于唐代。《蛮书》《新唐书》《马可·波罗行纪》《元史》等都有对"金齿"的记载。

《蛮书》所指"金齿"本是当时永昌(今云南保山、德宏、临沧等地)、开南(今云南景东)一带某些族群的习俗之一,他们以金镶齿为装饰,之后很多人就以这种习俗直接称呼,把他们叫作"金齿"或"金齿蛮",与"漆齿""绣脚""绣面"等总称为"十余部落","群蛮"错杂而居,互相影响,"皆三译四译言语乃与河赕相通。"[1]可见此时的"金齿"既指族群风俗习惯也指族群名称。

《新唐书》中对"金齿"的相应记载,与《蛮书》所记一样,也指"茫蛮部落"以金饰齿之习俗。从《新唐书》对古永昌郡"群蛮"的记载来看,"金齿"逐渐演变为对以"镂金银饰齿"部落民族的名称,经常与"黑齿""漆齿"等并提使用,[2] 可以看出此时的"金齿"还不是所有族群的统称。囿于宋代云南的史料锐减,有关"金齿"的记载匮乏,到了元代,"金齿"之称才频繁出现,但所指习俗及族群

---

[1] (唐)樊绰撰,向达校注:《蛮书校注》,北京:中华书局,1962年,第103、160、168页。
[2] (宋)欧阳修、宋祁撰:《新唐书》卷222《南蛮列传上》,北京:中华书局,1975年,第6276页。

未变[1]。

元代史籍中多次将唐宋时期的金齿称为"金齿国"。元代中央王朝对金齿国的治理经历了一个由羁縻安抚到武力征服的过程，随着元朝统治力度的加大，金齿国被元统治者征服，至元二十三年（1286）元统治者"给金齿国使臣圆符"，金齿归附中央政权的统治。[2] 元朝在金齿所在区域设定行政区名"金齿宣抚司"，至此，"金齿国"从史籍中消失。[3]

从上可知，"金齿"一词最初出现在唐代，由一种族群习俗演变为族称，最后成为地名、行政区名。金齿所处地方为古代永昌郡所在地，大致指今天的保山、德宏、临沧等地。但是史料中尚未提到金齿国建立的主体民族，只笼统地记载了金齿国境内包含的族群即"土蛮八种"[4]，在这些族群中有些尚未分化出来成为单独的民族，因此，这种记载给学术界研究提供了很大的空间，而那些被记载的"八种"族群，也可以通过自身的需要和金齿国建立起历史联系。

2. 学者眼中的金齿国

学者关于金齿国的讨论主要体现在金齿族属及金齿国建立主体民

---

1 马可·波罗：《马可·波罗行纪》，冯承钧译，石家庄：河北人民出版社，1999年，第439页；《永昌府文征》校注［四］《记载·卷二·元》，李根源辑，昆明：云南美术出版社，2001年，第3153页；（元）李京撰，王叔武校注：《云南志略辑校》，昆明：云南民族出版社，1986年，第93页。
2 （明）宋濂等撰：《元史》卷210《外夷列传三·缅》，北京：中华书局，1976年，第4656页。
3 （明）宋濂等撰：《元史》卷61《地理志四》，北京：中华书局，1976年，第1482页。
4 （明）宋濂等撰：《元史》卷61《地理志四》，北京：中华书局，1976年，第1482页。

族上，大致有两种声音：一是大部分学者从民族源流发展演变及习俗文化方面对金齿进行了考证，认为金齿、黑齿、茫蛮、白衣、白夷这些称谓都是傣族的他称，并没有分别，所谓的金齿、银齿、漆齿、绣脚、绣面等，都是一种习俗的体现，并非族群的专名，金齿民族指傣族先民，傣族是金齿国的主体民族。[1] 二是认为金齿是宋元时期佤德语支的总称，是德昂、布朗、佤等族的先民。金齿国是由宋元时的金齿民族建立的地方政权，佤、布朗、德昂等族是金齿国的主体民族。[2]

其中"金齿为德昂族先民"的观点在有关德昂族历史文化的书籍里也得到了一定的体现。《德昂族简史》[3]（以下简称《简史》）中用三章的篇幅来阐述金齿与佤德语支民族先民的联系，《德昂族社会历史调查》（以下简称《调查》）中明确提到"金齿国"是由布朗、德昂和佤族的先民建立的[4]。《简史》的历史、社会政治制度、宗教等部分由桑耀华先生执笔；《调查》全书由桑耀华先生选编，因此，桑耀

---

[1] 方国瑜主编：《云南史料丛刊》第三卷《元代云南行省傣族史料编年》，昆明：云南大学出版社，1998年，第19—21页；尤中：《云南民族史》，昆明：云南大学出版社，1994年，第187、315页；《中国西南民族史》，昆明：云南人民出版社，1985年，第228页；江应樑：《傣族史》，成都：四川民族出版社，1983年，第97—99页；王文光、段红云：《中国古代的民族识别》，昆明：云南大学出版社，2011年，第237—238页；申旭：《乌蛮白蛮和金齿茫蛮习俗的对比研究》，《东南亚》1989年第1期；吴永章：《凿齿与黑齿、金齿、银齿考述》，《贵州民族学院学报》1990年第2期；杜若：《元明之际金齿百夷服饰、礼仪、发式的变革——兼述两本〈百夷传〉所记"胡人"风俗对金齿百夷的影响》，《思想战线》1996年第5期。

[2] 桑耀华：《茫施蛮并非傣族先民——崩龙族是茫施蛮的后裔》，云南省历史研究所《研究集刊》1979年第3期；桑耀华：《茫蛮和金齿族属试论》，《云南社会科学》1983年第3期；桑耀华：《金齿国盛衰简论》，《中央民族学院学报》1985年第3期。

[3] 《德昂族简史》编写组：《德昂族简史》，民族教育出版社，2008年。

[4] 国家民委民族问题五种丛书云南省编辑组：《德昂族社会历史调查》，昆明：云南民族出版社，1987年，第2页。

华先生的观点在两书中都得到了充分的体现，但是在具体的表述过程中，《简史》和《调查》又有所区别，体现了"历史"与"调查"不同的表述特点。

第一，关于德昂族历史演变的表述。《简史》认为德昂族的先民濮人早在秦汉时期便聚居永昌，较早接触中原文明，唐朝时德昂先民是隶属于南诏的茫人部落，宋朝时是金齿民族的一部分，曾建立过自己的区域统治，元朝时隶属大理金齿都元帅府，明朝"三征麓川"时期承受着明军的沉重赋税和差役，为明朝保卫和巩固边防做出了重大贡献，德昂族历来和中原封建朝廷的关系是比较密切的。[1] 从以上表述可以看出《简史》沿用了国家史观的记载方式，将德昂族置于王朝国家的"正统"体系中，建构了一个边缘与中心、地方与国家的空间秩序，继而建立起德昂族与"中原文明""中原封建朝廷"的不可离分性，即也隐喻了民族历史与国家历史的不可离分性。表述中还隐晦提及宋朝时"德昂等民族先民"是金齿民族的一部分，曾建立过自己的区域统治，从中可推测建立区域统治的并不仅仅包括德昂族。

第二，关于金齿国所指地域的表述。《简史》依据《元史》所记，认为金齿国的大致范围是现今的保山、德宏、临沧、西双版纳诸地州及思茅的部分地区，此外还包括现今越南西北和老挝、缅甸北部的部分地区。

第三，关于金齿主体民族的表述。《简史》所载之"金齿诸部"包括"金齿，白夷，僰，峨昌，骠，繲，渠罗，比苏"[2]，其中金齿一

---

[1] 《德昂族简史》编写组：《德昂族简史》，昆明：云南教育出版社，1986年，第32页。
[2] （明）宋濂等：《元史》卷61《地理志四》，北京：中华书局，1976年，第1482页。

部"大约包括有傣族、布朗族、德昂族和佤族的先民"[1],在政治、经济、军事等方面都占有一定优势,其他民族包括当地一部分傣族都可能和它有隶属关系。[2] 从这些表述推知金齿是一个庞大的部落,其中包含傣族,但明确表述傣族并不是金齿部落的主体民族,"可能"隶属于金齿,即是说,处于主体且占主导地位的是德昂、佤、布朗的先民,一些口述资料中也反映了傣族先民曾隶属于德昂先民[3]。

第四,关于金齿国社会性质和社会发展情况的表述。《简史》认为金齿国的社会性质是奴隶社会[4],金齿民族拥有武装,其职能是"从事战争、掠夺和镇压奴隶的反抗,是为奴隶主阶级服务的暴力工具"[5]。对于金齿的社会发展情况,《简史》从农业、手工业、商业等方面进行了表述,在表述过程中使用的主体大多为"金齿""金齿人""金齿民族"等,而把德昂族作为具体的例子进行论述;饶有意思的是,在《调查》中,表述的主题和《简史》中的一样,但使用的主体却是"德昂族"而不是"金齿""金齿民族",如关于商业发展的表述[6]。同样地,两书在宗教信仰表述上也存在"金齿"与"德昂"的频繁替换。

---

1 《德昂族简史》编写组:《德昂族简史》,昆明:云南教育出版社,1986年,第18页。
2 《德昂族简史》编写组:《德昂族简史》,昆明:云南教育出版社,1986年,第18页。
3 《德昂族简史》编写组:《德昂族简史》,昆明:云南教育出版社,1986年,第18、19页。
4 马可·波罗:《马可·波罗行纪》,冯承钧译,石家庄:河北人民出版社,1999年,第439页。
5 《德昂族简史》编写组:《德昂族简史》,昆明:云南教育出版社,1986年,第19页。
6 《德昂族简史》编写组:《德昂族简史》,昆明:云南教育出版社,1986年,第22页;国家民委民族问题五种丛书云南省编辑组:《德昂族社会历史调查》,昆明:云南民族出版社,1987年,第3页。

通过对两书中有关金齿及金齿民族表述的梳理发现,"金齿民族""德昂""傣族"等在书中的交替使用给人一种"说不清、理还乱"的感觉,但至少我们可以发现一点,相比《调查》,《简史》里对金齿与德昂族的关系提得较为隐晦、模糊。究其缘由,恐怕离不开对历史产生的"当代情境"[1]的解读:《简史》是中华人民共和国成立后产生的国内第一本德昂族历史著作,其形成背景、形成目的及过程,都与国家的"在场"息息相关,确切地说,《简史》的生成体现的是国家"自上而下"的历史观,鉴于史料对金齿国建立主体民族记载的空白及学者对金齿国研究的争议,编者对金齿、金齿国的提法进行了一定的"模化"处理;而相比之下,《调查》是德昂族历史、分布、文化、社会、经济等的资料集,大多数内容来自人们的口述,自然少了作为"历史"的功能和意义。因此,尽管桑耀华先生认为金齿民族是佤德语支民族的先民,且曾建立过区域性统治——金齿国,但是在《简史》里并没有确切地将德昂族与金齿等同起来,即是说,《简史》里的表述与"金齿民族就是德昂族""德昂族历史上建立过金齿国"之类的提法仍存在着一定的距离。

3. 德昂族自己的话语呈现

金齿国无论是在文献记载中还是在学者的讨论中,都是一个颇具争议的论题,金齿国的主体民族族属问题尚无定论,但德昂族对于金齿民族、金齿国有着自己的一番表述。由于文化持有者本身知识结构、

---

[1] 王明珂:《历史事实、历史记忆与历史心性》,《历史研究》2001 年第 5 期。

生活背景、社会阅历方面的不同，不同的主体对历史的感知与理解存在较大的差异，他们表述历史时流露的情感与表达的意思也不尽相同。

（1）德昂族普通大众对金齿国的表述。

①普通大众对历史的知晓情况。

通过对德昂族普通大众口述资料的收集，发现这一主体对历史的了解并不多，在年龄、性别、层面、途径等方面都存在差别。

一般来讲，老人了解的历史比年轻人多；男性比女性了解得多，女性对历史的了解甚至存在空白；人们对历史的了解层面大多局限在本村寨，而对其他村寨的历史、德宏州德昂族的历史甚至整个德昂族的历史，则知之甚少。从历史知晓途径来看，大致有四种途径：一是通过老人口传知晓，这部分主要是中年人，他们在表述历史时常常会说"这是老人讲给我们的""老人就是这样讲的""这个老人们没说，我们也晓不得了"。二是通过宗教途径知晓，这部分人包括老人和节日期间去奘房听经的年轻人，在一些重大的节庆场合如"进洼""出洼"、泼水节（浇花节）时老人们要去奘房主持仪式并诵读大量的经文，其中大部分经文涉及德昂族的历史变迁及迁徙过程，通过反复诵读吟唱实现德昂族历史的传承，但这种方式是不自觉的。三是通过阅读知晓，这部分人一般为基层政府部门工作人员、中小学教师等，具备较好的阅读能力和阅读途径。四是借助学者或研究人员知晓，这部分人是极少的，他们通常在充当研究人员的"向导""翻译员"协同调查的过程中知晓。

观照人们表述历史时的神情发现，当他们在回忆一些能证明祖先强盛的记忆时，表现出明显的民族自豪感和自信心，当谈及历史上因为民族纷争和冲突而四处迁徙与辗转时，表现出对德昂族民族性格的反思，认为这是由于德昂族过于强大且不得人心所致，而面对现实生活，他们是平静且充满希望的，认为历史上经历过强盛，也走进过低谷，现在在中国共产党的领导下逐渐过上了好日子。人们在表述历史时的情感流露，某种程度上体现了他们对族群记忆的文化心理和思维结构的共同倾向，从而反映了他们对共同历史记忆的历史心理。

②普通大众对金齿国的表述。

由于在传统的历史传承中并没有"金齿国"的内容，普通大众对金齿国的了解，也和他们对历史的了解一样存在着年龄、性别、知晓程度上的差异。老人们几乎没有听说过"金齿国"；部分年轻人知道一点，主要是出于工作的需要通过阅读获得；只有极少数人知道得多一些。

通过阅读获得了解的德昂族认为，书上对德昂族先民建立金齿国的记载并不充分，其实德昂族、傣族、布朗族这几个民族都存在金齿国建立说，其他民族的证据也不足，但是作为本民族来讲，虽然没有做过相关的了解，但也认同"金齿国"与德昂族之间的联系。[1] 由此可看出，学者的研究已经影响到了德昂族对金齿国的表述，这种表述并非通过历史传承而是通过学者获得；同时应看到，其他民族也存在金齿国建立说，因此出现了民族之间关于金齿国的争夺，这种争夺使各民族的表述更具民族倾向性。

对金齿国了解较多的极少数德昂族人民，当问及其了解途径时说

---

[1] 访谈对象：YLS（编号011），德宏芒市三台山乡邦外村，2012年10月26日；访谈及整理者：王燕。

"我知道的这些极少是老人说的,更多的是那些研究者说的,因为我经常跟着像你们这样的人跑"。[1] 可见,这部分人在协作调查研究的过程中,无意中受到了研究者的影响,进而影响到他们对金齿国的表述。他们认为历史上德昂族先民是茫蛮部落及金齿部落的统治者,由于中央王朝统治边疆的策略与地方民族的利益发生冲突,引发了当地民族之间及民族与中央统治者之间的战争,战争中的德昂族走向衰落,逐渐迁往山区,傣族随之进入德宏成为该地区的主体民族。[2] 金齿国之所以与德昂族有关,他们认为有两个理由:一是德昂族长期嚼槟榔,使牙齿变亮,被其他民族称为"金齿";二是德昂族历来有以金、铜饰齿的习尚,而傣族没有。德昂族以金饰齿的习俗,与德昂先民的生存环境相关,他们早期居住于森林或山洞,多野兽出没,而金牙所发出的光可以吓跑野兽。[3]

事实上,保存着嚼槟榔习惯与以金饰齿习俗的民族不止德昂族,即使到现在也如是,但这里的重点并不是要追究或考证德昂族的习俗是否如其所表述的那样,而在于呈现德昂族对金齿国的主位表达。经过整理和呈现普通大众对金齿及"金齿国"的表述,发现这一主体的表述存在模糊性、包容性与选择性的特点。

(2) 德昂族文化精英对金齿国的表述。

相对于德昂族的普通大众,文化精英对德昂族的起源、族源发展

---

1 访谈对象:ZLT(编号041),德宏芒市三台山乡初冬瓜村,2012年10月24日;访谈及整理者:王燕。
2 访谈对象:ZLT(编号041),德宏芒市三台山乡乡政府,2012年10月24日;访谈及整理者:王燕。
3 访谈对象:ZLT(编号041),德宏芒市三台山乡乡政府,2012年10月24日;访谈及整理者:王燕。

演变、社会发展等都有相对深入的研究，对德昂族历史及金齿国有着较为系统的表述。

①文化精英对历史的表述。

在德昂族的文化精英看来，德昂族是一个相当复杂的民族，历史上经历过一个由盛而衰的过程。对于德昂族的起源，认为德昂族是中国境内的世居民族，是从一个叫 kʊŋ 323miŋ 23 [1] 的地方迁到德宏的土著居民，有着比较古老的历史。他们认为德昂族并不存在外来迁徙说，而汉族、傣族、景颇族这些民族才是从外面迁来的。从学者的讨论可知，对于德昂族的先民从中南半岛迁移而来的提法，在文化精英的表述里没有得到体现，相反，他们认为德昂族是中国西南地区的古老民族。

对于德昂族的族属及演变，文化精英大致有两种观点：一种观点认为德昂族从濮人演变而来，另一种观点认为德昂族从百濮族群演变而来。

认为德昂族从濮人部落演变而来者认为，考古学所发现的德昂遗址、遗物及史料记载表明，汉晋时期的德昂先民濮人比较强大，居统治地位，唐宋时期，永昌金齿从濮人中分化出来，形成一个强大的部落，其主体民族包括了今天佤、德昂、布朗的先民，随着人口的增多，金齿部落对德宏地区进行了大量开发。[2]

认为德昂族从百濮族群演变而来者认为，德昂族的渊源可以追溯

---

1 "kʊŋ 323miŋ 23" 是德昂语发音，按照他们的表述，大致在今天的昆明地区，发音与汉语不同，意思是德昂族一个轻功非凡的王。"kʊŋ 323" 是王之意，"miŋ 23" 是会飞之意。

2 访谈对象：YZD（编号018），德宏芒市，2012年10月30日；访谈及整理者：王燕。

到古代的百濮族群中。濮人定居云南地区的时间相当久远，至少在隋唐时期就已经在云南保山、德宏、临沧等地建立了具有国家雏形的社会组织"茫蛮部落"，宋元时期与布朗族、佤族先民一起建立了"金齿部落"，随着金齿部落的兴盛，形成了一个较大的政治、军事实体"金齿国"。德昂族是金齿国的主体民族，到了元代中后期，认麓川思氏为代表的傣族势力的日渐强盛，陆续征服了潞西、盈江地区的德昂、佤、布朗等民族并将其置于自己的统治之下，德昂族逐渐由强盛走向了衰落，由于种种原因，德昂族逐渐从坝区迁往山区。[1]

以上表述在内容上出现较大的重叠，尤其是第二种观点，认为德昂族由百濮族群演变而来，但在表述中又把百濮和濮混淆使用，而这两个族群在学者看来是有区别的。不论濮人还是百濮，文化精英们都选择了其中与德昂族相关联的观点来表述其族源的演变，按照传统的脉络梳理了德昂族从"濮"（或"百濮"）、"茫蛮部落"、"金齿"到独立分化成单独民族的过程。

从主位的视角来看，德昂族有汉文史籍记载的历史出现在清代，而清代之前的历史则与布朗族、佤族等同源族群一样，融合于"濮""茫蛮"等族群部落并处于不断的分化和演变中，又加上德昂族没有文字记录自己的历史，使得清代之前的族群演变过程出现空白，因此，通过选择那些与德昂族有关联的族群观梳理他们的演变史，是一种通过"自下而上"的方式填补"历史空白"的尝试。在此，需要找到一种具有代表性的事项来支撑整个历史过程，而金齿国无疑充当了这样

---

[1] 访谈对象：ZJX（编号020），三台山乡初冬瓜村，2012年10月28日；访谈及整理者：王燕。

的角色。因此，在文化精英的表述中，金齿国占据了相当重要的地位，虽然传统的历史传承中并没有"金齿国"的内容，但近年来，文化精英不断地强调本民族与历史上金齿国的联系。

②文化精英对金齿国的表述。

文化精英对金齿国的表述集中体现在两个方面：一是对德昂族之所以被称为"金齿"的论证；二是关于德昂族与"金齿国"联系的表述。

第一，德昂族与"金齿"。

据史书记载，"金齿"最初指一种以金饰齿的风俗习尚，而德昂族认为"金齿"不仅指以金饰齿之俗，还包括漆齿的习俗，这主要和德昂族的生产生活习俗有关。在文化精英看来，金齿的含义有三种：一是因嚼槟榔使牙齿自然变黑变亮；二是人工漆齿；三是以金、铜镶齿，而《德昂族简史》里所讲的"金齿"并不能完全囊括德昂族金齿习俗的含义。

德昂族之所以有以金、铜镶齿的习俗，他们的解释是：该习俗与德昂族金子多有关，"在宋元时期，德昂族特别富有，所居住的地方矿产比较多，冶炼技术发达，金银比较多，所制作的金银首饰除了用于市场交换，还镶在牙齿上"[1]，这起初是一种财富和地位的象征，后逐渐演变成一种审美追求。而"漆齿是从元代开始形成的"[2]，漆齿的由来与德昂族先民的生产方式有关。德昂族的先民在进行刀耕火种的

---

[1] 访谈对象：ZZG（编号007），德宏芒市三台山乡初冬瓜村，2012年10月27日；访谈及整理者：王燕。
[2] 访谈对象：YZD（编号018），德宏芒市，2012年10月30日；访谈及整理者：王燕。

时候，喜用烧出来的树浆涂于手或牙齿上，起初是一种美的表达，后来演变成漆齿的习俗。而这种习俗只有佤德语支的民族才有，其他民族没有，直到现在德昂族村寨里还保留着嚼烟漆齿的习惯。

当然，也有部分德昂族文化精英认为漆齿的习俗在其他民族如景颇族、傣族中也存在，而他们之所以有漆齿习俗，是一种入乡随俗的表现，"景颇族、傣族是后面迁到德宏的，受德昂族老大哥的影响他们不免学习金齿、漆齿习俗"，而佤族、布朗族与德昂族"在历史上是同源的，习俗自然是一样的"[1]。

通过以上德昂族对金齿习俗的表述发现，他们所理解和看待的金齿习俗，其内涵超出了史料的记载。同时，通过论述德昂族金齿习俗的独特性，不仅强调了德昂族较之于其他民族的古老和悠久，还为他们进一步表述德昂族与金齿国之间的联系做好了铺垫。

第二，德昂族与"金齿国"。

文化精英认为金齿国区域指怒江以西地区，今天的德宏、临沧和西双版纳地区都是金齿国的范围，金齿国的主体民族为德昂、佤、布朗这三个历史上"同源异流"的民族，而所谓的"金齿民族"即是指德昂、佤、布朗的先民。

关于金齿国建立的主体民族族属，文化精英存在着两种表述，这两种表述都呈现了德昂族与金齿国建立之间直接或间接的联系。

一种表述认为德昂族和金齿国建立之间肯定存在着联系，但由于找不到有力的历史证据，不能确切地说"德昂族建立过金齿国"。他

---

[1] 访谈对象：ZZG（编号007），德宏芒市三台山乡初冬瓜村，2012年10月27日；访谈及整理者：王燕。

们认为"之所以找不到历史记录的依据,与当时拥有话语权的主体民族有关"。如"三征麓川"的时候,"很多将士、指挥官都是德昂族,他们的名字很多都是德昂族名字,但是很多东西外界不知道,因为历史是官方记录的历史,不能充分体现德昂族的实际功劳。当时记录这些历史使用的是傣文,德昂族又受傣族统治,所以哪怕是德昂族的将领、德昂族的英雄,他肯定也会说是傣族的,傣族书写的历史当然是以傣族的意愿为主,不是傣族的也很少写进来。所以我们(德昂族)历史的记录跟当时的统治者有很大的关系,现在很多德昂族的历史都是傣文记录,即使是后来整理的德昂族资料也是根据傣文来翻译的,汉文对德昂族记录得非常少,甚至没有。中华人民共和国成立后编撰了一本《德昂族简史》,内容也相当'简'"。[1]

这种表述告诉我们,虽然囿于史料记载的匮乏,但德昂族与金齿国之间肯定有联系,之所以目前还没有找到有力的证据证实二者之间直接的联系,与官方史籍、主体民族对德昂族历史的记载有关,他们认为这种记录方式并不能真实地、完全地反映德昂族的历史。

另一种表述认为"真正的金齿人、金齿国是指德昂族。茫蛮部落、金齿国都是德昂族的先民"。"金齿是汉族史官记录历史的名称,指称德昂族先民的一个部落——金齿国。金齿国的区域包括昆明到缅甸南坎这一块,克钦邦、果敢这一带也属于它的范围"。他们认为金齿民族包含金齿人和漆齿人,这些都是德昂族的先民。严格意义上讲,金齿国仅仅指德昂族居住的地方,是德昂族的国家,并且相当富裕,

---

[1] 访谈对象:DXM(编号002),德宏州芒市,2012年10月22日;访谈及整理者:王燕。

养有军队。其他民族如傣族虽然也有金齿、漆齿之习俗,都是跟着德昂族学的,因为德昂族是德宏五个主体民族中最古老的民族,他们进来后必然要依靠德昂族、学习德昂族。而对于布朗族和佤族,认为他们和德昂族一样"也是金齿国的主体民族","崩龙(德昂族)和布朗、佤族是兄弟,其中德昂是大哥,布朗是二哥,佤是最小的兄弟,这三个民族建立了金齿国,共同居住在昆明、保山、怒江一带"。[1]

以上观点明确了"德昂族先民建立过金齿国"的立场,虽然这种立场和学术界的主流观点相悖,但它呈现了从德昂族的角度和立场如何看待金齿国。在这里我们并不是要去考证金齿国是谁建立的、它的主体民族是谁,而旨在呈现德昂族如何看待金齿国,如何建立起德昂族与金齿国之间的联系,以及这种看法和表述对德昂族历史表述的影响和它所反映的历史意识。

通过呈现德昂族普通大众、文化精英对金齿国的口述表达发现:

第一,不同文化层次的德昂族对金齿国的表述存在着极大的差异,说明德昂族对历史的表述并非"均质性"存在的。文化精英的表述较普通大众详细和丰富,相比之下普通大众对金齿国的表述非常薄弱,即使了解一二也是通过外界进入人员知晓,而非本民族的历史传承获得,故而在表述上存在内容零散、范围狭窄、知晓途径单一、传承"断代"等特点。

第二,学者对德昂族的历史表述产生了重大的影响。学者对金齿国研究的观点影响了文化精英对金齿国表述的选择,调查人员的进入

---

[1] 访谈对象:ZZG(编号007),德宏芒市三台山乡初冬瓜村,2012年10月27日;访谈及整理者:王燕。

影响了普通大众对历史的表述。我们注意到，当学者提出德昂族与金齿国相联系的观点后，文化精英马上接受了这一说法。在我们的调查中，文化精英表示赞同"金齿为佤德语支民族先民"的观点，对相关学者早期进行的德昂族族属的讨论给予了高度评价，认为他们的研究是对今天德昂族可能引起争论的问题做出的极好回应。

第三，文化精英的表述对普通大众形成一定的影响，从而改变着德昂族传统的历史传承方式。文化精英在不同的场合、通过不同的方式强调德昂族与金齿国的联系，相关的表述逐渐为普通大众知晓并接受，这种影响使依靠神话史诗或传说来完成的历史传承方式发生着改变。

第四，德昂族与金齿国的关系逐渐被明朗化、清晰化。文化精英对金齿民族族属、金齿国所指区域、建立主体民族、发展演变过程等进行了较普通大众更为清晰的表述。他们通过对遗址、遗物、地名等的发掘，对民族分布空间的整理，结合史料记载、学者研究，建构起了德昂族与"金齿国"之间清晰的联系，并以"德昂族的浇花节"为原点，建构起"浇花节已延续了千年的历史"这个时间维度，进而对德昂族的历史、宗教文化及习俗等进行了表述。

（二）"残垣背后的繁华"——古代遗址发掘说

遗址是历史上人类活动的遗迹，包括遗留下来的城郭、村落、寺庙等建筑基地，其特点表现为不完整的残存物，具有一定的区域范围。遗址是历史的另一种记录形式，通过对遗址的考察可以探讨历史上族群活动的范围、人口规模、经济社会发展状况等。德昂族对古代遗址的表述主要体现在陇川女王宫遗址和潞西市三台山乡的兴隆寨遗址上。

1. 文献中的德昂族遗址

古代史籍中并没有德昂族遗址的记载，《德昂族简史》和《德昂族社会历史调查》等文献资料对德昂族的遗址做了简要介绍。文献中载"德昂族的遗址遗物遍布全德宏州各县""德昂族虽然大部分迁离了，但他们对于古代德宏地区的开发与建设作出了宝贵的贡献"。[1] 梳理文献中记载的遗址，大致分为如下三种。

第一种是德昂族历史上居住过的地方，如潞西遮放坝的莫列遗址、潞西轩岗坝芒乱别德昂族遗址、允弄（大城）遗址、允崩龙遗址、邦瓦遗址、庄德昂遗址等，此外还有总坎遗址、拱瓦遗址、邦外遗址、盈江境内回弄河遗址、德昂芒棒遗址等。在这些遗址上都曾有过大量的德昂族村寨，但到20世纪80年代，德昂族已经完全搬离了这些地方，这些遗址或已成为断壁残垣，或已由其他民族居住。

第二种是德昂族修筑的石桥或石路。德昂人不论住居坝区或山区，都很重视道路建设，尤以铺石道路出名。但许多道路因德昂人迁离，长期被雨水冲刷无人维修而破坏了。这些遗址在德宏州的各县市都有分布，但是历史的沧桑巨变，使这些遗址或变成了残垣废墟，掩在蛮荒群山丛林之间，或变成了其他民族的村落，或已无迹可寻只留给人们某些残存的记忆。

---

1 《德昂族简史》编写组：《德昂族简史》，昆明：云南教育出版社，1986年，第35页。

第三种是德昂族的佛寺、拱母（塔）、奘房等，这些佛寺最兴旺的时候佛爷和尚都达百人，之后随着德昂族的迁离而逐渐衰落甚至被毁坏。

文献中记载的遗址，大多数是20世纪50年代民族学者对德昂族进行调查的记录，是学者研究整理的结果。虽然调查资料的记载相当简略，但是德昂族的表述远远超出了学者调查及文献记载的范围。例如，在德昂族的表述中，被频繁提到的遗址有陇川女王宫和兴隆寨王宫遗址，但在史料中没有这些遗址的任何记载，在《德昂族简史》中也只用了约350字的篇幅介绍了女王宫遗址的位置、遗留下来的残砖断瓦，兴隆寨王宫遗址则根本没有记载。

2. 德昂族自己的话语呈现

（1）德昂族普通大众的表述。

普通大众对陇川女王宫的了解有着年龄上的差异，一般来讲老人知道得比较少，大部分人都没有听说过，反倒年轻人知道得多一些，因此对女王宫的表述主要体现在年轻人身上。访谈结果表明德昂族的普通大众对遗址的表述并非通过历史传承来获得。

经访谈，据说陇川女王宫里曾经居住着一位德昂族的女王。这个女王像武则天一样，统治着一方百姓。还传说这个女王武功相当厉害，甚至可以从龙陵直接飞到陇川。女王的统治衰败后，还一直有德昂族人居住在附近不肯离开，直到中华人民共和国成立后才从此迁走。陇川当地人盛传女王宫藏有大量的金银珠宝，所以德昂族迁走后，女王宫曾被多次盗挖。村民说女王的宫殿很庞大，占地面积广，理由是从那里发现的砖块比较多。据当地村民讲,女王的兵将很多,修筑宫殿时人排人地从一个山头站到另一山头,把烧好的砖一块块传递过来。因此,在村民眼中陇川王宫是德昂族人口兴旺、社会强盛的标志。[1] 虽然从文献的记载来看,女王宫的建筑大概出现在明朝,但当人们谈论起它的修筑过程与繁华程度时,那种清晰的画面感让人觉得这个历史仿佛就在昨天。

与此相应,许多村民还说三台山乡兴隆寨也有过一个王宫。个别村民告知,现在兴隆寨遗址被毁得几乎找不到踪迹了,战壕的砖块被附近的老百姓清理了,遗址变成了耕地,在五六年前那些战壕还比较明显,村民们还经常去那里挖砖块盖房子,并且挖到过银子,还发现了德昂族留下的"乌曼"(沙堆)。经访谈了解,1992年曾经有一个缅甸的考察团来到三台山乡,当地村民领着考察人员到兴隆寨考察那些出土的石块、砖块,经验证,和陇川女王宫建筑的材料是一样的,认为有五六百年的历史了。因此他们推测,兴隆寨也有过德昂王,但没有陇川女王宫大,不是德昂族最为集中的地方。[2]

值得关注的是,和陇川女王宫不同,知道兴隆寨遗址的不光有年轻人,还有部分老年人,有些老人还说早些时候他们就是从兴隆寨搬迁到现在住的地方的。现在的兴隆寨虽然早已变成一个地地道道的汉族村寨,但兴隆遗址在村民中的知晓度较高,而文献并没有对它做任

---

1 访谈对象:ZLT、YAM(编号041),三台山乡政府,2012年10月24日;访谈及整理:王燕。CCTV4[走遍中国]寻访神秘的金齿国,http://v.ku6.com/show/sBdvSqGo-fUoBDgiK.html?loc=youce_tuijian。
2 访谈对象:ZLT(编号041)、三台山出冬瓜村和邦外村的老人数名(编号010、012),2012年10月26、27日;访谈与整理:王燕。

何记载。

（2）德昂族文化精英的表述。

德昂族的文化精英认为陇川女王宫是历史上的确存在的事实，女王宫反映了德昂族历史上的母系社会发展阶段。女王宫的出现说明德昂族历史上经历了人口较多、发展繁荣的阶段。在他们看来，陇川女王宫在德昂族的历史中占据了一定的分量；而兴隆寨遗址，这个民间认为的王宫，却没有得到文化精英太多的关注。这从另一个视角给了我们重要的启示：在选择何种"材料"来支撑德昂族的历史表述时，是以文化精英的视野为导向的。原因并不难理解，《简史》对陇川女王宫的记载已经赋予了它国家史的高度，具有一定的地位和意义，相较而言，兴隆寨王宫虽然在民间的知晓度高，但并未出现在官方史籍中。

但是，这种以文化精英视野为导向的选择只是暂时性的，随着德昂族对遗址、遗物的发掘，文化精英对德昂族的遗址给予了高度的重视，他们在调查和研究的过程中一再强调，各县市、各地区的德昂族在从事农业生产时要特别留意先民们遗留下来的古迹遗物等。他们认为古遗址的调查和研究相当重要，德昂族没有文字记录自己的历史，很多东西到现在都引起了民族之间的争论，要证明自己的历史，光有史籍的记载还不够，最能说明问题的是文物古迹，这是实实在在的东西，是不能更改的事实。据部分德昂学者讲，现在在盈江发现了大量德昂族先民的遗址和遗物，如碗、罐、石器等，这些都再一次证明了德昂族确确实实是最先开发德宏的民族。我们注意到，德昂族的文化精英对早期学者进行的德昂古迹遗址的调查颇为赞同，认为这是对今天德昂族可能引起争论的问题做出的极好回应。[1]

从以上文献史料和德昂族对古代遗址的表述可看出：

第一，文献对遗址的表述具有选择性。文献中出现的德昂遗址并不是所有德昂族遗址的汇总，所记资料也不为所有德昂族知晓，在民间知名度较高的兴隆寨遗址及其他德昂族遗址并未载入简史，而不被多数百姓知晓的陇川女王宫却被写入简史。

第二，德昂族不同文化层次的主体对遗址的表述具有差异性。普通大众对德昂族遗址了解得较多，即使对一些尚未载入"史册"的遗址也能知晓一二，而德昂族的文化精英对遗址的表述和文献的记载相差不大，且认同和接受早期民族学者对德昂族遗址的发掘和整理。

第三，文化精英通过遗址遗物的发掘建构起"无争议"的德昂族历史表述，通过遗址遗物的发掘来证明德昂族"确确实实"是德宏最早的居民和开发者，这些都体现了德昂族共同历史记忆的建构。

（三）"流动中的历史"——民族历史分布及迁徙说

在德昂族的口述史中，数量最多的是关于民族历史分布及迁徙的传说和记忆。无论是民间还是知识精英的表述，都认为历史上德昂族是分布在德宏坝子的，是德宏最古老的民族，后来由于政治局势的变化，德宏地区民族关系发生重大变动，德昂族逐渐由坝区转移到山区。在我们的访谈中，一些老人还能讲述先民们迁徙的缘起、路径及过

---

[1] 访谈对象：YZD（编号018），德宏芒市，2012年10月30日；访谈及整理者：王燕。

程等。

1. 德昂族关于民族历史分布的表述

（1）德昂族民间的表述。

据调查中德昂族老人的口述，德昂族在很久以前是一个强大的民族，人口较多，分布在坝区，在今天的龙陵、保山、芒市等地都有德昂族的分布，芒市是德昂族居住最多的地方，现在各民族都承认这一点。而以前傣族是分布在山区的，和德昂族是两兄弟，德昂族是大哥，后来兄弟俩发生了矛盾打起来，哥哥让着兄弟，搬到山上来了，把坝子让给了傣族。现在帕底、弄转、芒市这些傣族居住较多的地方过去都是德昂族居住的村寨。

据民族调查材料显示，传说黑德昂是芒市河两岸及三台山邦外一带的土著居民，他们在芒市河边开出了许多水田，今天的芒究、芒牙、芒邦、邦外以前也是黑德昂的村寨。清朝嘉庆十九年、二十年（1814—1815），德昂族武装反抗芒市傣族土司失败后，黑德昂离开了这一带。[1]

（2）德昂族知识精英的表述。

知识精英和普通大众一样，认为历史上德昂族是分布在坝区的，认为德昂族先民是芒市最早的开发者，也是最早学会种田、犁田、种稻的民族。今天的保山、施甸、怒江一带是德昂族最活跃的地方，在这些地方留有德昂先民的遗址。知识精英通过对一些以德昂语命名的

---

[1] 国家民委民族问题五种丛书云南省编辑组：《德昂族社会历史调查》，昆明：云南民族出版社，1987年，第11—12页。

地名进行解释，认为很多地方都是德昂族先民曾居住过的，如陇川的一个坝子叫勐约乡，"勐约"是德昂话，指茶树特别茂盛的地方，德昂族所在的地方都栽种茶树，茶树一年四季都有嫩绿的尖，所以被称为"勐约"，后来这个坝子的德昂族都迁走了。再如盈江，傣语叫"勐腊"，意思是历史上腊人建立的一个国家，或者开发的一个地方。"芒市"也是德昂语，是"盟誓"的意思，是德昂族的王子在离开这个地方时发下的誓言。"勐巴娜西"，也是德昂语，相传是"德昂族开出的一大片地方"或"腊人建立的国家"[1]。

德昂族对历史分布的表述与学者的研究相差不大，但学者认为德昂先民除了分布在坝区，在山脚和山区都有分布，而德昂族缺少了历史上分布在山区的说法。另外，他们将自己表述为德宏这个地区的土著居民，而在学者的研究中除了土著民族说，还存在中南半岛迁徙说、中国西南—中南半岛分布说，这里他们选择了其中一种说法。

(3) 民族历史分布与口述史表述。

在德昂族的历史记忆中，德昂族先民是居住在坝区的，随着历史的不断发展，人口规模壮大，开辟了德宏地区的一大片土地。元朝时期，迁入滇西德宏地区的傣族势力不断强大，对德昂族的生存空间造成挤压，特别是麓川势力兴起以后，德宏地区的德昂族势力逐步缩小，引起德昂族从坝区到山区的迁移。

结合民族调查材料及学者的研究，元代之后德昂族才大规模地向

1　李茂琳：《德昂族跨境调查随笔》，《德宏师范高等专科学校学报》2010年第1期。

山区迁徙，形成了今天相对稳定的分布格局。但在调查中，他们还在不断地强调历史上的强大和坝区的历史分布。从生态环境与社会发展的角度来看，坝区的生产生活活动往往优越于山区，坝区文明往往先进于山地文明，因此，德昂族对坝子的强调与他们对本民族历史上的优越性及德宏地区古老的居民和开拓者的表述是相对应的，对历史分布的强调和德昂族是古农耕文明及古茶文化拥有者的表述也是一致的。对历史上民族空间分布的强调，还体现在其他民族中，据德昂族的学者讲，以前，德宏地区的各民族都基本上承认德昂族是德宏地区古老的居民，但现在有部分年轻的傣族知识分子认为傣族才是德宏地区最早的开拓者，德昂族学者认为这是一种抛弃历史的说法。[1]

从客位分析的视角看，德昂族历史上的空间分布与德昂族历史表述密切相关：

其一，从人类历史发展的历程看，不同的地理环境孕育着不同的人类文明，古巴比伦文明、古埃及文明、古印度文明及古中国文明无不是生成于特定的环境之中，因此德昂族对历史上分布地域的强调是对德昂族古农耕文明的支持。因为只有分布在坝区，才能开垦水田、种植水稻，才可能形成先进的水稻文明。

其二，历史上的分布区域给金齿国的表述提供了支撑。在生产力相对落后的情况下，特殊的地理环境对社会发展往往起着重要作用，坝区由于其地势平坦开阔、水源充足、交通便利等条件，有利于人口增殖、族际交往、社会进步等，容易形成较大的政治力量，因此对民

---

[1] 访谈对象：YZD（编号018），德宏芒市，2012年10月30日；访谈及整理者：王燕。

族分布空间的强调为德昂族关于金齿国的表述提供了支持。

其三，从民族形成与发展的角度来看，共同地域的形成对民族的生存和发展起着重要的作用。民族历史发展历程告诉我们，族群的发展必然使其处于不断地寻找和开拓新的生存空间中，从而带来族群内部不断的融合、分化、重组与消亡。因此，集中的地域分布不仅提供了人们共同体生存和发展的共同地域，还意味着生活空间的集中，是民族共同体凝聚的最佳场所，有利于建立起德昂族共同的集体记忆。

而实际上，"种茶叶、开水田、植水稻"的茶叶文化和农耕文明不仅在德昂族的表述中得以充分体现，德昂族的神话史诗和传说也说明了这一点。由于德昂族没有文字，没有用文字记载的信史，有限的汉文史籍对其记载又较为简略与晚近，因此，德昂族的历史传承主要通过神话和史诗来完成。德昂族的《祖先创世纪》和《达古达楞格莱标》[1] 两则神话都认为茶是大地的创世者，是德昂族的祖先，而德昂族自己是茶树的子民。创世纪神话是德昂族追溯其族源与祖先历史、传承集体记忆的载体，也反映了德昂族先民的世界观和宇宙观。迁徙史诗《雷弄山的儿女》《泪水歌》[2] 反映了元明以后德昂族由盛而衰所经历的由居住坝区到被迫迁往山区、由集中居住到被迫流浪的转折过程，《泪水歌》还反映了德昂族的茶文化和水稻文明。

通过对神话传说的解读发现，神话史诗和传说与德昂族的口述历史是相互建构的，它们一起对德昂族无文字历史传承方式提供支撑。神话史诗及传说反映的历史体现为：第一，德昂族有着悠久的历史，

1　黄光成：《德昂族文学简史》，昆明：云南民族出版社，2002年，第8—9页。
2　黄光成：《德昂族文学简史》，昆明：云南民族出版社，2002年，第8—9页。

其历史甚至可以追溯到远古时期；第二，德昂族曾是一个很强大的民族，有着先进的文化和古老的稻作文明；第三，德昂族的先民分布在今天的德宏地区并且曾是该地区的主体民族；第四，元明以后，德昂族因战败经历了从坝区向山区不断迁徙的过程。神话史诗和传说体现的德昂族的强大与辉煌，与他们关于金齿国的表述是暗合的，同时也使学者提出的"金齿国是佤德语支民族先民"的观点得到了德昂族神话传说的支持。因此，学者的观点被知识精英接受后，他们便不断发掘德昂族的传说使之成为金齿国表述的支撑，也包括他们对陇川女王宫及兴隆寨遗址的发掘。

2. 德昂族关于迁徙的表述及传说

（1）关于迁徙路线的表述。

通过实地访谈发现，不同年龄阶段、不同文化层次的德昂族对本民族的迁徙过程知晓的程度不同。一般地，普通大众中年长者了解的历史比年轻人多，但也只了解本村寨的迁徙史，他们往往把自己所在村寨的历史表述为整个民族的历史，而对本民族其他村寨的历史及德宏州德昂族的历史则知之甚少。在德昂族的知识精英中，关于民族的迁徙存在这样几种说法：其一，他们是从昆明南下，迁徙到保山、德宏的；其二，德昂先民先从蒙古迁到昆明，再迁到滇西南地区；其三，德昂族有史以来就是德宏的土著居民；其四，明代以后，德昂族和傣族之间发生冲突，德昂族因战败而迁往缅甸，形成了今天中国德昂族少而缅甸德昂族多的分布格局。结合学者关于孟高棉民族迁徙的研究，可看出德昂族的迁徙只反映了孟高棉民族迁徙的部分，知识精英对民族迁徙路线的表述，是对学者研究观点的选择与融合，表述更多地体现了弗兰克·M. 勒巴尔、里查德·皮尔逊、宋迈·宾吉、凯耶斯、安布雷·多雷、凌纯声等学者所提的孟高棉祖先由中国北方向南的迁徙说而不是中南半岛迁移说或印度迁徙说。

（2）关于民族迁徙的传说。

传说是一个群体对某一历史事件或历史人物的共同记忆，通过对德昂族口述历史中迁徙传说的整理，可以从一个侧面探析传说所蕴含的历史意识。结合调查及文献资料，德昂族的迁徙传说大概包括迁徙缘起、迁徙过程及迁徙中融合。

①关于迁徙缘起。

经总结，德昂族关于迁徙原因的表述大致分为族际冲突说、语言障碍说、民族生计说和瘟疫说等。

其一，族际冲突说。经访谈了解，引起德昂族迁徙的一个主要原因是早期德、傣之间关于田地的争夺，流传最多的是"铓剑之争"。据说以前德宏地区都是德昂族，拥有很多田地，傣族进入德宏以后就想把德昂族赶出去，听说德昂族在地下藏有金铓，于是傣族以剑藏入地与德昂族打赌，谁先挖出各自所藏器物，谁就居住在德宏，傣族略施小计先挖到剑，德昂族输了，便迁离了德宏坝子。[1] 陇川章凤区德昂族的迁徙，与景颇族的迁入有关。[2] 芒龙山德昂族的不断迁移与汉

---

1 访谈对象：DXM（编号002），德宏州芒市，2012年10月22日，访谈及整理者：王燕。
2 国家民委民族问题五种丛书云南省编辑组：《德昂族社会历史调查》，昆明：云南民族出版社，1987年，第55页。

族的冲突有关。[1]

其二，语言障碍说。德昂族普遍流传，德昂族的银子很多，傣族进来后想霸占德昂族的银子，便和德昂族约定如果德昂族打仗输了，可在原来的统治范围内划个区域继续住，条件是要给傣族三钱银子，傣语"钱"的发音与德昂语"丘"的发音相似，德昂族以为傣族要三丘银子[2]，便商量说把他们全部的银子拿去填在田埂上也填不满三丘田，无奈之下只好迁走。[3] 三台山流传的是，以前，居住坝子的傣族土司希望和居住山上的德昂族交朋友，一天，土司派人送信上山去说明此事，山上的德昂人谁也看不懂，把信传来传去，最后将其确定为战书。他们认为如果迎战必将寡不敌众而败，于是，一夜之间迁往更深更隐秘的大山之中了。[4]

其三，民族生计说。在德昂族的迁徙中，有一部分德昂族是出于生产资料的缺乏、统治民族苛重的税收而无法生活，被迫迁徙的。潞西芒龙山德昂族群众流行一个历史传说，德昂族从前是住在缅甸的，之所以迁徙是因为德昂族不堪忍受当地政府苛重的税收。[5] 大中寨的德昂族迁徙是因为当时老街的土司向德昂族要"鸡窝税"，他们交不

---

1 国家民委民族问题五种丛书云南省编辑组：《德昂族社会历史调查》，昆明：云南民族出版社，1987年，第20页。
2 据了解，丘是德昂族的一个面积单位，一丘相当于几亩。
3 访谈对象：DXM（编号002），德宏州芒市，2012年10月22日；访谈及整理者：王燕。
4 传说来自黄光成：《德昂族文学简史》，昆明：云南民族出版社，2002年，第83页。
5 国家民委民族问题五种丛书云南省编辑组：《德昂族社会历史调查》，昆明：云南民族出版社，1987年，第20页。

起便要受罚，最后只好迁走。¹

其四，瘟疫说。据弄坎寨的老人回忆，20世纪三四十年代，滇缅边区一带瘟疫不断，当地很多民族发生迁徙，很多德昂迁往缅甸，瘟疫过后，并没有迁回来。² 镇康、耿马一带的德昂族传说他们迁入镇康甘塘德昂大寨定居下来后，因为疾病流行，大部分又迁出缅甸果敢县，沿今天中缅边境一带居住，另一部分崩龙从保山、施甸、昌宁湾甸坝等地，沿勐波箩河，顺小勐统、德党（今永德县城）直达南伞、河外、孟定及缅甸果敢等地居住。³

②关于迁徙过程。

三台山的德昂族传说，当时他们是顺江而迁，人很多，做了很多木筏子顺流而渡，后来傣族就叫他们"布弄"，即没有住处，顺水冲走之意。他们除了顺江而渡外，还经过无数深山老林，没有路，边走边歇。据说，途中分前后两路走，后一路来时，见前边人走过的地方，刀砍过的芭蕉林又长出了新的芽，以为追不上了，就停了下来，定居在今陇川江一带之户旧、户岗等地。前一路则一直前行，直抵今缅甸大山才停下来。进入缅甸大山的德昂族因种植茶叶，生活富足，引起缅甸统治者的嫉恨，结果两者发生冲突，引起一次战争。德昂因兵少力弱而战败，之后，部分留下，部分又迁回内地。迁移时分成几路，其中有两路较大：一路顺怒江而上，向今潞西（芒市）一带进发，一

---

1 国家民委民族问题五种丛书云南省编辑组：《德昂族社会历史调查》，昆明：云南民族出版社，1987年，第77页。
2 毛益民：《触摸云南德昂族文化遗存》，《美与时代》2008年第4期。
3 国家民委民族问题五种丛书云南省编辑组：《德昂族社会历史调查》，昆明：云南民族出版社，1987年，第121页。

路顺陇川江而上。顺怒江而上者由一头人领路,到潞西后,住在今天的茶叶箐,与这里的德昂族会合。而顺陇江而上的德昂族,到达陇川、盈江、瑞丽一带后便住下来,之后有的继续迁往腾冲。[1]

③迁徙与融合。

人口迁徙与族群关系是有其内在的联系的,人口的流动必然引起原有族群关系格局的变动,因此,迁徙传说多少可以反映历史上族群关系的变化。当德昂族与周边民族发生争端,乃至械斗而无可奈何时,德昂族通常被迫迁徙,在德昂族迁徙的过程中,也有一部分人融入其他民族中。据老人回忆,迁徙的德昂族或住到山区,或迁往缅甸,走不动的、眼睛不好的、年纪大的就留下来,也有很多德昂族变成了傣族。他们融入傣族后,不说德昂语,不承认自己是德昂族,因为他们曾经强大过,失败以后受到驱赶,承认德昂族对自己没有好处,而当时傣族比较强大和富有,就认傣族了。[2] 从有关文献记载,德昂族融入傣族的原因还有:"傣族地区地广人稀,有赖德昂族帮助开发生产;德昂族信仰小乘佛教和傣族相同,因此风俗习惯方面容易和傣族接近;德昂族没有文字,但常常诵傣文佛经,因而也容易学傣族语言;傣族的政治经济地位较高,居于统治地位,易使德昂族向往。"[3] "傣族地区有句俗语叫'朗喇朗别姆',意思是'傣族是喇族和别姆族的子

---

1 传说来自国家民委民族问题五种丛书云南省编辑组编:《德昂族社会历史调查》,昆明:云南民族出版社,1987年,第24—26页。
2 访谈对象:YLS(编号011),德宏芒市三台山乡邦外村,2012年10月26日;访谈及整理者:王燕。
3 国家民委民族问题五种丛书云南省编辑组:《德宏傣族社会历史调查》(三),昆明:云南人民出版社,1987年,第60页。

孙','喇'是傣族语对古代孟高棉语系民族的统称。现今傣族中有'傣崩''傣布勒''傣养'称谓等,'傣崩'是融合于傣族中的崩龙人,'傣布勒'是融合于傣族的佤族人,'傣养'是融合于傣族的'黑崩龙'和'克木'人。这些名称保留着一部分佤崩民族融合于傣族之中的遗迹。"[1] 据三台山乡一些村民讲,以前有很多德昂族变为傣族,但是近几年来由于国家扶持人口较少民族的力度加大,他们又要认回德昂族,老人们说虽然现在年轻人不会讲德昂话了,但他们祖上还是德昂族,只是在迁徙过程中走散了。

德昂族关于迁徙缘起、迁徙过程及迁徙中民族融合的表述呈现了德昂族历史上由于种种原因的辗转迁徙与颠沛流离,呈现了清朝末期、近代以来德昂族充满悲剧意识的发展历程。这段历史与他们对"金齿国"的表述形成鲜明的对比,这段历史的转折过程在德昂族的爱情叙事长歌《芦笙哀歌》《腊亮和玉相》[2] 里也得到了体现。正是清末以来德昂族居无定所的迁徙过程,使德昂族很难形成连续的、牢固的、紧致的族群集体记忆。因此,当下德昂族通过"金齿国"、神话史诗、遗址传说建立起连续性的集体记忆以增强共同的历史感和认同感,使其历史表述更具针对性和目的性。

小　结

通过对德昂族历史表述资料的收集整理,发现一个显著的趋向即

---

[1] 国家民委民族问题五种丛书云南省编辑组:《德昂族社会历史调查》,昆明:云南民族出版社,1987年,第3页。
[2] 黄光成:《德昂族文学简史》,昆明:云南民族出版社,2002年。

德昂族通过对一些具有代表性的、重大历史意义的事件进行表述,建立起了现在与过去的联系。尽管金齿国在学者那里尚无定论,在史乘文献中记载隐晦,德昂遗址的记述在文献中也不详尽,迁徙路线在学者那里也无定论,但在德昂族的表述中,对"德昂族历史"有着不同的理解,以金齿国为代表的古代政权建立说、以陇川女王宫及兴隆寨遗址为代表的遗址发掘说、历史分布区域及迁徙传说都被看作一种典型的标签或象征,选填进了"德昂族历史"这个框架中,梳理了德昂族"自下而上"的"根基历史"[1]。因此,通过呈现不同的主体对同一历史事项的表述可以窥探文化持有者的"草根历史"是如何被参与、被创造、被表述的。

那些被德昂族"选中"作为标签或象征进行德昂族历史表述的事件,从表层来看似乎是毫不相连的,它们或出现在正史记载中,或被认为发生在明代,或存在于德昂族就近的口传中,时间上是断裂的,但是德昂族却赋予了它们共同的解读——"德昂族的历史",这些"历史"共同隐喻了德昂族历史上的强大与辉煌。由此看出"历史同时是过去的真实,也是一种以当代的场景,选择性地选取具代表性的过去的一种表述。"[2] 金齿国与女王宫,从某种意义上讲具备了所谓"英雄祖先"[3] 的表述,这种表述不仅反映了德昂族历史上的强大,还

---

[1] 王明珂:《英雄祖先与弟兄民族——根基历史的文本与情境》,北京:中华书局,2009年,第28页。

[2] Crane, Susan A., "Writing the Individual Back into Collective Memory", *The American Historical Review*, Vol. 102. Issue 5 (Dec 1997), p. 1373. (转引自刘永华主编:《中国社会文化史读本》,北京:北京大学出版社,2011年,第378页。)

[3] 王明珂:《英雄祖先与弟兄民族——根基历史的文本与情境》,北京:中华书局,2009年。

为德昂族共同的族群记忆建构提供了"正统"话语,当然其间也不乏"弟兄民族"[1] 的记忆,包括老人记忆中"德昂族、景颇族、傣族"是弟兄或"德昂族、佤族、布朗族"是弟兄的表述,这些表述体现了德昂族对"我"与"我们"的认同与归属;而对历史分布区域和古遗址的强调则建立起了主体民族与附属民族、先来者与后到者的秩序空间或社会结构,为"德宏最早的开拓者"和"德宏的古老居民"提供支撑。

---

[1] 王明珂:《英雄祖先与弟兄民族——根基历史的文本与情境》,北京:中华书局,2009年,第4页。

三、口述史中的德昂族文化表述

德昂族全民笃信南传上座部佛教[1]，因此，佛教文化是其文化的核心，口述史中德昂族对文化的表述也主要体现在佛教及受其影响的节日上，因此，本部分从南传佛教出发，对德昂族关于宗教节日浇花节的建构及其对南传佛教的表述进行讨论。

德昂族和傣族皆信仰南传佛教，有着进洼、出洼、烧白柴、赶摆等与宗教密切联系的共同节日，泼水节是其中最重大的节日。史料对泼水节的记载相当少，光绪《永昌府志》载"摆夷……以立春前数日为烧白柴，以清明前数日为泼水，男女以竹筒汲水，互相泼洒为乐"。[2] 而德昂族的此节日并不见文献记载。学者关于德昂族泼水节的研究成果较少，更多地体现为傣族泼水节的研究。德、傣之间相同的宗教信仰体系及相似的宗教节庆活动，引发了德昂族节日从泼水节到浇花节的改变及差异性表达。

史料对德昂族的宗教信仰有所记载，但内容并不翔实，南传佛教

---

[1] 南传上座部佛教又俗称小乘佛教，行文中也简称为南传佛教。
[2] 光绪《永昌府志》卷57《种人·摆夷》。

的传入情况不见史料记载；学者对南传佛教的研究成果颇多，对其传入时间、传播途径、传播空间等都有所考究，但并无定论，尤其在传入时间及传播空间上仍具有较大争议。无论学者的研究如何，德昂族自身有着不一样的表述。

（一）以节日为代表的文化符号表述

从 20 世纪 50 年代的民族调查资料可知，德昂族信仰小乘佛教，有自己的佛寺和佛爷，佛寺建筑和佛像等装饰与傣族相同，德昂族因信仰小乘佛教所以也有泼水节、进洼、出洼等佛教节日，这些节日与同样信仰小乘佛教的各少数民族相同[1]，其中泼水节是傣历新年的庆祝活动，在农历三月清明节后第 7 日举行，也即傣历六月十五日，有的推前一日（傣历以六月为岁首，按此顺序排列）[2]，德昂族和傣族一样，也用泼水节来庆祝傣历新年。

从调查资料来看，德昂族的节日只有泼水节而无浇花节的说法，直到现在德昂族的普通大众大部分也只知有泼水节而不知有浇花节。2008 年德昂族的浇花节成功申报为国家第二批非物质文化遗产，从客位的角度来看，浇花节就是泼水节，在部分德昂族普通大众看来，该节与泼水节也并无差别，而德昂族的文化精英则认为浇花节是不同于泼水节的节日，浇花节中的许多风俗习惯被认为"是德昂族千百年来

---

[1] 国家民委民族问题五种丛书云南省编辑组：《德昂族社会历史调查》，昆明：云南民族出版社，1987 年，第 57、69 页。

[2] 国家民委民族问题五种丛书云南省编辑组：《德昂族社会历史调查》，昆明：云南民族出版社，1987 年，第 70 页。

沿袭下来的。由于德昂族与其他很多民族所处的生态环境和社会历史条件不同，因而形成有别于其他民族的风俗习惯，这些风俗习惯又被赋予了强烈的感情，并成了代表德昂族的标志，体现着浇花节所独具的社会价值"[1]。可见，浇花节是德昂族文化精英建构的产物，这个建构是在原来传统节日基础上"新发明"的传统，而并非完全的"无中生有"。下面即呈现泼水节向浇花节转变的过程。

1. 从泼水节到"浇花节"的转变

（1）还原泼水节：不同历史语境中的仪式展演。

① 20 世纪 50 年代初期到"文化大革命"之前的泼水节。

20 世纪 50 年代初期，德宏州刚刚解放，人们的宗教活动以民间自发的形式进行，泼水节还甚少受到外界力量的干预。泼水节的时间和傣族一样，"亦于阴历三月十五日举行"，历时三五天不等[2]。节日前，每家人都要准备各种赕品、糯米花饭、泼水工具和装饰小佛房等。节日的前一天，男女青年有互赠礼物的习俗。节日到来之际，小伙子要编织漂亮的竹背篓并在节日前一晚赠予心仪的姑娘，姑娘回赠给小伙子筒帕、烟袋或泼水米粑，还要请对方吃饭。节日第一天姑娘要背自己心仪的小伙子送的背篓，第二天或第三天才能背其他人的。

节日第一天，全寨的信众携带幡旗、布幔、鲜花、食物等赕品集体前往寺院参拜佛祖，敲铓锣、象脚鼓。年满 40 岁以上的信徒和妇

---

1 云南省德昂族研究会：《国家级非物质文化遗产名录项目申报书（浇花节）》，2007 年。
2 国家民委民族问题五种丛书云南省编辑组：《德昂族社会历史调查》，昆明：云南民族出版社，1987 年，第 112、113 页。

女，要居住于寺院，听佛爷诵经，由家属每天送饭给父母。第二天，全村打扫寨子和寺院，中午，人们身着新衣，携带泼水工具、鲜花、泼水粑粑等齐集寺院外面的小佛房，听佛爷诵经。诵经完毕直到说"沙土沙土"（保佑平安之意）后，人们便把清洁水倒入长龙槽，水从龙槽流进小佛房内的转水花筒，喷出清水洗浴佛像。浴佛完毕后，佛爷将赕品分给信众，青年人敲着铓锣、象脚鼓，尽情舞蹈。第三天，人们之间互相泼水，以表示吉祥。但是青年人往往在第二天浴佛之后就互相泼水了。[1]

②"文化大革命"时期节日的中断。

"文化大革命"期间，泼水节被禁止。"文化大革命"结束后，大概在20世纪80年代初期，村里又过起了泼水节。首先请回之前被驱散的佛爷，村社头人组织村民们砍竹子、捐献木头修筑奘房，请全村的老人吃饭，商量节日恢复事宜，因为老人一直是节日文化的主要传承力量。

③重新恢复起来的泼水节。

恢复后的泼水节，节日日期不固定，有佛爷的村寨由佛爷推算，没有佛爷的村子由老人商议，且节日受市里节期的制约。节日前期同样要做大量的准备，包括打扫卫生、准备各种供品、搭建浴佛竜亭、缝制新衣服等。

节日第一天的主要活动是采花、请佛、浴佛、打水、守佛等。清晨，全村的男女信徒在村口集合前往山上采花。男青年们敲着象脚鼓、

---

1 参考国家民委民族问题五种丛书云南省编辑组：《德昂族社会历史调查》，昆明：云南民族出版社，1987年，第70页。

铓锣在前面引路，人们跟在后面载歌载舞。中午时分人们将采回的鲜花装饰在奘房外面的竜亭上后，便在佛爷或老人的主持下诵经请佛。待将小佛像搬到竜亭后，村民们便集中在竜亭前听佛爷或先生诵经，在诵经的过程中向地上滴水，称为"滴水仪式"。诵完经后便开始用清水浴佛。接下来的日子里青年人每天不定时地去附近的水洼取水。到了晚上，老人们会睡在奘房外面的棚舍里守佛，并在竜亭处诵经，向佛忏悔白天去打水时触犯到了山神水神等。

第二天、第三天除不用采花、请佛外，其他活动和第一天同。第四天，村寨之间、民族之间联欢。被邀请的村寨带着表演队前往，到了东道主的奘房后也要在竜亭前诵经、浴佛。待前来的村寨浴佛完毕后，大家开始互相泼水祝福，同时进行娱乐节目表演，其实泼水这个活动一直贯穿节日始终，只是第一天没有大肆泼洒。

第五天，送佛、堆沙、祭寨心。早晨，村民齐集在竜亭周围诵经，把佛请回奘房，同时在奘房外的广场上堆沙，并供以各色幡旗、香柱、蜡条、米花、泼水粑粑等。堆沙表示人们对佛的诚心和承诺。即日老人还要去祭寨心（也叫寨心桩，德昂语称"乌曼"，是最初建村寨时埋下的木桩），寨心是村寨的守护神，祭祀的目的是保佑全村人吉祥平安。在节日后的三天之内，子女要给家里的长辈洗脸洗脚，以报答父母的养育之恩。家人帮老人把守佛的东西搬回家并行洗脚礼。泼水节结束后，意味着新一年的开始，人们开始投入紧张的生产劳作中。[1]

重新过起来的泼水节由于长时期的间隔使部分细节被遗忘，以致

---

[1] 资料来自2011年4月的田野调查。

不能全貌恢复而发生了极大的变化。通过对比，恢复后的泼水节有如下一些变化。

第一，节日时间的变化。泼水节中断前的时间是在清明节后第7天，节期根据情况过三到五天，大年过6天，小年过5天或3天，具有一定的机动性与随意性。节日恢复后，节日时间由佛爷推算，有的村子没有了佛爷，节日时间由老人们商议定夺，节日的宗教权威开始弱化。同时，德宏州把州层面的泼水节日期固定为阳历4月12日至14日，固定节期的出现，一定程度上影响了传统的节日组织时间和组织者，村落中进行的节日在时间上要避开州政府的时间，村落层面传统的组织人员届时也会被抽调到州上参与泼水节活动。

第二，节日组织的变化。从相关民族调查资料和老人的口述发现，泼水节作为一种宗教活动，最初完全以民间自发的形式进行，甚少受到外界力量的干预。节日组织者分老人组和青年组，也完全由村民自主选举产生。节日时间的确定、节日仪式的主持、节日活动的安排，以及节日期间的费用收支等都由老人组负责。而青年组除了协助老人组的工作外，还要负责青年男女之间的交往活动和节日期间的串寨子。现在，节日的组织者发生了较大的变化，这种变化主要体现在两个层面：一是州政府逐渐参与到节日的组织中来，并成为影响节日的重要力量；二是基层政府的介入及成为组织者。

第三，节日参与者的变化。之前过泼水节的几乎是本村寨的人，节日恢复后，参与的主体扩大到其他村寨、其他民族甚至境外同一民族。据老人们回忆，20世纪80年代恢复泼水节后，寨子之间互相往来增多，节日规模更宏大，气氛更浓重，德宏州潞西市三台山乡邦外村的佛爷被认为是"最仙"的佛爷,每年过节的时候都有很多傣族、汉族、景颇族的人来参加,特意找佛爷"问事",送钱送米给他。除了普通百姓的参与,政府也逐渐介入泼水节并扮演组织者和参加者的双重角色。近年来,境内德昂族还邀请缅甸的崩龙族前来参加节日,中国这边也派代表团前往缅甸参与他们的泼水节,这种基于节日的跨境互动持续了好几年,直到最近缅甸发生动乱才停止。

第四,节日内容的变化。其一,节前准备的多样化。早些时候过节,囿于生活水平,节日的准备比较单一,除了基本的仪式器物准备,几乎没有娱乐活动。现在节日的准备内容更加丰富了,除了添置新衣服,打扫奘房卫生,搭建浴佛竜亭,制作泼水工具,准备祭拜供品等,青年人还要准备各种表演,这些娱乐活动除了在本村寨节日期间表演外,还要去其他村寨参加联谊,甚至被邀请到德宏州参加演出。其中变化较大的是服饰方面,以前过节的时候,人们的服饰必须都是民族传统服饰,现在当然也有很多人仍然会在节日时穿着民族传统服装,但是也有不少人开始着汉人的装扮,或者把民族服饰和汉人的装扮混穿,甚至有的女性将传统的长筒裙改成高于膝盖的短裙,并且裁剪得更为贴身。这样的行为虽然引起了一些老人的不满,但他们并未加以干涉,而这种行为在以前是要遭到批评的。其二,仪式活动的世俗化。随着社会的发展,市场经济因素不断向边疆地区渗透,生活逐渐走向多元化,人们不再依附于宗教获得精神上的支持,而是将目光更多地转向现实生活,加之政府介入节日并逐渐成为组织者,因而促使以浴佛、赕佛为表征的节日活动无论在形式上还是内容上都向世俗化发展:

形式上,一是主体信教群众规模的减少和多民族参与的趋势加强。

节日期间除了本民族信众参与外，还邀请了周边的其他民族如傣、景颇、汉等族参与，加之德昂族近年来很多青年人外出，因此节日期间的青年人甚少，传统的互赠礼物活动逐渐式微。二是信教主体的性别比例、年龄比例失衡。节日期间主要参与者以老人和中年妇女为主。三是佛事活动中掺杂大量的世俗活动。在节日期间举行各种娱乐活动，一些村民小贩还在奘房旁边摆设摊位做生意，宗教活动逐渐演变为一种集消费、社交、娱乐、信教为一体的社会活动。

内容上，一是信教群众的宗教观念趋于淡薄，青年人和部分中年人的宗教行为弱化，青年人不会诵经，也不懂经文的内容和含义，节日后也不行严格的洗手洗脚礼。二是宗教规范出现松弛，尤其体现在"多列"教派的教规上。过去该派教规很严，禁止杀牲、见杀不吃，不准乱说乱讲、不喝酒、不骂人、不偷盗抢人，此外还不养猪鸡，只许养一双报晓公鸡，如有违反规定者，将会受到很严厉的处罚。[1] 随着改革开放的深入和经济建设的发展，德昂族也开始饲养牲畜家禽，年轻人在泼水节期间基本上不遵守旧时的规定，可以唱流行歌曲、抽烟、喝酒、吃肉，只有笃信的老人还遵守着教规。

（2）浇花节的建构过程。

通过上文德昂族泼水节的流变过程陈述，可以看出在德昂族的民间只有泼水节的提法而无浇花节之称。直到2008年德昂族以浇花节为名成功申报国家第二批非物质文化遗产，浇花节这个说法才逐渐为德昂族普通大众所知。经访谈，"浇花节"是由德昂族文化精英在挖掘

---

[1] 参见国家民委民族问题五种丛书云南省编辑组：《德昂族社会历史调查》，昆明：云南民族出版社，1987年，第10、64页。

和梳理与傣族泼水节差异基础上建构出来的"新生儿",这个叫法的普及与传播经历了一个自上而下、由官方到民间、从学者到大众的过程。2008年以前,浇花节一直被叫作"德昂族泼水节",因为这一节日与傣族的泼水节有诸多的相似之处。

①浇花节与泼水节相似性的呈现。[1]

其一,浴佛仪式——对佛诞日情境的模拟。

泼水节在清明节后第7日举行,是把佛陀诞辰、成道、涅槃三个日期合并在一起纪念的活动[2],因此又叫"佛诞节"或"浴佛节"。节日期间人们要举行隆重的浴佛仪式,浴佛仪式实质上是对佛陀诞辰情境的模拟。据记载,"悉达多太子降生的时候天呈吉相,百花齐放……落下许多各色名贵的香花香草,难陀龙王、优波难陀龙王在虚空中喷出清净香水,一温一凉,灌洗太子。"[3] 浴佛由此而来,今天在过泼水节的时候傣族和德昂族人都要浴佛。具体地点:在奘房外的空地上用木料和篾栅等搭建起临时的小佛房(傣族叫花亭,德昂族叫竜亭),佛房中间放置转水花筒(傣语称"拱爽"[4]),正上方架设一条约两米长的水龙槽,龙头下凿一孔,以插转水花筒,筒四周铺上一张圆形竹桌,用来安放小佛像。外面架起另外一根长六七米的龙槽,和佛房内的小龙槽交叉衔接,过节的时候人们会上山采花装饰佛房,把

1　此部分已刊。来自李晓斌、段红云、王燕:《节日结构与民族身份表达——基于德昂族浇花节与傣族泼水节的比较研究》,《中南民族大学学报》2012年第4期,第64—65页。
2　国家民委民族问题五种丛书云南省编辑组:《德昂族社会历史调查》,昆明:云南民族出版社,1987年,第70页。
3　无碍:《佛教的故事》,北京:北京出版社,2004年,第8页。
4　"拱"指一种可以旋转洒水的木制器具,"爽"即泼水,指其洒水浴佛的作用。

佛房装饰好后从奘房里请出十几尊小佛像安置在佛房，人们开始攀上木架将一桶桶清水倒入龙身水槽（为回应"龙喷香雨浴佛身"的情境，人们会在清水里滴入花露水以示香雨），水顺流至另一条龙槽，再灌入转水花筒，筒即旋转，水花四射，状如细雨，喷洗各佛而达到浴佛的目的。从"竜亭"、"龙槽"、"龙头"、香水、采花等事项可看出，无论是傣族还是德昂族的浴佛仪式都是对佛陀诞辰情境的"重演"。

其二，节日仪式过程和象征意义。

泼水节和浇花节在仪式上都包括采花、请佛、浴佛、泼水、送佛等环节，这是外界将其等同视之的重要原因。从南传上座部佛教的角度来看，浇花节与泼水节有着基本一致的象征意义，其核心仪式活动的主旨就是赕佛。"赕"是巴利语的音译，汉译为布施、施舍、供奉，赕佛是向佛祖布施的一种方式，同时也是一种自我救赎和解脱的途径，以期通过对佛的供奉获得今生或来世的福报。以"赕"为核心的南传佛教影响下的节日，其功能和象征意义则主要通过以下两点得以体现。

一是节日仪式中包含特定象征意义的各种器物及食物。包括奘房内佛台上供奉的各色鲜花和香蜡，奘房墙壁及天花板上悬挂的各色幡旗、本生壁画和宝盖，以及信众节日期间"赕"给佛的各种供品，如鲜花、各色旗子、米花、泼水粑粑、细沙、白柴、净水、香、蜡烛等，人们赋予了每一种事物特殊的象征意义，如鲜花是佛诞辰时百花齐放的情景表达；而旗子、米花则是由射向佛的弓箭和弹子变化而成的，表达的是对佛法无边和佛的大慈大悲的称颂。这些贡品或具体体现着对佛的供奉，如泼水粑粑，或通过其传说所含的象征意义来反映信众对佛的颂扬,总之,由这些具体的食物和具有隐喻意义的器物组成的一组象征符号体现了信众通过"赕佛"的实践——现世所做的供奉,以期获得今生来世的福报。

二是动作、行为、仪式等表现出来的行为符号。这些行为既包括节前搭建佛房、打扫卫生,也包括节日期间的请佛仪式、赕佛仪式、浴佛仪式、诵经、采花等行为活动。这些行为符号和之前提到的器物一样,具有同样的象征意义,都是人们"赕佛"实践的体现。

另外,两个节日的组织在名称、组织形式、功能上有着很大的相似性。泼水节和浇花节的组织者均是老人组和青年组。他们是由群众推选出来的,"履行宗教事务的宗教活动机构,该组织是受到村委会和群众认可的宗教机构"[1]。从两个民族节日的组织名称、组织形式及功能的比较来看,它们一开始都具有宗教的色彩,都是为适应村中开展各时期的宗教活动而形成的村民组织,负责着节日活动的组织工作。

②浇花节与泼水节相似的原因分析。[2]

其一,南传佛教的影响。

德昂族和傣族一样除了信仰原始宗教外,还普遍信仰南传上座部佛教(南传佛教或小乘佛教)。"南传上座部佛教是由印度,经东南亚的中南半岛分缅甸、泰国两条路线传入现今德宏傣族景颇族自治州、西双版纳傣族自治州、临沧市和思茅地区景谷县等傣族聚居区的"[3],

---

[1] 尹可丽:《傣族村寨的组织管理模式及社会取向》,《云南民族大学学报》2005年第7期,第33—35页。

[2] 此部分已刊。来自王燕:《从泼水节与浇花节的比较中探析节日的源与流》,《节日研究》2012年第5期。

[3] 刀承华、蔡荣男:《傣族文化史》,昆明:云南民族出版社,2005年,第200页。

其内部的四个派别"润""摆奘""多列""左抵"在德昂族和傣族地区都有传播,其中三台山乡出冬瓜和邦外的德昂族信仰南传上座部佛教的"多列"派,在德宏的傣族中,则信奉"摆奘"和"润"的最多。[1] 由于德昂族和傣族都信仰着南传上座部佛教,因此他们有着泼水、进洼、出洼、烧白柴、祭寨心等宗教活动,其中泼水是最隆重且具代表性的佛事活动。共同的宗教信仰,使得二者在节日仪式及象征意义上趋同。

其二,节日空间的交错。

傣族和德昂族节日空间上的重叠也是导致其节日相似的原因之一。空间的交错主要体现在两个方面:一是由采花[2]地点的重叠带来的公共空间中活动的交错。节日的第一天,芒市地区的傣族不分男女老幼都会齐往芒市远郊的百场采花,以敬献佛祖和装饰浴佛花亭,而百场位于三台山德昂族乡的户育山,这也是德昂族采花的地方。采花作为泼水节抑或浇花节的关键环节,不仅有着特殊的仪式象征意义,还体现了节日世俗化的一面。因此采花地点的重叠意味着公共场域的形成,公共的场域为傣族、德昂族之间的文化交流和社会活动提供了可能,如过节期间出冬瓜的佛爷受邀前往芒市参加政府举行的活动,邦外、出冬瓜的青年人组成文艺表演队前往户育山参加演出,与傣族一起过节等。公共场域里的交流与互动促进了两个不同群体间文化的交融与

---

[1] 《中国少数民族社会历史调查资料丛刊》修订编辑委员会:《云南民族民俗和宗教调查》,民族出版社,2009年,第112页。

[2] 这里所指采花,是节日的一个重要环节,花并非真正意义上的鲜花,而是一种树的嫩枝,当地人称其为跑马梨树,认为该树具有防灾祛病的功效,可以起到辟邪、清洁、庆祝之作用,同时沾过水的枝叶还有药用价值。

碰撞，继而出现文化的涵化现象[1]，导致双方在节日上出现一定程度的相似性。二是节日中的仪式空间相同。仪式的举行都离不开奘房、竜亭、采花点、取水处等活动空间。

其三，族际交往的影响。

族际之间的互动也是造成节日相似的一个外界因素。德昂族与傣族的族际互动模式经历了一个以宗教为纽带的互动到以地缘、业缘为纽带的变化，这种转变在2005年德昂族实行异地搬迁以后更为明显。

从20世纪五六十年代的德昂族社会历史调查资料可看出，德昂族全民虔诚信仰南传佛教，"各寨均有一奘房，潞西县崩龙族（德昂）的奘房，以邦外寨的最有威信，这里的大佛爷，不但在崩龙族（德昂）中有威信，就是在周围几十里地的傣族、景颇族、汉族中也很有威信，每年秋收后，其他寨的人都要来拜佛。芒市坝、遮放坝等几十里地以外的傣族均常来找他（佛爷）打卦"[2]。这种基于宗教的族际交往持续了相当长的时间，直到邦外的老佛爷圆寂，这种趋势才有所减弱。据邦外村民回忆说，老佛爷在的时候，泼水节气氛很隆重，场面非常热闹，周围相邻的德昂族及几十里以外的傣族、景颇族、汉族都来邦外。除了村寨之间的互动，佛爷之间也经常往来，如邦外佛寺派出僧徒前往芒市镇的傣族庄相佛寺学习经典，芒市、风平镇的佛爷来邦外参加活动，等等。

这种基于宗教的相互观摩与学习，使宗教文化在交流中取长补短，

---

1 这里主要指不同族群接触而引起原有文化的变迁。参见黄淑娉、龚佩华：《文化人类学理论方法研究》，广州：广东高等教育出版社，1998年。
2 国家民委民族问题五种丛书云南省编辑组：《德昂族社会历史调查》，昆明：云南民族出版社，1987年，第17—18页。

继而导致原有文化的变迁和教派间的逐步趋同。这种变化在德昂族内部已经有所体现，同是信仰"多列"派的出冬瓜和邦外，在浇花节浴佛仪式上存在差别：出冬瓜在浴佛时女人不能攀上亭倒水，只能站在台阶下面将水递给攀上亭的男人，第一次浴过佛的水不能用来洗脸或擦眼睛，而要等到第三天才行。而在邦外，浴佛的时候不分男女老幼，都可以攀上亭倒水浴佛，第一次浴佛的水就被人们汲取，或用来洗脸，或拿回家给长辈洗脚，以示健康和吉祥，根据作者的调查，这一点与傣族的浴佛仪式相同。此外，在张建章主编的德宏宗教志书里，对傣族的浴佛情境做了详细记载：世俗众生围亭而拜，聆听佛爷诵经。上午 11 点左右，待僧侣诵完经，男女老幼便成群结队地提着泡有鲜花的清水登上木架，将一桶桶清水倒入水槽内……信众还用此水洗眼，以求得心明眼亮，不生病灾[1]。文献和调查结果，都证实了傣族与邦外德昂族由于宗教的交往带来的仪式趋同。

基于宗教的互动向地缘、业缘为纽带的互动转变。在信仰南传佛教的地区，佛爷是宗教权威的象征，在信众中起着主心骨的作用。自从邦外的老佛爷圆寂之后，以宗教为纽带的族际交往有所弱化，族际交往关系虽然被继承下来，但更多地基于地缘、业缘因素而展开，这种变化的趋势在近几年来表现突出。随着德昂族异地搬迁工程的逐步深入，村寨之间原有的初级社会关系被打破，以亲缘血缘为纽带的关系资本弱化。为了适应搬迁后的环境，从老寨搬去的村民会和周边的村寨或族群建立起新的社会关系，以弥补原有关系的缺失，而这种新的村落关系是建立

---

[1] 张建章主编：《德宏宗教》，德宏：德宏民族出版社，1992 年，第 174 页。

在以地缘、业缘为基础上的,这一出于生计理性的考虑使人们搬迁后更易结成以地缘为主的社会关系,以在日常生活中互帮互衬。

这一点在邦外老寨、上邦新寨、帕当坝新寨以及菲红傣族寨子之间表现得尤为明显。2005年以来,先后从邦外老寨搬出去的上邦新寨和帕当坝新寨,其大部分的土地和风平镇的傣族村寨相邻,他们因地缘的毗邻与风平的傣族交往密切,在农忙时节或修房造屋的时候,几个村寨之间会相互帮忙。此外,由于菲红地处交通要道,上行可达州府芒市,下行可达边境口岸瑞丽,且有较大的集贸市场,比较容易做生意,这一点刺激了邦外村民的市场经济意识,在经济利益的驱动下邦外开始养猪、鸡、鸭等牲畜及家禽,并经常到菲红去出售,而菲红的买主也时常来邦外问询,因此,邦外与菲红结成了经济上的往来关系。值得注意的是,邦外信仰南传佛教"多列"派,此派教规特严,按此派教规,"不准杀牲,见杀不吃,闻声不吃""禁止养猪和母鸡,虽可养公鸡,但供报晓用"[1]。由此看出,一方面,随着社会的发展,加上佛爷的圆寂,宗教在族际交往中的地位日趋弱化,而伴随搬迁而来的基于地缘、业缘的族群互动则日趋频繁与深入;另一方面,以傣族聚居为主的菲红寨子与邦外村寨交往的频繁,加速了邦外以宗教为核心的传统文化的变迁,使邦外浇花节仪式与傣族浴佛仪式呈现诸多相似之处。而相比之下,出冬瓜是目前唯一一个拥有佛爷的德昂族村寨,没有与外界进行太多的交往,因此更多地保留了德昂族浇花节的原生性。

其四,政府行为对节日相似性的影响。

---

[1] 国家民委民族问题五种丛书云南省编辑组:《德昂族社会历史调查》,昆明:云南民族出版社,1987年,第30页。

泼水节有"公摆"和"私摆"之分，区别除了政府参与程度的不同外，文化呈现的程度也有所不同。[1] 以民间传统力量组织的"私摆"更能呈现出本民族宗教文化的深层特征，而以政府为主导组织的"公摆"则以呈现表层文化特征为主，如2011年4月德宏州举行的泼水节，官方的提法是"中国·德宏2011国际泼水狂欢节"，在德宏州政府办公室下发的通知中将节日表述为"泼水节是傣族德昂族的传统佳节，也是全州各族人民共同的节日"[2]，可见，德昂族浇花节虽已列为国家非物质文化遗产名录，但并没有真正进入官方的视野。德宏州政府始终按传统习惯将其以德昂族泼水节的名称与傣族泼水节糅合在一起组织，因此州政府组织的是泼水节而不是浇花节。在这个层面，两个节日在相同的时间和空间中，完成完全相同的固定化和模式化的如采花、泼水等相关仪式的展演，淡化了不同民族节日之间的差异。

德昂族的浇花节与傣族的泼水节的相似性表明：两个节日与南传上座部佛教有着密切关系，这是其存在相似性的基础，正因为如此，故其仪式过程和象征意义都基本相同，没有太大差异，留给各民族的可发挥的空间是有限的。

③ "德昂族浇花节"的差异性建构。

第一，是节日名称的重新"勘定"。德昂族因信仰小乘佛教，节日受小乘佛教影响，有泼水节、开门节、关门节等与小乘佛教密切相关的节日；实际上不同的支系对泼水节的称呼也不尽相同，"绕买"

---

[1] 杨民康：《云南少数民族泼水节民俗音乐的社会文化特征》，《民族艺术》1998年第1期，第144—147页。

[2] http：//www. luwenwang. com/bid/zhaotoubiaoDetail. aspx? id = 141042 。

支系称浴佛节,"布列"支系称"洪普腊","梁"支系称"尚建",皆是浴佛的意思。浇花节,德昂语称为"库户波桑建"。"库户波",德昂语意为"浇花"。"桑建",源于印度梵语,指"浴佛节"。[1] 从老人的口述资料来看,大多数德昂族仍习惯用泼水节的称呼而甚少知道浇花节的提法。而浇花节的出现,与德昂族认为德昂族泼水节与傣族泼水节太过相似以至不能凸显德昂族文化特色有关。这种相似性除了受宗教因素的影响外,还与节日形成的自然环境、社会历史背景有关。"德昂族泼水节"不能完全代表德昂族自己的文化特色,德昂族的文化空间在一定程度上受到挤压。因此,2008年德昂族以浇花节为名成功申报国家第二批非物质文化遗产。

第二,是起源传说的差异性选择。在调查中,我们收集到的德昂族关于浇花节的传说有六种,其中被德昂族文化精英用来说明浇花节与泼水节存在"明显"不同的有两个传说:传说一是为纪念佛祖来到德昂村寨帮助德昂族人民料理生产生活、解脱灾难,德昂族照着奘房的式样,盖起了凉亭,并赶了三天三夜的大摆,给佛像浇了三天三夜的水,年年如此,形成了浇花节。传说二是一个不孝顺的儿子,对自己的行为感到非常后悔,在把妈妈埋葬后,用树干刻成妈妈的像供在家里。每年清明节后的第七天,儿子上山采来锥栗树花枝,蘸着竹筒里从山沟中背来的清水洗木像。从此,德昂族就有了竹篮背水,用花枝蘸水相互洒,并为老人洗手洗脸的浇花节。而其他的如七仙女斗恶魔、天神打赌、神女浴等传说在其他民族中也有,但不足以说明浇花

---

[1] 云南省德昂族研究会:《国家级非物质文化遗产名录项目申报书(浇花节)》,2007年。

节的特殊性。

第三，是节日仪式的差异性解释。[1] 节日过程中一个显著的环节是向地上滴水，称为滴水仪式，德昂族对滴水仪式的解释与其他民族如傣族全然不同。傣族的滴水仪式安排在请佛之前。仪式开始前，人们将各种供品摆放在佛像前面，由佛爷先念一段很长的祷文，边念边将净水滴在地上，其大意是要把这珍贵的善果转化为纯净、吉祥的圣水，毫无遗漏地洒向阳世的每一个生灵和阴间的每一个亡灵。让每一个健在或故去的人，都能同我们一起来分享佛祖所赐予的无上恩德。[2] 德昂族对滴水仪式的解释则全然不同，"滴水"德昂语称"依亚"，仪式在请佛之后举行，与傣族顺序相反，从奘房把佛像抬到泼水竜亭以后，村民们集在竜亭前面诵经，诵经过程中向地上滴水，滴水的经文大意是：各路神仙，我们已经用水来供奉过你了，给你施过功德了，请求你帮我记住我的过失和德行，同时保佑我们不要再去闯祸，不要让我们去犯同样的错误，并让功德神"囊瓦松它里"记下功德和过失。人死后，神灵会拿出以往的记录来评判这个人的品德和过失。

第四，是节日活动中的"严格规定"。德昂族的文化精英还不断强调浇花节在节日活动时的严格规定，浇水时是一点点地、文明地、温柔地洒而不是野蛮地泼，即使到第三天大家互相泼洒的时候也要一点点地浇，泼是野蛮的行为；浴佛时女人不能攀上竜亭倒水，只能站在台阶下面将水递给攀上竜亭的男人；第一次浴过佛的水不能用来洗

---

1 此部分已刊。来自李晓斌、段红云、王燕：《节日建构与民族身份表达——基于德昂族浇花节与傣族泼水节的比较研究》，《中南民族大学学报》2012年第4期，第66页。
2 杨民康：《德宏傣族泼水节仪式乐舞活动考述》，《云南艺术学院学报》2002年第3期，第85—90页。

脸或擦眼睛，而要等到第三天才行。这些"规定"与其他民族是不同的，查阅相关资料发现，历史上傣族的浴佛情境是这样的：世俗众生围亭而拜，聆听佛爷诵经。上午11点左右，待僧侣诵完经，男女老幼便成群结队地提着泡有鲜花的清水登上木架，将一桶桶清水倒入水槽内……信众还用此水洗眼，以求得心明眼亮，不生病灾[1]。在实地调查中发现傣族的浴佛情境与文献所记相差无几，由此看出德、傣之间仪式的差异性。

第五，浇花节舞蹈的创作与差异的进一步呈现。[2] 2005年以前，在浇花节日期间，德昂族跳的舞蹈主要有两种，分别是嘎光舞、水鼓舞。嘎光舞是傣族的传统舞蹈，水鼓舞是德昂族的传统舞蹈。2005年以后，三台山的德昂族在浇花节期间开始跳一种新的德昂族舞蹈——嘎桑尖，嘎桑尖是芒市文化馆专门为德昂族编排的最能体现德昂族特点的舞蹈，吸收了德昂族的生产生活中的很多动作，分成新装舞、采茶舞、水鼓舞、拜佛舞、泼水舞、祝福舞、丰收舞、欢乐舞。"桑尖"是浴佛之意，因此这个舞蹈就是浴佛舞。2005年他们开始到三台山教授这一舞蹈，也是从这以后在节日期间，老人跳嘎光，年轻人跳嘎桑尖成为这一节日的一个变化。作为带有明显"传统的发明"色彩的嘎桑尖与德昂族传统的水鼓舞一起成为浇花节与泼水节不同的重要体现。

节日中最具代表性的舞蹈伴奏乐器——象脚鼓，在德昂族和傣族中的不同传说也被用来说明浇花节与泼水节的差异。

---

1 张建章主编：《德宏宗教》，德宏：德宏民族出版社，1992年，第174页。
2 此部分已刊。来自李晓斌、段红云、王燕：《节日建构与民族身份表达——基于德昂族浇花节与傣族泼水节的比较研究》，《中南民族大学学报》2012年第4期，第67页。

浇花节的出现与德昂族的文化精英认为"德昂族泼水节"与傣族泼水节太过于相似有关，这种相似性使这个节日仍被视为是泼水节而不是完全代表德昂族自己的节日，德昂族文化空间也因此被挤压，因此，德昂族通过梳理和解释两个节日所存在的差异来建构一个完全属于德昂族自己的节日，并通过申报国家非遗使之成为第一个德昂族自己的节日。

2. 德昂族对节日"发明"的话语呈现

正如上文所述，浇花节是德昂族文化精英建构的产物，但是在文化精英阶层，浇花节并没有得到均质性的认可。有部分人认为浇花节的提出的确是为了凸显德昂族的特点，使之与泼水节区别开来，因为泼水节是所有信奉南传小乘佛教的民族共同的节日，并不是某一个民族的节日，而浇花节的提法是德昂族独有的。但是，浇花节也不能完全反映整个德昂族的节日情况，它只是德昂族其中一个自称"梁"支系的叫法。持赞同意见的人认为，泼水节是一种强势文化语境中被"他称"化了的名称，这一叫法甚至被德昂族习惯性地接受着，每到过节的时候，许多德昂族特别是散杂居地区的德昂族仍习惯称泼水节，仍按照传统的方式来庆祝这一节日。泼水节的名称掩盖了德昂族不同支系对泼水节的称呼，"绕买"支系叫浴佛节，"布列"支系叫"洪普腊"，"梁"支系叫"尚建"，皆是浴佛的意思，都包括采花、取水、浇花（也称浇水，即浴佛）、泼水等环节。而这些都不被德昂族自己重视，更不被外界人知晓，虽然浇花节的提法不能完全反映德昂族的节日情况，但它代表了德昂族的一种声音。

其他一些称泼水节而非"浇花节"的支系对此展开了讨论，主要存在三种看法：第一种看法认为梁河的德昂族之所以把泼水节叫浇花节，是因为宗教在传播过程中被淡化，没有佛像和佛爷，过节的时候不以浴佛而以洒花为主，部分专家或文化人为了使它区别于泼水节而将之改为浇花节，并注册为德昂族的节日。第二种看法认为不同支系对泼水节的叫法不同完全是由地域关系造成的，浇花节中是不可能没有佛的，因为这个节日本身就是佛教节庆，信仰南传佛教的民族不可能没有佛。第三种看法是大多数人的看法，认为德昂族有自己的节日肯定是利大于弊，到目前为止德昂族列入非物质文化遗产名录的文化事项只有两个，即《达古达楞格莱标》和浇花节。虽然泼水节是傣族、德昂族、布朗族都过的节日，但是从中央到地方，外界的人都只知道傣族泼水节，而不知有德昂族泼水节，因此，浇花节的更名和"申遗"成功，使德昂族可以通过节日来宣传自己，并得到上面的重视。

普通大众对浇花节的表述存在两种极端：一种是根本不知道浇花节的提法，这批人以60岁以上的老人为主，一种是知道浇花节的提法并能表述自己对该节日的看法，这部分人以年轻人为主。可见浇花节的产生并非老人传承的"传统"，而是后天建构的产物。年轻人认为浇花节虽然是近几年才开始提的，但它既然申报了国家的非物质文化遗产，成为德昂族的一个节日，其他地方（或支系）的德昂族也可以接受这个提法，并逐渐改称浇花节，"但跟着称浇花节也没有什么变化，过节的时候都一样，只是叫法不同而已"[1]。

普通民众对浇花节的接受经历了一定的过程。在我们的调查中，村民们刚开始并不接受这个提法，说"什么是浇花节？难道我们只是浇花不浴佛吗？"但现在基本上都接受浇花节这个说法了。例如，在三台山乡，以前过节的时候写的横幅是"欢度一年一度的泼水节（或浴佛节）"，后来知道浇花节已经申报了"非遗"，得到了国家的认同，为了让外界能更多地认识德昂族、了解德昂族的文化，便接受了浇花节，现在过节的时候标语改成了"欢度一年一度的浇花节"。村民说，它虽然跟泼水节没什么差别，但是这种说法使外面的人觉得很新鲜、很神奇，具有一定的吸引力，加上这个节日是在村寨里过，和城市里的过法有所不同，城市里人山人海，搞一下开幕式大家唱唱跳跳就结束了，或者是你泼我、我泼你的大泼，没有村寨里舒心的环境和浓郁的宗教气氛，民风民俗、文化内涵就更谈不上了，因此很多人认为乡村的节日更有意义，会选择来村寨过节，如此一来，进入德昂山的人便多了。

从德昂族不同文化层次的人对浇花节的表述可看出：其一，浇花节虽然成功列入非物质文化遗产保护名录，成为德昂族的节日，但它并没有得到德昂族内部均质性的认可。其二，浇花节"申遗"成功使其得到国家层面的认可，成为德昂族的节日，德昂族开始逐渐认可并开始从"浇花节"而非泼水节的角度来表述它，因此，浇花节的差异性建构及其成为国家"非遗"，二者是相互促进的。其三，德昂族学者的宣传及其他民族学者的研究也促进了这一节日成为"传统"的进程。在德昂族

---

[1] 访谈对象：ZLT（编号0041），德宏芒市三台山乡初冬瓜村，2012年10月24日；访谈及整理者：王燕。

学者撰写的有关节日的文章里，也逐渐使用"浇花节"这一名称，在2010年出版的《云南特有民族百年实录·德昂族》里，出现了泼水节与"浇花节"并用的现象，而之前的一些作品里并未出现"浇花节"，在《德昂族百年实录》辑录的一篇文章中，明确指出"浇花节是德昂族最大最隆重的传统节日，在清明节后第七天举行"[1]，同时，浇花节也逐渐走进学者的研究视野。通过德昂族本民族的文化精英、学者及外界学者的研究与宣传，浇花节正逐渐成为德昂族的"传统节日"。

（二）以南传佛教为载体的宗教文化表述

随着浇花节列入国家非物质文化遗产保护名录及其被德昂族逐渐接受，浇花节为德昂族重新表述其宗教文化提供了一个支撑。在浇花节申报国家级非物质文化遗产的申报书中，明确提出"据德宏的傣族、德昂族民间认为，德宏最早的佛寺是由德昂族建造的"，因此，"浇花节与德昂族的佛教文化联系在一起，对研究德昂族吸收印度佛教文化的历史，以及佛教在德宏的传播、发展、演变，有重要的历史价值"。[2] 在挖掘和梳理浇花节与泼水节差异及其与宗教文化联系的基础上，引发了"谁先过泼水节"及"谁是南传上座部佛教最早的传播者"的争论。

德昂族认为从现存的经书记载、奘房遗址及残存佛像可以证明是

---

[1] 全国政协文史和学习委员会暨云南省政协文史委员会：《云南特有民族百年实录·德昂族》，北京：中国文史出版社，2010年，第186页。

[2] 云南省德昂族研究会：《国家级非物质文化遗产名录项目申报书（浇花节）》，2007年。

德昂族先民最先过的泼水节,后来傣族也开始过泼水节,由于其经济实力雄厚,信徒和僧侣众多,且经书用傣文书写,泼水节才逐渐成了傣族的标志。同时,傣族的知识分子也认为德昂族的节日是借用了傣族的,因为两个民族都信仰南传佛教,这些节日被德昂族所接受和采纳。由"谁先过泼水节"引起了"谁是南传上座部佛教最早的传播者"的争论。关于南传佛教在中国传入和传播的情况,由于时间久远及记载不详,迄今为止还没有一个统一的说法,而德昂族的民间和文化精英却有着自己的表述。

1. 学者对南传佛教传入与传播的考释

"南传佛教是由印度,经东南亚的中南半岛分缅甸、泰国两条路线传入现今德宏傣族景颇族自治州、西双版纳傣族自治州、临沧市和思茅地区景谷县等傣族聚居区的。"[1] 从目前已获资料来看,南传佛教传入云南的时间有很多种说法,一直是学术界争议较大的问题。传入德宏的时间也尚无定论,有学者认为,"南传佛教传入德宏地区是在13世纪晚期"[2],也有学者认为南传佛教传入德宏的时间是11世纪[3],归纳起来大概有五种不同的说法[4]。具体到何时传入德昂族地区的,仍无确切资料可稽考。从传播空间来说,因南传佛教的传播路径和传

---

1 刀承华、蔡荣男:《傣族文化史》,昆明:云南民族出版社,2005年,第200页。
2 颜思久主编:《云南宗教概况》,昆明:云南大学出版社,1991年,第12页。
3 张建章主编:《德宏宗教》,德宏:德宏民族出版社,1992年,第116页。
4 刀承华、蔡荣男:《傣族文化史》,昆明:云南民族出版社,2005年,第200页:"先于中原传入、唐代传入、12世纪传入、13世纪传入、明代传入";张建章主编:《德宏宗教》,德宏:德宏民族出版社,1992年,第116页脚注:"春秋说、唐宋说、13世纪说、14世纪说及明万历年间(1573—1619)说等观点。"

播时间不同,且在传入的过程中分成了"摆奘""润""多列""左抵"四个不同的派别,因此,现在对于南传佛教是先传入德昂族地区还是傣族地区也尚无定论。

王铁志认为,在宗教方面傣族对德昂族的影响更大,因为两个民族有着相同的宗教信仰体系,相邻村寨的宗教活动经常一起举行,加之德昂族没有文字,其经书以傣文书写,且傣族经济实力雄厚,信徒和僧侣众多,佛寺多而大,因此在宗教方面,傣族对德昂族的影响更大一些,但在历史上,德昂族对傣族的影响大,他援引江应樑在《傣族史》里关于左抵派传入德昂族地区的传说证明。[1] 在江应樑先生的著述《傣族史》中提到关于"左抵"教派的起源传说,这一传说表明南传佛教"左抵"派最初是传播于德昂族村寨的。[2] 同时,我们在张建章主编的德宏宗教志书里看到另一则与之几乎相同的传说,这一传说却表明"左抵"派最先是在傣族村寨传播的。[3] 或许传说不能成为我们佐证"左抵"教派最先是传播于德昂族地区还是傣族地区的唯一依据,但在德昂族和傣族内存在着如出一辙的关于"左抵"的起源说,从一个侧面更多地反映了文化持有者对自身的认识和解释。

在《德昂族简史》里,对德昂族宗教信仰情况的表述是这样的:德昂族因与内地接触多,是较早较多接受汉文化的民族之一,受汉传佛教的影响较多些;到了明代后期,明朝势力的衰落,军屯的废弛,戍卒的离去削弱了德昂族与汉文化的关系,密切了与傣族之间的关系,

---

[1] 王铁志:《德昂族经济发展与社会变迁》,北京:民族出版社,2007年,第456页。
[2] 参见江应樑:《傣族史》,成都:四川民族出版社,1983年,第545页。
[3] 参见张建章主编:《德宏宗教》,德宏:德宏民族出版社,1992年,第148页。

南传佛教的信仰日益增强。[1] 从以上表述可以推测，德昂族最先受汉传佛教的影响，后与傣族联系密切，受南传佛教影响较大，但是并不能做出是谁先信仰南传佛教的论断。

2. 德昂族对南传佛教传播的话语呈现

从学者的研究和文献的记载来看，至今对"谁是南传上座部佛教最早的传播者"还没有定论，但无论学者的研究如何，德昂族的文化精英和民间有着自己的一番表述。

德昂族文化精英对南传佛教的传播时间和路径大致有三种表述：

一种表述认为南传佛教传入中国最早应在 11 世纪，并且最先在德昂族内传播，因为 11 世纪的德宏地区只有德昂族，傣族还没有进入德宏。南传佛教没传入德宏之前，德昂族信仰原始宗教，佛教传入后，二者经历了一个斗争和融合的过程，并不像《德昂族简史》里所说的"德昂族先受大乘佛教影响，再受傣族影响，小乘信仰增强"。历史上也有可能是傣族受德昂族的影响较大，但历史是由占主体地位的傣族记录的，当时的民族历史调查员在收集资料的时候也主要依靠了傣族民族工作队，因此史料的表述难免出现偏颇。

一种表述认为南传佛教源于印度，由印度传入缅甸，再进入中国，而进入德宏的时间有 2560 多年，在布朗族、傣族、德昂族地区都有传播。德昂族最初信仰原始宗教，后期信仰南传佛教，并未信仰过汉传佛教。

一种表述认为南传佛教的传播路径，根据佛教典籍的记载是从印

---

[1]《德昂族简史》编写组：《德昂族简史》，昆明：云南教育出版社，1986 年，第 22、32 页。

度进入斯里兰卡、缅甸，再到德宏，然后传到保山和临沧的。传入时间至今尚无定论，根据大多数人的观点推断大概是在唐朝时期。按照德昂族佛经的记载，佛教传入德宏渊源于从缅甸进来的崩龙族佛爷，但在傣族的话语里，佛教渊源于傣族的统治，认为当时麓川思氏统治集团为了驯服德昂族，使之接受傣族的统治，从缅甸专门请来崩龙族的佛爷，到德昂族地区建盖德昂族的佛寺进行传教。因此在"到底是谁先传播"的问题上德、傣各执一词，很难有一个较为确切的说法。

德昂族普通大众认为德昂族是最先传播南传佛教的，同样存在三种表述：

部分年轻人认为德昂族接受佛教比傣族早，理由是明清之后德昂族和傣族发生冲突，德昂族失败后迁往山上并受傣族土司的统治，傣族为了更好地统治德昂族，遂从缅甸请来佛爷，到德昂族地区建盖奘房，宣传佛教教义和教规，培训德昂族的僧侣，使德昂族受佛文化的约束，从这个角度讲德昂族应该比傣族先信仰佛教。民间传说德昂族接受佛教以后变得比较善良、比较听话，在傣族记录的历史里也是这样表述的。

在奘房作为老人组成员的德昂老人认为佛教传入德宏地区的时间太久，已无处考证，但德昂族一定是最先信仰佛教的，因为历史上德昂族和傣族是弟兄，德昂族是傣族的大哥，傣族的宗教信仰是跟着德昂族走的。

少数人持比较"中立"的看法认为，"谁先信仰南传佛教"的争论大家都没有历史依据，佛教传入中国，到底哪个民族先接受是说不清楚的，德昂族信仰南传佛教肯定与傣族有关系，据老人讲，傣族僧人很多都来德昂族的奘房供拜,中华人民共和国成立前,芒市、遮放、梁河、盈江、畹町的土司都拥护宗教,不论遇到什么事都要来供拜德昂族的佛爷,找佛爷打卦。

此外,在访谈过程中发现,学者如江应樑、张建章等人关于南传佛教教派起源传说的考释并未出现在德昂族民间传说中,相反,德昂族民间流传着大青树崇拜的传说、佛与佛像的传说,反映了德昂族原始宗教和佛教的关系及他们认为的佛教传播顺序。

德昂族有着大青树的自然崇拜,他们的解释是:活佛从天上下来传教,先落在大青树上,然后佛爷才把活佛从大青树上请到佛寺里。因此德昂族不仅拜佛,也拜大青树。德昂族的文化精英认为,德昂族的大青树崇拜是上座部佛教先传播到德昂族中的反映,大青树的传说和崇拜反映了德昂族本民族的原始宗教很早就与佛教结合了。

佛与佛像的传说。德昂族认为佛祖降临德昂山寨,住在德昂佛寺中,整天为人们除魔降妖、祛病消灾,人们非常感激他,在过节时,周围的民族都来到德昂村寨中拜佛,后来佛积劳成疾,离开人世,人们为了纪念佛祖将其塑成了佛像,于是周边村寨才慢慢有了佛寺来供奉佛像,由于各村寨都有了佛像,于是过节时才有了到邻近村寨的佛寺拜佛的习俗。这一传说反映了德昂族所认为的佛教在传播过程中的先后顺序。[1]

从德昂族对南传佛教传入和传播的表述可看出,无论是文化精英还是民间大众,都认为德昂族是南传佛教最早的信仰者和传播者,由

---

[1] 李晓斌、段红云、王燕:《节日建构与民族身份表达——基于德昂族浇花节与傣族泼水节的比较研究》,《中南民族大学学报》2012年第4期,第68页。

于德昂族没有文字记录自己的历史,加上历史上与傣族错杂而居,其历史文化与傣族存在诸多相似性,官方史籍将德、傣混合记载,某些民族史籍甚至由主体民族书写,这种历史记录方式一方面使德昂族的史料减少,另一方面主体民族书写的历史并不能完全真实地反映德昂族的宗教情况,甚至存在偏颇,因此在宗教问题上引起了民族之间的争议。实际上这个问题在学者的研究和有关文献记载中都是一个没有定论的话题,德昂族对南传佛教的表述,与南传佛教在德昂族历史、文化表述中的作用是分不开的。

小 结

通过梳理德昂族泼水节的流变过程,为浇花节的差异性建构提供了一个背景和基础。浇花节的产生,与德昂族的文化精英认为德昂族的泼水节与傣族泼水节太过相似而不能凸显德昂族的节日有关。他们在挖掘和梳理与傣族泼水节差异的基础上,通过申报国家非物质文化遗产的途径,建构了一个完全属于德昂族自己的节日——浇花节。浇花节虽然是一个由无到有的建构,在德昂族内部也没有取得均质性的认同,但是在德昂族文化精英的重新解释中,两个节日之间的差异在逐渐凸显。浇花节成为德昂族的国家非物质文化遗产,引发了德昂族对南传佛教传入与传播的表述和对"谁是南传佛教最初的传播者"的争议,浇花节这个文化符号为解读德昂族与南传佛教的关系和德昂族的历史提供重要的支撑。本文第四部分将讨论以浇花节、南传佛教为载体的文化表述与历史表述之间的关系及历史文化表述背后的动因。

四、民族　符号　利益
—— 一个选择与归属的过程

本文运用文献研究及口述资料收集的方法，从口述史的角度探讨德昂族口述史表述与史籍记载之间的差异。首先呈现史籍对德昂族的记载及特点；其次探讨学者依据史籍记载展开的，关于德昂族族源及迁徙、族属及演变和具体文化事项，如遗址遗物、民族分布、南传佛教及佛教节日等的研究；然后呈现德昂族如何形成自己的、与正史不同的口述历史表述系统，认为德昂族差异于史籍记载的口述史表述是德昂族结合自身历史记载特点、历史传承方式及历史文化背景在学者研究的不同观点之间进行选择与归属的过程，学者依据史籍进行的相关争议和讨论，只是促成德昂族历史文化表述的可能条件之一；最后尝试探讨历史表述选择与归属背后可能存在的动因，认为德昂族基于民族性的符号认同与利益表达是其主要的动因之一。

（一）德昂族口述史形成的可能条件

通过前面章节的梳理与回顾可知，德昂族口述史形成的可能条件大致有四个方面：

一是史籍对德昂族的记载情况。正史或方志中对德昂族的专门记载最早出现在清代乾隆年间，在此之前，史籍对德昂族的记载是包括了今天德昂族、布朗族、佤族先民在内的濮人，随着研究的深入，"濮人"的具体内涵与外延处在不断的变化中，使得清代之前德昂族的历史比较模糊与复杂。清代之后关于德昂族的记载史料也相当匮乏，整理发现，见诸各类史籍记载条目约16条，记录字数只有约3000字。这种不延续的、模糊的及存在空白的史料记载，使德昂族的历史只能确切追溯到清代，至于德昂族更早的历史只能通过它所归属的族群去大体地把握，给后来的学者讨论德昂族的历史提供了空间，为德昂族的历史表述留下了余地。

二是学者依据史籍展开的研究。学者从史籍对德昂族记载的特点出发，依据史料对德昂族先民的族源、迁徙路线、族属及其发展演变过程、德昂先民历史分布区域、德昂遗址、南传佛教的传入及传播、宗教节日等方面进行了研究和讨论。囿于史料的缺乏，学者对其中许多论题至今仍无定论，正是这种"百家争鸣"式的讨论使德昂族历史表述的选择性成为可能。

三是德昂族传统的历史传承方式。德昂族没有本民族的文字记录历史，其历史的传承主要靠神话史诗和传说来完成，这种传承方式在德昂族的历史上持续了相当长的时间，直到清代。神话史诗与传说和口述历史之间是相互建构的，它们一起为德昂族无文字记载历史提供支撑。神话史诗和传说中反映和体现的德昂族历史上的强大与辉煌，与他们不断强调的德昂先民与"金齿国"的联系是暗合的。因此，学者的观点一旦被知识精英接受后，他们便不断发掘德昂族的传说，使之成为历史表述的支撑。

四是德昂族的历史文化发展背景。傣族与德昂族的先民在历史上曾有过交错杂居、交往密切、生产力发展水平相近的时期[1]，元代以后，德昂、傣之间民族关系发生重大变动，自元朝末期开始，德昂族就受到傣族土司的统治，并一直延续到20世纪50年代中期，因此两族在生活习俗、宗教信仰、风俗习惯等方面有着很大的相似性。再从历史上的分布范围来看，德昂族的分布虽然有一个大致的范围，但由于他们所居住的区域历来是一个多民族杂居的区域，他们与其他民族之间交错杂居，呈现出一种大杂居、小聚居、垂直立体分布的格局。直到现在，德昂族仍然与景颇、傈僳、阿昌、佤、傣、汉等民族交错杂居在一起。这种分布格局使各民族在经济、文化等方面发生频繁的交往，从而产生了民族同化现象。德昂族在宗教文化、节日习俗方面与其他民族的相似性使其文化表述成为可能。

（二）口述史：一个基于选择的过程

1. 口述史选择的内容及过程

目前，德昂族对历史文化的口述史表述集中体现在"金齿国"、德昂遗址、迁徙传说、历史分布、南传佛教、节日等方面。关于德昂先民与"金齿国"的联系，相关的史料文献中只反映了"金齿"的演

---

[1] 方慧、董淮平：《德宏地区历史上傣族和蒲人关系刍议》，《思想战线》1991年第5期。

变过程及"金齿国"的大致区域及境内所包含的族群,并未明确提到"金齿国"建立的主体民族,学者围绕史料展开的金齿族属研究也并无定论,德昂族选择了"金齿国是佤德语支民族先民"的观点进行历史表述;遗址方面,古代史籍中并没有德昂族遗址的记载,民族调查材料中对德昂族的遗址也只做了简要介绍,但德昂族关于遗址的传说集中体现在陇川女王宫上,其表述远远超出了民族调查资料记载的范围;关于历史分布的表述大部分与学者的研究重叠,而知识精英关于迁徙路线的表述则更多地融合了孟高棉民族中国起源说中的"由北向南"的迁徙路线;在南传佛教上,学者对南传佛教传入时间、传播途径、传播空间的研究尚无定论,德昂族选择了其中"德昂族对傣族的影响较大,南传佛教最初传于崩龙寨子"的说法;对于浇花节,则是德昂族知识精英在泼水节基础上差异性解释及建构的产物。

  德昂族对相关历史文化事项的选择及表述,隐含着这样一个趋向,德昂族在表述历史的同时,也选择性忘却了一些记忆,口述历史一定程度上弥补了记忆的空白。具体地,对于一些能见证德昂族辉煌过去的记忆逐渐被明晰化并不断地被重新诠释,而历史上的纷争、冲突和衰败的记忆逐渐被人们模糊化。这些被明晰化的表述无不与具有代表性的过去发生联系,无论是历史上的金齿国、女王宫遗址、民族分布及与之相应的迁徙说,还是今日的佛教节日与文化,既是一种对代表性过去的选择性表述,也是一种选择性的自我归属。这种选择和归属从文化表层来看似乎是杂乱无章的,而从主位视角来看,这些由德昂族选择出来作为一种标签或符号的事项如同一条可以串起来的珠粒,有其内在的逻辑与联系。

2. 历史与文化的关联性

文化是一条流淌的河，顺流直上寻其源头不失为一种方法。德昂族从浇花节这个"原点"出发，建构起"浇花节已延续了千年的历史"这个时间维度和南传佛教传播的空间维度，为德昂族历史、文化的表述提供了一个参照系。

首先，从节日与南传佛教的关系来看，德昂族认为是其先过的节日，这一节日与南传佛教的传入和传播有着密切的关系，在浇花节申报国家级非物质文化遗产的申报书中，明确提出"据德宏的傣族、德昂族民间认为，德宏最早的佛寺是由德昂族建造的"，因此，"浇花节与德昂族的佛教文化联系在一起，对研究德昂族吸收印度佛教文化的历史，以及佛教在德宏的传播、发展、演变，有重要的历史价值"。

其次，从节日与德昂族文化的关系来看，节日中的许多习惯被认为"是德昂族千百年来沿袭下来的。由于德昂族与其他很多民族所处的生态环境和社会历史条件不同，因而形成有别于其他民族的风俗习惯，这些风俗习惯又被赋予了强烈的感情，并成了代表德昂族的标志，体现着浇花节所独具的社会价值"。因此，浇花节为解读德昂族悠久的、独特的民俗文化提供了一个支撑。

最后，从宗教文化与德昂族历史的关系来看，"浇花节已延续了千年的历史"，而南传佛教传入的历史比这"千年的历史"更长，因为德昂族认为节日是南传佛教传入之后才兴起的，这意味着比节日更久远的南传佛教的历史将成为德昂族历史的重要支撑。

在德昂族的历史表述中，德昂族是德宏最古老的居民和最早的开拓者，是历史上人口较多、势力强大的民族，并且建立过疆域辽阔的金齿国。而史籍对德昂族的记载情况、德昂族历来与周边民族杂居的事实及德昂族历史的传承方式等造成了德昂族历史记载的不延续性、模糊性及记载的空白，因此对于历史上一些代表性重大事件，如金齿国的建立，甚至包括族源、族属及其演变、民族分布等都存在较大的争议，这给德昂族梳理自己的历史带来了较大困难，也使德昂族很难找到一个原点将德昂族的历史向更久远的长度绵延以建构起德昂族共同的历史认同感，而比"千年的历史"更久远的南传佛教的历史无疑充当了德昂族历史的纽带。因此，德昂族历史表述中那些看似散乱的标签也由于这一历史纽带被串联起来。

（三）选择与归属背后的可能动因

1. 选择的外部动因

通过德昂族有意识地、有选择性地"串联"，德昂族的历史脉络逐渐明晰化，这是对"自上而下"的史籍记载内容的回应和补充。那么德昂族何以选择这些事项作为一种标签，何以将民族的辉煌和这一标签紧扣在一起？这或许要把注意力拉回现实，从国家发展的背景和德昂族自身的实际中找寻答案。

"一切历史都是当代史"，这些遥远而模糊的历史逐渐被德昂族明晰化并重新表述，并不是在国家缺席状态下进行的，恰好相反，无论是对历史的表述还是文化的建构，都与"国家在场"息息相关。德昂族的历史文化表述实质上是当今中国社会和经济发展的一种表现，是国家民族发展政策、策略向地方社会、民族地区渗透过程的表现，也是不同地区、不同民族进入国家系统，成为国家一部分的过程，这种趋向，显示了国家与民族认同上的整体关系，是国家认同与民族认同的统一。[1]

从民族国家发展的层面来看，对于多民族的国家来说，将多元民族历史和文化整合到民族国家历史与文化的统一体中，成为国家不可分割的一部分，是当今民族国家建构的结果之一，而为各民族文化的发展提供更为宽松的政策和制度保障，是民族国家建构的措施之一。在这样的背景下引发的民族文化自觉运动及对民族历史的重新梳理和诠释便不难理解了，从某种程度上来讲，一个地区、一个民族的历史文化梳理过程即反映了中国民族国家的建构过程。单一民族对历史文化的重新表述是民族自觉的体现，也是国家驱动力的结果，因此，民族历史文化越是"标新立异、推陈出新"，越是离不开国家。因为只有得到了国家的认可，这种表述才能取得合法性地位，才能实现其表述的初衷。

除了国家力量的导向，社会各界的"他者"进入也是影响德昂族进行历史文化选择与记忆的外部因素。

其一，学者的进入。学者对德昂族历史的探索，对其族源、族属及其流变过程的争议，虽未形成统一的看法，但影响着德昂族的文化精英对自身历史的选择；而研究者的进入，又对德昂族民间话语的形成产生一定的影响，使一些原本模糊的、不为人注意的事项在学者或

---

[1] 参考张小也：《历史人类学：如何走得更远》，《清华大学学报》（哲学社会科学版）2010年第1期。

研究人员的关注下,也走进了德昂族文化精英和普通大众的视线。据三台山乡乡长透露,近年来进入德昂族地区进行调研的各高校、科研院所的研究者很多,这使他们意识到德昂族历史文化的重要性,于是把民族文化的保护和传承、民族历史的收集和整理纳入了乡政府工作的日程,在2012年上半年,三台山乡落成了德昂族博物馆,该博物馆收集和复原了德昂族的部分祖先传说和具有代表性的文化事项,是目前为止德宏州5个民族乡中的首创,得到了德宏州有关领导的好评。

其二,国家级事业单位的进入。无论是学者的记录还是德昂族自身的表述,都认为德昂族是一个古老的民族之一,其悠久的历史和传奇的民族经历吸引了某些媒体的关注。近年来,以中央电视台为代表的重大媒体单位频繁进入德昂山寨,将德昂族不为人熟知的山野民间故事搬上了广阔的荧幕舞台,这在一定程度上激发了德昂族对自身历史梳理和文化挖掘的热情。2008年6月,中央电视台第4套《走遍中国》栏目组为了寻访神秘的金齿国,走访了德宏地区大量的德昂族村寨,访问了德昂族的文化精英,文化人关于金齿国的表述和第二部分提到的一样,而节目中也把德昂族表述为一个"古老而神秘"的、历史上"强大且富有"的民族。在节目的最后有这样一段旁白:"曾经辉煌一度的金齿联盟,留给我们的只是一些残缺不全的历史片段。伴随着德昂族放飞的孔明灯,我们期望着在不久的将来,会有更多有关这一神秘族群的秘密浮出水面。"[1] 这里显然将德昂族与金齿人、金齿国明确地联系起来。

---

1 资料来自网络:CCTV4 [走遍中国] 寻访神秘的金齿国,http://v. ku6. com/show/sBdvSqGofUoBDgiK. html? loc = youce_ tuijian 。

民族、区域与国家　中国民族史研究的西南传统与多元范式

2012年10月，也就是笔者前往三台山乡进行调查的时候，恰逢中央电视台《民族故事》摄制组来三台山拍摄德昂族民族故事，而村民透露，在此之前已经来过一拨中央电视台的拍摄人员，主要以拍摄德昂族饮食文化为主。经了解，《民族故事》拍摄组上得到了国家民委的大力支持，该片是国家民委和中央电视台联合拍摄的一组关于中国少数民族的故事纪录片，下得到了德宏州领导、市委宣传部到三台山乡出冬瓜村村民的积极配合。据德昂族组的制片人告知，该套纪录片首先在海外市场发行，然后才在中国发行，字幕以英文为主，以民族语言和汉语为辅。这是民族文化向世界化过渡的体现，在这个过程中，民族文化不可能以它本来的面目呈现在世人面前，而必然经过由"脱域"（离开原来的语境）到"入域"[1]（进入新的语境）的过程。具体到德昂族的摄制内容，主要以酸茶制作、水鼓来历及制作过程、南传佛教传入及信仰、德昂族织锦、水鼓舞跳法及传承等为主，拍摄过程完全不是其所谓的"纪录片"，而是由导演、民族文化精英、村民演员共同合作的结果，民族的历史与文化素材来源于文化精英的表述和村民演员的展演，最终通过导演艺术化的手法被表现出来。因此，未来走向海外的《民族故事·德昂族》在很大程度上将反映德昂族文化精英对德昂族历史、文化的表述，而这种表述也将通过中央电视台这样一个富有权威的平台取得合法性，得到大众的认可。

其三，外来旅游者、采风者的进入。这类人士的进入和德昂族民族文化的打造是相互促进的。据村民告知，近年来随着德昂族旅游文

---

[1] 参考马翀炜、陈庆德：《民族文化资本化》，北京：人民出版社，2004年，第42页。

化村的打造，进入德昂山的人开始多起来。一方面德昂族的泼水节以浇花节的名义吸引了外界一些游客，另一方面德昂族农户办起了农家乐，前来过节的游客不仅可以体验到宗教气息较为浓郁的民族节日，还能享受乡村的宁静与舒适，品尝德昂族的特色菜肴。旅游者、民族文化采风者等人士的进入，带动了德昂族地区澳洲坚果和咖啡等经济作物走出去，因此而带来的经济效益是激发德昂族发掘和打造民族文化的动因之一。

以上是推动德昂族重新梳理和表述历史、建构本民族宗教节日文化的外在动因，除此之外，从德昂族的实际出发，对于何以选择金齿国、女王宫、节日、宗教等作为一种标签进行历史及文化的表述并将民族的辉煌与这些标签联系起来，还有着历史及现实方面的深层次需要与诉求，我们把它视为内在性动因。

2. 选择的内在动因

重视外在因素的同时，也不能忽视内在动因的作用，内在动因是促成德昂族口述史形成的主要动力，内在动因集中表现为德昂族基于民族性的符号认同与利益表达。

民族身份认同的需要。德昂族文化精英结合学者的争论和研究，将德昂族的历史"串联"到先秦汉晋时期，远比史籍对德昂族作为单一民族的记载时间早得多，同时将德昂族的历史和具有代表性的历史事件发生联系，努力使德昂族的历史得以复原，勾勒出德昂族共同体的"根基历史"，不仅绵延了历史的长度，还丰富了历史的内容，弥补了国家史及传统民族志书写中对德昂族历史记载出现的模糊与空白，使德昂族真正成长为中华民族"56个民族,56朵花"中"有根有茎、枝繁叶茂"的一枝,最终实现德昂族在中华民族大家庭中、在国家民族平等、多元文化发展空间中的身份认同。同时,将德昂族的历史绵延到中华民族历史的长度,使德昂族的历史自然成为中华民族历史不可分割的一部分,民族的历史发展与中华民族历史的发展同进退,是德昂族对中华民族认同的体现。

民族内聚力及集体记忆建构的需要。被德昂族文化精英所认可的"德昂先民在汉代建立'哀牢国',至宋元建立'金齿国'"、被德昂族民间传颂的"德昂族在明朝出现如武则天一样的女王""德昂族分布坝区"等建构起了德昂族共同体在历史上强盛的集体记忆,包括民间大众在表述过程中显露出来的与傣族、景颇族等周边民族关系的微妙心理,也是一种强大心理的体现,他们想通过历史上与傣族、景颇族的关系表明曾经统治过傣族、景颇族等周边民族,而非一直受傣族、景颇族的统治,现实的发展滞后并不代表历史上的落后,这种微妙的民族心理是对德昂族清末以来衰微状态的一种反衬。同时,这种通过过去建构起来的集体记忆,在民族身份和群体凝聚力方面发挥着重要的作用。记忆是构成个人或集体身份的一个基本因素,记忆的反复重现建立了一种连续性关系,并建构了"我们"具有连续性的身份;也是一种集体社会行为,是一种使当前的经验印象合理化的对过去的建构,社会群体以此得以凝聚及延续。[1] 因此,德昂族基于历史的表述,

---

1 参考[法]雅克·勒高夫:《历史与记忆》,方仁杰等译,北京:中国人民大学出版社,2010年;王明珂:《华夏边缘——历史记忆与族群认同》,北京:社会科学文献出版社,2006年;[法]莫里斯·哈布瓦赫:《论集体记忆》,毕然等译,上海:上海人民出版社,2002年。

其现实意义在于建构一种共同的历史记忆和认同心理以增强民族的内聚力。

民族历史地位合法性建构的需要。德昂族对"谁是德宏最早的开拓者"的争夺则通过他们对古迹遗址的发掘整理、对迁徙路径和分布空间的表述体现出来，文化精英十分强调古遗址的重要性，认为德昂族没有文字记录自己的历史，历史的话语权又被掌握在主体民族手中，不免对德昂族的历史记录产生偏差，而遗址是实实在在的不能改变的事实，因此必须借助遗址来证明自己的历史，对遗址的发掘与整理是德昂族历史记录的补充甚至是更正，同时他们对桑耀华、杨毓骧等民族工作者早期的遗址调查做了高度评价，显示了德昂族文化精英在历史表述中的选择。通过对古迹遗址、迁徙路径和分布空间的表述体现出的对"谁是德宏最早的开拓者"的争论实质上反映了德昂族对德宏、滇西、祖国边疆开发乃至对中华民族共同体建构所做贡献的合法性地位的争取。

民族共同体文化空间维护的需要。德昂族以浇花节建构为原点的对宗教文化的表述，是通过"发明传统"实现话语建构的过程，其实质是对德昂族共同文化空间的维护。德昂族、布朗族、阿昌族等信奉南传佛教的民族和傣族一样也以泼水节作为庆祝傣历新年的活动，而从中央到地方，提起泼水节就想到傣族的现实，对于同样信奉南传佛教的德昂、布朗、阿昌等民族而言，实际上是对其民族共同体文化空间的挤压。因此，德昂族文化精英在泼水节的基础上建构出一个属于德昂族的节日——浇花节，是一个从边缘化的被动处境到主动参与以争取自我文化保护与生存空间的过程，这一过程实质上正好符合了德昂族在现实生活中的利益诉求。这种诉求的萌发及最终实现，往往与国家的民族政策实践息息相关，浇花节与泼水节的差异性建构，从某种程度上反映了德昂族"女为悦己者容"的求异心理，在今天这个穿衣都怕撞衫的文化迫力中，异质文化往往以其"异"获得生存空间，继而获得认可与赞赏的附加值。

实际上，德昂族在历史、文化方面的表述及建构，无论是出于民族身份认同、民族内聚力与民族自信心增强的需要，还是出于对民族合法性地位及共同体文化空间的维护，都是对"德昂族"这样一个符号的强调，民族的划分过程及民族称谓的形成，赋予了民族某种固定的形象及符号象征意义，这种符号及象征成为人们共同体之间相互认同的工具。[1] 文化精英通过一系列手段和策略建构起德昂族对"德昂族"这一称谓及身份的认可，继而实现外界、国家对这一符号的认同，这一过程是与德昂族基于现实的利益诉求息息相关的。现实的民族政策扶持模式是以民族来认定的，客观上强化了民族意识和民族性，因此德昂族对民族性的强调，实际上是对关乎切身利益及权利的强调，是对某些具体的资本的强调。

其一，经济利益的诉求。德昂族基于以上需要展开的历史文化口述史表述，其实与其在经济方面的诉求是分不开的。随着国家民族优惠政策的推动和制度的安排，各少数民族根据其人口规模、分布特点、发展情况等的不同享受不同的待遇，就德昂族而言，作为我国人口较少民族之一，国家在扶持力度和各项优惠政策的安排上，都优于傣族。

---

[1] 菅志翔：《族群归属的自我认同与社会定义——关于保安族的一项专题研究》，北京：民族出版社，2006年，第414页。

随着国家加大了对人口较少民族的扶持力度，德昂族先后获得"兴边富民""人口较少民族项目""上海对口帮扶"等重大扶持项目。以德昂族主要聚居分布的三台山乡为例，从2002年到2009年，全乡共获各类扶持经费2770万元。民族身份此时便具有了特别的意义，很多资源分配的机会直接跟民族身份连在一起。在这种背景下，各民族努力梳理自己的历史、发掘传统文化以凸显自身独特性，这是与民族优惠政策相适应的民族身份建构的过程。

德昂族对传统文化的发掘和建构，也必然会带来一系列的经济效应。从浇花节来看，该节日"申遗"成功，一方面有利于对旅游的开发、古歌古调的传承和开发、节日中民族歌舞的创作及传承等；另一方面，随着市场经济的发展，市场经济意识及元素进一步向西部、西南部内陆边疆少数民族聚居区渗入，东西方、内地边疆的交流越发频繁和深入，使一些原本看似平淡无奇的族群文化在外界文化介入后开始凸显其自身特色，其潜在的经济价值日渐被其文化持有者重视。政治的推力带来经济的效应，市场经济的诱导带来了族群自觉意识的强化和各种利益诉求的升温，继而不断推动新的"传统的发明"。

其二，政治利益的诉求。德昂族的文化精英认为，德昂族发展滞后还与本民族政治资源缺乏有关，就德昂族的干部而言，目前有一个副厅级、一个处级、两个副处级、两个科级干部，和其他民族比较起来是相当少的。[1] 在民族地区，干部往往成为本民族争取各项资源的带头人。正如菅志翔所认为的，民族精英拥有更多的社会权利资本，

---

1 访谈对象：YWQ（编号019），德宏芒市，2012年10月30日；访谈及整理者：王燕。

拥有民族话语权及表达自我的能力，他们对本民族的历史观形成及民族发展有着关键的作用。[1] 德昂族精英认为，由于他们的干部配置少，很多资源都输送不到德昂族手里，加上德昂族地区普遍教育质量不高，在国家招录公务员的过程中，即使实行了少数民族加分政策，事实上对德昂族的作用也是微乎其微。因此，通过对民族历史与文化的表述及建构，实现其在政治利益上的诉求可以理解为一种迂回之举。

仍就节日而言，在我国民族国家建构和发展过程中，民族平等的理念要求在国家的社会生活中保证各民族的"在场"，而节日作为一种文化符号，是民族文化的集中体现与凸显，因此文化精英将目光更多地集中在民族节日文化的建设上。通过本民族特色节日文化的建设，力求在国家非物质文化遗产中占有一席之地，从而实现其在政治、经济上的利益诉求。德昂族作为全国22个人口较少民族之一，其政治、经济、文化等方面理应在国家政策中有所体现，申报国家非物质文化遗产的政策为其提供了文化上与其他民族平等交流的制度平台，德昂族通过浇花节的成功"申遗"来实现其在民族平等上的需求，如果从这个意义上理解和评估民族节日在民族平等地位中的作用，我们就不难理解节日建构中政治因素的作用。

结　语

本文通过梳理史籍对德昂族历史文化的记载，呈现基于史料记录

---

[1] 菅志翔：《族群归属的自我认同与社会定义：关于保安族的一项专题研究》，北京：民族出版社，2006年，第414页。

的学者的研究与讨论，以及德昂族结合史料记载和学者争议展开的之于德昂族历史文化的表述。

该文章的宗旨不在于区分所谓"正史"与"草根历史"的差异，以及文化持有者的口述资料在多大程度上接近"正史"的"真相"和事实，而旨在关注与探讨德昂族的历史与文化表述何以形成、何以不同及其背后形成的动因。

通过呈现德昂族关于"金齿国"、古遗址、民族分布的历史表述及宗教和节日的文化表述发现：以史籍的记载与学者的讨论为参照，德昂族关于历史文化的表述与之相较的确存在差异。这种"有差异"的历史文化表述并非"不落地"的凭空想象，而与德昂族对"根基历史"的梳理与表述的需要息息相关，现在社会背景又使这种"根基历史"具有某种现实性和指向性。德昂族通过历史方面的口述表达，与具有重大历史意义的事件建立连续性，建构起德昂族共同的历史记忆；通过文化方面象征符号的建构，实现"德昂族"符号意义的凸显和强化，而这些行为实践、历史意识，无不是德昂族现实利益诉求的一种表达。

应该看到，在民族国家发展的背景下，单一民族基于族群身份认同而来的对历史、文化等的表述并非孤本，云南维西县玛丽马萨人和四川平武县白马藏人在国家政策及本民族文化自觉意识导引下开展的一系列文化复兴与重构运动便是正在我们身边上演的实例，在这样一个背景下来探讨单一民族的历史文化诠释及表述过程，是理解民族历史乃至民族国家历史的一个试验场。

德昂族只是我们讨论的众多案例中的一个典型。本文将"自上而下"的国家历史记载方式和德昂族"自下而上"的"草根"史观相结合，从德昂族主位表述历史的角度来理解其对历史文化的理解，有助于深入了解作为一个人口数量较少、发展程度滞后的民族在现代化发展浪潮中，在一种强势文化环境下的微妙的民族心理，有利于把握如德昂族这样的民族共同体在争取自身合法性地位及表达民族平等诸多诉求方面的行为实践，从而为讨论在当下的社会背景中单一民族以何种方式参与国家社会生活提供空间。

清末以来云南小凉山彝族农村家庭家支通婚的历史考察
—— 以嘉日家支为例

作　　者：全海燕（云南大学中国少数民族史专业硕士）
指导教师：谷跃娟

绪 论

彝族是中国人口较多的少数民族之一，主要分布在云南、四川、贵州和广西。云南是彝族人口最多、居住最集中的一个省份，小凉山地区，一般是指以宁蒗彝族自治县为中心，包括永胜、华坪等毗邻宁蒗的彝族聚居区。关于"小凉山"名称的由来，从当地居民的传说中得知，"这里的彝族是近二百年来由四川凉山迁入的，所以人们习惯称这些彝族居住的山区为'凉山'；或因将其与四川的大凉山区别之故，一般又称这一地区为'小凉山'"[1]。

历史上，居住在大小凉山的彝族因严格的等级制度和蓄养娃子为外界所知，以特殊的社会形态和文化传统与周边各族共生共存。1949年中华人民共和国成立后，新的政治制度的建立与巩固，使小凉山彝族的奴隶制失去了赖以生存的条件。1956年的民主改革开启了小凉山彝族社会变迁的进程，经过几十年的发展，小凉山彝族社会基本上解

---

[1] 民族问题五种丛书云南省编辑委员会，《中国少数民族社会历史调查资料丛刊》修订编辑委员会：《云南小凉山彝族社会历史调查》，北京：民族出版社，2009年，第1页。

决了先进的社会制度与落后的生产力之间的矛盾，但是，先进的社会制度与彝族传统社会、传统文化之间，依然存在矛盾。小凉山彝族社会以亲属关系为基础，以高度发达的父系家支制度和等级制度为特征，其家支成员以家支家庭为群体本位，以家支利益为根本的价值取向。发展至今，这一取向仍是小凉山彝族的主流价值观。

在长期的生产和生活过程中，传统的婚姻形式为小凉山彝族代代沿袭，随着社会的变迁，传统的婚姻文化内容也经历了诸多变化。特别是改革开放后，随着国家现代化进程的加快，新的生活方式和思想观念逐渐被接受，传统的彝族社会也开始出现一些新的变化，体现了适应与冲突的两个不同方面。

在2011年寒假有关小凉山彝族的田野调查中，笔者发现三个现象：第一，家支制度的遗存。历史以来家支是彝族社会的基本组织结构，家支制度则是彝族社会运行的重要维系。中华人民共和国成立后，家支制度作为一种阻碍社会发展的落后形式，在民主改革等一系列的社会改造中被禁止。而现今小凉山彝族地区，家支观念盛行，族内纠纷可以依靠家支习惯法进行调解；家支成员有极强的集体意识，自觉维护家支利益；等等，由此可以看出家支制度在宁蒗社会仍有遗存。第二，婚姻家庭方面，传统婚姻观深刻影响着人们的意识，家支通婚、等级内婚的现象普遍存在，同时也存在少量的民族外婚、等级外婚等通婚形式。第三，"大社会"与"小社会"的重叠。小凉山地区有着健全的国家行政组织和法律机构，也有由诺、曲诺、"农场人"构成的彝族社会，以及兼容于现行社会体系下的独特的存在方式和运行机制。

综合以上三个现象，结合笔者的思考，形成了本文。本文选取宁蒗地区金古大家支中的嘉日家支为主要研究对象，主要是考虑其在宁蒗地区历史较久，人口较多，地域分布较广，影响较大，同时作为曲诺阶层与诺和"农场人"有着紧密联系，具有典型性。

小凉山彝族社会在遵循历史发展惯性的同时，也表现出其特殊性的一面。婚姻作为一种社会关系的缔结方式，是沟通社会关系、人际关系的一种主要手段。关注婚姻制度的发展演变不能忽视社会对其所产生的影响，在社会发展演变过程中，婚姻制度也会表现出发展的独特性。今天小凉山彝族社会虽然已经不存在等级制度，但等级观念、血统观念，以及与此相关的民族内部认同上的层次性问题仍然存在，并深深影响着婚姻实践。对广大诺苏而言，婚姻的幸福不是个人的幸福，而是家支的幸福。婚姻背后，依然可见家支血缘等级的影子。因此，笔者在关注小凉山彝族婚姻问题的同时，也关注到了家支制度遗存对其所产生的影响，通过考察不同的社会制度背景下嘉日家支的家支通婚情况的变化及影响因素，反映社会变迁过程中，等级、血缘等传统文化因素对彝族婚姻的影响，探寻家支制度在彝族婚姻关系和社会关系的构造中所起的作用，为理解彝族社会变迁过程中，民族内部传统的"小"社会与外部现代的"大"社会之间存在的矛盾与冲突提供有用样本，为小凉山彝族传统文化与现代社会的和谐相融，提供理论和实证的参考。

一、云南小凉山彝族嘉日家支的基本情况

"家支是'家'和'支'的总称"[1],是大小凉山彝族社会的基本组织结构。家支建立在父系血缘纽带基础之上,每个家支都有共同的男性祖先,并表现为父子连名的系谱结构。每个家支都有较稳定的共属地域,遵守严格的外婚制度。家支成员有着极强的集体意识,都自觉维护家支的集体利益。

彝族的家支名称拥有不同的来源,有些源自家支居住的地域名称,有些则是从人名中演化而来,嘉日家支的"嘉日"便是从人名中演化而来的。嘉日家支其实是金古家支中的一个分家支。"金古忍石"的"金古"也为人名,"忍石"彝语指的是"七个儿子"。在金古忍石的家谱中记录,"金古忍石的共祖大约生活在明朝神宗万历年间,居住在今四川省凉山州昭觉县一个叫斯母补余的地方,前妻生有三个儿子,即金古阿姆、金古嘉日、金古吉伙,前妻死后娶了第二个妻子,又生了四个儿子,金古精史、金古字都、金古阿品、金古海忍"。金古家

---

[1] 刘正发:《凉山彝族家支文化传承的教育人类学研究》,北京:中央民族大学出版社,2007年,第69页。

支在小凉山地区很长一段时间被称为"金古忍所",意为金古三子,因在清末彝族从大凉山迁入时,前妻所生的三个儿子陆续迁入宁蒗地区居住,而后妻所生的四个儿子一直居住在大凉山,直到编订家谱时才了解到并开始联系。迁至小凉山地区后金古三子不断繁衍扩大,现今是宁蒗地区人口最多、支系最大的曲诺家支。习惯上人们将金古三子金古阿姆、金古嘉日、金古吉伙的后代称为金古、嘉日和吉伙三个分家支,其中把金古阿姆称为金古家支,是因为阿姆作为长子继承了父姓金古。这三个分家支因来自共同的男系祖先金古,为同一父系始祖的子孙后代,彼此之间无论隔多少代都不能互相通婚。

在《云南小凉山彝族社会历史调查》一书中记录,分布在宁蒗的彝族多数是在清道光年间从四川大凉山迁徙而来的,"自四川向云南迁徙的传说有许多,而传说的主题,多与反对'利利兹莫'(居治凉山的一个彝族大土司)有关。当时发生了以曲涅系统的子孙反对土司的斗争,利利土司失败,由凉山腹地退居边沿地区,其对黑彝的种种剥削和统治自然也就随之取消,但凉山内部又产生了黑彝之间频繁的械斗。其中,有为瓜分土司的土地、百姓等财产不公而发生的械斗,也有因宿怨未解而进行的斗争,据说这种无休止的械斗连续打了数十年。在这一斗争中,胜利者的势力更加扩大,而失败者则面临危亡的境地。那些斗争中的失败者为了免于灭亡,便不得不离开故土,向外迁徙"[1]。这就是一般传说中的云南小凉山彝族由来的历史背景。

---

[1] 民族问题五种丛书云南省编辑委员会,《中国少数民族社会历史调查资料丛刊》修订编辑委员会:《云南小凉山彝族社会历史调查》,北京:民族出版社,2009年,第1页。

从史料记载来看，关于大凉山彝族迁居云南小凉山的历史记录较少，但从一点零星的文字中也可证明，以上有关彝族迁入云南的传说，基本上是与史实符合的。如在清乾隆《永北府志》中，没有有关凉山黑彝的记载，而在清末光绪年间的《永北直隶厅志》卷二十五土司志蒗蕖土司属民中，就有了如下记载："黑彝一种，生于冷山寒谷之中，居于深箐峻岭之上，性情顽野，好食生物，身穿褐布，背披长毡，男则编竹篾以赴市，女则卖洋芋以营生，其强健者以抢劫为业，以偷盗为乐，婚配皆通媒妁，以牛羊为聘，死则火化，置之深山，不许人知。"由此可见，在200多年前的乾隆时代还没有"黑彝"的文字记载，但在清末的光绪年间，黑彝已经在蒗渠土司区繁衍发展起来，所以在方志中也就得到了一定地位。[1] 小凉山彝族从四川大凉山迁来之后，虽然受到土司的管束，但其社会内部依然实行着严格的等级制度。

民主改革前，"在小凉山彝族社会中，按照一般的说法，大体可分为'黑彝''曲诺''阿加''呷西'等4个等级"[2]。黑彝，彝语称为"诺"，是世袭的贵族；曲诺，本地俗称"百姓"；阿加，本地俗称为"分居奴"；呷西，本地习惯称为"家奴"。在小凉山地区有五大黑彝，分别为补余（汉姓余）、瓦渣（汉姓张）、罗洪（汉姓胡）、罗姆（汉姓米）、热柯（汉姓刘）。据民主改革前宁蒗彝族自治县工委1956

---

[1] 民族问题五种丛书云南省编辑委员会，《中国少数民族社会历史调查资料丛刊》修订编辑委员会：《云南小凉山彝族社会历史调查》，北京：民族出版社，2009年，第2页。

[2] 民族问题五种丛书云南省编辑委员会，《中国少数民族社会历史调查资料丛刊》修订编辑委员会：《云南小凉山彝族社会历史调查》，北京：民族出版社，2009年，第10页。

年的统计材料：黑彝，共有 420 户，2465 人，其在彝族总户数、总人口中的比例皆不到 4%，但这些占小凉山彝族人户极少的黑彝，是小凉山的贵族阶层，他们自认为骨头硬，血统纯，是天生的统治者，在黑彝自己的辖区内，在遵守习惯法的情况下，他们享有充分的人身自由。曲诺，共有 8602 户，41524 人，分别占小凉山彝族户口的 70% 和人口 60% 以上。这一阶层不但在总人户中占了极大的比重，而且其社会和经济地位也相当复杂，是彝族社会中很重要的一个等级。曲诺等级必须隶属于一定的黑彝主子，都要承受隶属性的负担，不过他们有自己的相对独立的家庭经济，可以占有分居奴和家奴。承受的隶属性负担有：黑彝主子婚丧年节时送礼；曲诺女儿出嫁，一般要送给主子白锭一个；主子出行，可唤曲诺随从，主子打冤家时，曲诺得自备武器参加械斗；有些地区，曲诺每年要为主子服一定天数的劳役；接受主子"杂布达"的剥削。[1] 至于阿加、呷西等级，不仅要接受更多的无偿劳役，而且没有对自己子女的亲权和婚权，一家人很可能被随时拆散，被卖到不同的主子家里。

　　嘉日家支与金古阿姆、金古吉伙同属于曲诺等级，为黑彝主子补余家的百姓，但由于迁入历史较早、人口众多、家支势力较大，属于当地的"大头百姓"之一。因此，面对这样的大头百姓，有时黑彝也不会轻易挑起与家支之间的纷争。20 世纪五六十年代的社会历史调查中，记录着这样一个事件："金古家的同支人甲子业祖之孙，因其父欠黑彝余瓦

---

[1] 民族问题五种丛书云南省编辑委员会，《中国少数民族社会历史调查资料丛刊》修订编辑委员会：《云南小凉山彝族社会历史调查》，北京：民族出版社，2009 年，第 10—15 页。

苦债款被打死，金古家支（包括金古、甲子、吉火3家），联合起来找余瓦苦赔偿命价，受到侮辱，于是决定与余战斗。他们虽遭所属黑彝主子的反对，但为了整个家支的安全，仍出动了1000多人，300多支枪，烧掉黑彝7间房子，打死黑彝两个曲诺，并把余瓦苦一直赶到金沙江边。后经其他黑彝调解，以互不赔偿损失平息了事端。自此以后，各黑彝对金古家的曲诺和阿加，在压迫和剥削方面，都略有收敛。"[1]

通过田野调查和文献资料的整理发现，关于金古家支血缘问题的传说有不同的版本。金古忍石家支的家谱记录父子连名时，最早从笃拇开始计算，具体是"笃拇—伍伍—庚子—扑火—昂埂—邱尼—木慈—嘎岗—跟跟—冷憨—昂顶—稳史—欧拇—昂利—都佳—郎马—昂拇—迪商—阿海—贺顶—贺安—比念—比库—阿恩—阿某—拉马—举增—海普—拇务—日伍—日阿—阿日—阿利—昂次—昂生—昂海—阿都—鲁朴—金拇—阿次次—阿香香—香列猛—列猛伍—伍阿尔—阿拉—剥欧—巴哈—色铮—依欧—衣顶—阿说—撵更—拉普—敌翁—肯拇—肯依—干依—海银—欧补—金古"[2]。关于传说，第一种版本说当时他们的老祖都是诺，肯依当时有两个儿子，大儿子叫干依，小儿子叫腊依，但是干依与一个陪嫁女结婚，从此就降了一个等级变成了曲诺，而小儿子腊依娶了一个门当户对的老婆，所以他继续保持诺的身份，而从干依开始其后代一直属于曲诺阶层；第二种版本说金古的父亲欧补，为诺与诺老婆的陪嫁女所生，因陪嫁女的等级较低，欧补就

---

[1] 民族问题五种丛书云南省编辑委员会，《中国少数民族社会历史调查资料丛刊》修订编辑委员会：《云南小凉山彝族社会历史调查》，北京：民族出版社，2009年，第49页。

[2] 金古忍石家谱编写委员会：《金古忍石家谱》，凉新出图2004第87号，第1页。

属于奴生子，所以从金古的父亲欧补开始就降为了曲诺；第三种版本是金古、嘉日、吉伙这三兄弟之母名金古阿姆，原非彝族，或为被掳入凉山的汉族，黑彝与之私通，生金古、嘉日、吉伙三兄弟，因父为黑彝，不能与其连名，乃连母名。这三个版本虽然说法不一，并且目前也无法考证哪一说法是最真实最准确的，但其中仍有一个共同点，就是金古家支的人都认为自己是从黑彝补余家里分离出来的，并认为自己与诺之间自古就存在着血缘联系，这一点在凉山彝族家支中是一个十分重要的因素，尤其，金古家支的人认为自己虽然属于曲诺等级，但在血缘上是一个有着家支有着彝根的家族，与那些没有家支没有彝根的家族有着根本性的区别。这种血统的优劣、纯正观不仅在传统的彝族社会里广泛存在，在现今的彝族社会同样根深蒂固于人们的思想意识中，并且深深地影响着家支成员的通婚关系。

血缘对于家支成员来说，是分辨其身份地位的最重要标准，对整个家支更是维护其家支等级、家支地位的重要依据，因此有着彝根的家支绝对不允许其成员打破这个生物血缘的纯洁性，表现在通婚关系上就是反对跨民族、跨等级婚姻的出现。

家支是彝族社会进入父系社会以后，以父系始祖的血缘为纽带，用父子连名谱系为链条，同一个父系始祖繁衍发展而来认血亲的若干家庭的集合或集团组织。成员与成员之间始于同一个祖先，所以不能随意联姻，只有那些举行过"分支"仪式的才可以发展姻亲关系。家支其实是一个整体的概念，一个大家支可以分为若干分支，分支下又可分为若干小支系，小支系则由若干个体的家庭组成。金古忍石作为一个大家支，由金古的七个儿子组成，可以分成七个分支，金古嘉日就是其中的一个。金古嘉日又可分为多个支系，拉足、边日、比足就是其中的三个支系。拉足、边日、比足支系又可分为多个大家庭，如边日有四个儿子：尔打、鲁念、拾打、拾三。这四个儿子的后代组成的就是一个个的大家庭，其下又可分为若干个小家庭。如图1所示，以边日支系第六代长子建生家庭为例，虚线表示金古家支其他六个分支的谱系，暂略。

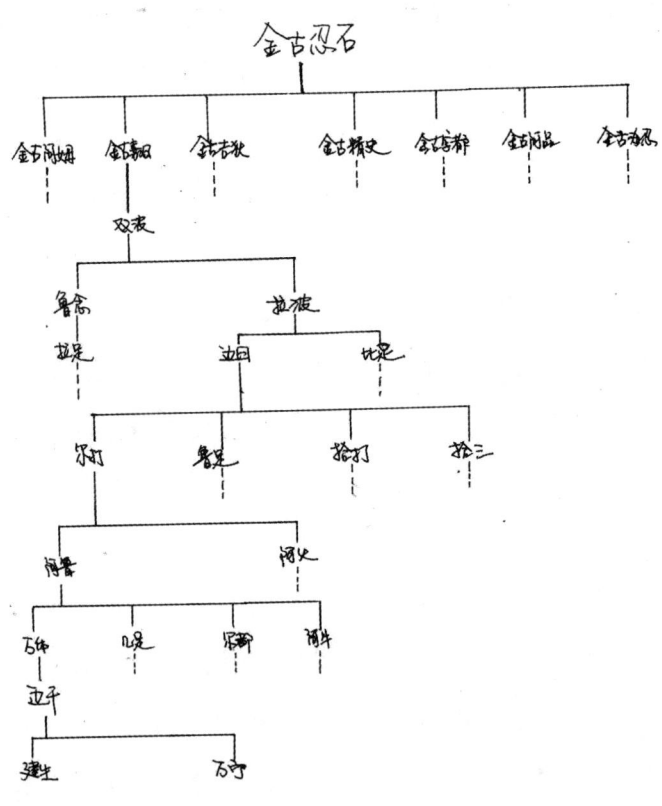

图1：金古家支分支树图

资料来源：笔者在小凉山地区的实地田野调查，2012年8月。

金古嘉日的后代经过若干代的繁衍，发展到拉足、边日、比足这三个支系的时间大约为19世纪中叶，并已经跟随父辈来到了小凉山地区。从边日开始计算，发展到建生为六代人，由他和他的妻子组成的小家庭就是嘉日家支最基本的组织单位。

同时，家庭是连接家支和个体的重要场域。每一个这样的小家庭一般由一夫一妻及其未婚子女组成，有独立的房屋、独立的生产生活、独立的宗教活动（民主改革前，独立的家庭在黑彝阶层和少部分富裕的曲诺阶层中可以体现，大部分贫穷的曲诺及大部分的阿加、呷西阶层依附在其主子的家庭中，共同生产生活）。

父子连名谱系，是将这些单个的小家庭、支系、分家支联系成一个大家支的链条。以建生的父子连名谱系为例，金古—嘉日—嘉日阿公—阿公朴丁—朴丁五坡—五坡比翁—比翁金肯—金肯双儿—双儿双波—双波拉波—拉波边日—边日尔打—尔打阿鲁—阿鲁万体—万体边干—边干建生，从金古开始到建生共16代人。作为嘉日家支的男性成员，每个人都能够准确追溯出自己出自何支、何代的后代，"能够准确地分清彼此的辈分，认准祖辈父辈或兄弟间的长幼顺序而不紊，以便使家支成员在任何场合下都能够顺利地与本家支的成员认亲，弄清楚各自之间的辈分和称谓，履行各自的责任和义务以及人伦道德关系"[1]。

发展至今，嘉日家支已经成为宁蒗地区一个较有威望的大家支。2004年正式出版的金古忍石家支的家谱，就对嘉日家支的父子连名谱系进行了汇总，详细记录了嘉日家支各分支系中男性成员的名字，其

---

[1] 刘正发：《凉山彝族家支文化传承的教育人类学研究》，北京：中央民族大学出版社，2007年，第92页。

中拉足、边日、比足三个支系是本文的重点调查对象。

这三个支系属于金肯双儿次，从金古开始到双儿的家谱记录为，金古—嘉日—嘉日阿公—阿公朴丁—朴丁五坡—五坡比翁—比翁金肯—金肯双儿。双儿只有一个儿子双波，双波又有两个儿子，一个叫鲁念，一个叫拉波。鲁念只有一个儿子叫拉足，拉波有两个儿子，大儿子叫边日，小儿子叫比足。这三个支系从双儿开始到目前已出生男性长子的家谱记录如下：

> 双儿—双儿双波—双波鲁念—鲁念拉足—拉足麻东—麻东卷千—卷千鲁史—鲁史肯古—肯古你布；
>
> 双儿—双儿双波—双波拉波—拉波边日—边日尔打—尔打阿鲁—阿鲁万体—万体边干—边干建生；
>
> 双儿—双儿双波—双波拉波—拉波比足—比足火土—火土阿史—阿史衣哈—衣哈金史—金史万和。[1]

关于嘉日家支在小凉山地区的分布，据边日支系老人证实，大约在边日那一代就已经居住在沙力坪地区，而边日的孙子阿鲁是1898年出生的，若以一代25岁计算，边日大约为1848年左右出生，由此可推算，约在边日父亲拉波那一代就已迁入到了沙力坪地区。目前，嘉日家支大部分成员仍生活在宁蒗南部和东南部的农村地区，如新营盘、跑马坪、沙力坪、蝉战河、西川、战河等地，同一支系的后代基本都

---

[1] 金古忍石家谱编写委员会：《金古忍石家谱》，凉新出图2004第87号，第214—222页。

居住在同一个村落里。拉足支系的后代有110多人，现居住在宁蒗新营盘毛家乡白杨村的较多，从拉足开始计算已发展到了第六代人；边日支系的后代有140多人，现主要居住在跑马坪乡沙力坪村委会王家村，从边日开始计算也发展到了第六代人；比足支系的后代有180多人，现主要居住在战河乡汉家厂村，也发展到了第六代人。

二、清末至民主改革前嘉日家支的家支通婚

（一）清末至民主改革前小凉山彝族社会发展情况

清朝末期，小凉山地区基本是一个封闭的多民族聚居区。咸丰年间爆发的"回民起义"，对小凉山民族社会产生了冲击，据各族老人说，"红白旗闹事"时，情况异常混乱，少数彝族上层人物大发其财，彝族的势力也因此有所发展，随后有不少彝族又从四川大凉山迁入，如米、刘、胡诸姓黑彝就多是在此时期前后迁来的。"直到民国十年（1921）左右，小凉山地区的土司区的大道还是畅通无阻的，彝族都还居于当地土司的统治之下，并且按土司指令在要道上'守哨'。但到了民国十几年以后，小凉山彝族社会有了巨大变化，至民国十三年（1924），地方军阀在川滇边界挑起'雷云飞事件'后，给小凉山社会带来了重大转折。当时雷云飞进攻盐边和盐源两县时，曾以'司令'名义邀请小凉山的彝族参加，到了四川之后，盐源久攻不下及雷云飞之死，这些无法节制的'打财喜'的人们便大掠起来，不但劫掠牛马金银和衣物，而且还劫掠了四五百汉族人回到小凉山。自此以后，地

处川滇边界间的小凉山附近的汉族地区的政治局面更为混乱。"[1] 之后在民国十四年到十六年（1925—1927），外部动荡的战乱环境，给当时小凉山彝族的奴隶制发展提供了有利条件。此后近 30 年间小凉山彝族社会，不仅黑彝家支内部有冤家械斗，而且经常去劫掠周围汉、纳西、普米等族，甚至抓人来当奴隶，再之后鸦片的大量种植也给小凉山社会经济带来重大影响。"鸦片贸易急需大量劳力种植鸦片，而彝人又很难从内部获得奴隶，因而采用掠夺人口的办法来解决劳力需求成为彝区奴隶制发展的内部动力。"[2] 在这样的环境下，家支对家支成员婚姻的控制更为严厉，婚姻成为家支对外联盟、扩大家支势力的主要手段。传统的小凉山彝族家支一直遵守着民族内婚、等级内婚、家支外婚、姑舅表优先婚、姨表不婚的通婚制度，还存在着转房制。在婚礼婚俗方面也有很多要求，如结婚年龄、结婚对象的确定，婚约各种程序的落实以及婚礼仪式中各种民俗民规的遵守，等等。

（二）清末至民主改革前嘉日家支的通婚情况及特点

民主改革前嘉日家支主要分布在沙力坪乡、跑马坪乡，是曲诺中人户最多、分布最广的家支。聚居在杨家村、王家村、嘉日村、多加拉达，其余零星散居于拉马底、猪头坡、大湾子、留合万、大厂、上

---

[1] 民族问题五种丛书云南省编辑委员会，《中国少数民族社会历史调查资料丛刊》修订编辑委员会：《云南小凉山彝族社会历史调查》，北京：民族出版社，2009 年，第 4—5 页。

[2] 嘉日姆几：《云南小凉山"农场彝人"的姓氏选择》，《民族研究》2010 年第 5 期。

羊场等村。[1] 边日支系当时主要居住在王家村，但土地基本上都是向补余家租用的，生活十分贫困。作为曲诺阶层他们平时要负担黑彝主子家的各种劳役，与阿加等级不同的是，他们有对子女的亲权和婚权。尤其像嘉日这样拥有一定势力的曲诺家支，他们也通过联姻来壮大自己的家支势力，甚至可以家支合力反抗黑彝主子的不公要求。

若以1956年的民主改革为分界点，清末至民主改革这一时期，大约是这三个支系中现今年龄约为80岁的老人缔结婚姻的时期，从代系上看也就是这三个支系前三代人和个别第四代人所生活的年代。这一时期嘉日家支三个支系的通婚情况如下。

1. 拉足支系的通婚情况

（1）拉足，住在四川盐源羊塘，他的第一个妻子是四川盐源的阿鲁家（阿鲁支系）人，婚后生有三个儿子，分别为麻东、比几、比忍，之后又娶了马海家的一女子，生有两个儿子，分别为边千、丁千。拉足共有五个女儿，大女儿嫁到了战河汉家厂的狄笛家，二女儿嫁到了跑马坪的马海家，三女儿嫁到了西川的沙玛石义家，四女儿嫁到了烂泥箐的阿苦家，五女儿嫁到了四川盐源的阿鲁家。

（2）麻东，住在新营盘乡小宝东湾，妻子是四川盐源的阿鲁家人。生有一个儿子卷千和三个女儿。卷千，住在毛家乡，妻子是新营盘小宝东湾阿鲁家的人；大女儿嫁到毛家乡的摹歇家；二女儿嫁到四

---

[1] 民族问题五种丛书云南省编辑委员会，《中国少数民族社会历史调查资料丛刊》修订编辑委员会：《云南小凉山彝族社会历史调查》，北京：民族出版社，2009年，第72页。

川盐边的基理家（音译）；三女儿嫁到新营盘小宝东湾的阿鲁家。

（3）比几，住在西川，妻子是四川盐边的沙玛石义家人。生有两个儿子和一个女儿。大儿子木万，住在西川，妻子是战河汉家厂狄笛家人；二儿子木千，住在西川，妻子是四川盐边沙玛石义家人；女儿嫁到西川的金姆家。

（4）比忍，住在新营盘小宝东湾，妻子是烂泥箐阿苦家人，生了四个儿子分别为古史、古万、古哈、古子。古史，住在小宝东湾，妻子是烂泥箐阿苦家人。古万，住在新营盘小宝东湾，妻子是四川盐源的阿鲁家人。古哈，住在新营盘毛家乡，妻子是新营盘的折家，折家虽然没有与嘉日开亲的先例，但是与金古和吉伙都开过亲，因此在亲戚介绍下与折家有了第一次开亲。古子，住在新营盘毛家乡白杨村，妻子是四川盐边沙玛石义家人。

（5）边千，住在新营盘毛家乡，妻子是新营盘毛家乡的阿佑家人，生有两个儿子和三个女儿。大儿子尼万，住在毛家乡，妻子是战河汉家厂的狄笛家人。二儿子金海，住在毛家乡，妻子是毛家乡的阿佑家人；大女儿嫁到阿苦家；二女儿未婚死亡；三女儿也嫁到阿苦家。

（6）丁千，住在新营盘毛家乡，妻子是烂泥箐的马海家人，生有两个儿子和三个女儿。大儿子夫一，妻子是西布河的那折家人；二儿子万都，妻子是烂泥箐的阿珠家人；大女儿嫁到跑马坪的布点家（音译）；二女儿嫁到烂泥箐的阿苦家；三女儿嫁到蝉战河的阿狄家。

清末至民主改革前拉足支系通婚家支统计见表1。

表1 清末至民主改革前拉足支系通婚家支统计表

单位：人

序号	通婚家支	发生通婚个例	男性成员娶进	女性成员嫁出
1	阿鲁	6	4	2
2	阿苦	6	2	4
3	沙玛石义	4	3	1
4	狄笛	3	2	1
5	马海	2	1	1
6	阿佑	2	2	
7	折	1	1	
8	阿珠	1	1	
9	那折	1	1	
10	摹歇	1		1
11	金姆	1		1
12	基理	1		1
13	布点	1		1
14	阿狄	1		1
	合计	31	17	14

资料来源：笔者在小凉山地区的实地田野调查，2012年8月。

由表1可知，这一时期拉足支系的6户家庭中31人结婚，男性17人，女性14人。与拉足支系有通婚关系的家支共有14个，均来自小凉山或大凉山的彝族，同属于曲诺等级，且大多居住在四川盐边、盐源等地和新营盘乡附近的村寨。其中，与阿鲁、阿苦、沙玛石义、狄笛、马海这五个家支是双向的通婚关系，既有本支系的成员嫁到这些家支里，又有这些家支的成员嫁进拉足支系中，使得两个已互为姻亲的家支亲上加亲。

2. 边日支系的通婚情况

边日支系，从边日这一代就已经在沙力坪地区居住。据家支老人回忆，边日生活的时期距今约有150年，他有11个妹妹，其中有三个嫁到了阿鲁家、两个嫁到了沙玛土比家、两个嫁到了沙玛石义家、一个嫁到了阿西家、一个嫁到了马海家、一个嫁到了阿日家、一个嫁到了加巴家。边日的妻子是战河沙玛土比家的人，婚后生有四个儿子分别为尔打、鲁足、拾打、拾三。

（1）尔打，妻子是蝉战河阿西家人，婚后生有两个儿子和一个女儿。大儿子阿鲁，妻子是四川沙玛石义家人；二儿子阿火，妻子是沙力坪的阿鲁家人；一个女儿嫁到西川的阿鲁家。

（2）鲁足，妻子是战河沙玛土比家人，婚后生有一个儿子和六个女儿。儿子鲁火，妻子是战河沙玛土比家人；六个女儿中，一个嫁到阿鲁家，两个嫁到马海家，一个沙玛土比家，一个加巴家，一个阿日家。

（3）拾打，妻子是蝉战河阿西家人，家谱中记录婚后只有两个儿子，分别为阿尔和补坡。阿尔，妻子是战河阿克家人；补坡，妻子是新营盘马海家人。

（4）拾三，妻子是西川阿西家人，婚后生有两个儿子和一个未婚死亡的女儿。大儿子解哈，妻子是四川盐边沙玛石义家人；二儿子子哈,妻子是西川沙玛土比家人。

清末至民主改革前边日支系通婚家支统计见表2。

表2 清末至民主改革前边日支系通婚家支统计表

单位:人

序号	通婚家支	发生通婚个例	男性成员娶进	女性成员嫁出
1	沙玛土比	7	4	3
2	阿西	4	3	1
3	沙玛石义	4	2	2
4	阿鲁	6	1	5
5	马海	4	1	3
6	阿克	1	1	
7	阿日	1		1
8	加巴	2		2
	合计	30	12	18

资料来源:笔者在小凉山地区的实地田野调查,2012年8月。

由表2可知,这一时期边日支系的12户家庭中有30人结婚,男性12人,女性18人。与边日支系有通婚关系的家支共有9个,他们都是来自大凉山或小凉山的彝族,等级同为曲诺。和拉足支系相比,边日支系的通婚对象较为集中,主要与沙玛土比、阿鲁、阿西、沙玛石义、马海等家支通婚较为频繁。

3. 比足支系的通婚情况

比足与边日是亲兄弟，起初都在沙力坪地区居住，后来比足的后代跟随黑彝主子搬到战河的汉家厂地区。比足，妻子是阿克家的人，婚后共生有七个儿子，但是两个儿子没有男性后代未写入家谱，家谱中只记录了有后代的五个儿子，分别为火土、火坡、尔千、万史、拾千。比足女儿有两个，分别嫁到跑马坪的了无（liao wu 音译）家和战河的阿鲁家。

（1）火土，妻子是沙力坪阿鲁家人，婚后生有四个儿子和五个女儿。大儿子阿史，妻子是西川沙玛石义家人；二儿子俄足，妻子是跑马坪的沙玛石义家人；三儿子阿干，妻子是四川阿西家人；四儿子阿青，妻子是战河汉家厂阿鲁家人。五个女儿分别嫁到跑马坪了无家、蝉战河马海家、西布河阿鲁家、四川阿鲁家、跑马坪加巴家。

（2）火坡，妻子是战河汉家厂阿鲁家人，婚后生了一个儿子和一个女儿。儿子肯哈，妻子是四川阿西家人。一个女儿嫁到战河阿鲁家。

（3）尔千，妻子是战河汉家厂阿鲁家人，婚后生有四个儿子两个女儿。大儿子比土，妻子是战河汉家厂阿鲁家人；二儿子布哈，妻子是战河阿鲁家人；三儿子布火，未婚；四儿子附都，未婚。尔千两个女儿分别嫁到战河阿西家和阿鲁家。

（4）万史，妻子是四川阿西家人，婚后生有两个儿子和四个女儿。大儿子尼都，妻子是四川阿西家人；二儿子尼哈，妻子是战河狄笛家人。万史的四个女儿分别嫁到四川的阿西家、战河金务家（汉姓朱）、战河汉家厂阿鲁家、战河汉家厂狄笛家。

（5）拾千，妻子是战河磨生家人（汉姓毛），婚后生有两个儿子和一个女儿。大儿子念哈,还未婚;二儿子补哈,在中华人民共和国成立之前未婚病死。拾千的一个女儿嫁到蝉战河的阿苦家。

清末至民主改革前比足支系通婚家支统计见表3。

表3 清末至民主改革前比足支系通婚家支统计表

单位:人

序号	通婚家支	发生通婚个例	男性成员娶进	女性成员嫁出
1	阿鲁	12	6	6
2	阿西	7	4	3
3	狄笛	2	1	1
4	沙玛石义	2	2	
5	阿克	1	1	
6	磨生	1	1	
7	了无	2		2
8	马海	1		1
9	加巴	1		1
10	阿苦	1		1
11	金务	1		1
	合计	31	15	16

资料来源:笔者在小凉山地区的实地田野调查,2012年8月。

由表3可知,这一时期比足支系的19户家庭中有31人结婚,其中男性15人,女性16人。这一时期与比足支系有通婚关系的家支有

11个，他们同样是大凉山或小凉山的彝族，等级同为曲诺。与拉足支系、边日支系相比较，比足支系相互通婚的家支更为集中，主要为阿鲁和阿西两家。与阿鲁家支缔结的婚姻有12例，与阿西家支有7例，并且嫁入嫁出人数也基本持平。

4. 清末至民主改革前嘉日家支的通婚特点

通过对这一时期嘉日家支拉足、边日、比足三个支系通婚情况的梳理，可以发现嘉日家支的成员作为曲诺等级有着对其子女的亲权和婚权，并继续沿袭着民族内婚、等级内婚、家支外婚的通婚制度。

首先，民主改革前嘉日家支与22个家支有着通婚关系，其中与阿鲁家支最多，有24例，其次依次与阿西、沙玛石义、阿苦、沙玛土比、马海、狄笛等家支出现了较多通婚案例。与嘉日家支相互通婚的这些家支都为大凉山或小凉山的彝族，同为曲诺，并且有些家支与嘉日家支一样同属于黑彝补余家的基本百姓。如通婚数量最多的阿鲁家支，就是与嘉日家支一样同属于黑彝补余家的百姓；而第二多的阿西家支则属于黑彝瓦渣家的基本百姓。一般情况下，小凉山五大黑彝各自有自己的势力范围，其下的曲诺自然也居住在黑彝主子势力之下，并且通婚也受黑彝主子的一定影响。一个黑彝主子下的百姓可以相互通婚，而且一旦两个黑彝之间有了开亲先例，其下的百姓也会相互开亲，如补余家与瓦渣家互为开亲对象，也就影响其下的百姓金古（包含金古阿姆、金古嘉日、金古吉伙三个分支）、阿鲁与阿西、阿苦也相互通婚。

这一特点在通婚地域方面也得到证明。民主改革前，补余家"主要集中在宁蒗县的跑马坪、沙力坪、战河、西布河、西川等区，在永胜县属的东山、麦架坪、羊坪一带也有势力；瓦渣家黑彝主要是居住于大拉坝区的马领子、牦牛坪、蝉战河、万马厂、三股水、甘海子等乡"[1]。嘉日家支的通婚对象大多集中在宁蒗县的南部、东南部，跑马坪、沙力坪、战河、新营盘、烂泥箐、西川、西布河、蝉战河等地以及四川的盐边、盐源两县。这些地区恰恰与补余家和瓦渣家的管辖地区有了一定的重合。

其次，这一时期嘉日家支不仅继续遵守着民族内婚、等级内婚、家支外婚的通婚制度，也仍普遍存在着姑舅表优先婚的通婚特点。按小凉山彝族婚例，嫁娶以姑舅之家最为合适，姑家有男，舅家有女，姑家就有优先权派人说定舅家女儿，舅家因此不敢嫁女与他家。反之，舅家之男对于姑家之女，亦有选择的优先权。因此，这样的通婚在嘉日家支的三个支系中极为普遍。例如：在拉足支系中，拉足、麻东、卷千祖孙三代都与阿鲁家通婚，并且麻东、卷千所娶的妻子都是来自舅舅家的女儿；在边日支系中，鲁足的妻子是战河沙玛土比家的人，他们的儿子鲁火娶的也是舅舅家的女儿，使得婆媳两人都来自战河的沙玛土比家。因此，结婚前，婆婆与儿媳之间本是姑侄关系，结婚后，就变成了婆媳关系。这种彝族家庭惯行交错从表的婚姻，从亲属称谓中也有体现。例如，男子因娶舅家之女，所以称岳父为舅父，称岳母为舅母；女子因嫁入姑家之子，称夫父为姑父，称夫母为姑母。小凉

---

1 民族问题五种丛书云南省编辑委员会，《中国少数民族社会历史调查资料丛刊》修订编辑委员会：《云南小凉山彝族社会历史调查》，北京：民族出版社，2009年，第17—18页。

山彝族的姑舅中表的婚姻不是单向的而是相互的，男子亦可娶姑家之女，女子亦可嫁于舅家之子。所以在亲属称谓中，姑母往往就是岳母或婆婆，舅母往往就是婆婆或岳母，姑母、舅母、岳母、婆婆就具有同一称呼。但彝族的这种优先婚配权只限于姑舅表兄弟姐妹之间，姨表兄弟姐妹之间是严格禁止婚配的。

再者，在通婚对象的选择上存在熟亲和生亲的区别。这一时期一般家庭在选择通婚对象时，会出现两种情况。第一种，直接在舅舅家或姑姑家的子女中选择适合的通婚对象，有合适的人选时可在子女七八岁时通过媒妁之言或双方父母口头形式订娃娃亲，等孩子成年后就可举行婚礼落到夫家；第二种，当姑姑家或舅舅家因年龄、地域或者其他原因没有合适的通婚对象时，家庭就要自己找寻。寻找新的通婚对象时，首要任务就是了解对方家支的家史和病史。在小凉山彝族社会无论是黑彝还是曲诺，对于狐臭、麻风、癫痫这三种疾病是极其避讳的，一旦家庭中有人得过这些疾病，其后代也只能与那些有过同样病史的家庭开亲。清楚开亲家支的家史、病史后，若等级一致、血统纯正、家支势力相当即可开亲。前一种通婚形式的不断循环逐渐形成了熟亲之间的通婚，嘉日家支与阿鲁家支、阿西家支、马海家支、沙玛家支的通婚就是如此，属于世代姻亲。而后一种形式就出现了生亲之间的通婚，但生亲的概念是相对的，很多新的开亲对象往往是在同一家支的成员或姻亲的介绍下结识的。如金古、嘉日、吉伙本出于同一家支，其内部不通婚，但彼此之间可以相互介绍自己的姻亲给其他家支，以前嘉日家支与折家从没有开过亲，但折家与金古、吉伙都有姻亲关系，所以在亲戚的介绍下，嘉日家支也开始与折家有了姻亲关系。

最后，嘉日家支与其他曲诺家支之间的通婚，其实是一种女性人口的交换，这种交换既可维持家支内部人口的繁衍，又可加强两个家支之间的联盟。如边日的11个妹妹，分别嫁到了阿鲁家、沙玛土比家、沙玛石义家、阿西家、马海家、加巴家、阿日家，此后边日的后代与这些家支一直保持着通婚关系，且随着相互往来的频繁，与这些家支形成了一种世代联姻的关系。嘉日家支与这些家支的家支通婚并不是单向的，当嘉日家支嫁出一个女性成员时，往往又会从该家支娶回一个女性成员。通过统计表格可知，嘉日家支与阿鲁、沙玛土比等家支间的通婚案例中，男性成员娶进人数和女性成员嫁出的人数基本持平。因此，与那些世代联姻的家支间就形成了一种稳定的女性人口交换的关系。这样关系的缔结适应了当时小凉山彝族社会的经济发展条件，当两个家庭之间既有娶入又有嫁出时，可在两个家庭协商同意后免去全部或一部分的聘礼交换，这对于当时生活贫苦的家庭来说，可减少相当多的经济负担。

（三）影响嘉日家支通婚关系的因素分析

小凉山地处滇西北横断山脉，交通闭塞，是川、滇交界的一个区域。因受高原和高山峡谷地形的影响，气候寒冷，彝族又大多居住在山区，生产生活环境较为艰苦，"无论黑彝白彝都以打赤脚穿擦尔瓦为衣着，也都以荞粑粑酸菜汤为日常饮食"[1]，所以逐渐发展出了一套以低需求适应生产的社会文化。早在元代，封建王朝的土司制度已在小凉山地区建立。清朝后期彝族从大凉山迁居云南，主要是居住在永北厅所属的蒗蕖土司地区。此外，在永北章土司地区、高土司地区以及羊坪土千总（今属永胜）地区、永宁土司地区，亦先后有凉山彝族迁入。彝族迁居云南后，虽然"属于土司统治区内的'客户'，也要在一定程度上接受土司的管束，但他们有自己的居住地区，其社会内部依然实行着原来的奴隶制的等级制度"[2]。而"奴隶制的掠夺性质又不能不在附近其他民族地区有所反映"[3]。民国时期，这里也曾有过国民党势力的进入，但由于彝族社会内部黑彝统治势力较为顽固以及等级制度的存在，国民党政府对这一地区的管理并没有深入其内。直到民主改革前，这一地区仍处于黑彝严格控制下，并且同等级内部的各家支互不统属。在这样的社会环境下，家支通婚不仅作为家支与家支建立联盟关系的重要手段，同时也作为维护社会等级制度的重要途径。

清末至民主改革前嘉日家支沿袭着民族内婚、等级内婚、家支外婚、姑舅表优先婚的通婚制度。通婚关系受通婚范围的限制，一种通婚关系可长久地沿袭必受诸多因素的影响。在当时的社会经济条件下，单个的个体成员及单个的家庭都依附于家支意志的引导下，同时，迁入初期人口繁衍相对缓慢，人们更多的是按家支而不是按地域居住。

---

[1] 林耀华：《凉山彝族的巨变》，北京：商务印书馆，1995年，第185页。
[2] 民族问题五种丛书云南省编辑委员会，《中国少数民族社会历史调查资料丛刊》修订编辑委员会：《云南小凉山彝族社会历史调查》，北京：民族出版社，2009年，第3页。
[3] 民族问题五种丛书云南省编辑委员会编，《中国少数民族社会历史调查资料丛刊》修订编辑委员会：《云南小凉山彝族社会历史调查》，北京：民族出版社，2009年，第3页。

致使这一时期婚姻中的当事人对于自己的婚姻并没有决定权和主宰权，一般都由父母、亲戚、家支来操办。因此，这一时期个人的择偶观、婚姻观基本不会对通婚关系产生影响，家支间的通婚更多的是受到当时社会经济背景、等级制度、家支制度、传统习惯法等因素影响。

1. 等级制度

这一历史时期小凉山彝族在瀘蒅土司和永宁土司的管辖之下，同时五大黑彝家支各自为政，各据地盘，互不统属。彝族社会以血统论为基础，构建了诺、曲诺、阿加、呷西四个等级，等级内婚被严格恪守和实践，并对违反等级内婚的人采用习惯法严格惩戒。在这种分等级、分血统、分家支的社会里，各个等级内部更加重视本等级的社会地位，并认为各个等级的血统是不一样的，存在高低贵贱之分。嘉日家支当时作为小凉山二三十个曲诺家支中的一员，其家支成员没有出现与黑彝或者阿加、呷西等级通婚的现象，就是受到严格的等级制度影响。诺这个阶层不会与比自己血统地位更低的曲诺通婚，同样，曲诺家支也绝对不允许其成员嫁娶比自己等级低的阿加，他们虽然血统的纯净度不如诺阶层，但仍认为与阿加、呷西有着血统上的鲜明的区别，一旦有成员与下一等级的人建立了婚姻关系，就会被家支所严惩，开除家支，下降等级身份。因此，曲诺等级的身份影响着其成员只能惯性地延续民族内婚、等级内婚、家支外婚的通婚形式，而这种通婚形式在一定程度上又稳固了嘉日家支的等级地位和血统身份。

2. 家支制度

民主改革前，嘉日家支的个体成员作为婚姻缔结的当事人对其通婚对象没有任何的选择权和决定权，都是由父母、亲戚、家支为其操办。因此，这一时期嘉日家支成员的通婚关系表现为家庭与家庭、家支与家支之间的一种女性人口的交换。从这一特点中可以发现当时嘉日家支的家支联姻一方面是姑舅表优先婚的延续，另一方面就是家支之间的强强联合，形成世代姻亲的关系。清末至民主改革前，鸦片贸易的兴盛使得彝族家支内部都有了枪支，依靠枪械，彝族社会内部不仅家支械斗频繁，对外还与国民党地方军队、周边民族有局部的武装冲突。嘉日家支虽很少会主动发起一场械斗，但一旦发生就会联合本家支的人及姻亲家支们一起出动。在与周边其他民族进行斗争时，也需家支间的联合，而不会单个家支单独行动。而促成这种家支之间强强联合的最好办法就是缔结婚姻关系。所谓"家族越分越远，姻亲越合越亲"，就充分说明了通婚关系的建立对家支存亡的重要性。

同时，在当时的相对落后的社会经济水平下，没有任何的小家庭可离开家支的保护独立生存。家庭及个人在通婚对象的选择上只能服从于家支的控制与安排，维持民族内婚、等级内婚、家支外婚、姑舅表优先婚。这不仅仅有利于扩大本家支的势力——包括经济和军事，更主要的是维持本家支的社会地位，不会给本家支的祖先"丢脸"。只有保持住了家支的高贵，才能增加本家支在当地处理日常生活问题中说话的分量，因此是一种"政治婚姻"。

3. 传统婚姻习惯法

传统婚姻习惯法对彝族婚姻的维护可分两个方面：一方面是对跨等级婚姻的严厉限制，以及对违背等级内婚人员的惩罚；另一方面是对婚姻纠纷的调解办法及赔偿。在小凉山地区有如下的关于违犯婚姻制度的惩处："（1）黑彝妇女与娃子通奸，勒令双方自杀，否则烧死。黑彝男子与女娃子通奸，背后被人指责耻笑，但一般不受惩处；（2）有妻有子而讨小老婆，由家门勒令退回；（3）同姓男女通奸，由家门逼迫双方自杀，否则烧死；（4）兄在，弟不得与嫂发生性关系；弟在，兄不能与弟妇发生性关系。否则，男女双方处死。但兄死嫂嫂可转房给弟弟，弟死弟妇可转房给哥哥。"[1] 一般情况下，曲诺等级中婚姻纠纷比黑彝出现得多，且是引起其家支械斗的主要原因。如民主改革前，金古与吉米、金古与阿鲁之间都因婚姻问题而引起了纠纷。因此，传统习惯法的相关规定和制裁，使得个体成员只有服从和跟随其家支的利益。

"婚姻在人类社会中并不是单纯的两性结合或男女同居，其背后蕴含着一套社会规则和文化体系。从社会层面看，婚姻是一种法律上的契约，是关涉着当事男女之外一群人的社会事件。"[2] 因此，清末至民主改革前小凉山彝族遵守民族内婚、等级内婚、家支外婚、姑舅表优先婚的婚姻形式也蕴含了其社会背后的一套社会组织和文化体系。

---

[1] 民族问题五种丛书云南省编辑委员会，《中国少数民族社会历史调查资料丛刊》修订编辑委员会：《云南小凉山彝族社会历史调查》，北京：民族出版社，2009年，第51页。

[2] 罗红：《人类学语境下的族际通婚与族群认同研究》，《青海民族研究》2008年第3期。

三、民主改革至改革开放前
嘉日家支的家支通婚

(一) 民主改革至改革开放前小凉山彝族社会发展情况

中华人民共和国成立后,为了摧毁封建势力,解放和发展农村生产力,在党和中央政府的领导下,土地改革运动在占全国人口大多数的新解放区展开。由于云南解放较晚,民族关系与阶级关系复杂,各民族存在社会发展上的差异性,因此,云南的民主改革,"自1951年8月开始,历时7年,分别采用内地、缓冲区、和平协商几种方式完成土地改革及以'直接过渡'形式进行民主改革,是全国土地改革中采取方式最多的省份"[1]。小凉山地区由于历史原因,民族关系复杂,矛盾突出,既有汉族与少数民族的矛盾,也有少数民族之间的矛盾。

---

[1] 中共云南省委党史研究室:《云南土地改革》,昆明:云南大学出版社,2011年,第3页。

民族、区域与国家　中国民族史研究的西南传统与多元范式

"复杂的政治形势与各种矛盾错综交织、社会经济不平衡的客观形势，决定了这一地区民主改革的特殊性。"[1]

从1951年到1956年，小凉山地区并没有展开切实的土地改革，结合本地实际，社会改革工作首先从团结民族上层人士，调解民族纠纷、制止和消除冤家械斗、疏通民族关系、促进民族间的团结入手。按照"通过上层联系群众，通过上层发动群众，发动群众促进上层进步"[2]的工作方法，着重做好上层的工作。组织民族上层人士和宗教上层人士到祖国内地参观学习，让他们参加人民政权的工作；选送民族上层的子女免费到内地各类学校学习深造。嘉日家支中边日的后代嘉日几足当时就选送到成都的西南民族学院进行了学习深造。

"当时还通过召开民族团结大会，主持解决历史上遗留下来的民族间和民族内部家族间、家支间的各种矛盾和纠纷，解决了曾延续几百年的冤家械斗。经过协商，逐步废除迫害、虐待奴隶的陈规，禁止捆绑、打杀、抢掠、买卖家奴，改善家奴的社会地位和生活条件，改革影响生产进步和民族发展的陈规陋习。直到1956年至1958年，经藏、彝民族地区各地人民代表大会通过，省人民委员会批准，广大藏、彝民族地区进行了史无前例的和平协商民主改革，废除了藏区的农奴制彝区的奴隶制，完成了从未有过的社会改革，实现了社会形态跨越式发展的巨大进步。生活在小凉山民族地区的奴隶娃子获得了人身自

---

[1] 中共云南省委党史研究室：《云南土地改革》，昆明：云南大学出版社，2011年，第7页。
[2] 中共云南省委党史研究室：《云南土地改革》，昆明：云南大学出版社，2011年，第152页。

由，第一次掌握了自己的命运。"[1] 在此引用四川凉山州当时关于解放奴隶的相关规定：（1）废除奴隶主特权，解放奴隶。依照中华人民共和国宪法的规定，保护奴隶、半奴隶和劳动人民人身自由和各自基本权利；（2）严禁抓强、买卖、虐待、残杀娃子，违者依法惩处；（3）废除抽调"安家"和"曲诺"子女当"锅庄"娃子及"陪嫁"等制度；（4）废除奴隶主加于奴隶、半奴隶和其他劳动人民的各种无偿劳役制度；（5）废除奴隶主以婚、丧、年节、疾病及其他各种借口加以劳动人民的敲诈勒索和"吃绝业"等制度；（6）严禁冤家械斗，并废除奴隶主在冤家械斗中加于劳动人民的人力、物力等负担制度。对于已经调解、尚未交清的冤家械斗赔偿费一律免交；（7）废除高利贷及其"杂布达"等剥削制度；（8）劳动人民对奴隶主的欠租一律免交；（9）帮助解放了的奴隶安家立业，发展生产。[2]

小凉山地区在奴隶的解放安置方面采用了农场统一安置的办法。"从1957年9月开始，政府在已完成民主改革的部分乡村，进行建立农场的试点工作。据部分亲临者回忆，农场一般为两排互相连接的板房，这些板房被分隔为50~60间20平方米左右的小房子，家奴按自己的意愿三五人组合成临时家庭入住，其中包括大量的残、痴人员，政府在定居点边设公共食堂，解决农场人的吃饭问题。1958年完成民

---

[1] 中共云南省委党史研究室：《云南土地改革》，昆明：云南大学出版社，2011年，第153页。

[2] 韦清风、冯小舟：《凉山彝族奴隶社会的变革资料摘编》，北京：中国社会科学院民族研究所，第150页。

主改革后，全县共建设了51个农场，几乎遍布小凉山的每个村落。"[1] 现在的沙力坪村委会所包含的自然村中，农场村里居住的大部分人就是在民主改革时期被安置在一起的家奴。

改革是一项巨大的工作。在相邻的内地县进行减租退押和土地改革运动时，在宁蒗地区不搞减租退押和清算斗争，不损害上层等级的实际利益，从而保持了彝族地区的相对稳定。但1956年，民主改革在小凉山地区开始实施，按照土地占有、奴隶数量、牲口数量、生产资料数量等一些标准划分了阶级：地主、富农、贫下中农，划分完后没收土地财产进行重新分配。这就引发了一些黑彝和曲诺阶层上层人物的反抗，部分奴隶主发动武装叛乱，跑到山上当了土匪，与政府发生冲突。后来"根据中央'以政治瓦解为主，军事打击为辅'和'坚决改革'的平叛方针，发动和组织群众，平息叛乱，建立民族区域自治，和平协商的方式进行了土地改革"[2]，直至1958年9月，和平协商土改全部结束。

通过民主改革，彝族传统的社会秩序得到了根本性的颠覆。绝大多数诺被划分为地主，部分富裕的曲诺被划分为富农，大部分曲诺和长期受压迫受剥削的阿加、呷西一起，被划为贫下中农，做了国家的主人，成为阶级成分和政治地位最高的阶层。民主改革前，嘉日家支属于当地的大头百姓，大部分家庭被划分为贫下中农，也有一些家庭被划分为富农，例如，边日的小儿子拾三当时就被划分为富农。

---

[1] 嘉日姆几：《云南小凉山彝区民主改革时期家奴的安置措施及其影响》，《思想战线》2010年第4期。
[2] 中共云南省委党史研究室：《云南土地改革》，昆明：云南大学出版社，2011年，第43页。

民主改革对于小凉山彝族社会是一次巨大的变革，它改变了小凉山彝族的社会制度，废除了等级制度，并且将原来以家支为重要社会组织单位的社会结构打破，"原先由一个家族承担的社会责任由于经济地位的差别被分配到个体家庭，奴隶村如此，贫民村如此，奴隶主与富农也是如此，这就意味着民主改革在最基本的社会组织上改变了彝区的社会结构，彝区以家族伦理为主的价值体系开始向以阶级伦理为主的方向转换。"[1] 由此，这一特殊的社会变革对彝族家庭的婚姻也带来了影响。尽管民主改革后政府不断宣传婚姻制度的改革，提倡人人平等，婚姻自由，但政治地位的划分，使地主、富农、贫下中农之间的阶级界限，与彝族诺、曲诺、阿加和呷西之间的血缘界限，仍有实质上的重合。政府所倡导的对跨阶级跨成分婚姻的排斥和劝阻，又与彝族家支社会对跨等级跨血缘婚姻的禁止相重合，这就使得人们等级内部相互通婚的观念和实践，得到了进一步强化。

（二）民主改革至改革开放前嘉日家支的通婚情况与特点

嘉日家支中现今 60～80 岁的人大多是在民主改革到改革开放前（1956—1978）这一时间段结婚的。以下是嘉日家支三个支系少数第三代人和第四代人中属于这个年龄段结婚成员的通婚统计。

---

[1] 嘉日姆几：《云南小凉山彝区民主改革时期家奴的安置措施及其影响》，《思想战线》2010 年第 4 期。

1. 拉足支系的通婚情况

这一时期，拉足支系的后代仍居住在新营盘乡，民主改革时大部分家庭都划为贫下中农。1958—1961 年很多原本居住在小宝东湾的村民被大集中到了白杨村，后来解散有些人又回到了小宝东湾，有些人就留在了白杨村。所以，白杨村居住着嘉日、吉伙、阿苦、狄笛、阿鲁、阿西、沙玛、阿佑、摹歇等家支。拉足后代这一时期具体通婚情况如下。

（1）卷千家庭，有三个儿子和三个女儿。大儿子鲁史，妻子是小宝东湾阿鲁家人；二儿子鲁子，妻子是毛家乡马海家人；三儿子阿古，未婚死亡。大女儿嫁到小宝东湾阿鲁家；二女儿嫁到西布河沙玛石义家；三女儿嫁到毛家乡加巴家。

（2）木万家庭，没有儿子有两个女儿。大女儿嫁到烂泥箐阿苦家；二女儿嫁到西川金姆家。

（3）木千家庭，有两个儿子和一个女儿。大儿子纠目，还未婚；二儿子国庆，妻子是西川加栽家人。女儿嫁到西川金姆家。

（4）古史家庭，没有儿子有三个女儿。大女儿嫁到新营盘加巴家；二女儿嫁到四川盐边沙玛石义家；三女儿嫁到新营盘那折家。

（5）古万家庭，有三个儿子和两个女儿。大儿子国各，妻子是毛家乡阿里家人；二儿子边哈，妻子是阿苦家人，后因女方不喜欢男方离婚；三儿子阿鲁，妻子是白杨村阿纽家人，婚后因没有后代而离婚。大女儿嫁到新营盘阿佑家；二女儿嫁到新营盘那折家。

（6）古哈家庭，没有儿子有六个女儿。大女儿嫁到战河汉家厂狄笛家；二女儿嫁到新营盘折家（与母亲是一家）；三女儿嫁到跑马坪马海家；四女儿嫁到烂泥箐阿苦家；五女儿嫁到毛家乡热日家；六女儿嫁到新营盘折家（与母亲同一家）。

（7）古子家庭，有两个儿子和四个女儿。大儿子子布，妻子是烂泥箐阿紫家人；二儿子子干，妻子是宁利摹歇家人。大女儿嫁到新营盘阿鲁家；二女儿嫁到新营盘摹歇家；三女儿嫁到白杨村沙玛土比家；四女儿嫁到四川盐边沙玛石义家。

（8）尼万家庭，有一个儿子和一个女儿。儿子拉都，妻子是汉家厂狄笛家人。女儿嫁到汉家厂狄笛家。

（9）金海家庭，有一个儿子和两个女儿。大儿子，妻子是阿苦家人，婚后因生病去世。大女儿嫁到新营盘阿佑家；二女儿嫁到新营盘阿佑家。

（10）夫一家庭，有一个儿子没有女儿。儿子拉火，妻子是布得家人，后女方不喜欢男方离婚。

（11）万都家庭，有四个儿子和三个女儿。四个儿子分别为子布、子干、子都、子吉，当时都还未婚。大女儿嫁到拉都阿里家；二女儿嫁到毛家乡阿珠家；三女儿嫁到新营盘阿巴家。

民主改革至改革开放时期拉足支系通婚家支统计表见表4。

表4 民主改革至改革开放时期拉足支系通婚家支统计表

单位：人

序号	通婚家支	发生通婚个例	男性成员娶入	女性成员嫁出
1	阿苦	4	2	2
2	摹歇	2	1	1
3	阿鲁	3	1	2

续表

序号	通婚家支	发生通婚个例	男性成员娶入	女性成员嫁出
4	狄笛	3	1	2
5	马海	2	1	1
6	阿里	2	1	1
7	加栽	1	1	
8	阿紫	1	1	
9	布得	1	1	
10	阿佑	2		3
11	阿纽	1	1	
12	沙玛石义	3		3
13	折	2		2
14	那折	2		2
15	金姆	2		2
16	加巴	2		2
17	阿珠	1		1
18	阿巴	1		1
19	沙玛土比	1		1
20	热日	1		1
	合计	38	11	27

资料来源：笔者在小凉山地区的实地田野调查，2012年8月。

由表4可知这一时间段拉足支系11户家庭的通婚情况，有11名男性成员和 27 名女性成员在这一时间段结了婚，但其中 3 名男性成员边哈、阿鲁和拉火结婚后不久便离了婚，还有 1 名男性成员阿古未婚生病去世，6 名男性成员处于未婚状态。从通婚家支来看，这一时期拉足支系与 20 个家支发生了通婚关系，他们都是彝族，等级同为曲诺，其中与阿苦、摹歇、阿鲁、狄笛、马海等家支较为频繁。

2. 边日支系的通婚情况

边日的后代这一时期基本都住在沙力坪，民主改革划分成分时大多数人被划为贫下中农，不过边日的小儿子拾三家庭当时相对来说比较富裕，家中也有几个奴隶，就被划为富农。当时沙力坪的村民也被集中到了一起搞农业合作化，分生产大队。以下为这一时期边日支系 6 户家庭的具体通婚情况。

（1）阿鲁家庭，有四个儿子和一个女儿。大儿子万体，妻子是蝉战河阿西家人，婚后生有一个儿子边干，妻子也是蝉战河阿西家人；二儿子几足，妻子是少招办沙玛土比家人；三儿子尔都，妻子是西川阿鲁家人；四儿子阿牛，妻子是四川盐边沙玛石义家人。女儿未婚死亡。

（2）阿火家庭，有两个儿子和四个女儿。大儿子万都，妻子是蝉战河阿西家人；二儿子万尔，妻子是沙力坪阿鲁家人。大女儿嫁到新营盘摹歇家；二女儿嫁到四川沙玛石义家；三女儿嫁到沙力坪马海家；四女儿嫁到西布河阿鲁家。

（3）鲁火家庭，有两个儿子没有女儿。大儿子尔脑，妻子是羊场马海家人；二儿子阿八，妻子是战河阿西家人。

（4）阿尔家庭，有三个儿子和两个女儿。大儿子肯干，妻子是蝉战河马海家人；二儿子体火，妻子是西川阿鲁家人；三儿子体足，妻子是羊场摹歇家人，婚后生有一儿子。大女儿嫁到蝉战马海家；二女儿嫁到战河阿克家。

（5）补坡家庭，有四个儿子和三个女儿。大儿子体布，妻子是战河阿西家人；二儿子体子，妻子是沙力坪马海家人；三儿子体古，妻子是战河沙玛土比家人，婚后生有一个儿子。大女儿嫁到战河阿西家；二女儿嫁到战河金姆家；三女儿嫁到新营盘千撒家。

（6）子哈家庭，有三个儿子和两个女儿。大儿子普忍，妻子是四川盐边阿西家人；二儿子四斤，妻子是四川阿西家人，婚后无子；三儿子阿火，妻子是西川沙玛土比家人。大女儿嫁到羊场狄笛家；二女儿嫁到西川沙玛土比家。

民主改革至改革开放时期边日支系通婚家支统计见表5。

表5　民主改革至改革开放时期边日支系通婚家支统计表

单位：人

序号	通婚家支	发生通婚个例	男性成员娶入	女性成员嫁出
1	阿西	8	7	1
2	阿鲁	4	3	1
3	马海	5	3	2
4	沙玛土比	4	3	1
5	沙玛石义	3	1	2
6	摹歇	1		1

续表

序号	通婚家支	发生通婚个例	男性成员娶入	女性成员嫁出
7	阿克	1		1
8	金姆	1		
9	千撒	1		
10	狄笛	1		
	合计	29	17	12

资料来源：笔者在小凉山地区的实地田野调查，2012年8月。

由表5可知，这一时期的边日支系共有6户家庭，其中有29位成员在这一时间段结了婚，男性17位，女性12位。这一时期边日支系与10个家支发生了通婚关系，他们都是彝族，属于曲诺家支，其中与阿西、阿鲁、马海等家支通婚较多。

3. 比足支系的通婚情况

比足支系的后代这一时期仍主要居住在战河乡的汉家厂村。以下为比足支系的这一时期12户家庭的通婚情况。

（1）阿史家庭，有五个儿子没有女儿。大儿子衣哈，妻子是蝉战河马海家人；二儿子衣都，未婚自杀；三儿子衣泥，未婚身亡；四儿子鲁尼，妻子是四川沙玛石义家人；五儿子念祖，妻子是战河海来家人。

（2）俄足家庭，有四个儿子没有女儿。大儿子金火，妻子是永宁坪沙玛石义家人；二儿子加哈，妻子是沙力坪加巴家人；三儿子猜哈，未婚死亡（1959年当土匪，被解放军打死）；四儿子拾都，妻子是战河阿鲁家人。

（3）阿干家庭，有两个儿子和六个女儿。大儿子普忍，未婚饿死。二儿子普哈，未婚疯掉。大女儿嫁到四川阿西家；二女儿嫁到四川阿西家；三女儿嫁到战河阿西家；四女儿嫁到战河汉家厂加三家；五女儿嫁到跑马坪加巴家；六女儿嫁到西布河阿鲁家。

（4）阿青家庭，有四个儿子和一个女儿。大儿子母哈，妻子是汉家厂阿鲁家人；儿子利哈，妻子是永胜羊坪沙玛土比家人；三儿子母史，妻子是华坪狄笛家人；四儿子鲁史，妻子是战河金姆家人。女儿嫁到战河狄笛家。

（5）肯哈家庭，有一个儿子和一个女儿。儿子金火，妻子是永宁坪阿拼家人（与母亲同一家）。女儿未婚死亡。

（6）比土家庭，有两个儿子和两个女儿。大儿子猜哈，妻子是四川阿西家人；二儿子衣哈，妻子是战河金姆家人。大女儿嫁到战河汉家厂阿鲁家；二女儿嫁到战河万马场金姆家。

（7）布哈家庭，有两个儿子没有女儿。大儿子鲁火，妻子是战河清水河金务家人；二儿子鲁史，妻子是战河汉家厂阿鲁家人。

（8）布火家庭，布火的妻子是战河金姆家人，婚后生有一个儿子没有女儿。

（9）附都家庭，附都的妻子是跑马坪乡金姆家人，婚后生有两个儿子和两个女儿。

（10）尼都家庭，有三个儿子和两个女儿。大儿子鲁你，妻子是四川阿西家人；二儿子万尼，妻子是蝉战河马海家人；三儿子万朋，妻子是战河狄笛家人。大女儿嫁到四川阿西家；二女儿嫁到四川阿西家。

（11）尼哈家庭，有三个儿子和一个女儿。大儿子尔都，妻子是战河阿西家人；二儿子尔附，未婚；三儿子尔古，未婚。女儿嫁到四川阿西家。

（12）念哈家庭，念哈的妻子是沙玛石义家人。

民主改革至改革开放时期比足支系通婚家支统计见表6。

表6 民主改革至改革开放时期比足支系通婚家支统计表

单位：人

序号	通婚家支	发生通婚个例	男性成员娶进	女性成员嫁出
1	阿西	9	3	6
2	阿鲁	5	3	2
3	金姆	5	4	1
4	狄笛	3	2	1
5	沙玛石义	2	2	
6	马海	2	2	
7	加巴	2	1	1
8	沙玛土比	1	1	
9	海来	1	1	
10	阿拼	1	1	
11	金务	1	1	
12	加三	1		1
	合计	33	21	12

资料来源：笔者在小凉山地区的实地田野调查，2012 年 8 月。

由表 6 可知，比足支系这一时期有 12 户家庭中的 33 人结婚，男性 21 人，女性 12 人。这一时间段比足支系与 12 个家支发生了通婚关系，他们仍是来自大凉山或小凉山的彝族，同属于曲诺家支，其中与阿西、阿鲁、金姆等家支仍保持密切的通婚关系。

这一时期三个支系的家庭仍存在着姑舅表婚的形式，如阿青家庭中大儿子母哈的妻子是战河汉家厂阿鲁家人，是其母亲哥哥的女儿，这样也就是母哈娶了其亲舅舅的女儿；再如尼都家庭中，其大儿子鲁你娶的也是舅舅阿西家的女儿，同时鲁你的两个妹妹也嫁到了阿西家。由此，这一时期熟亲间女性人口的交换仍继续进行着。另外由于民主改革时期社会比较混乱，一些黑彝不满对其家产的没收及剥夺他们的统治权力，带着一帮人跑到了深山老林当起了土匪，嘉日家支中也有人跟着去，像比足支系中俄足的儿子猜哈就是当时上山当了土匪，最后被政府打死。这一时期，未婚死亡的人也比较多，有被误当土匪而死的，有饿死的、自杀死的，还有没钱治病死的。转房现象在这一时期也有出现，如 1958 年，边日支系拾三的大儿子解哈由于政治原因被抓进了监狱，最后在监狱里去世，当时他已结婚，但无后代，家支内部决定把其妻子转房给了其弟弟子哈，便生下了一个儿子阿火。

4. 民主改革至改革开放前嘉日家支的通婚特点

其一，相同血缘等级内的家支通婚仍是主要的通婚方式。这一时期嘉日家支的成员通婚对象的选择，既受阶级成分的影响，又受根深蒂固的血缘观念的限制，仍旧选择与那些以往有过通婚关系的家支继续开亲，如与阿鲁家、阿西家、阿苦家、马海家、沙玛石义家、沙玛土比家、狄笛家等。同时因受到婚姻改革中禁止近亲通婚的影响，到了"文化大革命"时期，嘉日家支的家支通婚也不再局限于熟亲之间，只要同为曲诺家支，相互开亲的支成员没有狐臭、癫痫、麻风等遗传病，且同为贫下中农，都可以通婚。这样既保证了同阶级同成分内部的通婚，又符合当时政府站稳阶级主场的政策。

因此，这一历史时期嘉日家支选择与同血缘等级、同阶级成分的曲诺家支保持通婚关系，个体成员的婚姻往往在父母包办、家支同意的过程中完成。这与民主改革前的民族内婚、等级内婚、家支外婚的通婚制度，在程序和内容上并没有大的变化，但阶级成分，无疑也成了影响婚姻选择和婚姻实践的一个因素。

其二，这一时期嘉日家支成员的通婚仍表现出明显的姑舅表优先婚的特点。这种通婚关系大多是由于传统社会彝族就有订娃娃亲的习俗，父母在孩子还小的时候就已经为他找定了结婚对象，但这种通婚的范围大多局限在舅舅家或姑姑家。比足支系中阿青的大儿子母哈就是由于小时候与舅舅家的女儿订了娃娃亲，等到1960年时就把妻子接过来开始生活在一起了。边日支系中阿鲁的小儿子嘉日阿牛也是这种情况。嘉日阿牛，在他七八岁的时候父母就给他订好了娃娃亲，妻子是四川盐边沙玛石义家的姑娘，与阿牛的妈妈是同一家支。订婚时取猪胆看吉凶，还给了女方家鸦片三坨、银子一锭、铁钳一双、茶壶一个、衣服一套等当作聘礼。民主改革后，在嘉日阿牛16岁那年，嘉日家就派两个人带着酒、带着皮带选个好日子到女方家迎亲，迎亲回来后顺利办好了婚礼，并安家开始过单个家庭的生活。像嘉日母哈和嘉日阿牛这样父母在民主改革前就已为孩子订过婚，只需民主改革后完成婚礼的情况较多，由此使得很多家庭继续保持彝族内部、曲诺内部以及与曾有过通婚先例的家支间延续通婚关系。

其三，在这一期间嘉日家支的成员开始有一小部分人不通过父母包办的形式，而是自由恋爱，选择结婚对象。婚姻改革，提倡人人平等、婚姻自由，逐渐嘉日家支的成员在通婚对象的选择上开始有了一定的选择权。但这种选择权仍然被限制在家支和阶级成分的范围内。这一情况并不普遍，但符合了当时政府所提倡的反对父母包办、反对买卖婚姻、提倡婚姻自由的宣传政策。嘉日家支中比足支系阿青家庭的三儿子母史就是这种情况。母史当时以自由恋爱的方式与同一个生产队的狄笛家姑娘结婚。嘉日母史老人回忆自己的人生经历和结婚过程时说道："我，1948年出生在跑马坪乡，1岁时父母来到战河这边。1957年我父亲当时只有42岁，是当地有名的苏尼，但因染上大烟，年轻时就去世了。1960年，我12岁，顶替奴隶家的人在战河读小学，后来被说是土匪家属不让读书，回到生产队，当时在生产队只有我一个人懂得一些汉字，就派我从1962年1月到6月去宁蒗会计培训，14岁回来后一直在生产队6分队工作。当时解放了，民主改革了，提倡人人平等，自由婚恋，妇女的地位提高了，权利也提升了，父母不可包办，大多数人都是自己找老婆，也有一些是靠亲戚朋友介绍认识的。我的父亲死得早，只有母亲在，我就是自己找的。我认识我妻子之前，她还订有娃娃亲，订的是舅舅家的儿子。但当时她舅舅家富裕被划成了富农，她家是上中农，她不愿嫁到舅舅家，当时奴隶主、富农都要义务劳动并且不算工分,所以就退掉了这门婚事,当时政策紧张,舅舅家也不敢闹出什么事,就这样退掉了,之后我和我老婆就认识了,都在同一个土机队里劳动。我们等级一样,成分一样,她也是上中农,我也是上中农,就没有问题了。当时大多数都是成分内部的通婚,贫农也不愿嫁给上中农、富农,而且贫农当时的权利比我们大,他们结婚离婚都要经上级批准,同意后才可以结婚,像我们这些成分不好的人当时自己同意就可以了,也没有去领结婚证。并且我当时结婚也十分简单,我是1968年结婚的,当时'文化大革命'闹得厉害,反对搞家支大集中,严厉打击封建迷信,所以我们结婚那天,我在生产队当会计就买了一只羊,送亲的人也只有她两个兄弟,也没有彝族传统仪式,杀了羊,生产队的几个人来吃了一顿饭就结束了。当时政策紧张,我们这些成分不好的人都十分谨慎,女的大部分都穿裤子,所以我老婆结婚那天穿的也是裤子,也没有穿上新衣裳的。"由此可见,民主改革后小凉山彝族社会确实经历了巨大的变化,以及之后的"文化大革命"给嘉日家支的家支组织也带来了重大冲击,削弱了家支对个体家庭的控制,赋予了个体成员的婚恋"自由",但这种自由仍受到一些外在条件的限制,即在同一民族内部、同一曲诺家支内部及同一阶级成分内部的相对自由。

(三)影响嘉日家支通婚关系的因素分析

通过民主改革至改革开放这一时期嘉日家支通婚情况的分析,可以发现在这一时期,虽然国家的民主改革、农业合作化、人民公社化等一些社会变革给彝族社会带来了重大冲击,但小凉山彝族的婚姻演变并没有与其社会发展同步。这一时期嘉日家支的通婚关系虽仍旧遵循着民主改革前的"民族内婚、等级内婚、家支外婚"的通婚制度,但影响这一通婚关系的因素却有了不同。

1. 家支制度的隐性存在

民主改革至改革开放前这一时期,小凉山彝族的家支制度在一系列的社会制度改革中,受到了冲击和禁止,但并未能真正把其从彝族社会中消除。民主改革后,原来以家支为社会活动单位的社会结构被打破,逐渐形成了以核心家庭为责任单位、以阶级成分相聚居的社会结构。这种社会结构与传统的彝族社会相比,明显弱化了家支对单个家庭以及个体成员们的控制与束缚,尤其在"文化大革命"期间,由于阶级阵线的广泛宣传,对家支聚会、家支活动严厉禁止。据嘉日家支的阿鲁阿牛老人回忆,"民主改革后我们被大集中吃大锅饭,后来解散后又分了很多个生产队,当时我在生产队里负责放牛,虽然那时也是搞集体生产,但每家每户都可以养一两只小鸡,后来'文化大革命'期间,就管得比较严,不准我们单独搞生产,而且那时候还经常开会,搞批斗,亲戚间的相互来往也少了很多,基本都是同一个生产队里的人才有联系"。拉足支系中的嘉日阿古病重,由于没钱送到大医院,年仅20岁就去世了。小凉山彝族的葬礼通常是家支聚会的理由,由于政府限制,家人也只是向生产队买了一只羊,为阿古办了一场简单的火葬。

因此,在这一时期,嘉日家支的家支制度确实被政府的各种政策以及当时社会经济发展的模式所削弱了，但若再进一步分析，可发现这一时期家支制度只是处于一种"隐性"存在的状态，并没有被完全打破。彝族家支最明显的特点就是以父子连名谱系为链条的血亲血缘集团。血缘集团是同一血缘成员他们可以联合在一起的首要因素，而且由于父子连名谱系的继续，任何单个的家庭并不可能彻底脱离家支这个大集体，无论搬迁到哪里都被谱系所联系。并且家支内部的祖先崇拜、亲属制度并不可能在短时间被销毁，即使大型的祭祀活动被禁止了，但存在于人们心里的宗教信仰并不可能完全消失。同样，即使这一时期的社会制度发生了变革，奴隶制、等级制被消除，但家支内部的亲属关系并没有被打断，并且由于姑舅表婚的继续存在，很多家庭仍旧与以往通婚的家支继续通婚，而这种通婚关系的继续恰恰使得家支组织可以延续下去。嘉日家支的家支制度与当时大多数其他家支一样，处于一种"隐性"存在的状态。

同时，此时的家支制度虽然在很多表现形式上被打压或者禁止，但家支制度所包含的彝族社会内在文化层面的传统却没有被深入触及。民主改革前彝族社会虽是一个处于无政府管辖边缘的社会，但它却有自己强大的文化体系来维持着整个社会的运行，这种文化体系的核心就是家支文化。因此，小凉山彝族社会的奴隶制被消除了，但其社会根本的文化体系并没有被完全打破，家支文化仍旧影响着每一个家支成员的价值观，以及影响着他们的择偶观、婚姻观。

2. 等级、血统观念的遗存

这一时期，虽然在社会制度层面等级制被废除，但大部分黑彝和曲诺的等级观念、血统观念以及由这种观念所产生的群体认同感仍旧存在，尤其后期整个社会过分强调以阶级斗争为纲，客观上加强了等级观念的认识。嘉日家支的成员同样，他们认为自己是属于有彝根的曲诺，与那些汉根的阿加、呷西有着本质的区别，不仅民主改革前不与他们通婚，民主改革后仍旧存在这种等级界限、血统界限，外加政府政策对跨阶级婚姻的不提倡，加固了嘉日家支与以往通婚家支间的相互联姻。由此可见，虽然婚姻改革大力提倡婚恋自由，反对父母包办、婚姻买卖以及重婚、转房制等一些传统婚姻习俗的继续，但它并没有消除遗存在人们脑海中根深蒂固的等级、血缘观念。

嘉日家支这一时期没有一例与黑彝或下一等级的人通婚的案例，在家支内部没有引起大的婚姻纠纷，但在其他曲诺家支中就出现了全家支共同反对与下一等级的人通婚的案例。在20世纪70年代初，大凉山美姑县牛牛坝地区有一曲诺家支中的四个弟兄，因不能有效地阻止其妹妹与一位具有呷西血统的男青年恋爱，竟以"清理门户"为理由，将其妹与这个男子捆在一起，从悬崖上推下去，结果男死女伤，之后这家四个弟兄都受到了法律制裁。[1] 可见，在这一时期无论是大凉山还是小凉山的彝族社会，在广大农村地区，仍旧遗留着强烈的等级观念、血统观念，并且直接表现在通婚关系上，像嘉日家支这样有着彝根血统的家支不可能接受其成员与下一等级或血统不纯的人通婚。所以，长期形成的等级界限、等级观念和血统论很难在短时间内被完全打破，又因政府反对跨阶级通婚与彝族内部反对跨等级通婚有了某

1　林耀华：《凉山彝族的巨变》，北京：商务印书馆，1995年，第248页。

种重合，反而进一步加强了黑彝与黑彝之间、曲诺与曲诺之间、农场人与农场人之间的相互通婚。

3. 阶级界限与血缘界限的重叠

民主改革后虽然已不存在严格的等级制，但严明的阶级阵线的宣传，使得阶级成分之间的矛盾与传统彝族社会等级之间的矛盾存在一定的吻合性。"政府长期狠抓阶级斗争为纲，人们一再被提醒提高阶级警惕性，但狠抓的阶级斗争变成等级斗争，提高的阶级觉悟，变成等级觉悟。"[1] 例如，民主改革时期大部分的阿加、呷西获得解放，翻身做了国家的主人，在划分阶级时大多都划为贫农。又因当时社会严禁跨阶级婚姻，很多贫农不愿与中农、富农通婚，并且由于民主改革前很多阿加、呷西受到主子的严刑虐待，等级之间的矛盾仍记在人们心里。因此，当时对跨阶级通婚的反对客观上迎合了一些黑彝及曲诺对跨等级婚姻的抗阻。

嘉日家支当时虽没有像黑彝家支那样成为被打击斗争的对象，但"文化大革命"期间其成员也有被审查拷问，甚至个别家庭的成员有被关押的经历。因此，嘉日家支作为曲诺，也与那些"农场人"有着阶级矛盾。而这种阶级矛盾由于政府严禁跨阶级通婚，使得那些贫农根本不愿与成分高的黑彝或曲诺通婚，且随着对阶级话语的过分强调，等级矛盾、等级界限不仅没有被彻底地消除，反而得到了保持和强化。所以，这一时期嘉日家支的成员没有出现与"农场人"通婚的现象，

---

[1] 严文强：《少数民族婚姻习惯法的历史变迁——以凉山彝族等级内婚制为例》，《宁夏大学学报》（人文社会科学版）2001年7月。

至于与黑彝的通婚更是不可能的，就像那些贫农成分的人不愿与富农、地主通婚一样，曲诺中成分为中农的家庭也不愿与黑彝地主成分的人通婚，尤其政府对于与黑白彝通婚也有着分情况的不同处理：

政府提出黑白彝通婚要警惕（白彝是指在奴隶制社会被黑彝统治的三个等级）。"应当教育广大群众，尤其是党团员、基层干部、奴隶群众和贫苦劳动者，提高警惕、防止落入阶级敌人的圈套。如果遇到有黑白彝之间要求结合的问题发生，应分别情况做出不同处理：(1) 如果一方是黑彝奴隶主分子，另一方是白彝中的党团员或者基层干部时，那就不应当同意，在进行阶级教育、提高这些党团员、基层干部的觉悟后，让他们自觉地撤回申请结婚的要求；如果教育后，坚决要求同奴隶主分子结婚时，那就应该进行必要的组织处理。(2) 如果一方是黑彝奴隶主分子，他方是白彝劳动人民，原则上也应该加以说服劝止。(3) 如果一方是黑彝奴隶主子女，他方是劳动人民或者是党团员时，则应根据中共中央《关于农村社会主义教育运动中一些具体政策的规定（草案）》中'正确对待地主、富农子女问题'的有关规定处理。不宜做出某些硬性的规定加以限制。至于已经结了婚的，更要教育他们划清政治界限，站稳阶级立场，不要受对方的影响。一般也不要对他们进行组织处理。"[1] 由此，民主改革废除了彝族社会中的奴隶主与奴隶之间的阶级压迫和阶级剥削制度，但并没有完全消除阶级差别。当时，政府认为旧的婚姻制度论等级、论血统、看家支，要坚决破除不同等级不能通婚的旧婚姻制度，从以上内容来看，政府

---

[1] 张海洋、胡英姿：《凉山彝族婚改内容解析——兼论传统文化与现代国家的互动》，《中央民族大学学报》（人文社会科学版）2001年第4期。

所强调的不同阶级不通婚,强调认阶级不认等级,恰恰由于阶级的划分与传统社会等级保持一定的对应关系,使得认阶级不认等级在实践中演变成了既认阶级又认等级、认血统的情况。且使得当时一个人的成分好坏直接影响到这个人的婚姻问题。因此,嘉日家支的成员长期生活在以阶级斗争为纲的年代,一直被告诫要提高阶级警惕,站稳阶级立场,根本不愿与那些成分高的黑彝通婚,更多的是在同曲诺家支同为贫下中农成分家支之间相互通婚,那些以往就保持婚姻关系的家支恰恰都符合了这两个条件。

在这一历史时期,不仅嘉日家支的成员,其他曲诺家支的成员也"总是在睁大眼睛,努力辨认出革命阶级、被团结教育的阶级和被监督改造的阶级来"[1]。因此,对跨阶级通婚的严厉控制,政府所狠抓的阶级斗争不是等级斗争,所提高的阶级觉悟不是等级觉悟,使得很多家庭的婚姻都发生在同等级内部,继而大部分的黑彝、曲诺仍保持了与以往有过通婚先例、且同等级同成分的家支继续通婚,延续着以往的民族内婚、等级内婚、家支外婚的通婚特点。

4. 新择偶观、婚姻观的出现

这一时期的小凉山彝族社会可以说更多的是处于对新的社会制度、新的国家体系的适应过程当中,生活在这一社会时期的人们也会遇到很多外来因素的冲击,进而对人的思想观念产生影响。民主改革前,婚姻自主权在嘉日家支的个体成员中是不被考虑的概念,个体成员的

---

[1] 林耀华:《凉山彝族的巨变》,北京:商务印书馆,1995 年,第 253 页。

婚姻都是由父母包办，只能服从于父母、服从于家支。但在这一时期由于受到政府实施的婚姻改革制度的影响以及整个社会的制度变革，嘉日家支的成员恢复了人身自由，不再依附于黑彝家支，即使在农村地区也开始有一些成员自主选择通婚对象，并形成了自己的新择偶观和婚姻观。嘉日家支中的杨德清老人就是这种情况，当时家里并没有提前给他订娃娃亲，后来赶上民主改革，并提出婚恋自由，反对父母包办，于是他当时就与同一生产队的一姑娘自由恋爱，并结婚生活在了一起，而且至今他仍与他的妻子相亲相爱，并也很乐意分享他们当初的恋爱过程。由此可见，在这一时期进行的多次婚改虽然没有对嘉日家支的通婚关系带来实质性的影响，但它至少开始改变了很多成员的传统婚姻观念，勇于为自己的婚姻、自己的幸福付出努力。

这一时期嘉日家支成员的婚恋自由仅仅发生在同一曲诺家支、同一阶级成分内部，没有出现跨等级、跨阶级的婚姻。但在其他曲诺家支中有一些跨等级跨阶级的婚姻出现，如在调查中发现，1972年居住在战河乡的一阿鲁家支成分为上中农的男性成员就与一个成分为贫农的女性结婚了，他们不顾家庭的反对最终还是在一起了，在当时成为轰动全乡的一件大事。

四、改革开放至今嘉日家支的家支通婚

（一）改革开放后小凉山彝族社会发展情况

1978年党的十一届三中全会后，随着改革开放经济政策的实施，小凉山彝族社会再一次受到了强烈的冲击。1982年在宁蒗彝族自治县的广大农村地区解散了生产队的生产形式，开始推广家庭联产承包责任制，很多家庭分得了土地、牲畜、生产工具等，开始以单个家庭为主要生产生活单位。随着全国现代化进程的推进，农村家庭也开始受到很多外界新鲜事物的影响。

政府在农村地区大力改善基础设施建设，交通、电力、通信都有了很大的改善。产业结构的调整上，根据宁蒗县的资料和县情，确立了在抓好粮食这个基础产业的前提下，积极发展林果业、畜牧业、矿产业以及旅游业的经济发展战略。在工业企业发展壮大方面，虽然在农村地区没有大的国有企业，但是乡镇企业和私营企业的发展，也使得村民获得了很多就业机会。改革开放后，宁蒗县还多渠道地引进人才筹资办学，改善办学条件深化教育改革，提高教育质量，尊重不同民族的文化风俗，新建民族博物馆、图书馆、文化馆等。小凉山逐渐从一个地理位置偏僻、交通闭塞、经济文化相对封闭的边疆民族县发展成为多民族多文化的特色民族地区。

政策的开放，使得"文化大革命"期间一直受到束缚的家支制度开始慢慢复苏，很多家支恢复了集会议事、宗教祭祀等传统家支活动，并且很多家支开始编制自己家支父子连名的谱系及关于自己家支历史源流的书籍，像《金古忍石家谱》《凉山白彝曲木氏族世家》《凉山黑彝巴且氏族世家》等。而且20世纪80年代初随着家支势力重新抬头，"过去的那些阿加和呷西等级，因自觉'骨头不硬'，没有家支势力，而不得不向过去'骨头硬'、家支势力大的黑彝靠拢，以便寻求依赖和保护"[1]。嘉日家支边日支系中也有这样的案例，由于民改时期解哈被抓进监狱后去世了，当时他只是结了婚，膝下无子。原在拾三家当奴隶的一家人与嘉日家支关系很好，就想把自己二儿子干忍认作解哈的儿子，进而改变他们的身份。大约在20世纪80年代初，解哈的弟弟子哈还在世时，干忍就杀羊宰猪献酒，从此嘉日家人便承认干忍为解哈的儿子。前几年干忍去世，嘉日家的人还是像待自己家人一样，为他办理了丧事，但是嘉日家人心里明白干忍与他们的血统仍旧是不一样的，即使把干忍及其后代写进了家谱中，但血缘上的差异是无法改变的。所以，干忍所找的老婆也是与他有着同样身份的人，他的妻子阿鲁家人，民主改革前原是阿鲁顶子家的娃子。由此可见，家支势力的兴起一方面是因为那些黑彝、曲诺有意想抬高自己的社会地位，

---

[1] 林耀华：《凉山彝族的巨变》，北京：商务印书馆，1995年，第250页。

另一方面也由于很多原是阿加、呷西出身的人为了适应当地的这种社会分层而自愿加入家支组织当中。

（二）改革开放至今嘉日家支的通婚情况与特点

改革开放后，嘉日家支的单个家庭开始独立地生产生活，但很多家庭都以同一家支或者同一支系为单位居住在不同的乡镇。现今，在嘉日家支已婚成员中年龄在 60 岁以下的人，大多是在改革开放后结婚成家的，以下便为嘉日家支拉足、边日、比足三个支系改革开放后的通婚情况。

1. 拉足支系的通婚情况

这一时期，拉足支系的后代主要分布于新营盘乡境内，大部分居住在毛家乡、白杨村、小宝东湾等地，宁蒗县城也有几户家庭定居生活。这一期间拉足支系 8 个家庭中已婚人员的通婚情况如下。

（1）鲁史家庭，有三个儿子和一个女儿。大儿子肯古，妻子是小宝东湾阿鲁家人；二儿子肯打衣，妻子是毛家乡摹歇家人；三儿子肯三，妻子是西布河沙玛土比家人。女儿嫁到新营盘马海家。

（2）鲁子家庭，有三个儿子和一个女儿。大儿子土古，妻子是小宝东湾阿鲁家人；二儿子土干，妻子是战河奥姆家人，福建打工认识的，调查过家史、病史后才同意结婚；三儿子土火，妻子是战河摹歇家人，自由认识结婚。女儿嫁到毛家乡阿鲁家。

（3）木千家庭，有两个儿子没有女儿。大儿子纠目，妻子是阿鲁家的人，婚后没有后代离婚，现单身。二儿子国庆，妻子是西川加栽家的人，婚后有一个儿子和五个女儿，其中三个女儿已婚，大女儿嫁到加栽家，二女儿、三女儿都嫁到金姆家。

（4）国各家庭，有两个儿子没有女儿。大儿子依布，妻子是小宝东湾沙玛土比家人；二儿子肯布，妻子是跑马坪马海家人。

（5）子布家庭，有四个儿子没有女儿。大儿子阿坡，妻子是烂泥箐阿紫家人（与母亲同一家，舅舅家女儿）；二儿子都拉，妻子是毛家乡摹歇家人；三儿子衣青，妻子是毛家乡阿苦家人；四儿子阿根，妻子是毛家乡摹歇家人。

（6）子干家庭，有两个儿子和两个女儿。大儿子大叶，妻子是小宝东湾阿鲁家人；二儿子拉叶，妻子是跑马坪沙玛土比家人。大女儿嫁到毛家乡摹歇家。二女儿嫁到蝉战河阿西家。

（7）拉都家庭，有四个儿子和两个女儿。大儿子双尾，妻子是汉家厂狄笛家人；二儿子双打，妻子是西川金姆家人；三儿子双听，妻子是阿苦家人，后因感情不和离婚；四儿子双尔，未婚。大女儿嫁到木耳坪阿鲁家。二女儿嫁到战河汉家厂狄笛家。

（8）万都家庭，有四个儿子没有女儿。大儿子子布，妻子是新营盘乡阿佑家人，婚后生有两个儿子和一个女儿，大儿子万则，妻子是永宁坪马海家人；二儿子万古，还未婚；女儿嫁到华坪阿苦家。二儿子子干，妻子是新营盘阿苦家人，婚后生有三个儿子没有女儿，大儿子古都，妻子是新营盘阿佑家人；二儿子古体，未婚；三儿子古火，未婚。三儿子子都，妻子是新营盘阿佑家人，婚后生有两个儿子和一个女儿，都未婚。四儿子子吉，妻子是四川盐源摹歇家人，婚后生有一个儿子土火,未婚。

改革开放后拉足支系的通婚情况见表7。

表7 改革开放后拉足支系的通婚情况

单位:人

序号	通婚家支	发生通婚个例	男性成员娶入	女性成员嫁出
1	摹歇	6	5	1
2	阿鲁	6	4	2
3	阿苦	4	3	1
4	沙玛土比	3	3	
5	金姆	3	1	2
6	阿佑	3	3	
7	马海	3	2	1
8	加栽	2	1	1
9	狄笛	2	1	1
10	阿紫	1	1	
11	奥姆	1	1	
12	阿西	1		1
	合计	35	25	10

资料来源:笔者在小凉山地区的实地田野调查,2012年8月。

由表7可知,在拉足支系的这8个家庭中有35人结婚,男性25人,女性10人。与拉足支系相互通婚的这12个家支,都属于曲诺家支,并且大部分家支以前就有过通婚关系,如摹歇、阿鲁、阿苦、沙玛土比家支等。与奥姆家支属于第一次开亲,是土干在福建打工时认识也在那里打工的妻子,两人相恋后告诉家支,双方家支在了解了彼此的家史、病史之后,觉得各方面条件都比较合适就同意了这场婚事。现今,在年龄为30岁左右的年轻人中,像嘉日土干这样自由恋爱经家支同意结婚的情况开始逐渐增多,虽然不像县城那么开放,但从2000年后,越来越多家庭允许其子女自由恋爱。

2. 边日支系的通婚情况

边日支系这一时期大部分成员居住在沙力坪村委会的王家村,后来随着一些成员在县城工作,很多年轻人就定居在县城。边日支系的成员在日常生活中对孩子的教育很看重,现在村子里出了很多大学生,对外界社会的认识也丰富起来。这一时期,边日支系有17户家庭出现通婚现象。

(1)边干家庭,有两个儿子和三个女儿。大儿子建生,妻子是四川伊犁家人;二儿子万宁,未婚。大女儿嫁到沙力坪阿鲁家;二女儿嫁到四川沙玛石义家;三女儿嫁到西布河吉克家。

(2)几足家庭,有三个儿子和四个女儿。大儿子字农,妻子是四川沙玛石义家人;二儿子子哈,妻子是战河马海家人;三儿子字古,妻子是蝉战河潘节家人。大女儿原嫁到沙力坪阿鲁家,后离婚;二女儿嫁到新营盘阿苏家;三女儿嫁到大喇叭阿苦家;四女儿嫁到战河狄笛家。

(3)尔都家庭,有两个儿子没有女儿。大儿子土比,妻子是西川阿鲁家人；二儿子土火，妻子是红桥阿日家人。

（4）阿牛家庭，有两个儿子和三个女儿。大儿子比火，妻子是蝉战河阿西家人；二儿子比古，妻子是新营盘狄笛家人。大女儿嫁到四川沙玛石义家；二女儿嫁到战河阿鲁家；三女儿未婚，上大学。

（5）万都家庭，有三个儿子和三个女儿。大儿子都火，妻子是跑马坪羊场沙玛土比家人，婚后生有一个儿子和一个女儿，儿子金发，妻子是西布河阿鲁家人，女儿嫁到阿西家；二儿子拉足，妻子是蝉战河阿西家人，婚后生有两个儿子和一个女儿，儿子都未婚，女儿嫁到了永胜伊犁家；三儿子拉千，未婚。大女儿嫁到蝉战河阿西家；二女儿嫁到跑马坪马海家；三女儿嫁到牦牛坪阿西家。

（6）万尔家庭，有三个儿子和三个女儿。大儿子尔足，妻子是沙力坪阿鲁家人，婚后生有一个儿子和四个女儿，儿子拉布，妻子是阿狄家人，大女儿嫁到战河金姆家，二女儿嫁到沙力坪阿鲁家，三女儿嫁到宁利冷日家，四女儿嫁到战河阿鲁家；二儿子鲁史，妻子是跑马坪马海家人；三儿子尔尾，妻子是蝉战河阿西家人。大女儿嫁到蝉战河阿狄家；二女儿嫁到牦牛坪阿西家；三女儿嫁到跑马坪马海家。

（7）尔脑家庭，有两个儿子和三个女儿。大儿子母干，妻子是跑马坪羊场马海家人。二儿子字农，离婚，前妻是沙玛家人。大女儿嫁到西布河阿鲁家；二女儿嫁到跑马坪马海家；三女儿嫁到山东，与汉族人结婚。

（8）阿八家庭，有三个儿子和一个女儿。大儿子补干，2012年离婚，前妻是新营盘阿佑家人；二儿子字古，妻子是西布河阿鲁家人；三儿子字布，妻子是蝉战河阿狄家人。女儿嫁到牦牛坪阿西家。

（9）肯干家庭，有三个儿子和六个女儿。大儿子补足，妻子是西川阿鲁家人；二儿子补火，妻子是新营盘马海家人；三儿子万布，妻子是战河阿克家人。大女儿嫁到沙力坪阿西家；二女儿嫁到新营盘摹歇家；三女儿嫁到蝉战河马海家；四女儿嫁到蝉战河马海家；五女儿嫁到蝉战河马海家；六女儿嫁到沙力坪阿鲁家。

（10）体火家庭，有三个儿子和两个女儿。大儿子肯古，妻子是跑马坪马海家人；二儿子阿三，妻子是蝉战河阿西家人；三儿子阿千，妻子是蝉战河阿西家人。大女儿嫁到蝉战河阿西家。二女儿嫁到跑马坪冷日家。

（11）体足家庭，体足的妻子是跑马坪摹歇家人，婚后生有一个儿子和一个女儿。儿子鲁子，妻子是永宁坪吉米家人。女儿嫁到蝉战河阿西家。

（12）体布家庭，有三个儿子和两个女儿。大儿子字体，妻子是战河阿西家人（与母亲同一家）；二儿子字红，妻子是蝉战河潘节家；三儿子字古，妻子是沙力坪加三家。大女儿嫁到蝉战河阿西家；二女儿嫁到新营盘阿苦家。

（13）体子家庭，体子的妻子是沙力坪马海家人，婚后生有两个儿子和一个女儿。大儿子常生，妻子是沙力坪马海家人；二儿子书哈，未婚。女儿嫁到蝉战河阿西家。

（14）体古家庭，体古的妻子是战河沙玛土比家人，婚后生有一个儿子和两个女儿。儿子常万，未婚。大女儿嫁到了新营盘热家，小女儿未婚。

（15）体哈家庭，体哈的妻子是战河金姆家人，婚后生有两个儿子,没有女儿。大儿子字木,未婚;二儿子字干,未婚。

(16) 普忍家庭,有三个儿子没有女儿。大儿子尔光,妻子是战河阿鲁家人;二儿子补金,妻子是西川沙玛土比家人;三儿子衣母,未婚。

(17) 子哈家庭中,有三个儿子,只有两个儿子结婚。二儿子四斤,妻子是四川阿西家人,三儿子阿火,妻子是沙玛土比家人。

改革开放后边日支系的通婚情况见表8。

表8 改革开放后边日支系的通婚情况

单位:人

序号	通婚家支	发生通婚个例	男性成员娶入	女性成员嫁出
1	阿西	16	7	9
2	阿鲁	13	6	7
3	马海	12	7	5
4	沙玛土比	4	4	
5	沙玛石义	3	1	2
6	潘节	3	2	1
7	狄笛	2	1	1
8	阿狄	3	2	1
9	阿日	1	1	
10	阿佑	2	1	1
11	阿克	1	1	
12	加三	1	1	

续表

序号	通婚家支	发生通婚个例	男性成员娶入	女性成员嫁出
13	吉米	1	1	
14	阿苦	2		2
15	阿苏	1		1
16	摹歇	2	1	1
17	冷日	2		2
18	吉克	1		1
19	热	1		1
20	金姆	2	1	1
21	伊犁	2	1	1
	合计	75	38	37

资料来源：笔者在小凉山地区的实地田野调查，2012年8月。

由表8可知，这一时期边日支系的17个家庭中有75人结婚，男性38人，女性37人，其中有1名男性成员补干离婚处于单身状态，1名女性成员与汉族人自由恋爱远嫁到山东省。从表8可知，改革开放后边日支系人丁比较旺盛，相互通婚的家支比之前增多不少，其中与阿鲁、阿西、马海家支的通婚仍旧较多，并且男性成员娶入与女性成员嫁出的人数也基本持平，属于世代联姻的家支。这一时期边日支系与以往不同的是出现了一例族外婚，尔脑的三女儿到山东打工，认识了当地的一名汉族人，结婚后就定居在了山东。当时遭到家支的反对，目前她与家人的联系很少，只是逢年过节时偶尔报个平安（在此没有把干忍家庭的通婚情况统计进表格)。

3. 比足支系的通婚情况

比足支系这一时期仍居住在战河乡的汉家厂村，汉家厂村离战河乡政府有 10 千米左右的路程，但目前仍未通汽车，村民靠步行或者骑摩托车进出。以下为这一时期比足支系的具体通婚情况。

(1) 衣哈家庭，有两个儿子和三个女儿。大儿子金史，妻子是沙力坪加三家人；二儿子鲁史，妻子是沙力坪黑金家人。大女儿嫁到四川阿西家；二女儿嫁到新营盘沙玛石义家；三女儿嫁到战河万马场阿鲁家。

(2) 鲁尼家庭，有三个儿子和两个女儿。大儿子鲁古，妻子是沙力坪加巴家人；二儿子尔脑，妻子是跑马坪阿苦家人；三儿子鲁坡，妻子是战河汉家厂阿鲁家人。大女儿嫁到跑马坪勒尔家；二女儿嫁到跑马坪加三家。

(3) 念祖家庭，有一个儿子和三个女儿。儿子古都，妻子是西布河沙玛石义家人。大女儿嫁到战河海来家（与母亲同一家）；二女儿嫁到战河海来家；三女儿嫁到战河阿拼家。

(4) 金火家庭，有两个儿子没有女儿。大儿子四斤，妻子是永宁坪马海家人；二儿子五斤，妻子是跑马坪阿苦家人。

(5) 加哈家庭，有一个儿子和两个女儿。儿子鲁体，妻子是跑马坪勒尔家人，婚后生有两个儿子，大儿子日都，妻子是蝉战河马海家人，二儿子日布，妻子是宁利那日家人（汉姓柳）。大女儿嫁到跑马坪勒尔家；二女儿嫁到跑马坪阿苦家。

(6) 拾都家庭，有两个儿子和两个女儿。大儿子土布，妻子是蝉战河阿西家；二儿子土火，妻子是蝉战河潘节家。大女儿嫁到跑马坪羊场马海家；二女儿嫁到战河阿鲁家。

(7) 母哈家庭，没有儿子有五个女儿。大女儿嫁到蝉战河马海家；二女儿嫁到战河阿鲁家；三女儿嫁到战河阿鲁家；四女儿嫁到西布河阿鲁家；五女儿嫁到战河金姆家。

(8) 利哈家庭，有一个儿子和三个女儿。儿子补都，还未婚。大女儿嫁到跑马坪羊场阿鲁家；二女儿嫁到战河金姆家；三女儿嫁到沙力坪加三家。

(9) 母史家庭，有两个儿子和三个女儿。大儿子补坡，妻子是战河阿鲁家人；二儿子衣公，妻子是西布河阿鲁家人。大女儿嫁到四川阿西家；二女儿嫁到永宁坪依伙家；三女儿嫁到宁利金姆家。

(10) 鲁史家庭，有两个儿子和一个女儿。大儿子古尔，妻子是战河金姆家人；二儿子肯古，妻子是战河海来家人。女儿，嫁到战河金姆家。

(11) 金火家庭，有四个儿子没有女儿。大儿子永古，妻子是沙力坪马海家人，婚后生有两个儿子和一个女儿，大儿子肯古，未婚，二儿子体古，妻子是加巴家人，女儿嫁到了曲靖汉族人家；二儿子依古，妻子是蝉战河马海家人，婚后生有一个儿子和三个女儿，儿子古体未婚，大女儿嫁到永宁坪阿拼家，二女儿嫁到宁利勒尔家，三女儿嫁到永宁坪阿拼家；三儿子依坡，妻子是战河狄笛家人，婚后生有一个儿子和三个女儿，儿子日哈未婚，大女儿嫁到战河阿鲁家，二女儿嫁到宁蒗汉河依伙家，三女儿未婚；四儿子肯都，妻子是战河阿拼家人。

（12）猜哈家庭，有三个儿子和两个女儿。大儿子附哈，妻子是四川阿西家人，婚后生有一个儿子和两个女儿，儿子你火，妻子是战河阿鲁家人，大女儿嫁到战河阿鲁家人，二女儿嫁到四川阿苦家；二儿子鲁脑，妻子是战河金姆家人；三儿子依古，妻子是战河阿鲁家。大女儿嫁到战河万马场阿鲁家；二女儿嫁到四川阿西家。

（13）衣哈家庭，有两个儿子和四个女儿。大儿子金发，妻子是蝉战河阿苦家人，婚后生有两个儿子和一个女儿，两个儿子未婚，女儿嫁到蝉战河阿苦家；二儿子子布，妻子是战河阿西家人。大女儿嫁到战河阿说家（汉姓杨）；二女儿嫁到战河马海家；三女儿嫁到跑马坪金姆家；四女儿嫁到战河阿鲁家。

（14）鲁火家庭，有一个儿子和两个女儿。儿子金保，妻子是战河金务（汉姓米）家人（与母亲同一家）。大女儿嫁到战河阿鲁家；二女儿嫁到战河金务家。

（15）鲁史家庭，有两个儿子和两个女儿。大儿子你布，未婚；二儿子古布，妻子是新营盘马海家人。大女儿嫁到战河阿鲁家；二女儿嫁到新营盘勒尔家（汉姓李）。

（16）你古家庭，有一个儿子和三个女儿。儿子金母，未婚。大女儿嫁到战河阿西家；二女儿嫁到战河金姆家；三女儿嫁到战河狄笛家。

（17）附都家庭，有两个儿子和两个女儿。大儿子拾千，妻子是西布河拉玛家人；二儿子拾都，妻子是跑马坪羊场金姆家人。大女儿嫁到新营盘阿佑家；二女儿嫁到战河阿西家。

（18）鲁你家庭，有两个儿子和两个女儿。大儿子补都，妻子是蝉战河潘节家人；二儿子三斤，妻子是蝉战河阿狄家人。大女儿嫁到战河马海家；二女儿嫁到四川阿西家。

（19）万尼家庭，有一个儿子和两个女儿。儿子国发，妻子是战河阿鲁家人。大女儿嫁到战河狄笛家；二女儿嫁到四川阿西家。

（20）万朋家庭，有三个儿子和两个女儿。大儿子鲁青，妻子四川阿西家人；二儿子补日，妻子是四川狄笛家人；三儿子尔脑，妻子是战河阿鲁家人。大女儿嫁到四川阿西家人。二女儿嫁到战河阿西家人。

（21）尔都家庭，有两个儿子和两个女儿。大儿子补哈，妻子是四川狄笛家人；二儿子补夫，妻子是战河金务家人。大女儿嫁到战河阿西家；二女儿嫁到战河阿苦家。

（22）尼哈家庭，二儿子尔附，妻子是战河阿鲁家人，婚后生有两个儿子和两个女儿，大儿子各各，妻子是战河阿鲁家人，二儿子补祖，还未婚，大女儿嫁到战河狄笛家，二女儿嫁到战河阿鲁家。三儿子尔各，妻子是华坪加巴家人，婚后有一个儿子和两个女儿，儿子以祖，未婚，大女儿嫁到四川狄笛家；二女儿嫁到永宁坪吉米家（汉姓苏）。

（23）念哈家庭，没有儿子有四个女儿。大女儿嫁到丽江拉市沙玛土比家；二女儿嫁到沙玛土比家；三女儿嫁到战河阿纽家；四女儿嫁到兰坪那折家。

改革开放后比足支系的通婚情况见表9。

表9 改革开放后比足支系的通婚情况

单位：人

序号	通婚家支	发生通婚个例	男性成员娶入	女性成员嫁出
1	阿鲁	22	9	13
2	阿西	14	4	10
3	马海	9	5	4
4	阿苦	7	3	4
5	狄笛	7	3	4
6	金姆	9	3	6
7	金务	3	2	1
8	潘节	2	2	
9	勒尔	5	1	4
10	海来	3	1	2
11	加三	3	1	2
12	阿拼	4	1	3
13	沙玛石义	2	1	1
14	沙玛土比	2		2
15	阿狄	2	2	
16	黑金	1	1	
17	加巴	3	3	
18	依伙	2		2
19	阿说	1		1
20	吉米	1		1

续表

序号	通婚家支	发生通婚个例	男性成员娶入	女性成员嫁出
21	拉玛	1		1
22	那折	1	1	
23	阿佑	1		1
24	阿纽	1		1
25	那日	1	1	
26	吉姆	1	1	
	合计	108	45	63

资料来源：在小凉山地区的实地田野调查，2012年8月。

由表9可知，改革开放后比足支系的家庭较多，所调查的这23户家庭中，男性45人，女性63人结婚，其中1名女性成员与汉族通婚。这位女性成员成年后就在曲靖打工，与一位汉族小伙儿相识相恋，由于男方是汉族，家人不同意这场婚事，但她一直坚持便自行结婚，家支就决定把她开除。这一时期比足支系不仅本身成员人数较多，而且相互通婚的家支也明显增多，在这些家支中既有熟亲又有生亲，但他们都是小凉山或者大凉山的曲诺家支，仍属于曲诺等级内部的通婚。

4. 改革开放后嘉日家支的通婚特点

第一，家支通婚、等级内婚仍是主流。与嘉日家支相互通婚的家支依然属于大小凉山的彝族，同为曲诺家支。即使历经了100多年的社会发展，小凉山彝族依然与大凉山彝族保持着通婚关系，因他们有着相同的血缘背景和民族文化,这点在黑彝群体中更为明显。随着交通的便利、通信的发达,嘉日家支兴修家谱还专程去四川大凉山找寻祖先居住过的地方,认亲属、认姻亲甚至结识新的开亲对象。这一时期嘉日家支仍未出现与黑彝或者"农场人"通婚的现象,依旧属于曲诺等级间不同家支的通婚,可见,到目前为止也未彻底打破等级内婚的束缚。

通过对嘉日家支通婚家支的细致分析还可以发现,这些家支可以分成两大类:一类属于熟亲,有着世代通婚的关系,如与阿鲁家支、阿西家支;另一类属于生亲,通过亲戚朋友的介绍而认识或者年轻人外出打工、上大学自由恋爱所结识。对于后一类的通婚家支,一般只要没有遗传病史,血统与嘉日家支一样属于彝根的曲诺,双方的社会地位、经济条件相当,父母及家支都会同意他们结婚。

观念的开放导致自由恋爱现象的增多,以及恋爱对象选择范围上的扩大,但就婚姻对象而言,血统、等级仍是重要的考量因素。若由自由恋爱发展而来的结婚对象与嘉日家支不属于相同的血统等级,父母及全家支的人就会极力反对直到拆散,严重者开除家支。在访谈中了解到嘉日家支发生了一个案例:杨某,男,1985年生,2006年考上云南司法警官学院,2009年毕业,现在就职于宁蒗某国有企业。初一和高一的时候订过娃娃亲,但后来因不喜欢都退掉了,之后父母没有为杨某再找定亲对象,同意让他自由选择。2006年杨某认识了同在昆明读书的宁蒗彝族姑娘,不久发展成了恋人关系。因为女方家不属于曲诺,家里人极力反对,命令他马上分手,最后杨某还是分手了。在访谈中他说道:"即使我和她真的说服家里人结婚了,但她嫁到我们家，家里每逢过年过节的时候什么难听的话都会说，像说她不配、少根肋骨之类的话，如果那样我就更对不起她了。"可见，目前嘉日家支的人还未能接受这种跨等级的婚姻。杨某分手后，在家支聚会时还会遭到家支亲属严厉的教育，他们对杨某说："婚姻关系到家族的荣耀，嘉日家支目前还没有娶外族、娶下一等级的人的现象，不能在你身上破了祖先的规矩，而且如果你与下面等级的人结婚了，不仅会惹来很多人说闲话，给家支丢了面子，你以后的孩子找结婚对象也不能再找到像我们现在这样纯正的彝族了，你也要为你的下一代考虑，你的孩子走到哪里都会没有了尊严。"

第二，族际通婚现象的出现。这一时期嘉日家支的两位女性成员出现了与其他民族缔结婚姻关系的情况。一位是边日支系的后代尔脑的三女儿与汉族通婚嫁到了山东省，另一位是比足支系永古的女儿与汉族通婚嫁到了云南曲靖。据调查，这两个女成员都是在外出打工时与当地的汉族人相恋并结婚，家支里的人知道后都是极力反对，但由于这两位成员长期居住在外地，家支里的人也无法彻底拆散他们，便默认了她们的婚姻，但除了她们的父母兄弟姐妹外，家支里的其他成员基本不再与她们联系，甚至她们偶尔回一下村子也只有家里人低调地接待一下。因为同一家支里的人认为嫁给汉族并不是件光彩的事，也会尽量低调地处理这些问题。

第三，嘉日家支的姑舅表婚开始减少。改革开放后尤其在近10年左右的时间，随着政府对优生优育知识及尊重个人、婚恋自由思想的不断宣传，很多家庭都不再为孩子提前订好娃娃亲，更多的是重视孩子的学业问题，激励他们努力读书考上大学，等长大后自己去找寻合适的结婚对象。这样的教育方式使得嘉日家支的成员比改革开放前有了更多的婚姻自主权，虽对方家支等级、血统身份方面仍被限制，但很多年轻人可以在这一限制之内找寻自己真正喜欢的结婚对象。边日支系中杨某的婚姻就是在家里人的介绍下相识相恋的。杨某，1988年生，2011年大学毕业，在她大二的时候家里就给她介绍了一位比她大一届的大学生定亲。定亲后两人彼此相互联系，培养感情。2011年春节时两人举办了婚礼。她自己说："我对我现在的生活很满意，我们彝族的婚姻就是这样子，是祖祖辈辈一代一代传下来的，而且现在的婚姻比以前自由多了，像我们父母当时都没有见过一面就结婚了。"目前，像杨某这样在家里人的介绍下最后结婚的年轻人很多，尤其在女性成员中普遍存在。

第四，家支和婚姻习惯法在婚姻纠纷的解决上仍具有影响。随着婚姻法的不断普及，人们对结婚、离婚的概念有了新的理解，在一场婚姻中两个婚姻当事人的感情、兴趣爱好及性格特点成了主宰这场婚姻命运的主要因素。因此，很多人都选择自由婚恋、自由离婚。虽然这种意识并没有在嘉日家支的单个小家庭中充分体现，但已经开始萌发。以前大多数彝族村民都认为结婚、离婚是两家人的事，根本不了解结婚要领结婚证，离婚要办离婚手续，一场婚姻的缔结或者解除只要两家人按照传统习俗、习惯法来办理就已经被社会所承认。但改革开放后嘉日家支成员开始有了将婚姻法制化的观念，大约从2004年开始逐渐有一些新婚的年轻人主动到乡政府或者县民政部门登记结婚，领取结婚证。这一时期离婚的家庭首先依靠家支，利用传统的习惯法来裁决。例如，嘉日家支与阿苦家支的一场婚姻纠纷。2004年阿苦家的姑娘李某嫁给了家住毛家乡立新村的嘉日家儿子，婚后夫妻俩一同去昆明打工，后来女方拿着9300元的夫妻共同财产跑掉。同时女方家曾经向男方家借过2万元也还未还，在双方家支的调解下，女方家支还了1.4万元的欠款，但这位离开了的妻子还是迟迟没有出现。女方家和男方家的矛盾不断激化，2010年9月，阿苦家20多人来到男方家，与嘉日家的人产生武力冲突，公安机关及时来到现场才压制了这次家支械斗，但阿苦家有5人被打成了重伤。这次婚姻纠纷引起的打架事件受到宁蒗县各机关部门的高度重视，2011年2月15日，男方的叔叔因涉嫌故意伤害被宁蒗县公安局刑事拘留，致使嘉日家支的人及其姻亲们来到公安局门口静坐，表示强烈反抗。之后在政府机关的调解以及双方家支头人的协商下签订了协议书，保释出了男方的叔叔。可见，目前在小凉山地区对于一些简单的婚姻纠纷都是先用习惯法来处理，但若发生大的家支械斗往往也需要政府公安部门的协调。

（三）影响嘉日家支通婚关系的因素分析

1. 家支势力的复苏

民主改革至改革开放这一时期，彝族的家支制度处于一种隐性存在的状态，家支制度中的很多内容及很多功能都受到国家政府打压或者禁止。1982年生产队解散后，由于当时小凉山地区整个社会的经济水平与全国其他地区相比仍存在着很大差距，这一地区属于高原山区，对于农作物的种植也有着限制，靠天吃饭靠地生存的特征使人们的生活依然处于较低水平，所以单个家庭不得不与家支其他成员相互协作。

而且改革开放后政策放开，很多以往被抑制的家支活动又开始恢复，大大增强了家支成员间的联系以及整个家支的凝聚力。

改革开放后，嘉日家支的成员间联系明显加强，以前由于行动受限制不能随便探亲寻亲，政策放开后很多远房的亲戚纷纷相互拜访，只要背得出祖辈们的父子连名谱系便可以分辨彼此之间是属于平辈还是叔侄辈。这一时期嘉日家支与其他金古家支、吉伙家支还共同编写了整个金古忍石家的家谱，也是在编写这本家谱的过程中，才了解到在小凉山一直被认为只有三兄弟的金古忍所家支，原来在四川大凉山还有着同父异母的兄弟，现在也繁衍成了四个分家支，即金古精史、金古字都、金古阿品、金古海忍。由此可见，改革开放初期家支势力确实出现了种种复苏的迹象，且对嘉日家支成员们的通婚关系带来了种种影响。

首先，家支势力的复苏增强了家支对单个家庭及个体成员的控制，进而使得个体成员的婚姻仍旧依附于家支的意愿。若家支对其婚姻怀有反对的意见，那么个体成员往往不会违背家支的意思，如上文杨某的例子。杨某从小生活在家支的庇护之下，并且无形中也受到这种家支观念的影响，因此很难下定决心违背父母违背家支的意愿而寻找自我的幸福。家支对个体成员通婚关系的影响是以单个家庭为单位，通过一种观念认同的传输或者一种模糊的意识形态的引导来产生的，使其不得不听从家支的意见。

其次，家支势力的复苏也给单个家庭带来很多社会支持，这种社会支持有时是义务性的，有时是互惠性的。调查中发现，在嘉日家支内部无论是义务性的还是互惠性的社会支持都时常发生。例如，在秋收时，农村里的家家户户都开始收洋芋、割荞子，而且一般一户家庭一年要种好多亩地，但单靠一户家庭的劳动力根本不可能完成，所以这时就需要同一家支内部其他家庭的帮助，若今天大家一起为某家收割荞子，那么当他家荞子割得差不多后大家就必须为参与帮忙的其他家庭收割，依次轮流帮助。在农村地区这种社会支持是十分必要的。在家支成员的婚姻方面，也存在着明显的社会支持。嘉日家支边日支系中的阿八家庭，由于家里比较贫困，其孩子们到了结婚的年龄一直没有找到合适的结婚对象，于是全支系的人都前来帮助他们，为他们寻找结婚对象并且每家每户捐款为他们办理了婚事。其中，阿八的大儿子结婚半年后，妻子觉得性格不合要求离婚，嘉日家支又派了三位比较有威望的人前去女方家进行谈判。谈判了两天两夜，最后女方家同意给3万元的补偿，就此双方离婚了。从以上两个例子就可以看出，目前生活在农村地区的很多家庭依然离不开家支的扶持，离不开家支的帮助。所以生活在这一家庭环境下的个体成员依然选择听从父母及家支的安排。

最后，家支势力的复苏并不是单个家支或某个家支的单独行为，这是整个小凉山彝族社会20世纪80年代所出现的普遍社会现象，在黑彝、曲诺家支中都存在着，甚至一些"农场人"为了也有一个家支的庇护主动与曲诺家支示好，望能加入其家支当中。因此，家支势力的复苏是当前彝族社会存在着的一种社会风气，在这种社会氛围的影响下，婚姻是维护和延续传统家支制度的主要手段。嘉日家支的成员必然受到这一社会环境的影响以及受到与其他曲诺家支的种种对比。由此，在这种场域的影响下，嘉日家支的成员更多的是愿意与同一曲诺身份的家支通婚，这样不仅可以壮大自己的家支势力，而且可以增加更多的社会资源。家支是一个以血缘为基础、以父子连名谱系为链条的血亲集团，并且与其他家支有着世代通婚的关系，使得整个小凉山社会以亲属关系、姻亲关系为链条形成了一个巨大的社会网络，每一个家支就是这个社会网络的组成部分。长期在这种社会背景下生活，个人不得不适应这个社会网络的运行，接受这个社会网络附加给他的社会身份、等级身份、家支身份。因此，这一时期个人的婚姻并不是简单的两个婚姻当事人之间的事情，而是两个家支之间的事情，甚至个人婚姻的幸福与否，也牵系着两个家支的和睦与否。

2. 传统观念的遗留

小凉山彝族社会的奴隶制度、等级制度早在 50 多年前就已经废除，但目前社会仍残留着等级观念、等级界限，这是由于在很多黑彝、曲诺心里还残留着深深的血统观念。他们认为那些不属于彝根家支出身的人，其血缘上就不纯正。虽然现在的黑彝、曲诺在公共的社交场合可以与"农场人"一起吃饭聊天，不主动提起等级或者血统相关的话题，保持着友好的关系，但在有家支的人心里很清楚对方的身份地位，只是出于彼此间的尊重而避免谈论到此类话题。因此，目前在小凉山彝族社会仍存在着这种对血缘纯洁度的维护，其实就是对以往社会等级特权、等级界限的一种维护。而这种传统观念的遗存通过等级内婚这一通婚特点来外显出来，进而人们也通过这种通婚关系的继续，维护着长期以来无法彻底打破的等级界限。因此，这种世世代代遗留下来的等级观念、血统观念无形中渗透到了每一个家支成员的意识形态里。

嘉日家支内部反对跨等级婚姻的原因除了受以上等级观念、血统观念的影响外，还受以下观念的影响。

首先，他们认为一旦出现跨等级通婚就是整个家支的耻辱，在彝族家支里每个成员都有着极强的家支荣誉感，若家支中的一个成员做了让家支蒙羞的事情，就会招来整个家支的唾弃。他们认为与下一等级的人通婚就是一件让整个家支蒙羞的事情，会让其家支在别的家支眼里丢了面子。其次，惧怕不好的社会舆论。作为一个独立的群体，群体内部较强的联系使得舆论在社会内部能够较为迅速地传播，即使是在没有发达的通信工具，以口耳相传为主要方式的过去也是如此。而随着手机、网络等聊天方式的推广，舆论消息传播更迅速。像这种跨等级的婚姻在农村地区并不多见，一旦发生会迅速传播开来，成为人们茶余饭后的聊天话题。所以很多家支都惧怕这种舆论的压力，人们都比较注意自己的言行，并且严格遵守等级内婚，以免给家支带来不好的社会舆论。最后，对于曲诺家支，一旦与下一等级的人通婚，也就意味着这个家庭的血统出现了污点，从此不能再被认为是血统纯正的家支，并且更重要的是下一代孩子，将不能再与彝根的曲诺结婚，只能与那些有着同样身份的人开亲。所以，无论出于家支利益的考虑还是为了将来的子孙后代，他们都坚决反对与下一等级的人通婚。因此，嘉日家支的成员生活在这种传统观念影响下，很难冲破传统思想观念的束缚，出现跨等级跨血统的通婚关系。

3. 社会开放度的提高

随着彝族现代社会的开放程度越来越高，有一部分人开始慢慢接受与汉族、普米族、纳西族、藏族等其他民族通婚，也认为民主改革、改革开放这么久了，以往的等级制度不再存在，人人平等，甚至在一些黑彝中也有与汉族通婚的案例。改革开放后与以前不同，婚姻不再单纯地属于两个家支间的问题，婚姻当事人的意向在这一时期表现出越来越显著的决定性作用。

改革开放后，小凉山社会的商品经济得到快速发展，并且很快也受到了市场经济的影响，外界很多现代化的因素迅速席卷了宁蒗地区，人们对物质生活的要求也越来越高。近几年随着外来人员的进入以及宁蒗本地彝族的外出打工，小凉山地区与外界的联系更加紧密。同时，宁蒗彝族自治县本身就是多民族聚居的地方，有彝、汉、普米、傈僳、纳西、藏、白、壮、傣、苗、回11个民族共同居住，农村家庭虽然不像县城里的家庭那样有较多的机会与其他民族接触，但近几年整个宁蒗县的乡村道路都得到维修，为人们的出行带来了很大便利，明显增强了各个民族间联系。同时在农村，商品的买卖、劳动力的流动都比以往增多。就以跑马坪乡为例，10年前在街上做生意的人基本都是本地的汉族或者来自永胜县的人，几乎没有当地的彝族专门开铺面做生意。但近两年在街上开旅社、开饭店的彝族家庭越来越多，甚至一些村民主动搬到了县城里做一些小生意。越来越多的嘉日家支的人开始去找寻赚钱的渠道，有的人去乡上、县上做小生意，有的人投资种植高原农产品，饲养生态家禽，等等。因此，随着社会开放度的提高，彝族必然会与其他地区的其他民族有着更频繁的交往，接受更多新的思想观念。

例如，在调查中发现一位阿鲁家支的男性成员，20世纪80年代大专毕业，就在跑马坪中学当老师，认识了在那里也当老师的一名普米族姑娘，在不断接触了解后两人产生了感情决定结婚，但是同时遭到双方家庭的反对。男方家支强烈反对娶外族的媳妇进门，女方家庭也不同意女儿与彝族通婚。当时阿鲁老师说他甚至想过带着妻子逃离到其他地方，开始新的生活。最后在他们的不断努力下，男方的父亲同意了，也就促成了这段族际通婚。当问到阿鲁老师是什么信念让他和他的妻子坚持走到了一起时，他很坦然地说："在我们那个年代与外族结婚是非常少有的事，婚姻一般都是父母说了算，但我在外读书就想过以后我结婚一定要找一个自己喜欢、志同道合的人，只要喜欢民族并不重要。"可见，接触过外界文化的人更容易接受跨民族通婚。在阿鲁老师的影响下，他的二弟再婚时也选择了自由婚姻，娶了农场村的人做妻子。由此，在阿鲁老师的家庭里既出现了跨民族婚姻，也出现了跨等级的婚姻。

阿鲁老师这样的情况在彝族中并不多见。在这一时期，虽然嘉日家支的成员中只有两名女性成员远嫁到汉族地区，但这种跨民族的婚姻在小凉山地区的出现，说明一种新的发展趋势在彝族社会里已经悄然而现了。

结 论

1. 小凉山彝族农村家庭家支通婚的变迁轨迹

本文对清末以来小凉山彝族农村家庭的家支通婚进行了历史考察，主要以宁蒗地区嘉日家支为例，分三个不同历史时期分别做了通婚情况的梳理、通婚特点的总结以及影响因素的分析。在过去的近100年里，小凉山彝族经历了诸多社会变迁，从受蒗蕖土司和永宁土司的管辖开始，到了民国时期经历国民党政府的管理，中华人民共和国成立后在共产党的领导下开展了民主改革，从奴隶制社会跨越式发展到社会主义社会，废除了奴隶制度、等级制度。后又到了改革开放，随着现代化进程的推进，小凉山社会与其他民族地区一样纳入国家政治经济体系当中。但在这一漫长的历史变迁中，婚姻文化的演变并未与社会制度的变迁同步发展。

小凉山彝族社会内部是"一个宗法礼制社会，婚姻是它的核心"[1]，并牵系着社会结构、等级制度、家支制度等方面的各种问题。通过上文的梳理与分析可总结出，清末以来嘉日家支在家支通婚方面

---

[1] 张海洋、胡英姿：《凉山彝族婚改内容解析——兼论传统文化与现代国家的互动》，《中央民族大学学报》（人文社会科学版）2001年第4期。

所表现出的主要特征是仍保持同等级内部的通婚。在三个不同历史时期，嘉日家支的拉足、边日、比足三个支系的成员均未出现跨等级的通婚，尤其在男性成员中更没有跨等级、跨民族的婚姻出现，直到改革开放后的近几年才有两个女性成员外嫁到汉族地区。但嘉日家支的家支通婚并不是一成不变的，也出现了一些新变化。民主改革前，婚姻关系的缔结更多是两个家支间的强强联合，婚姻当事人没有任何决定权，民主改革后随着社会制度的变迁、婚姻改革的实施开始出现了同一等级、同一阶级成分间的自由婚姻，到了改革开放后，个体成员才慢慢掌握其对婚姻的更多自主权，出现了跨民族跨等级的婚姻。这一通婚特点不仅存在于嘉日家支，在其他黑彝、曲诺家支中也广泛存在，甚至在整个小凉山彝族社会，传统的婚姻形式仍旧处于主流地位。

2. 影响小凉山彝族家支通婚的考量因素

婚姻在任何社会都不会是简单的两性结合，它背后蕴含着其社会的组织结构以及映射着民族文化背景。嘉日家支在三个不同历史时期所表现出的通婚情况及通婚特点也深深地受到了当时社会背景、文化体系的各种影响。

目前，影响传统的婚姻形式可以继续保持下来的因素有很多，其中，血统观念、等级制度以及家支文化的影响最为深远，并且在不同的历史时期对婚姻表现出不同侧面的影响。

清末至民主改革前，小凉山彝族社会存在着严格的等级制度，这种等级制度形成的生物学依据就是血缘的差异性。黑彝被认为是统治阶层，血统高贵纯正；曲诺属于被统治阶层，但存在彝根家支与汉根家支的区别。所谓彝根家支，是指在黑彝等级中，黑彝男性与其他等级的女子所生的私生子被下降为曲诺等级并繁衍壮大的家支，金古忍所家支就是如此，在血缘上他们认为自己与黑彝有着联系，属于彝根血脉；汉根家支是指那些在血缘上与黑彝没有联系，尤其从阿加等级晋升至曲诺等级的群体。民主改革前，等级制度的切实存在，而等级内婚制是使黑彝等级和曲诺等级保持血统纯洁性的重要途径。黑彝家支反对跨民族、跨等级的婚姻，以保证其血统的高贵性，维护了其统治阶级的地位。曲诺家支虽不是统治阶层但仍通过等级内婚、家支外婚来强调自己的等级身份和壮大自己的家支势力。对于阿加、呷西等级，除了少部分阿加中有家支组织的存在，大多数群体都是依附于其主子一同生活，甚至有些黑彝为了增加奴隶人口，把强夺过来的其他民族与自己的奴隶强行配婚，以得到更多的奴隶。因此，等级制度的存在是影响这种婚姻形式的最直接原因，通过各等级通婚范围的限制来维护各等级之间的严格界限。但若进一步探析，这种等级分类的背后其实是彝族人心里存在着的根深蒂固的血统差异论的体现，而家支组织恰恰是这种血缘理想的载体，所以个体成员的婚姻更多的是由家支所决定和利用，作为维护其血缘纯洁性、等级身份地位以及壮大家支势力的重要途径。

1956年民主改革后，小凉山彝族社会的等级制度被废除，提倡人人平等，但后来政府划分阶级成分，使得个人社会地位的高低不再以血统、等级和家支来衡量，更多地转向了以政治成分来衡量。随后政府不提倡跨阶级跨成分的通婚，又恰恰呼应了传统彝族社会所坚持的等级内婚制。因此，影响通婚关系的直接因素转变为阶级成分的好坏，但因阶级界限与血缘界限出现了重叠，其背后仍体现的是同一民族、同一血缘等级间的通婚，保持了大多数的彝根家支的血缘纯洁度，维护了其血统等级身份。家支组织在当时社会虽受到打压处于一种隐性存在的状态，但由于它是血缘与文化的共同体，即使家支活动不能公开进行，但阻隔不了其成员间血缘纽带的连接和祖先信仰的继续。在农村地区，血统观念和等级观念仍旧影响着人们的婚姻实践。

家支势力复苏后，人们对传统的血缘观和等级观的认同开始逐渐恢复。虽然在日常生活中，黑彝、曲诺、农场人的社会政治地位是平等的，甚至有些曲诺、农场人的经济实力比黑彝还强大，但在家支通婚方面，传统的血缘差异仍将人们分为不同的通婚群体。这种通婚群体的分类正是源于血缘认同、等级观念的遗留。即使随着社会经济的快速发展，很多农场人获得了较高的经济地位，但仍旧不被有家支有彝根血缘的人所认同。为了融入家支组织，一些"农场彝人"通过协商的办法获得了彝族姓氏，但其与非"农场彝人"之间的婚姻界限是很难突破的，虽然没有人怀疑农场彝人的彝族身份，但一旦涉及通婚问题，黑彝和彝根的曲诺都不会与其通婚。因为一旦与农场人通婚，就会被认为其家支的血缘开始有了污点，其后代也就无法再与那些血缘纯正的家支通婚，只能与那些和他们有着同样血缘污点的后代通婚。这就可以理解为何嘉日家支的人极力反对杨某与之前女友的相恋，执意拆散他们。

通过分析不同时期血缘观念、等级制度和家支制度对婚姻的不同侧面影响，可以发现，这三者在对婚姻产生作用时其实是相辅相成、相互渗透的关系。血缘的差异性致使不同等级的人群出现，家支组织的存在致使生物性血缘组织得到延续，而婚姻关系的缔结恰恰可以将这三者很好地联系起来，同族内婚、等级内婚不仅保证了家支成员血缘纽带的纯洁性，而且巩固了其家支在彝族社会中的身份等级地位。在这些影响家支间通婚关系的诸因素中，血缘认同是其他因素的根本，等级观念是血缘差异带来的，家支组织是血缘的凝聚构成的，因此血缘认同因素是影响小凉山彝族保持传统婚姻形式的最主要因素。若更微观地分析这种血缘认同、同族内婚、同等级内婚的婚姻形式如何与人的行为选择相呼应，其最主要的原因在于"家支"这一组织形式的继续存在，以及家支文化在个人成长中潜移默化地渗透。家支包含组织形式、父子连名谱系、亲属关系、姻亲关系、祖先崇拜以及伦理道德、各种社会活动、社会支持、社会责任等方面的内容，这些内容将单个的家庭牢牢牵系在家支网络之下，并通过家庭这一场所，影响着个体成员对家支文化的认识。久而久之，使得其成员自然产生对自己家支、对自己所属等级身份的认同感。家支文化无形间也就对个体成员产生了巨大的束缚力，使得面对个人利益与家支利益发生冲突时，坚持家支利益至上的原则。

3. 家支通婚对小凉山彝族社会关系的影响

首先，小凉山彝族民族内部、等级内部的家支通婚保证了通婚圈的相对固定，进而维护了等级界限。清末以来，无论是黑彝家支还是曲诺家支一直通过同等级内部不同家支间的相互通婚来坚守和维护不同等级、不同血统之间的界限，尤其是与曲诺之间的界限尤为明显。

其次，家支通婚是家支之间相互联盟的最好途径，无论是传统社会还是现代社会，小凉山彝族仍需要编织姻亲网络来扩大其自身的社会关系。尤其现在小凉山彝族社会受到商品经济的冲击，既受到国家政府体系的管理，也受到彝族传统家支制度的限制，每一个个体既处于"大社会"的管辖，又受到"小社会"的支配，并且姻亲之间的往来不仅仅局限于经济往来方面，很多时候涉及更广阔的利益、权利的往来，甚至家支间建立友好往来的关系可以更大范围地进行社会资源的分配。

再次，小凉山彝族的传统家支通婚最重要的作用就是对其家支制度的巩固和维持。经过如此多的社会变革，家支依旧存在和维持的最主要原因就是传统的婚姻制度没有被完全打破，从 20 世纪 60 年代开始的婚姻改革也并没有对广大农村地区带来突破性的变化。直到目前，市场经济的迅速发展才给小凉山社会带来了较为明显的冲击，年轻人的择偶观、婚姻观也产生了巨大的变化。但从整个小凉山彝族社会来看，传统的民族内婚、等级内婚、家支外婚仍是彝族社会的主流婚姻形式。所以，即使经历了多个不同的历史时期，因其社会传统的婚姻形式与传统的家支制度仍旧并存且相互支持，使得这种家支通婚也继续支持着整个社会的家支观念、等级观念的延续。

最后，家支通婚与现代社会之间存在着冲突与适应的一面。目前，小凉山社会的政治经济虽得到了很快的发展，但由于传统通婚形式的继续，单个家庭仍旧依附于整个家支的意志而生活，个体成员也同样受着家支观念、等级观念的影响。而这与现代化社会中所提倡的平等、自由观念产生了背离，很多生活在传统婚姻家庭里的人一方面不断地想打破束缚寻找自我幸福，而另一方面又牢牢地被家支以及姻亲网络所牵系着，在各种行为选择上仍旧受到家支的控制，阻碍了个人的自由发展。同时，家支通婚对等级界限的维护，使得传统的社会结构及社会规则在黑彝、曲诺、农场村人之间层层复制下来，严重阻碍了小凉山彝族的和谐发展，论等级、论血统的观念也影响了人与人之间的平等交流。但随着社会的变迁，它们也存在着相互适应的一面。家支通婚的延续对小凉山彝族社会的直接影响就是家支制度的保留。虽然在现今社会民族内婚、等级内婚、家支外婚的通婚制度没有改变，但在通婚途径、通婚范围及婚姻观方面已经出现了新的变化，纷纷开始适应现代化生活的需要，并且家支制度也在开始演变出新的社会功能。如小凉山彝族地区曾一度有过很严重的毒品问题，1999年和2002年嘉日家支率先组织其成员们进行了禁毒仪式，"在整个盟誓活动中，有祭祖、喝血酒、盟刻和转头四个前后联系的仪式"[1]，仪式把家支、单个家庭和个体成员联系在了一起，通过家支及祖先信仰的力量约束那些曾经吸过毒的人。再如，各个家支对子女教育问题十分关注，大力提倡孩子接受高等教育，只要有哪一家庭的孩子考上了大学，全家支甚至姻亲家支的人都会前来祝贺。2012年8月，住在跑马坪乡上的嘉日阿火的大儿子考上了四川机电技术学院请客，前一天就有很多亲戚朋友来帮忙，到了第二天陆陆续续从宁蒗县城和周围的各个乡村来了100多人，金古家、吉伙家、阿鲁家、沙玛家、马海家、狄笛家、潘节家、阿西家等，只要有亲戚或姻亲关系的家支都派人前来祝贺。招待结束后嘉日阿火说："这次大家伙儿给资助了7万元，儿子上大学

---

[1] 庄孔韶、杨洪林、富晓星：《小凉山彝族"虎日"民间戒毒行动和人类学的应用实践》，《广西民族学院学报》（哲学社会科学版）2005年第2期。

的学费生活费都不用愁了。"这种孩子上大学请客其实就是家支制度为适应现代社会而发展出的一种互惠性社会支持。

　　以上通过对清末以来嘉日家支通婚情况的历史考察，总结和分析了影响小凉山彝族农村家庭家支通婚的社会背景、血缘、等级观念以及家支制度等因素，并深入探讨了各因素之间是如何相互牵制与渗透的。同时，也探讨了家支通婚对小凉山彝族社会所带来的影响，反映出了传统文化与现代化社会发生冲突与矛盾时，其社会结构或其社会组织如何进行自我调适与适应。

金平勐拉傣族的历史源流及族群关系研究

作　　者：刘　洁（云南大学少数民族史专业硕士）
指导教师：龙晓燕

导 论

金平苗族瑶族傣族自治县勐拉乡地处金平县西南部,地形西南高、东北低。东临金水河镇,南与越南莱州省清河、勐德县接壤,西接者米拉祜族乡,北靠铜厂乡。勐拉乡辖勐拉、新勐、田头、广东、荞菜坪、翁当、老乌寨7个村委会76个村民小组。居住着苗族、瑶族、傣族、哈尼族、彝族、壮族、拉祜族、汉族和布朗族。少数民族人口28980人,占全乡总人口的87.4%。勐拉是傣族的主要聚居区之一,有傣皓、傣泐和曼丈三个傣族支系。它们在历史源流、语言文字、服饰衣着、宗教信仰、节日习俗等方面都不尽相同。但是在中华人民共和国成立初期的民族识别过程中,根据斯大林的民族理论,按照共同语言、共同地域、共同经济生活和共同心理素质的标准,这三个支系都被识别成了傣族。

在此后50年的时间里,各支系之间在认同的同时,也不断地在认不同。本文将对勐拉各支系的历史源流、历史上的族群关系以及成为同一个民族后的认同进行全面的分析与探讨。

（一）田野点介绍

傣皓主要分布于勐拉、新勐、田头这 3 个村委会下的 12 个村民小组，即勐拉街、陆关寨、那黄寨、顶岗、新勐、旧勐、平寨、布搞、田头、那兰、那兰新寨、那格，从地图上来看，这些地方均为勐拉河两岸宽阔的平坝。由于本文着重研究傣能与傣泐及曼丈的族群关系，因此选择距离普耳三寨较近的旧勐村和距离曼丈上下寨较近的田头村为田野点。旧勐村，旧勐是傣语"勐高"的意译，意为老城，有 152 户，共 683 人，旧为勐拉刀氏土司所在地。田头村，"田头"是傣语"虎那"的意译，"虎"为头，"那"为田，有 135 户，约 608 人。

傣泐分布于勐拉河支流河谷地带的普洱上、中、下三寨，属于新勐村委会管辖。普洱上寨有 60 户，普洱中寨有 101 户，普洱下寨有 110 户，共约 1357 人。

曼丈分布于曼丈上、下寨。曼丈上寨属于勐拉乡田头村民委员会管辖；曼丈下寨划归金平县国营橡胶农场管辖，为金平国营有农场十八队。上寨有 22 户、下寨有 52 户曼丈人，共约 312 人[1]。

---

[1] 金平苗族瑶族傣族自治县民族宗教事务局：《金平苗族瑶族傣族自治县民族志（1979—2010）》昆明：云南民族出版社，2013 年，第 78 页。

（二）相关理论研究回顾

1. "族群"与"民族"

自 20 世纪六七十年代"族群"（ethnic group）这一概念在西方社会流行起来以后，关于族群的研究逐渐成为学术界的一个热门话题。

早期的研究者多认为族群是一个有着诸如语言、宗教、习俗甚至体质等共同的客观文化特征的群体，可以称之为客观文化特征理论。但是随着研究的深入，越来越多的学者倾向于认为族群主要是一种主观认同和社会文化建构的结果，其形成和维持有赖于其边界的存续，可以称之为主观认同理论。

挪威学者弗里德里克·巴斯在主编的论文集《族群与边界》的导论中提出，"族群"是由它本身组成分子认定的范畴，造成族群最主要的是它的"边界"，而非语言、文化、血统等"内涵"。族群边界不一定是指地理边界，而主要的是"社会边界"；族群边界的作用并不在于隔绝人们的交往互动，而在于组织、沟通、结构和规范人们之间的互动。他所提出的"边界理论"开辟了族群研究的新视角。书中族群的定义包括其人口在生物学意义上的延续性、共享的文化与价值、构成一个联系和互动的范围、拥有自我认定和他者认定的成员资格。边界论把观察族群的视角从客观标准转向了主观认同，从关注作为族群核心内涵的文化要素转向关注族群边界的形成与维持，从静态的、孤立的部落研究发展到互动的、变化的族群性研究。该书对族群认同、族群边界、族群特性等都做了分析，深入研究族群认同与族群边界可以为族群关系的发展演变研究提供重要的参考。[1]

关于族群主观认同的根源,学术界有两种不同的看法。第一种可以称为根基论或原生论。其观点认为族群认同主要来自原生的、根基性的情感联系。这种情感能够跨越世代和地理的阻隔而得以传承。个体生长于群体中,会得到既定的血缘、语言、宗教、风俗习惯,因此他与群体中其他成员由一种根基性的联系凝聚在一起。但这种族群认同并非通过生物遗传获得,而是其所置身的社会文化环境濡染的结果。第二种可以称为工具论或情境论。其观点基本上将族群视为一种政治、社会或经济现象,以政治与经济资源的竞争与分配来解释族群的形成、维持和变迁。族群认同生成于权力较量中,具有多重性,在追求与最大化群体利益的过程中随情境变化。因而,在本质上族群认同成为人们在政治、经济甚至文化利益角逐中所操控的工具之一。

实际上,无论是客观文化特征论还是主观认同理论都有可取之处。前者描述了族群的内涵,后者着眼于其边界及变迁;前者侧重于族群整体内涵的描述,后者更注重族群成员个体的特征。同样,工具性与根基性也是族群性的一体两面,缺少一方,另一方也难以成立,或不易为继。[2] 近年来,西方学界有把两种理论结合起来各去其偏颇的趋势。

随着"族群"这个词汇被引入国内学术界,越来越多的中国学者开始关注族群和民族的区别与联系。林耀华先生从适用范围上对族群

---

[1] Barth Fredrik eds. *Ethnic Groups and Boundaries: The Social Organization of Culture Difference*. Boston, Little Brown, 1969.
[2] 陈心林:《族群理论与中国的族群研究》,《青海民族研究》2006年第1期。

和民族做了区分。他认为族群主要适用于一国之内，而民族主要应用于各国之间。[1] 纳日碧力戈先生认为，族群从本质上说是情感—文化共同体，而民族则是情感—政治共同体。[2] 马戎认为："'族群'（ethnic groups）作为具有一定文化传统与历史的群体和作为与固定领土相联系的政治实体的'民族'（nation）之间，存在重要的差别。但两者之间并没有一道不可逾越的鸿沟。通过一定的内、外部条件的影响，两者之间可以互相转化。处在纯粹的文化群体和纯粹的政治实体这两个极端之间的是一条'连续统'（continuum），在这条'连续统'的两端之间存在着无数个中间过渡阶段。在现实社会中，每个国家内部的各个族群就处于这个'连续统'链条的不同位置上，而且随着社会经济的发展、政府政策的引导和外部势力的推动，这些族群或某一个族群在这个'连续统'上会从原有的位置向某个端点的方向移动，它所具有的'政治实体'的性质或者会增强或者会减弱。"[3] 徐杰舜在综合比较有关族群概念的基础上，概括了族群的外延和内涵。他认为"族群是对某些社会文化要素认同，而自觉为我的一种社会实体。"[4]并且提出："族群可以是一个民族，也可能不是一个民族；民族不仅可以称之为族群，还可以包含若干不同的族群。从性质上看，族群强调的是文化性，而民族强调的是政治性；从社会效果上看，族群显现

---

[1] 林耀华：《民族学研究》，北京：中国社会科学出版社，1958年，第56页。
[2] 纳日碧力戈：《现代背景下的族群建构》，昆明：云南教育出版社，2000年，第120页。
[3] 马戎：《理解民族关系的新思路——少数族群问题的"去政治化"》，《北京大学学报》2004年第6期。
[4] 徐杰舜：《从磨合到整合——贺州族群关系研究》，南宁：广西民族出版社，2001年，第9页。

的是学术性，而民族显现的是法律性；从使用范围上看，族群概念的使用十分宽泛，而民族概念的使用则比较狭小。"[1] 学者廖杨认为"族群既可以是一个民族，也可以是这个民族中的次级群体（甚至次级群体还可以再分），而民族一词则无法包含这些内容"。[2]

本文在借鉴上述理论研究成果的基础上，采用族群的概念，文中所研究的金平勐拉傣族的三个支系傣皓、傣泐、曼丈，即是指傣族的次级群体，它们各自保有独特的历史与文化，形成了各自的族群认同，在勐拉乡这块共同的地域中互动与交往，在此基础上发展了族群关系。

2. 族群关系

族群关系是本文研究的主题。马戎在研究族群关系时，提倡一种现实、动态的关系研究。在他的专著《民族社会学——社会学的族群关系研究》一书中，关于族群关系变量分析、微观层次上的专题或个案研究、宏观层次上的区域研究、族群关系的社会目标研究等，为我们提供了一个完整的族群关系研究框架。

中山大学的周大鸣教授曾把丰富多样的美国族群关系理论归为六类："同化理论、文化多元理论、生物学的理论、人文生态理论、权力和分层理论、整合的族群关系理论。"[3] 其中对金平勐拉傣族族群关系分析有较大借鉴作用的是文化多元理论和整合的族群关系理论。"文化多元理论强调：族群具有强大的力量，即使一部分习俗被主体

---

[1] 徐杰舜:《从磨合到整合——贺州族群关系研究》，南宁：广西民族出版社，2001年，第12—19页。
[2] 廖杨:《港澳台族群社会与文化研究》，北京：中国文史出版社，2005年，第19页。
[3] 周大鸣:《论族群与族群关系》，《广西民族学院学报》2001年第2期。

民族同化,但是他们仍然有选择地保留其族群的传统,甚至创造新的符号来显示其族群传统的自豪感,从而使社会呈现多元结构。整合的族群关系理论认为:从族群的中心开始,对从属的次级群体的歧视越广泛,跨越社会领域的制度性歧视越多,就越促使次级群体的发展和保留独特的族群认同。歧视越强,则越保有不同的认同。歧视越弱,则越容易被同化。"[1]

关于中国少数民族的个案研究中,美国学者斯蒂文·郝瑞的书是个很好的范例。他所著的《田野中的族群关系与民族认同——中国西南彝族社区的考察研究》通过对中国西南凉山彝族社区的考察,对彝族不同支系的族群关系、发展与变迁做了全面而深入的探究,为本文的写作提供了一个重要的思路。梁茂春的《跨越族群边界》一书探讨了1940年以后大瑶山族群关系的变迁,即从族群"排斥"到族群"融合"状态的过渡,何种力量导致了这种变化,各个族群的人对这些变化的反应以及这些变化对人民的族群认同所产生的影响。徐杰舜的《从磨合到整合——贺州族群关系研究》分析了贺州的族群与民族边界、互动、认同,进而分析了贺州从多元磨合到整合一体的族群关系。这种整合的主题是民族团结,其结果就是对中华民族的总体认同。菅志翔《族群归属的自我认同与社会定义——关于保安族的一项专题研究》一书,作者结合文献研究与实地调查讨论了保安人成为民族的历史,并进一步探讨了他们在日常生活中的身份认同,现实政策下的工具性认同、族群归属和社会定义。这些对族群关系的探讨都对本文

---

[1] 周大鸣:《论族群与族群关系》,《广西民族学院学报》2001年第2期。

的写作深有启发。

王明珂先生历史人类学三部曲：《华夏边缘——历史记忆与族群认同》《羌在汉藏之间：川西羌族的历史人类学研究》《英雄祖先与弟兄民族》，继承和发扬了巴斯的边界论。把研究重点聚焦于汉文化与少数民族文化的边缘。边缘的概念不单指地理概念，更是文化范围。从边缘族群来探究华夏族群的起源、形成发展过程，以解释当今的族群关系与族群认同，为研究其他族群间的族群关系拓宽了视野。

这些关于族群关系的研究都为我提供了这样的思考：金平傣族各支系有各自的历史与文化，都被识别为傣族，他们各支系间的关系如何？他们是否存在内部的认同？是否存在着"中心"与"边缘"？这种边界是如何形成的？进而又如何被打破？

一、金平勐拉傣族的基本概况

傣族是我国人口在百万以上的民族，主要分布于云南省的南部和西南部，多聚居在西双版纳傣族自治州、德宏傣族景颇族自治州，以及耿马傣族佤族自治县、孟连傣族拉祜族佤族自治县、新平彝族傣族自治县、元江哈尼族彝族傣族自治县和金平苗族瑶族傣族自治县。

根据自称不同，傣族内部又可以分为傣泐、傣亚、傣皓、傣格、傣绷、傣艮、傣朗姆等支系。勐拉乡的傣族分为三个支系，即傣皓、傣泐以及布芒。傣皓，是勐拉人口最多的傣族支系，有12526人，占勐拉傣族总人口的88%。傣泐，仅分布于勐拉乡的普洱三寨，有1357人，占勐拉傣族人口的10%。布芒，他称曼丈，有312人[1]，占勐拉傣族人口的2%。这三支傣族支系不仅人口数量差别很大，而且在社会生活的很多方面也都不尽相同。

1　金平苗族瑶族傣族自治县民族宗教事务局：《金平苗族瑶族傣族自治县民族志（1979—2010)》昆明：云南民族出版社，2013年，第78页。

（一）族称

居住在勐拉村委会、新勐村委会和田头村委会的傣族，是勐拉主要的傣族支系，自称"傣皓"，"皓"意为白色，他称"白傣"。[1] 也有资料说他们自称"傣端"或"鲁傣鲁南"（意为水的儿子）。[2] 傣泐和曼丈则直接称呼他们为"泰族"。

居住于普洱上、中、下三寨的傣族，自称"傣泐"（也有人称"我们是普泐"[3]）、他称"普耳傣"[4]。事实上，旧勐村的许多村民称呼包括中国的西双版纳、越南、老挝、泰国等地的"傣泐"支系都为"普洱族"。[5]

位于曼丈上、下寨的傣族，自称"布芒"，他称"曼丈"。"曼"为村子，"丈"为大象，"曼丈"意为大象村。这是当地傣皓根据他们从前的劳役性质所给的称呼，还有些年轻人直接用汉语称呼他们为

---

1. 访谈时间：2014年11月10—13日；访谈地点：金平县勐拉乡旧勐村、田头村；访谈及整理：刘洁。
2. 参见《金平苗族瑶族傣族自治县概况》编写组、《金平苗族瑶族傣族自治县概况》修订版编写组：《金平苗族瑶族傣族自治县概况》，北京：民族出版社，2008年，第20页；金平苗族瑶族傣族自治县地方志编纂委员会：《金平苗族瑶族傣族自治县志》，北京：生活·读书·新知三联书店，1994年，第118页。
3. 访谈时间：2014年11月6日；访谈地点：金平县勐拉乡普耳上寨；访谈及整理：刘洁。
4. 参见《金平苗族瑶族傣族自治县概况》编写组、《金平苗族瑶族傣族自治县概况》修订版编写组：《金平苗族瑶族傣族自治县概况》，北京：民族出版社，2008年，第20页。
5. 访谈时间：2014年11月13日；访谈地点：金平县勐拉乡旧勐村；访谈及整理：刘洁。本文中对田野调查对象对一些民族支系直接称为双族，为了如实记录，不加规范，望读者鉴察。

"大象族"。[1]

从三个支系的他称上来看,似乎都还带有"族"的概念。这也就是三个支系维护自我认同的边界。

(二)语言文字

语言是人类最重要的交际工具。文字是用来记录语言的书写符号系统,是社会发展到一定阶段的产物,是最重要的辅助性交际工具。人类先有语言后有文字。文字的出现,克服了语言在时间和空间上的局限性,扩大了语言的交际功能。[2] 傣族历史上曾有过五种文字:西双版纳地区的傣泐文、德宏地区的傣那文、孟连地区的傣绷文、金平傣文和新平傣文。[3] 除了新平傣文不再使用外,其余四种文字仍在不同地区不同程度地使用着。

金平傣语即傣皓使用的语言。这种语言较为独特,由于其使用者不信仰南传上座部佛教,因此,语言中关于佛教方面的语词很少,这是它与傣那语、傣泐语最为重要的区别之一。金平傣文即指在金平地区傣皓使用的文字傣端文,与越南北部自称"傣端"的傣族使用的文字相同。这种文字主要的典籍大都保留在越南的莱州一带,国内保留

---

1 访谈时间:2014年11月5日;访谈地点:金平县勐拉乡勐拉街;访谈及整理:刘洁。
2 刀洁、和少英:《守望国境线上的家园——金平傣族的社会文化》,昆明:云南大学出版社,2007年,第124页。
3 刘以:《西双版纳傣文研究述评》,《思想战线》1991年第6期。

文献较少。传说这种文字源于越南，后从越南传入金平。[1] 在傣族土司统治时期，傣端文作为官方文字，公文档案、诉讼契约、路条通知等都用其书写。民间也使用广泛，群众常用于通信、记事、记账和记录民间文学方面。在20世纪30年代，由于"改土归流"，行政上属金平县管辖，傣端文逐渐被汉文取代，使用范围和人数锐减。到了"文化大革命"时期，民间的傣文手抄本被当作"四旧"而付之一炬，幸存的资料已如凤毛麟角。但傣端文在当地傣族的社会生活及文化传播等方面都发挥了积极的作用。

普洱上、中、下三寨使用的语言和文字是与西双版纳相同的傣泐语和傣泐文。但由于长期与当地傣皓的接触和交往密切，因此他们使用的傣泐语中也出现了一定数量的白傣语借词。据调查，傣泐能够听懂傣皓的语言，但是傣皓只能听懂傣泐三分之二的语言。田头村有村民讲"普洱的话跟我们的话60%相同，40%不同"。[2]

曼丈人有自己的语言，称"布芒语"[3]，但没有文字。由于历史上长期与当地傣皓交往，曼丈也学会了傣皓的语言。但是傣皓、傣泐则完全听不懂曼丈的语言。现在一个新的情况是，随着时代的发展，傣皓语言在曼丈生活中的影响力越来越小。据李玥姣的调查，能熟练掌握傣皓语的老人基本限于70岁以上，60岁的有能听懂但说话不太熟练，四五十岁这一年龄段的人仅能听懂，而现在的年轻人一般只会讲

1　刀洁、和少英：《守望国境线上的家园——金平傣族的社会文化》，昆明：云南大学出版社，2007年，第141页。
2　访谈时间：2014年11月10日；访谈地点：金平县勐拉乡田头村；访谈及整理：刘洁。
3　刀洁、和少英：《守望国境线上的家园——金平傣族的社会文化》，昆明：云南大学出版社，2007年，第158页。

布芒语和汉语。[1]

（三）传统服饰

傣皓的服饰与越南的白泰相同。女性上着白色对襟齐腰长袖紧身衣，扣子是蝴蝶形银质扣，下穿长及脚背的黑色筒裙，腰间系一条绿色或绯红色的绸腰带。其发式或是盘发髻于脑后，或是盘发辫于头顶。男性上衣为黑色窄袖圆领对襟衫，下为黑色大裆长裤，裤管宽大仅及脚腕以上，头包长方形的白色头巾。如今傣皓的传统服装仅在节日和演出时穿，平时穿汉服。

傣泐的传统服饰是女性上着黑色长袖右衽圆领紧身短衣，襟边镶有数道彩条，下身为从上腰处长及脚背的黑色裹身筒裙，用银腰带束紧，裙子上部织以暗红色为主的彩条；发式为结一发髻于头顶，并插以鲜花和小梳子。傣泐的传统服饰如今已不再成为日常行装的一部分，而仅作丧服使用。现在的傣泐人除了穿汉服以外，还会买西双版纳的现代傣装来穿。

曼丈没有自己的传统服装。从前曼丈人不会织布，多拿自己栽种的瓜果或棉花与傣皓换衣服，所以从前穿的都是傣皓的服装。据老人讲述，刚迁到勐拉时布芒人是有自己的服饰的，男子穿宽脚裤，女子将头发束在额前，扎成一个发髻，上衣为宽领、短袖衣服，下装为短的黑色筒裙。但是，由于一场瘟疫，布芒人制作服装的手艺失传。也

---

[1] 参见李玥姣：《金平布芒傣族的族群认同研究》，2014年云南大学民族学专业硕士学位论文，第24页。

有人讲，因为曼丈人是在越南杀了官逃来勐拉的，为了避免仇家的追杀，所以穿上了傣皓的服装。[1]

（四）宗教习俗

傣皓、傣泐与曼丈在文化习俗方面最根本的不同在于宗教信仰的不同。傣皓和曼丈信仰原始宗教，而傣泐信仰南传上座部佛教。

傣皓的宗教信仰是以万物有灵为核心的民间信仰体系，其表现为灵魂崇拜和自然崇拜两大类。曼丈的宗教信仰仅表现为祖先崇拜。[2]

普洱上、中、下三寨有两座佛寺，一座位于普洱上寨和普洱中寨交界处，为两寨共用。另一座位于普洱下寨，供其单独使用。赕佛是他们日常生活中不可缺少的重要组成部分。

由于存在两种不同的信仰，也就形成了与之相关的两种不同的信仰礼俗，即民间信仰礼俗与南传上座部佛教信仰礼俗。傣皓及曼丈信仰原始宗教，同时又受汉文化影响较深，在节日方面与汉族相同。主要有春节、元宵节、端午节、中元节、中秋节等。这些节日同时又注入了与本民族传统习俗相关的内容。

傣泐的节日便是围绕赕佛进行的，他们以傣历纪年，主要的宗教节日有泼水节、关门节、开门节等，其中以泼水节最为隆重。

目前随着全球化的发展和旅游业的兴起，勐拉乡开始主打泼水节，

---

[1] 参见李玥姣：《金平布芒傣族的族群认同研究》，2014年云南大学民族学专业硕士学位论文，第26页。
[2] 参见李玥姣：《金平布芒傣族的族群认同研究》，2014年云南大学民族学专业硕士学位论文，第26页。

将其改造为勐拉全民的节日,各个民族都参与到泼水节中来。

另外由于宗教信仰的不同,傣泐与傣皓、曼丈在人生仪礼方面也有不同程度的区别。在此不再赘述。

小 结

本章主要阐述了勐拉三个傣族支系在族称、语言文字、传统服饰、文化习俗中的区别。巴斯在《族群与边界》的导论中曾讲:"一个族群的边界,不一定是指地理上的边界,而主要是社会边界。在生态性的资源竞争中,一个人群强调的特定的文化特征来限定我群的边界,以排除他人。"[1] 三个族群分别谈及与其他族群的不同时,也都滔滔不绝于上述的四个方面,以此来界定自己与他者,维护着自己的内部认同。

---

1 王明珂:《华夏边缘——历史记忆与族群认同》,台北:允晨文化实业股份有限公司,1997年,第33页。

二、金平勐拉傣族的历史源流考释

探讨勐拉傣族支系间的族群关系，很有必要"穷根究底""追本溯源"，从历史上挖掘其"过去"，以合理化其伴随而来的族群关系。

（一）勐拉傣皓的历史源流

傣皓是勐拉人口最多的傣族族群，但其主体分布于越南。"据说越南莱州的傣皓比境内多几十倍。在国内主要分布在金平县勐拉乡、者米乡，文山州的麻栗坡，江城与越南接壤的曲水乡土卡河沿岸也有分布。"[1]

越南泰族研究的著名学者琴仲根据越南的哈尼族、拉祜族资料，以及越南白泰的文字与语言的不同，将越南白泰分为三个分支，并认为第一分支的莱州、山罗以及老街西南和安沛省西北地区的白泰人是在南诏时期赶走当地的哈尼族、贡族定居下来的。第二分支分布于扶晏、北

---

[1] 高立士：《傣族支系研究》，《中央民族大学学报》1998年第6期。

安、木州县,和平省枚州县,祖先可能是中国的傣族[1]。他们沿着红河、沱江迁入越南。第三分支是在清化、义安,主要是从老挝迁入。[2]

笔者认为琴仲先生所指的第一支系即是与金平勐拉傣皓距离最近。关系最为紧密的支系。只是因为国界线的划分,将其分属为不同的国家。解开这支傣皓支系的来源问题,金平勐拉傣皓的来源也就迎刃而解。

1. 中越交界地带的傣皓来源

傣皓的迁徙是整个傣泰族群迁徙的一部分,因此对傣皓研究离不开对傣泰族群的研究。关于傣泰族群的起源,学术界众说纷纭,主要有以下三种观点。

(1)"南迁说"。这是由西方学者肇始的。即认为傣泰族群源于中国北方甚至更远的地方,在汉族人的驱赶下,不断向南方迁徙。后来在云南建立了南诏国,忽必烈攻灭大理后,迁至现在所居住的地方。这种观点不符合历史事实,已经不断遭到中国学者的批驳。

(2)"土著说"。即认为傣泰族群自古以来就在现在的分布区生活,是当地的土著民族。这种说法影响较大。方国瑜先生就认为:"'掸族'自古就居住于今老挝、泰北、缅甸掸邦、阿萨姆地区,以及云南西南部。"[3] 陈吕范先生认为:"今天的泰、傣、老、掸诸族,就是古掸人的后裔。""自古以来,傣族先民——古掸人就在那里生息与

---

[1] 中国的傣族,国外学者又称为"佬"或"掸"。
[2] [越] 琴仲:《越南傣族的了解》,河内:越南真理国家政治出版社,2005年,第49—56页。
[3] 方国瑜:《元代云南行省傣族史料编年》,昆明:云南人民出版社,1958年,第6页。

繁衍。"[1] 黄惠焜先生也认为：泰族的先民是古代的越人，"泰民族的形成不是迁徙的结果而是就地演变的结果。"[2] 江应樑先生也认为"傣族是自古以来就居住在云南境内的土著住民"。[3]

（3）"西迁说"。持"土著说"的学者通常把中国史籍中记载的"滇越""越裳""掸国"认定是傣泰先民建立的国家，并配合传说，勾勒出傣泰先民生活的原始图景。但是对这种观点质疑的学者也正是以此为突破口，否认了这些古国是傣泰先民所建。在"南迁说"与"土著说"都饱受争议的形势下，"西迁说"引起了广泛关注。其主要观点是认为傣泰族群是由原住于广西及周边的越人西迁形成的。这一学说得到了地名学、语言学等方面研究的支持。[4] 范宏贵先生认为"壮、泰、佬、傣的先民是'百越'中的西瓯人，分布在广西南宁以北至湖南南部、广东西部。并认为壮泰等族共同生活在一起的时间大约是1万年前至公元8—9世纪"。[5] 何平先生通过一系列的论证认为"泰语民族的发祥地就在今天的壮族及其各支系的先民分布的地区，具体来说，最有可能的地方就是中国的广西西部和云南东部及其与越南交界的这一带地区，这一带地区也正是今天狭义的壮侗语民族与泰

---

1 陈吕范：《泰族起源问题研究》，北京：国际文化出版公司，1990年，第20页。
2 黄惠焜：《从越人到泰人》，昆明：云南民族出版社，1992年，第5—6页、第29页。
3 江应樑：《傣族史》，成都：四川民族出版社，1983年，第6页。
4 参见徐松石：《徐松石民族学文集》，桂林：广西师范大学出版社，2005年，第662页；潘其旭：《从地名比较看壮族与泰族由同源走向异流》，《广西民族研究》2001年第1期；罗美珍：《从语言上看傣、泰、壮的族源和迁徙问题》，《民族研究》1981年第6期。
5 范宏贵：《壮侗语诸族民族与东南亚相关民族的渊源与迁徙》，《广西民族研究》1993年第3期。

语民族的交汇区"。[1]

金平县就正处于这样一个壮、傣交汇处的边缘地带，壮族、傣族在此杂居。金平县坐落于元江南岸，元江下游连接越南的老街。贯穿于整个勐拉坝的勐拉河上通元阳，下接越南勐梭、莱州。族群的迁徙常沿着大江大河行进。特别是傣泰民族自古以来就以栽培水稻为生，因此，河流也就成为进入越南的重要通道。何平先生曾讲："泰语民族的先民在向中国西南边地和中南半岛迁徙的过程中，不断与当地其他民族融合，逐渐形成了一些新支系，最终形成了我们今天见到的这些虽然关系密切却又有差别的新民族。"[2] 这些壮傣先民迁入越南以后，又进一步向南向西迁徙，留下的部分逐渐发展演化成了今天越南的白泰、黑泰和红泰支系的先民。高立士先生就认为"傣皓（白傣）、傣朗姆（黑傣）、傣亮（红傣）这三个傣族支系主要分布在越南，今天分布在老挝、泰国、中国的这三个支系，均系从越南迁入，迁入时间待考。"[3]

也就是说，从某种意义上讲，分布于现中越交界一带的傣皓族群先民很早以前就生活在这片区域，又与从广西、云南迁徙而来的壮傣先民不断融合。这个过程持续了相当长的时间。

壮泰是同源异流的民族，关于二者分化的时间及傣泰迁徙时间学术界尚无定论，众说纷纭。

有学者认为"傣泰民族先民向中国西南和中南半岛北部的迁徙自

---

[1] 何平：《东南亚民族史》，昆明：云南大学出版社，2012年，第124页。
[2] 何平：《泰语民族的迁徙与现代傣、老、泰、掸诸民族的形成》，《广西民族研究》2005年第2期。
[3] 高立士：《傣族支系研究》，《中央民族大学学报》1998年第6期。

秦汉时期就开始了"[1]。其依据是晋宁石寨山的青铜文化在西汉中叶以后就急剧衰落，而随后，在中南半岛北部的许多青铜文化墓葬中，又出现了不少与石寨山文化类型密切联系的铜鼓和铜斧。另一个依据是，《华阳国志·南中志》和《后汉书·西南夷》中记载的"哀牢国"，在被东汉击败后，不见于史书记载，但在明清时期，却称老挝和越南西部为"哀牢"。可见是从中国境内迁去的。覃圣敏通过对壮泰民族的比较，认为分离的时间应在东汉以后（220）至唐代以前（618）的这段时间之中。

也有些学者认为是在 6 世纪以后。黄兴球根据大量的考证之后，认为壮泰族群最早是在公元 6 世纪开始分化的。[2] 郑晓云也认为"泰人在公元 6 世纪后大量迁入越南"。[3] "老挝古代流传下来的资料也说，大约在六七世纪时，在华南各省的一些泰人乘船沿着红河、马江进入越南，后又到了老挝、缅甸、泰国。"[4] 何平先生认为，大约在公元前 8 世纪到公元 2 世纪之间，壮泰先民开始分化，但在相当长的时间里还是在中原王朝的势力范围内，迁徙到中南半岛则应该在 6 世纪以后。[5] 据唐代樊绰《云南志》记载，在今越南西北部、老挝北部至云南文山、红河一带，分布着"白衣"部落，他们曾组成"白衣没命

---

1 刘稚：《傣泰民族多元复合的民族文化特征与民族形成》，《云南社会科学》2005 年第 3 期。
2 黄兴球：《壮泰族群分化时间考》，北京：民族出版社，2008 年，第 279 页。
3 郑晓云：《全球化背景下的中国及东南亚傣泰民族文化》，北京：民族出版社，2008 年，第 64 页。
4 范宏贵：《壮侗语诸族民族与东南亚相关民族的渊源与迁徙》，《广西民族研究》1993 年第 3 期。
5 何平：《从云南到阿萨姆——傣泰民族历史再考与重构》，昆明：云南大学出版社，2001 年，第 172—173 页。

军",联结南诏两度攻陷安南都护府,这说明至迟在唐宋时期壮傣已经分离,傣族先民已经大量分布于越南西北部和老挝北部地区。

关于越南岱[1]—泰民族的最后形成,越南学者邓严万认为是公元11世纪侬志高起兵失败后,中国和越南极力用自己的文化同化这个地方的各个民族。自此,结束了这个东支岱—泰民族集团的共同祖先的历史。[2]

越南学者在和平省枚州县收集到一份白泰人的族谱《何公宗族来历》,用泰文书写。书中开头写道:"我们祖先从前的根基在广西……"广西这个地名首次出现是元代设广西道。该族谱记载了27代人的历史,至19世纪70年代止。若以一代人20年计算,共540年。若算到今天,约660年,与广西地名的出现时间相一致。[3] 这说明这份材料是可信的。另外老街省的很多白泰也是从广西迁去的。

傣族的历史就是不断迁徙的历史。族群迁徙并非是在一段时间内完成的,而是各个时期都在进行。这是一个不间断的工程,持续了漫长的时间。由于迁徙的原因不同,路线不同,时间不同,规模不同,在迁徙的过程中,又因其内部的不断分化与融合,又形成一些"有共源关系又有个性特点的新支系"。[4]

---

1 指越南说壮傣语的各个民族群体,其中岱在中国被识别为壮族。
2 [越]邓严万:《越南岱——泰各民族集团的形成时间及其过程》,范宏贵译,《东南亚资料》1983年第1期。
3 范宏贵:《越南泰族的由来》,《世界民族》1996年第2期。
4 王文光、周芳:《掸傣民族源流问题论述》,《广西民族研究》2006年第3期。

2. 勐拉傣皓的来源

勐拉坝最早是哈尼族在此居住。"早在春秋战国时期（前475—前221），'滇国'南部红河流域就有今哈尼族的先民'和尼'部落居住。"[1] 据金平县档案馆的一份资料显示，"猛喇坝原为哈尼族居住，后来缅甸的泰族来到猛喇，打败了当时哈尼族的首领马华煞和高洛莫，把哈尼族赶到山区，泰族就定居在河坝地区，泰族首领代替了哈尼族首领的统治"[2]。这点在关于哈尼族的历史调查中也有记载。居住在现勐拉翁当乡的哈尼族邹格支系说："我们原在勐喇新勐的山坡上居住，后因与傣族发生战争，新勐被傣族占领，于是迁来翁当。"[3] 可见勐拉当地的原住民是哈尼族，后来傣族与哈尼族发生战争，哈尼族被迫迁往山区，傣族就成为勐拉坝的主要民族。

在勐拉，关于当地的傣皓来源，从资料及调查中得知不外乎五种说法，根据地域大致可分为三类：①越南；②缅甸；③元阳、元江、广西。第三类就是我们之前提到的，广西西部、云南东南部到越南北部的地区，正是百越族群中的骆越分布区，所以这三地在迁徙过程中与当地的融合是可能的，也是必然的。第二类，来自缅甸。因为缅甸与金平并不相连，即便是从缅甸迁入也必然要通过两条路线：一是缅甸到老挝、越南再进入勐拉；二是缅甸到西双版纳、思茅江城、者米再进

1　金平苗族瑶族傣族自治县人民政府：《云南省金平苗族瑶族傣族自治县地名志》，1991年，第1页。
2　金平苗族瑶族傣族自治县委：《红河哈尼族自治区金平县勐拉地区社会经济情况的初步调查》，金平县档案馆藏，1955年，第1—2页。
3　国家民委民族问题五种丛书云南省编辑委员会：《哈尼族社会历史调查》，昆明：云南民族出版社，1982年，第61页。

入勐拉。这有可能与我们另外两类说法相合。另外,由于缅甸距离金平较远,提及的人较少,笔者认为这种说法不太可信。

关于第一类,来自越南的说法,无论是文献资料及田野调查,都是足够肯定的。周建新的书中提到"传说,云南省金平县勐拉乡的白傣人是从越南迁入的"。[1] 旧勐村很多村民都讲自己家是从越南莱州省的"封土县""帕丹""勐梭"等地迁入的。[2] 这也与我们前面说的越南是白泰的主要分布区相合。勐拉刀氏土司后人说:"勐拉为什么叫勐拉,就是我们的祖先来到这里把哈尼族撵上山,占了这个河坝。我们就去越南拉,到处拉,拉老百姓过来,才把勐拉坝的田地开发起来。"[3] 这很显然是受汉文化影响程度高,根据汉字的意思附会在"勐拉"这个地名上。但是也从侧面反映,勐拉地区的傣皓,有很多确实是从越南迁入的。

长期以来,中越两地的白傣族群都保持着友好交往。"云南金平县的白傣人与越南莱州省封土县的白泰相同,现在互相还有亲戚关系。金平县勐拉的傣人与越南莱州省勐梭的泰人有亲友关系。"[4] 《刀氏宗族谱》中也谈道:"勐拉与勐梭两地区自称棘好。"勐拉的刀氏土司与勐梭的刀氏土司联姻。可见,白傣间的交往是非常密切的。特别是清

---

[1] 周建新:《中越中老跨国民族及其族群关系研究》,北京:民族出版社,2002年,第85页。
[2] 访谈时间:2014年11月12—13日;访谈地点:金平县勐拉乡旧勐村;访谈及整理者:刘洁。
[3] 访谈时间:2014年11月12日;访谈地点:金平县勐拉乡旧勐村;访谈及整理者:刘洁。
[4] 周建新:《中越中老跨国民族及其族群关系研究》,北京:民族出版社,2002年,第85页。

朝康熙年间勐梭还属建水管辖，据清嘉庆《临安府志》卷十八"土司志"所载："……十五掌寨即猛丁、猛弄、猛喇、茨通坝、者米、猛梭……又称十五猛……诸猛与建水相连，因归建水……"只是在清光绪二十一年（1895）农历五月二十八日，中国、法国政府签订不平等条约《续议界务专条附章》，才将云南临安府所辖的勐蚌、勐赖、勐梭三掌寨地划归法属越南。

总的看来，勐拉的傣皓主体部分是从越南迁入的，也有从广西、元江、元阳等地迁来的壮泰族群不断汇聚融合其中。

至于迁徙的时间，很多材料都讲到一个时间点"明朝末年"，"约当明朝末年，刀姓土司率泰族群众来到猛喇，打败了哈尼族就定居下来"[1]。在田野调查中，村民有的说是"两三百年前从越南迁来的"，有的是"一九四几年从越南迁来的"[2]。正如前面所说的，迁徙并不是在一段时间内完成的，而是一个持续不断的过程。"与越南的迁居情况在历史上是极为普遍的，边疆少数民族无国界观念，流动较大，'想搬到哪边就搬到哪边'。"[3] 只是可能会有一些因素导致较大规模的迁徙。如中华人民共和国成立之前的20世纪40年代就是越南白泰迁入勐拉高峰期。"迁居原因最主要的是双方政治情况的变化。如抗日战争中，日帝占领越南时，由越南迁入我方的甚多，第二次世界大

---

[1] 金平苗族瑶族傣族自治县委：《红河哈尼族自治区金平县勐拉地区社会经济情况的初步调查》，1955年，金平县档案馆藏，第1—2页。

[2] 访谈时间：2014年11月12—13日；访谈地点：金平县勐拉乡旧勐村；访谈及整理者：刘洁。

[3] 金平苗族瑶族傣族自治县委：《红河哈尼族自治区金平县勐拉地区社会经济情况的初步调查》，1955年，金平县档案馆藏，第1—2页。

战后，法帝重新强占越南时，亦是由越南迁来我境甚多"[1]。

综上所述，金平勐拉的傣皓主体是明朝从越南西北部白泰分布区迁徙而来，也有部分是从金平县周边的元江、元阳或广西的部分地区，沿红河等其他路线迁徙融合而形成的。

傣皓最先到达勐拉地区，打败当地土著哈尼族之后，占领了勐拉广阔的河坝，发展水稻种植，在此定居下来，随着实力的增长，确立了对勐拉的统治地位。

（二）勐拉傣泐的历史源流

勐拉的傣皓在一定程度上算是当地的世居民族，与越南西北部连接起来形成白泰的主要分布区。其人数多，占领了勐拉主要的坝区。而普洱上、中、下三个寨子的傣泐则是近一二百年才迁入的。

1. 关于勐拉傣泐来源的几种说法

（1）普洱县。在《金平县地名志》中写道："普洱上寨：村。该村民从普洱县迁来此定居，处于上侧，故名。"[2]

---

[1] 金平苗族瑶族傣族自治县委：《红河哈尼族自治区金平县勐拉地区社会经济情况的初步调查》，1955年，金平县档案馆藏，第1—2页。

[2] 金平苗族瑶族傣族自治县人民政府：《云南省金平苗族瑶族傣族自治县地名志》（内部发行），1991年，第51页。

(2)越南。"普洱[1]的其中一部分由越南勐捧迁来,原因是逃避战争。"[2] "普洱、曼丈两个民族均由越南来,普洱族约当一百多年前因战争关系来的。"[3] 至于这场战争有几种说法。一是普洱族帮刀氏兄长打了胜仗。"约当一百多年前,即最后一代土司刀家柱向上推五代的时候,刀姓土司弟兄二人争夺土司地位,发生战争。兄弟打败哥哥,哥哥一家被杀,只剩妻儿,后为其舅家刘姓到越南招兵,打败了弟弟,恢复了土司地位,普耳族参加了战争,后一部分留居猛喇。"[4] 二是普洱族打仗时叫老假。"据土司表亲讲:刘家在越南猛武一带招兵,招来了老假(地名,也是民族名称)打败兄弟。土司赠送钱财、粮食。大部分老假返回。少部分留居,就是现在的普耳族。"[5] 三是普洱族是战俘。"据当地干部及群众讲:'楞'即普耳族是弟弟从越南搬来的兵,帮弟弟打败了哥哥。后来刘家招来老假称'崩'。打败了弟弟及普耳族,并俘虏了普耳族的首领召法叫做贾行代的以及一些普耳族。后来陆续由越南的猛武、猛蚌、步方等地迁来一些户,逐渐形成现在的三个寨子。"[6]

---

1 普洱是音译,现行政单位为普洱,但以往材料也用普儿或普耳;故引用时据原文,叙述时统一为普洱。
2 中国科学院民族研究所云南民族调查组:《云南省傣族社会历史调查资料——孟连沧源和金平傣族地区》,1963年,第116页。
3 金平苗族瑶族傣族自治县委:《红河哈尼族自治区金平县勐拉地区社会经济情况的初步调查》,1955年,金平县档案馆藏,第3页。
4 金平苗族瑶族傣族自治县委:《金平县第三区新猛乡普耳三寨社会经济情况调查》,1955年,金平县档案馆藏,第2页。
5 金平苗族瑶族傣族自治县委:《金平县第三区新猛乡普耳三寨社会经济情况调查》,1955年,金平县档案馆藏,第2页。
6 金平苗族瑶族傣族自治县委:《金平县第三区新猛乡普耳三寨社会经济情况调查》,1955年,金平县档案馆藏,第2页。

虽然以上的说法不一，但是"从其历史传说及过去政治、经济地位看，可能最早的是战争俘虏"。[1] 在调查中普耳三寨的村民都肯定的是一九五几年，有五六百人从越南迁入。当地编排的文艺节目也影响着大家的判断："我看'乡村大舞台'跳我们的历史故事是：以前我们民族是从越南那边过来的，因为打仗，跑过来到这里住，才有这三个寨子。"

（3）西双版纳。"普洱傣主要是从西双版纳大勐龙几经辗转迁到金平的，民国初年才在勐拉普洱定居下来，现已有160多年历史。"[2] "普洱傣是200年前为避战乱求生而逃出西双版纳东迁此地定居的。"[3] "普洱族的老家原在西双版纳，因当地发生战争，逃往越南避难，后越南又发生战争，迁居中国，迁来时约三百多户，越南战争平靖后大部分返回，其中少量无力返家的农民留居猛喇。"[4]

勐拉当地的民族文化爱好者罗文斌经过约10年对普洱三寨的调查研究后认为"普洱上、中、下寨的傣泐支系是于287年前从西双版纳迁来的"[5]，并且他认为三寨是从不同的地方迁入。"普洱上寨是从西双版纳勐腊县边境尚勇、磨憨迁徙而来，中寨、下寨则来自西双版纳

---

[1] 金平苗族瑶族傣族自治县委：《红河哈尼族自治区金平县勐拉地区社会经济情况的初步调查》，1955年，金平县档案馆藏，第3页。

[2] 金平苗族瑶族傣族自治县民族宗教事务局：《金平苗族瑶族傣族自治县民族志（1979—2010）》，昆明：云南民族出版社，2013年，第79页。

[3] 刀洁、和少英：《守望边境上的家园——金平傣族的社会文化》，昆明：云南大学出版社，2007年，第10页。

[4] 金平苗族瑶族傣族自治县委：《金平县第三区新猛乡普耳三寨社会经济情况调查》，1955年，金平县档案馆藏，第1页。

[5] 罗文斌：云南省红河州金平县傣族傣泐支系文化资料，http://hi.baidu.com/learningdai/item/3fba8b497f47c5aede2a9f27。

大勐龙曼贵村。经过长途迁徙，从越南进入拉更（寺庙旧址据说还存在）、者米一带居住，后迁徙至现在的居住地。"[1]

普洱三寨的村民们大多数都觉得自己跟西双版纳的傣族一样，应该是从西双版纳迁来的，但是好像又没有什么依据。只是说：以前古老的时候可能有从西双版纳来的。[2] 但是有人比较确定的是以前在大勐龙那边[3]，也有人说：从西双版纳来的有200多人，是从勐龙、江城过来。也有人说是几百年前就是在这里的本地人，也有人说是从缅甸搬过来的。[4]

由于曼丈上下寨距离普洱三寨较远，接触很少。但很多人说上寨和中寨是从西双版纳来的，下寨是从越南来的。但也有人说的恰好相反，普洱上寨中寨是从越南迁过来的，下寨是从西双版纳过来的。[5] 但大家都比较肯定的是上寨和中寨是一起的，下寨是单个的。

2. 勐拉傣泐的来源及迁徙路线

我们要研究普洱上、中、下三寨的来源，可以先从"普洱"称谓入手。探究其是否会像《地名志》里面说的是因为村寨居民是由普洱

---

[1] 罗文斌：云南省红河州金平县傣族傣泐支系文化资料 http://hi.baidu.com/learning-dai/item/3fba8b497f47c5aede2a9f27。
[2] 访谈时间：2014年11月7日；访谈地点：金平县勐拉乡普耳中寨；访谈及整理：刘洁。
[3] 访谈时间：2014年11月6日；访谈地点：金平县勐拉乡普耳上寨；访谈及整理：刘洁。
[4] 访谈时间：2014年11月7日；访谈地点：金平县勐拉乡普耳中寨；访谈及整理：刘洁。
[5] 访谈时间：2014年11月8—9日；访谈地点：金平县勐拉乡曼丈下寨；访谈及整理：刘洁。

县迁入得名。笔者调查时，罗文斌曾对我讲，这是一个明显的错误。

"普洱"是哈尼语。"普，为寨，洱，为水湾。普洱为水湾寨。明代为普洱，清雍正七年（1729）设普洱府。"[1] 普洱府管辖的地域很广阔："领宁洱县、思茅厅（今思茅县）、威远厅（今景谷县）、他郎厅（今墨江县）及车里宣慰司（今西双版纳州）、勐海、勐混、勐遮、勐满（以上今勐海县）、勐腊、易武（以上今勐腊县）、整东、猛旺（以上今江城县）等地。府治在宁洱县。1913年废。"[2]

有一种说法认为："因为清雍正年间，西双版纳召片领（车里宣慰使）受普洱府节制，于是刀土司便将来自普洱府节制的傣泐人定名为'普洱人'，后不知何故又把'普洱'写为'普耳'。"[3]

另一种说法认为"普洱"不是地名，而是一种称谓。"因申报村名时，傣泐祖先对当地的白傣语不熟悉，只知道自己的民族叫傣泐。'普'是当地傣语'我们'的意思，'泐'是傣族，他们想表达'我们是和你们语言相似的傣族人'，由于不擅长表达，情急之下说成了'PU－LE（普泐）'，就这样有了这一个地名，后便用谐音'普耳'沿用至今。"[4] 但是据了解，也许"普泐"并不是"情急之下说出的"。普洱上寨的王组长就说"我们是普泐"。"普耳是他称，自称普勒。"[5]

---

[1] 普洱哈尼族彝族自治县人民政府：《普洱哈尼族彝族自治县地名志》（内部发行），1987年，第10页。

[2] 《云南辞典》编辑委员会：《云南辞典》，昆明：云南人民出版社，1993年，第122页。

[3] 刀洁、和少英：《守望边境上的家园——金平傣族的社会文化》，昆明：云南大学出版社，2007年，第10页。

[4] 罗文斌：云南省红河州金平县傣族傣泐支系文化资料，http://hi.baidu.com/learningdai/item/3fba8b497f47c5aede2a9f27。

[5] 中国科学院民族研究所云南民族调查组：《云南省傣族社会历史调查资料——孟连沧源和金平傣族地区》1963年，第116页。

"三寨居民自称为'楞','楞'与'普洱'发音相近,因而,其他民族称为'普洱',现一般均称'普洱族'。"[1]

"在普勒内部又分为傣龙、傣鸟、景比、景秀四支等。下、中寨是傣龙,上寨是景比。"[1] 由此可见,罗文斌和曼丈寨村民的表述将他们三个寨子区别开来,认为他们是从不同的地方迁入的是有一定道理的。中寨、下寨是傣龙,应是一起迁入的,上寨是景比,应该不是一起的。为什么人们的印象是上、中寨是一起的呢?笔者认为应该是因为上、中寨共用一个佛寺,所以大家认为他们关系紧密所致。

也就是说普耳三寨不是从"普耳县"迁入的,"普耳"是他们的自称,并且中寨和下寨是傣龙分支,上寨是景比分支。他们的语言文字、风俗习惯、宗教信仰均与西双版纳"傣泐"支系相同,但是为什么说他们是从越南迁入的呢?

今天的西双版纳在古代称"勐泐",傣族也就自称为"泐"。西双版纳的傣族在不同的历史时期逐渐向南迁徙。"越南的卢族(也就是'泐')主要分布在莱州省封土、兴湖、奠边等县。"[2] "是从中国西双版纳的勐腊、老挝丰沙里省勐乌迁到越南的。"[3] 并且学术界认为越南以及老挝、泰国、缅甸的卢族均来自中国的西双版纳。

据资料记载:"公元12世纪初期,首批卢人来到奠边。他们比黑

---

1 金平苗族瑶族傣族自治县委:《金平县第三区新猛乡普耳三寨社会经济情况调查》,1955年,金平县档案馆藏,第1页。
1 中国科学院民族研究所云南民族调查组:《云南省傣族社会历史调查资料——孟连沧源和金平傣族地区》1963年,第116页。
2 周建新:《中越中老跨国民族及其族群关系研究》,北京:民族出版社,2002年,第87页。
3 范宏贵:《越南泰族的由来》,《世界民族》1996年第2期。

泰和白泰人来得还要早,并占据了孟青地区。直到黑泰人的酋长郎征带领军队攻打孟青,卢人才隶属于黑泰首领,但是以后他们又起来赶走了统治者,并做了这地区的主人。现在还保存着卢人的许多遗迹,如三万城、那仇田等。卢人来到封土、兴湖较晚,各种传说和西北地区的卢族、泰族、佬族人的手抄材料中,均有距今六七代(18 世纪)卢族来到该地区的记载。这可能是当黄公质攻打西北的三万城时,从孟青、奠边逃来的卢人。"[1] 按照这样的说法,18 世纪以后卢族迁到了封土等中越交界一带,在 1868 年刀氏家族打仗时迁入勐拉,[2] 也是一种可能。

但更多的证据证明在 18 世纪以后,大量傣泐从西双版纳迁入越南,后有的又来到勐拉。有资料记载:"在 18 世纪后期至 19 世纪前期,东南亚的暹罗崛起,在与缅甸的对抗中从西双版纳掠夺大量人口安置在清迈、勐难等地。而西双版纳地区的人民逃亡,村庄荡然无存。"[3]

普耳三寨并不是一次迁徙形成的,而是经过多次的迁徙才形成的。都是从西双版纳迁出,经过老挝等地,到达越南,并在越南停留了较长的时间。最初到达勐拉的傣泐可能是由于刀氏土司兄弟争夺土司职位,从越南被调征过来的,战争失败后,有的返回,有的定居勐拉。在调查时,罗文斌认为那些老弱病残或者得麻风病的走不动就定居下

---

[1] 越南社会科学委员会民族学研究所:《越南北方少数民族》,范宏贵、孟维仁、徐泉英、古小松译,广西民族学院民族研究所,1986 年,第 120 页。
[2] 刀世武、刀锐:《刀氏宗族谱》,勐拉旧勐村藏,1996 年,第 9 页。
[3] 龙晓燕:《从西双版纳到兰纳:泰国清坎傣泐如何记忆历史》,《广西民族大学学报》2012 年第 1 期。

来。因为据他的调查,有几年普耳三寨那里的麻风病人特别多。后来又不断有傣泐迁入。

到18世纪,由于缅甸与暹罗的征战,西双版纳的傣泐大量向外迁徙,有的来到越南后又迁入勐拉等地。

到了20世纪四五十年代,日本占领越南,第二次世界大战后法国占领越南时,又有一批从越南迁入的傣泐人迁入此地,造成了现在这个来源复杂的普耳三寨。但是无可否认,这三寨的源头都是今天的西双版纳,只是时间和路线有不同。

(三) 勐拉曼丈的历史源流

勐拉地区的曼丈人自称"布芒"。这个称呼与中国史料中出现的"苞满""濮曼"及明清记录中的"蒲蛮"都是一样的,只是先后译写不同。在汉代《史记·司马相如列传》中记载,汉武帝开"西南夷"之时,"定筰存邛,略斯榆,举苞满"。苞满,"服虔云,夷种也",是一少数民族。"苞满"以及史料中记载的"闽濮"都是近代孟高棉语族中的布朗、佤、德昂族的先民。由此可见,千百年来,曼丈人的自称并未发生变化。

1. 勐拉曼丈源于何地

"布曼人约在百年前迁来。原因为布曼人在越南猛莱地方是泰族土司的臣属,为土司割草养象,伐木作船。劳役十分苛重,割幼草喂象,要砍伐每木能制一只船的巨木,土司的爪牙'板拉木'为勒索布曼人，偷将砍来作船料的巨木焚毁。然后再进行新的敲榨。布曼人实在无法忍受这般极其残酷的剥削，将板拉木杀死，乘夜逃来中国。据说当时迁来170户，分成两个村寨，后来患疾病多半死亡。"[1] 这是1960年的资料，100年前也就是距现在约有150年。

关于曼丈的历史在旧勐村几乎家喻户晓，勐拉刀氏土司后人讲述：省府追来后，我们就保护他们，让他们藏起来。就对省官说没见啊。才有了现在的曼丈。[2] 但是傣泐村子对曼丈的历史就很不了解，很多人不知道曼丈的历史。有的人知道，却说是以前听老人讲，刀家柱家有大象，他们当小工，每天背草喂大象。[3]

曼丈下寨的村民交给笔者一份云南大学民族学硕士李玥姣在2013年整理的当地调查的口述资料，和上面的故事基本一样。只是后面增添了来到中国后的路线。先到金水河，在那窝村休整，有一部分人思念故乡，就返回去了，另一部分顺着藤条江继续迁移，到了刀氏土司的地盘。后来迁到了现在上曼丈村的山头上，一共有三个寨子，共计300多户，约有1500人。后来曼丈人得了一场瘟疫，死了好多人，就合并成了现在的两个寨子，有80多户人家，共计286人。

2. 勐拉曼丈源于何时

曼丈的历史是比较清晰的。就是因为受到越南官府的压迫，忍无

1　金平民族识别小组：《红河哈尼族彝族自治州金平县第三区新猛乡曼丈新寨有关曼丈的一些情况》，金平县档案馆藏，1960年，第1页。
2　访谈时间：2014年11月12日；访谈地点：金平县勐拉乡旧勐村；访谈及整理：刘洁。
3　访谈时间：2014年11月6日；访谈地点：金平县勐拉乡普耳上寨；访谈及整理：刘洁。

可忍从越南迁入勐拉。但是时间我们却还不能确定。

刀洁教授经过田野调查得到的资料是:"据报告人讲述,王大妈出生在越南,1岁时随父母迁到中国,于1985年去世,去世那年有120岁,是村里年岁最高的老人。若按此推算,曼丈傣从越南迁到中国大约已有140余年的历史。"[1] 笔者在勐拉的调查中,有的人认为可能100多年了[2]。田头的老支书说:"曼丈上寨的王卫国老人(已去世)说他们曼丈从越南搬过来是1928年的时候。大约距今90年。比普洱早。"[3] 还有人说:曼丈比普洱三个寨子来得还晚。一八三几年曼丈才来。按照大约1830年来算,大约距今185年。[4] 访谈、口述的结论都不相同,那么到底是什么时候呢?曼丈说他们比普洱来得早,普洱说自己比曼丈来得早,到底是谁先谁后呢?

笔者认为,普洱居住在与刀氏土司毗邻的坝区,如果曼丈比他们迁入的时间靠后,又是从越南迁入,他们肯定会知道这段历史。但在普洱三寨的调查,大部分人都不了解曼丈的历史。相反,曼丈能很清楚地区分普洱的历史,知道他们有的从越南来,有的从西双版纳来。所以,曼丈应该比普洱三寨的"傣泐"先到。

---

1 刀洁、和少英:《守望边境上的家园——金平傣族的社会文化》,昆明:云南大学出版社,2007年,第12页。
2 访谈时间:2014年11月12日;访谈地点:金平县勐拉乡旧勐村;访谈及整理:刘洁。
3 访谈时间:2014年11月10日;访谈地点:金平县勐拉乡田头村;访谈及整理:刘洁。
4 访谈时间:2014年11月12日;访谈地点:金平县勐拉乡旧勐村;访谈及整理:刘洁。

小　结

　　通过对傣泰族群源流的梳理，也就为我们研究勐拉傣族的族群关系提供了大的背景。傣皓主体分布于越南，其先民至晚在唐宋时已在中越交界一带大量分布，后在越南形成主要分布区。勐拉的原住民是哈尼族，明朝末年，来自越南的白泰打败了哈尼族，将哈尼族赶到山区，占领了勐拉坝。而后，与不断由元江、广西迁入的壮傣族群先民融合形成了当地的傣皓。曼丈由于备受越南土司压榨，忍无可忍就杀掉他们的官，逃到勐拉来，时间在19世纪五六十年代。傣泐从西双版纳迁徙而来，在越南停留了较长时间，后因为1868年勐拉土司打仗征召而来，这可能是最早到达勐拉的傣泐，后来又不断有傣泐迁徙而来，形成了普洱下、中寨。在18世纪末19世纪初，也就是清嘉庆年间，由于当时暹罗与缅甸打仗，大量的傣泐从西双版纳逃亡，有的经过遥远的迁徙到达勐拉，形成了普洱上寨。曼丈和傣泐迁入勐拉时就已经处在刀氏土司的统治之下，这就决定了其在勐拉的被统治地位，影响到他们后来的资源分配状况及不平等的族群关系。

三、历史上金平勐拉傣族的族群关系

当代的族群关系往往是历史的延续,历史上族群之间关系融洽与否对今天的族群关系都有一定程度的影响。

(一)傣皓刀氏土司政权的确立

1. 勐拉政权的建立

在公元第一个千年的时候,傣族人生活的基础是单一家庭的农户。这些家庭通过种植水稻、蔬菜,养育牛和家禽,捕鱼、狩猎,编织衣物与制作工具能够维持基本的生存。有一个非正式的乡村长老议事会来协调这些活动,调解争议和安排节日。但是这些村落是不能孤立存在的。在战争的时候,单个乡村的力量是极其脆弱的。"勐"就作为一种村落的联合体而成为单个村落之上的主要单位。"勐"是历史上傣族的社会组织形式,依托这种社会组织逐渐形成了一种社会制度,即勐制。

"勐"既表示社会关系也表示空间关系;不仅表示位于相互关联

的乡村网络中心的镇，还表示镇和被单一的"召"控制的乡村的整体。这样的村落联合体源自一系列的政治、经济和社会的互动关系。在最强大的村落或者家庭领导下，傣族人村落联合起来进行共同防御。为了回报这种保护，村落向他们的领主"召勐"提供劳务或者偿付大量的本地产品或手工品。[1]

傣族在迁徙的历史中，当发现有适宜水稻种植的平坝、山谷地区以后，就会建立"勐"。每个"勐"都有"召勐"，有"勐心"，有"勐神"。

勐拉至晚在明清时期就已建立了勐，据清嘉庆《临安府志》卷十八"土司志"所载："……十五掌寨即：猛丁、猛弄、猛喇、茨通坝、者米、猛梭……又称十五猛。"尽管勐拉深受汉文化影响，但是反映傣族原始宗教文化现象的重要组成部分，即万物有灵和家有家神、寨有寨神、勐有勐神的崇拜及其祭祀礼仪，在勐拉保留着其固有特点。[2]

2. 勐拉纳入中央王朝统治之下

"《元史·张立道传》说：'至元十七年入朝，……命立道为临安广西道宣抚使。……始赴任，会禾泥路大首领必思反，扇动诸蛮夷，亟发兵讨之。拔其城邑，鼓行而前，徇金齿甸七十城，越麻甸，抵可蒲，皆下之。'"[3] 据方国瑜先生的考证，"疑'麻甸'即猛丁，沿藤条江而居，又'可蒲'，疑在猛喇地，亦沿藤条江。""明邓钟撰安南

1　[美]怀亚特（Wyatt D. K.）：《泰国史》，郭继光译，上海：东方出版中心，2009年，第6页。
2　朱德普：《红河州勐拉傣族原始宗教崇拜觅踪》，《宗教学研究》1994年第1期。
3　方国瑜：《中国西南历史地理考释》，北京：中华书局，1987年，第914页。

图志地图注记'大甸'及'七十城门'二地名于纳楼、亏容、左能之东南，王弄山之西南，与猛丁、猛喇、猛梭之位置大致相符。明代尚有七十城门及大甸地名。雍正临安府志卷三建置志建水州说：'顺治十五年沐氏勋庄猛丁、猛喇、猛梭等寨投诚归庄，钱粮附州征收。'可知明时七十城门之地划为沐氏勋庄，不受府县管辖，故志书不载土职耳。"[1] 由上可知，勐拉地区在元代时为七十城门之地，在中、越交界的夹缝中生存，未受到双方的管辖。到了明代，中央王朝的统治权力开始进入勐拉地区。

明清时包括勐拉在内的云南临安府南部沿边 15 个小土司所管辖的地区，即今云南元阳县、金平县辖境及个旧市的部分地区，也包括今越南莱州省西北部的部分地区，纵横 400 余里，在明代属于沐氏勋庄，清初为吴三桂所部壮丁的圈拨地。清康熙时平定吴三桂之乱后，这些地方归建水县征收钱粮。其时每勐设一掌寨，督办钱粮之事。道光《云南志钞·土司志一·临安府》载："猛喇（今勐拉）寨长刀秉铨，其先刀起凤，国朝顺治十五年投诚（岁纳籽粮银一百两）。"

清王朝在金平境内先后册封勐拉、者米、勐丁、茨通坝四个土司，各设一寨长世袭，以利进一步安定边疆，固守边防。境内四个土司初封为土外委，后称土掌寨，均系第九品。勐拉刀姓土司的地域最广，统治时间最长。现在的城关、铜厂、勐拉三个区就是刀土司的封地。勐拉土司属临安府管辖，年向清廷缴纳贡赋，这是刀氏土司的全盛时期。

---

[1] 方国瑜：《中国西南历史地理考释》，北京：中华书局，1987 年，第 914 页。

清雍正年间，云贵总督鄂尔泰在云南进行了大规模的"改土归流"。但由于金平处于红河以南这特殊的地理位置，金平的土司制度最终以"江内宜流不宜土，江外宜土不宜流"的理由而得以完整地保留下来。

民国六年（1917），在金平实行"改土归流"，勐拉刀氏土司所辖地勐拉、铜厂、王布田归于金河行政委员管辖。民国二十一年（1932），勐拉土司刀光荣自动呈请"改土归流"，业经照准。将金河、勐丁两行政委员分别改为金河设治局和平河设治局。最后，于民国二十三年（1934）将金河、平河两设治局合并为县，分别取二者之首字"金""平"合名为"金平"县。

但是国民党地方政府在金平的"改土归流"依然是不彻底的，只是削弱了土司的政治势力，造成了土司制度与保甲制度的合流。国民党政府承认土司依然享有原封地上的土地所有权，准许他们向各族人民征收地租。土司也承认国民党地方政府的统治，赋税粮归政府所有。昔日的亲信、寨官变成了保、甲长，土司本人也取得国民党政府的官衔，凭借着手中的人和枪仍旧统治一方。

3. 勐拉刀氏土司的来源

勐拉刀氏土司在这块土地上统治持续了12代，共257年。其承袭：刀起凤→刀温→刀怀→刀定邦→刀易罕→刀国安→刀有光→刀国宁→刀国洪→刀秉铨→刀治国→刀光荣。[1]

---

1 龚荫：《中国土司制度史》，成都：四川人民出版社，2011年，第447页。

关于刀氏土司来源，有以下几种说法。

"越南说"和"元阳说"。这两种说法的共同点在于都认为刀氏率领民众通过战争打败哈尼族，以此在勐拉定居下来，并获得了首领地位。

"江南说"。刀家有份《刀氏宗族谱》，是刀家第十二三代于 1996 年开始编写的。上面记录的是："刀氏祖籍江苏省南京应天府人，原姓'骆'……跟随沐英将军远征云南，入赘当地土著族人家刀姓，刀氏家族自称傣雅。元江刀姓兄弟两人……兄刀启龙走至腾越府干岩以军功显著为该地土司……弟刀启凤初至勐拉，时值清顺治元年（1644），见江岸平坝土地肥沃，招元江亲友至此拓荒……"[1] 在调查中，刀家栋认为，"原来刀家姓诺，明朝时，原在南京马鞍山市，因为不愿意当兵，就跑到广西躲起来，在南宁上门。到了清朝，因官府要迁父亲的坟墓，跟人打架，把人打死，就跑到了勐拉。"[2] 刀明禄认为"诺家原来是在安徽马鞍山，后来到广东做生意，后来因为得罪了人，就把孩子交给这里的刀家抱养"。[3]

"江南说"与其他的说法有一个明显的区别，即是先从江南地区迁到少数民族地区，最后才到了勐拉。这样也就能为刀家原来是汉族提供证据。

"广西说"。《红河土司七百年》中记载："刀氏家谱载：刀起龙、刀起凤、刀起生三兄弟，原广西南宁人，原姓白，父白望华是当地名

---

[1] 刀世武、刀锐：《刀氏宗族谱》，勐拉旧勐村藏，1996 年，第 20 页。
[2] 访谈对象：刀家栋，金平县勐拉乡旧勐村，2014 年 11 月 12 日；访谈及整理：刘洁。
[3] 访谈对象：刀明禄，金平县勐拉乡旧勐村，2014 年 11 月 13 日；访谈及整理：刘洁。

望人士。官府砸毁其父墓地石马，起凤兄弟怒杀府兵数人而逃走江湖，最后到云南边地勐拉，为躲避追捕，改姓埋名，将白姓更为刀姓，大哥起龙到元江定居，三弟起生落居红河。"[1] 刀家增认为："原来刀家姓王，是广西南宁人，到这里做生意。在马鞍山（勐拉附近）上休息时，因看到这里地形好，就留下了。打听当地人，这里原是哈尼族苗族在开荒，问了当地土司姓刀，就改姓刀。"第一段材料和上面刀家栋所讲的材料很相似，只是刀家栋的讲述中多了一个"南京马鞍山"这个子虚乌有的地名。刀明禄谈到的是"安徽马鞍山市"，刀家增则谈到的是勐拉的马鞍山，"勐拉河谷东西有老黑山和马鞍山"[2]，笔者认为可能是由于勐拉的马鞍山而与安徽马鞍山联系起来，以证明自己的祖先是从汉人聚居区迁来的，是"大汉族"。很多资料中都曾谈到，封建王朝实行的歧视少数民族的政策，使很多少数民族都迫于无奈，将自己的族谱攀附至汉人。这三位刀家后裔都没有像前面的族谱上写的祖先是跟随"沐英征滇"而来的，反而刀家栋说是"因为不愿意当兵，才躲去广西"。

实际上，不管是从广东还是从广西来勐拉做生意的可能都是很小的。明朝时确实有汉人到现金平境内经商，"明崇祯九年（1636）湘赣人毛金客、曾老矮到今县境内开办金矿，二人后被采金者敬奉为'矿神'。同时，楚人（湖北、湖南等地）到勐拉开办金、银、铜矿。""清乾隆元年（1736）湘赣人王布田赴境内采金开田"。后来掀起了金

---

[1] 云南省红河州政协学习文史委员会：《红河土司七百年》，北京：民族出版社，2006年，第158页。
[2] 中国科学院民族研究所云南民族调查组：《云南省傣族社会历史调查资料——孟连沧源和金平傣族地区》1963年，第49页。

平境内的经商高潮。"民国时期,临街店铺多为广东、广西两省客商经营。"[1] 由此可见,刚开始来这里开发的人是采金采矿的,且多为湖南湖北一带的人,到后来才有广东、广西人来这里经商。

上面的几种说法都会提到刀氏兄弟一起来到勐拉。常提起的是"两兄弟",一个叫"刀骑凤",一个叫"刀骑龙"。为什么写这个"骑"字呢,因为在访谈期间,他们讲的是象征着"骑着凤,骑着龙来的"。这两兄弟,有的说,一个去了红河县当土司,一个就在勐拉当土司。也有的人说哥哥当土司管理勐拉,就让弟弟分管王布田(现金平县城)。

从文献资料和口述史资料来看,有的人说哥哥是刀起龙,弟弟是刀起凤,有的说哥哥是刀起凤,弟弟是刀起龙。不管谁是兄、谁是弟,是刀起凤为勐拉土司是明确的,但是弟弟"刀起龙"到底是像《金平边区状况》中谈到的"启龙至迤西之耿马、干崖,以军功显,遂为该处土司"?还是有人提到的到"红河县"做土司?还是像有些文献中所说的定居元江?

经过反复查询,发现"耿马土司"为罕氏,"干崖土司"虽为刀氏,但没有叫"刀起龙"的。红河县的土司分为好几部分,基本上都是哈尼族首领。只有一个"亏容甸土司"是傣族,但是在明朝洪武年间就被朝廷赐姓"孙"。至1950年,亏容土司传22代,500余年。所以也不是红河土司。

但是十分巧合的是,在《中国土司制度》中元阳的"五邦土掌

---

[1] 金平苗族瑶族傣族自治县地方志编纂委员会:《金平苗族瑶族傣族自治县志》,北京:生活·读书·新知三联书店,1994年,第362页。

寨"篇发现,"清顺治十五年(1658)五邦寨长刀宗仁投诚……宗仁死,子起凤继。起凤有罪伏法,弟起龙继。起龙死,子之富继……"[1] 笔者认为,此"刀起凤"非彼"刀起凤"。首先,五邦的刀起凤"有罪伏法",被判死刑。其次,即使刀起凤逃匿,未伏法,但是勐拉土司刀起凤是在清顺治十五年(1658)投诚的,也就是和五邦刀起凤的父亲"刀宗仁"同一年投诚。最后,五邦和勐拉同在临安府境内,即使逃跑,也应当改名换姓,隐姓埋名,不会叫原来的名字并且大张旗鼓地当土司。如果真的存在刀起凤的兄弟刀起龙,应当是就像刀家增所谈到的,让其分管王布田的可能性最大。"最初勐喇土司将金平地区,即今第一区分给其弟弟,作为弟弟的封地"[2]。

关于刁氏是如何获得土司的地位的,在旧勐村的调查中,大家都津津乐道于这样一个故事:"原本勐拉土司姓刁,当时刁土司让姓诺的到临安府换公章,到了那里看到很多兵,就发抖,说姓刁也说不清楚,人家听成了刀,给他刻的章就成了刀姓。"[3] 至于为什么刁家土司会让一个外姓人去帮他换章呢?有的人说:"姓诺的来刁土司家上门,因为有文化,所以就让他去刻章。刻的章成刀姓后,就改姓刀,后来他岳父死后,就让他做土司。"[4] 但是刁家和刀明禄都说:"刁家抱养了姓诺的儿子。要换公章的时候,因为担心自己的亲生儿子在路上被

---

1 龚荫:《中国土司制度》,昆明:云南民族出版社,1992年,第517页。
2 国家民委民族问题五种丛书云南省编辑委员会:《哈尼族社会历史调查》,昆明:云南民族出版社,1982年,第44页。
3 访谈时间:2014年11月12—13日;访谈地点:金平县勐拉乡旧勐村;访谈及整理:刘洁。
4 访谈时间:2014年11月12日;访谈地点:金平县勐拉乡旧勐村;访谈及整理:刘洁。

害，就让养子去。结果刻回来的章是姓刀的。刁家比较迷信，认为上天要派姓刀的来管勐拉，于是就把土司的位子让给了这个姓诺的。他因此也改姓刀。"[1] 刁家老人还讲："刚开始他当官，我们刀刁都是一家人。后来慢慢地全都成刀家的了。我们刁家土生土长就是在这个勐拉坝，历来土司就是我们刁家做的。他们刀家是从外省来的，来霸占我们，已经霸占了12代，共产党才来领导。"在社会调查材料中也有这样一段："刀姓土司的祖先原是元阳五亩、五邦人来到猛喇，因其聪明、会办事，刁姓土司收为儿子……刁姓土司的后裔愚蠢，后就将土司的职位交给其继承，即后来一直传袭的刀姓土司。"[2]

朱德普从勐拉刀家和刁家祭祀祖先的有关礼仪比较中认为"刁"和"刀"都源于傣语首领"道"的音译。从刁家祭祖之礼俗以及世袭占用田产而不纳贡赋，但又世代不得封委为官的特殊社会地位，说明了原来为土酋的刁家与夺取了统治权势的刀土司家的微妙关系。[3]

从上述的描述中，我们知道了为什么姓诺的会到刁家上门，因为他"有文化"。为什么会让他去临安府换章呢？因为他"有文化"。在调查中，刀家增并没有讲述关于刀家和刁家的故事，直接是因为刀姓祖先"有文化"，而这里的人没有文化，所以让他做了当地土司。可见，在祖国边疆的"蛮夷之地"，有没有文化成为汉人区别当地"蛮夷"的一种重要标志，也成为一种强烈的"攀附"。

我们再来考虑从元江迁来的可能性。元江即红河上游，顺江而下

---

[1] 访谈时间：2014年11月13日；访谈地点：金平县勐拉乡旧勐村；访谈及整理：刘洁。
[2] 金平苗族瑶族傣族自治县委：《红河哈尼族自治区金平县勐拉地区社会经济情况的初步调查》，1955年，金平县档案馆藏，第2页。
[3] 朱德普：《红河州勐拉傣族原始宗教崇拜觅踪》，《宗教学研究》1994年第1期。

可到金平。关于元江的傣族，很多学者都认为是1053年侬智高起兵反宋失败后率部众从广西南宁退往磨特道（今文山州广南县），也有些后来落籍元江，后为当地民族所驱逐迁往西双版纳。《古今图书集成》方舆汇编职方典第1506卷元江府部中记载"侬人，其种在元江，与广南同是侬智高之党，窜于此者"，其风俗习俗在今天看来已与傣族十分相似。现在元江的"傣格"支系，"据说是侬智高起义军的后裔，因起义失败而逃散，改称傣族。主要分布在元江、红河、元阳、河口四县的红河沿岸，金平县的勐桥，文山州麻栗坡，部分还迁入越南境内。"[1] 在旧勐村当地调查，村里的老人认为刀家原来是"姓诺的壮族"。笔者认为"诺"与"侬"语音相似，而且据何正廷先生对元江傣族的考察，发现了侬智高及其后裔由侬氏改为那氏，由壮族通过入赘、收养等方式已转变为傣族。这和我们上文看到刀家融入勐拉的情形一样。所以笔者认为，刀氏家族从广西或元江迁来的可能性很大。而且这也从侧面反映了在壮、傣汇聚的区域，有一个历史时期，通过入赘、收养方式融合的现象很频繁。也再次印证了前面学术界所讲的壮、傣民族"同源异流"的正确性。

（二）勐拉傣皓刀氏土司统治下的族群关系

傣皓因为迁入较早，占据了地理位置较好、平坦广阔的勐拉坝。曼丈由于迁入较晚，刚开始只能居住在山头，通过开垦荒地，种植瓜

1　高立士:《傣族支系研究》,《中央民族大学学报》1998年第6期。

果蔬菜，与白傣交换所需的衣物以维持生计。傣泐虽然迁至坝区，但是占有水田不多，也是通过开垦及饲养来维持生计。其族群的分布格局也展现了勐拉坝傣皓的主体地位及曼丈和傣泐的边缘位置。

在刀氏土司统治时期，在族群关系方面最突出的表现是等级制。这首先体现在称呼上，傣皓自称"傣"，有"自己人"或"本族人"之意；对其他民族均统称为"察"，意为"非自己人"或"外族人"，如称普洱傣为"察泐"，称呼"曼丈"为"察仗"。[1] 傣族内部有以土司为代表的刀家直系家族及外戚、臣属等构成的封建统治集团；另一等级是数量上众多的农民，他们是封建土司制度的主体；最后一个等级是被人歧视的"怀"，"怀"为奴仆，当地汉语称作丫头。所以，在勐拉傣皓刀氏土司统治之下的族群关系都带有等级制的烙印。

1. 在政治上，表现为统治结构的不平等

刀氏土司将辖区的统治分为三个等级，即"勐""八大寨"和"非傣族寨的统治机构"。"勐"地由土司直接管理。下设刀闷、刀当、刀先、刀目、刀间、刀板六大头目。以刀闷为首，均由土司近亲或好友担任。"八大寨"各设寨官一名，由土司分封刀氏子弟担任。寨官之下也设有刀闷、刀当、刀先等小头目。"非傣族寨的统治机构"就是指除了傣皓之外的其他民族。普洱三寨系寨官管理，为土司的亲戚。曼丈上下寨由"勐"上头目管理。在王布田、铜厂等一带山区设庄主，由土司近亲担任。由此可见，统治者从上到下均为土司的近亲好

---

[1] 刀洁、和少英：《守望边境上的家园——金平傣族的社会文化》，昆明：云南大学出版社，2007年，第5页。

友。也就是选官的范围仅局限在傣皓内部,且更多的是产生于"刀姓"内。其他民族是不可能当官的,最多只能是统治阶层最底端的小头目。正如村民所讲的"刀家统治,人家就是勐拉的土皇帝,姓刀的不是保长就是甲长"[1]。普洱寨村民讲"当官的尽是傣皓","尽是土司的亲亲戚戚","我们连当过保长的一个也没有"[2],曼丈寨的村民讲"刀家柱当官,对那些傣[3]管得还好。高山民族和我们这些民族都看不起。说我们根根不好,高山人。"[4]

2. 在军事上,表现为在兵源上的不平等

土司武装由"总官"率领,除了养着一定数量的兵员外,"只要是他的百姓,都是他的兵"。但是这里的"百姓",只是指傣皓,因为普洱、曼丈等其他民族是不能当土司的兵的。土司还借"他们不用当兵"之口实,向他们征收兵款和养兵的费用。土司养的兵员主要是用以镇压人民反抗的,如遇有对外战争或需要大量兵员时,傣皓青壮年人,甚至老年人都是土司的兵,都要参加战争,可以随时征召。旧勐村的一位老人讲:"那时候刀家柱管理得还不错,村里有一个人当兵牺牲了,他还给发公益粮,不用交税,自己种自己吃。"[5] 但是曼丈寨的人都说"刀家不让我们当兵,还说我们不会当兵,他们那的老人都

---

[1] 访谈时间:2014 年 11 月 10 日;访谈地点:金平县勐拉乡田头村;访谈及整理:刘洁。
[2] 金平苗族瑶族傣族自治县委:《金平县第三区新猛乡普耳三寨社会经济情况调查》,1955 年,金平县档案馆藏,第 11 页。
[3] 当地村民一般称傣皓为"泰族",这里的傣族也指的是傣皓。
[4] 访谈时间:2014 年 11 月 8—9 日;访谈地点:金平县勐拉乡曼丈下寨;访谈及整理:刘洁。
[5] 访谈时间:2014 年 11 月 13 日;访谈地点:金平县勐拉乡旧勐村;访谈及整理:刘洁。

还能当兵"。[1]

3. 在经济上,表现为赋税徭役的不平等及交换关系的不平等

土司制定有严苛的赋税徭役制度,对其他民族的榨取是无止境的。勐拉的土地属土司所有,土司对封地内的农奴实行"本纳"(傣语,份田)制,每年定时按户授田定租课役。民国初年又改为"永佃制",农民向土司缴纳租金领取执契后便获得对所佃水田的使用权。但大量的水田仍被土司及其直系亲属、外戚、寨官、亲信以领地、职田等形式占有。农民每年向政府缴纳赋税,向土司交纳地租。还有地皮粮、租粮、兵丁款、牲屠税、驮捐、渡河费、摆赌投标费等赋税。土司及大小头目、寨官的稻田,从犁耙、栽种、管理至收割等一切农活,都派百姓出役当差完成。土司修建司署、家院和土司弟兄修建房舍,其所需石料、木料、竹料、茅草等,以及各项劳务,均摊派百姓无偿提供和出役,直至完工。此外,还有舂米、砍柴、割草等夫役。旧勐的傣皓村民说:"刀氏土司给勐拉傣皓的都是田地,而高山那些民族没有田地,只收钱。任务完不成他就会派兵来镇压。"[2] 普洱寨的村民说:"以前钱、大米、布什么东西都收走,什么事情做不好就要拴、要打,原来跟他们关系很不好。"[3] 曼丈寨村民讲:"见鸡拿鸡,见狗

---

[1] 访谈时间:2014 年 11 月 8—9 日;访谈地点:金平县勐拉乡曼丈下寨;访谈及整理:刘洁。

[2] 访谈时间:2014 年 11 月 13 日;访谈地点:金平县勐拉乡旧勐村;访谈及整理:刘洁。

[3] 访谈时间:2014 年 11 月 7 日;访谈地点:金平县勐拉乡普耳中寨;访谈及整理:刘洁。

拿狗，牛马都会被抢劫，我们每天都搬来搬去。"[1]

在经济交换中双方是极不对等的。傣皓可以随便拿吃甘蔗、香蕉、菠萝，拿了其他民族的猪、鸡可以不给钱，等等。曼丈由于不会做衣服，就拿粮食或棉花去跟傣皓交换衣服。但是傣皓认为曼丈"只配穿我们不要的烂衣烂衫，只配吃我们的剩饭冷饭"[2]，给他们的多是旧衣服。

4. 在社会关系上，表现为社会交往中的不平等

傣皓认为其他民族"脏""笨"，不准其他民族进自己家。但是去普洱寨、曼丈寨村民必须要招待。其他民族在路上遇到傣皓都要让路，不让路就要挨骂挨打。"染齿"本来是傣族的一种风俗习惯，后来也成为土司统治人民的一种手段。村民说："当土司的牙齿要白的，平民百姓牙齿要黑的。出门后，牙齿黑的就是平民百姓，牙齿白的都是小姐。用牙齿来表示阶级。"[3] 在旧勐村调查时，傣皓村民都说："那时候虽和其他民族也经常来往，不过好像是两层人一样，我们好像要高级。"普洱寨村民讲"我们民族少，（傣皓）就欺负我们"，"看不起我们"，曼丈村民讲："他们（傣皓）一直叫我们大象族，根本合不来。""他们（傣皓）见我们就要跟我们打架，欺负我们民族人少。"

在通婚关系方面，从前基本上都是族内婚，正如村民讲的"什么

---

1 访谈时间：2014年11月8—9日；访谈地点：金平县勐拉乡曼丈下寨；访谈及整理：刘洁。
2 金平苗族瑶族傣族自治县委：《红河哈尼族自治区金平县勐拉地区社会经济情况的初步调查》，1955年，金平县档案馆藏，第18页。
3 访谈时间：2014年11月12日；访谈地点：金平县勐拉乡旧勐；访谈及整理：刘洁。

民族嫁什么民族,分得清得很"。土司也要找平等阶级的人,如果在越南土司家找不到,就在寨子上找合适的姑娘。傣泐说:"我们的古话:马不吃河边草。人家欺负我们太多,才不嫁给我们。"曼丈人说:"以前人家都说牛有牛的,马有马的,只能寨子内部结婚,也不能跟泰族结婚,因为他们是民官,我们是奴隶,也不能跟哈尼族、苗族结婚。"

在旧勐村,根据调查总结了当地人不跟其他民族通婚的原因有以下几点:老人的规矩;其他民族经济困难;民族之间相互看不起;语言不通;会被说闲话;父母舍不得。其实地位的不平等才是造成无法通婚的最根本的原因,也就是他们所说的"民族之间相互看不起"[1]。但是说"相互"看不起,其实只是傣皓看不起其他民族。

民国二十二年(1933)编纂的《云南边地问题研究·金河边区状况》一书中有这样一个图表(见表1),也许能从侧面反映民国时期的族群关系。

---

[1] 访谈时间:2014年11月10日;访谈地点:金平县勐拉乡田头村;访谈及整理:刘洁。

表1 金河人种分布状况表

单位：户

区　别		第一区（王不田）	第二区（勐喇）	第三区（铜厂）	第四区（茨通坝）	第五区（者米）
种族	汉人	599	67	223		1
	摆夷	221	818		49	71
	苗子	303		1020		
	阿妮	405	104	34	141	604
	瑶人	804	208	34	41	79
	沙人	95	65		11	27
	倮罗	91				
	倮㐖				36	
	普儿		82			
	曼降		33			
	姆机			3		
	老挝		28			
	岔满		8			
	侬人	35				
	土佬	17				
	蒲拉	20				
合　计		2590	1413	1314	278	782
附　记		上列各种族户口数系根据民国二十一年（1932）遵令调查所得之数				

资料来源：云南省编辑组：《思茅玉溪红河傣族社会历史调查》，昆明：云南民族出版社，1985年，第164页。

虽然在当时各民族间的隔膜很深，但是在这种"层级"的关系之下，也产生了一种相互依赖、相互影响的关系。山地和坝区农产品与畜产品的互补性促进了傣皓、傣泐、曼丈间的相互交往。曼丈寨种的水果拿到勐拉街上进行交换，傣泐饲养的猪要给傣皓供给。在经济的交往中也促进了文化的发展，傣泐和曼丈都学会了傣皓的语言。曼丈还学会了傣皓的乐器、歌曲，也穿傣皓的服装。

小　结

由于中央王朝势力的进入，勐拉被纳入清王朝的版图之下，但所任命的土司土官其实仍然是傣族的"召勐"。对于各个"召勐"来说，他们虽然接受了中央王朝的委任，但除了每年对王朝纳贡之外，其内部的政治结构依然如故，召勐（土官）仍享有最高统治权，王朝统治对傣族社会没有根本性的影响。

从清朝到民国时期，一方面，傣皓刀氏土司实行严苛的等级制度，在这种统治之下，族群关系也都印上了等级制的烙印。傣泐与曼丈被视为山地民族。傣皓与傣泐、曼丈被看作不同的族群，他们之间的矛盾是尖锐的，关系是不平等的，这也使他们之间很难有亲密友好的往来，更不可能出现较大规模的通婚。但在另一方面，因为经济上的互补性，又促进了彼此之间文化的交流与发展。

四、中华人民共和国成立后金平勐拉傣族的族群关系

郝瑞曾在书中谈道:"界定族群认同的因素除了一个族群对自我认同的界定外,与这一族群发生关系的其他族群和管理族群的国家都参与了族群范畴的构建。"[1] 从1950年起的民族识别即属于这种对族群范畴的构建。自民族识别以来,傣皓、傣泐和曼丈之间在经济社会地位上是否能够基本上实现"事实上的平等"呢?族群之间存在的互不来往的态度是否也有所改变了呢?

(一) 识别为同一个民族:傣族

中华人民共和国成立后,实行民族平等的政策,废除了民族压迫制度,加强了民族团结。在各级权力机关里,在各级人民代表大会里,都要落实少数民族代表的名额,实行民族区域自治。这就要先搞清楚中国有哪些民族。

---

[1] [美] 斯蒂文·郝瑞:《田野中的族群关系与民族认同——中国西南彝族社区考察研究》,巴莫阿依·曲木铁西译,南宁:广西人民出版社,2000年,第22页。

自1950年起，民族识别便作为首要解决的任务之一被提到了民族工作的日程上，由中央及有关地方的民族事务机关组织了包括专家、学者和从事实际民族工作的人员在内的科研队伍，对新提出民族名称的各个民族单位，深入实际，进行了民族识别调查研究。[1]

我国进行民族识别的依据标准主要是民族特征与民族意愿。[2] 重视对民族名称的调查与对民族历史渊源的追溯，结合中国民族的实际，灵活运用斯大林提出的现代民族四个特征：共同语言、共同地域、共同经济生活以及共同心理素质。在此基础上，通过长期、大量的调查对其进行识别。

我国民族识别工作大体经历了四个阶段。从中华人民共和国成立到1990年全国第四次人口普查止，经过40年的时间，才正式确认了55个少数民族，加上汉族，共56个民族。[3]

云南是个多民族的省份，仅在中华人民共和国成立初期，自报的民族名称就有260多种。众多而复杂的族称，亟须甄别其民族属性。1954年中央民委派出的民族识别调查组主要就是对这200多个族体和族称进行为期半年的识别、支系归并和正名工作，其中大量的工作属于民族支系的归并。

对傣泐和曼丈的识别就属于此类。事实上，在民国时期就已经有

---

[1] 施联朱：《民族识别与民族研究文集》，北京：中央民族大学出版社，2009年，第8页。

[2] 黄光学、施联朱：《中国的民族识别：56个民族的来历》，北京：民族出版社，2005年，第81页。

[3] 黄光学、施联朱：《中国的民族识别：56个民族的来历》，北京：民族出版社，2005年，第104—117页。

学者进行过初步的调查。在1946年公开的杨履中编写的《云南全省边民分布册》（上、下卷）[1] 上曾有记载"普儿（844人，难以识别）"。由于金平地区的民族数量多，种类复杂，经过长期的调查后，1954年的识别工作留下了未能明确族属的民族单位70余个，其中包括"曼掌（120人，分布在金平县，识别情况不详）"[2]。在1955年的调查资料中，还这样写道："普洱族（自称'楞'），曼丈族（也有称'荼恩'）、沙族、汉族、老乌族均是在泰族以后来到猛喇的。一般的说法是曼丈较普洱为早。"[3] 可见在当时，"普洱族"和"曼丈族"均未被识别，而是仍然与"泰族"并称的文化群体。

这两个族群是在1960年才被识别为傣族的。对"普洱"的识别报告上说，对其认识不多，人数不详。"只知道杂居在金平县。自称'普勒'，是傣族另一支的自称。汉族称呼他们为'普洱'人，实是傣族。最后识别为傣族。"[4] 其实，根据普洱的语言、自称识别其为傣族较易，但是对曼丈的识别工作相对来讲就更为困难。关于曼丈的识别，资料上说曼丈是百余年前从越南迁入，在土司的管辖下，人们都会讲傣语，歌曲和宗教信仰都吸收了傣族的。"就'曼丈'人的族源看，可能是布朗族。考虑到他们的人口、杂居情况、历史上的民族关系和自然融合情况，识别工作组提出，为了'曼丈'人的发展，可考虑归

---

[1] 尤伟琼：《云南民族识别研究》，北京：民族出版社，2013年，第40页。
[2] 云南省民族事务委员会：《云南省未明族系民族分布表》，云南省档案馆藏现行第2全宗第1目第1411号档案。
[3] 金平苗族瑶族傣族自治县委：《红河哈尼族自治区金平县勐拉地区社会经济情况的初步调查》，1955年，金平县档案馆藏，第3页。
[4] 尤伟琼：《云南民族识别研究》，北京：民族出版社，2013年，第270页。

入傣族共同体。最后识别为傣族。"[1]

在 1960 年民族识别以后,金平勐拉的傣皓、傣泐、曼丈都有了一个统一的标签:傣族。在这样的基础之上,勐拉傣族的族群关系有了一个新的变化。

(二)平等团结的族群关系的形成

1949 年中华人民共和国成立以后,我国实行新的民族政策,坚持各民族一律平等的基本原则,民族关系有了很大的改善。但是由于之前的民族关系模式根深蒂固,民族隔阂和民族歧视也不会在短时间内彻底消除。

和以前一样,傣皓对曼丈仍有歧视,认为曼丈人可以随时使唤,也不愿与其他民族的帮工一起吃饭。吃了曼丈、傣泐的水果有的仍不给钱,拖欠的债也不还。曼丈和普洱群众仍敢怒不敢言,都对傣皓心存芥蒂,表示不满。曼丈人认为"过去傣皓领导我们,这会儿我们可以领导他们了",普洱三寨的群众提出要"分傣皓的田",不愿与傣皓在一个乡,等等。[2]

但是随着民族识别的完成,以及改革开放的进行,新型民族关系的发展有了新的契机。

1983 年 7 月 4 日,县委根据县人大第四届部分代表的提案和全县

---

[1] 尤伟琼:《云南民族识别研究》,北京:民族出版社,2013 年,第 270 页。
[2] 金平苗族瑶族傣族自治县委:《红河哈尼族自治区金平县勐拉地区社会经济情况的初步调查》,1955 年,金平县档案馆藏,第 18 页。

各族人民的迫切要求，研究同意呈报《关于成立金平苗族瑶族傣族自治县的请示》。1985 年 6 月 11 日，国务院批复同意"撤销金平县，设立金平苗族瑶族傣族自治县"。[1] 傣族也就在金平县这个多民族聚居的地区中凸显出来。

新的历史条件下，这三个傣族支系之间呈现出了平等团结的族群关系。

在政治方面，各民族一律平等，老百姓当家做主，享有相同的政治地位。通过民主选举选出自己村寨的干部代表人民群众的利益。根据政治区划，曼丈上寨归田头村委会管辖，普洱三寨归新勐村委会管辖。各个村寨的代表都依据国家的规定处理本村寨的事务，参与国家政治生活。所以，平日三个族群的公务来往十分频繁，由此也促进了族群间的友好合作关系。

在经济方面，1956 年土地改革以后，农民耕种的土地归国家所有，在此基础上的平均分配土地的政策实现了最根本的经济地位的平等。另外，每逢周六的街市，曼丈、普洱都会过去赶街。在经济交易中已经不会再出现买东西不给钱的现象。各民族在经济上都是平等的。

在文化方面，语言是反映族群关系的一个重要因素。在国家政策的影响下，现在的傣皓已经改口，不再称呼其他族群为"察"，称呼普洱三寨的居民为"傣泐"，称呼曼丈上下寨的居民为"曼丈"。逢年过节，这三个傣族支系都会在一起喝酒聚会。特别是普洱三寨过泼水节的时候，会邀请傣皓到家里来。傣皓过春节，也会叫曼丈、普洱都

---

[1] 金平苗族瑶族傣族自治县民族宗教事务局编：《金平苗族瑶族傣族自治县民族志（1979—2010）》，昆明：云南民族出版社，2013 年，第 207 页。

过来。曼丈那边上新房、嫁姑娘都会叫傣皓过去。

在通婚关系方面，在经济交往的深入发展后，伴随而来的就是通婚关系的改善。"通婚关系往往被看作是衡量不同族群相互关系和深层次融合程度的一个重要指标。因为通婚关系不仅涉及两个异性个体之间的关系，而且还牵涉到双方所代表的各自的族群的文化和社会背景。"[1]

改革开放以后，开放自由的婚姻关系打破了原来的"族内婚"。傣皓村民都讲现在各民族大团结，大小民族都可以通婚。他们的姑娘会嫁到我们这边来，我们的小伙子也到他们那里上门。现在只要是爱情合得来都可以，不讲究了。普洱三寨的傣泐也说1985年、1986年开始有其他民族嫁过来，20世纪90年代开始有西双版纳的姑娘嫁过来；现在村子里嫁过来的有越南的傣泐、黑傣，有西双版纳的傣泐，有勐拉的傣皓，还有苗族、瑶族、哈尼族、佤族。正如有的村民讲的，"现在不分大小民族了，大小民族都是一样"。[2]

至于通婚关系改善的原因，村民们总结有以下几点。

①政府方面的引导。村民们讲中华人民共和国成立后云南省副省长刀国栋来考察，跟他们讲，不要分民族，我们民族自己通婚不行，发展不了，要相信党的政策，各民族都能通婚。后来他们才开始与外界通婚。

②日常交往的增多。有村民讲，改革开放以前，20世纪50年代都是搞集体化，各生产队都是分开劳动，不集中，年轻人不好接触。

---

[1] 马戎：《民族社会学——社会学的族群关系研究》，北京：北京大学出版社，2004年，第437页。
[2] 访谈时间：2014年11月12日；访谈地点：金平县勐拉乡旧勐村；访谈及整理：刘洁。

改革开放后,有些到外面打工,有些外面的人到勐拉打工。相互间交往频繁。除了当地各民族间通婚,现在嫁到外省也不是稀罕事。

③熟人社会的打破。村民们都讲,坚持规矩的老人都逐渐去世,现在的年轻人受外界影响较大,逐渐开始接受新的婚恋观念。

其实,影响通婚关系的至关重要的一点就是"经济因素"。现在勐拉各地傣族都种香蕉、橡胶,经济发展水平普遍提高,经济收入就成为影响通婚条件的重要因素。旧勐村的一位村民坦言:"我有几个侄子都到普洱那边上门。因为普洱那边土地多,我们这边人多,土地少。他们没有儿子继承,就招女婿,我们看他家土地多,还是可以继承家产的,就去上门。"[1] 所以在经济作用的催化下,傣皓和傣泐之间的通婚关系呈现出"你来我往"的平等互惠的友好关系。但是,由于政府的行政规划,勐拉乡与金平农场以河为界,曼丈上寨隶属于勐拉乡田头村委会管辖,曼丈下寨则归金平农场管辖,而下寨村子里的土地因为在河对岸而被划走。曼丈村民失去了大部分的土地。在经济方面与傣皓和傣泐仍有一些差距。表现在通婚关系上,也呈现单方面的"半开放"状态,即"只嫁不娶"。但是不管怎样,通婚关系较从前顽固的"族内婚"也有了很大改善。社会的发展已经打开了通婚关系的闸门,开始影响到这个封闭的村庄。

结　语

傣皓、曼丈、傣泐从明清之际开始陆续迁入勐拉之后,便不仅存

---

[1] 访谈时间:2014年11月12日;访谈地点:金平县勐拉乡旧勐村;访谈及整理:刘洁。

在着地理上的边界，社会边界也根深蒂固。这表现在族称族源、语言文字、传统服饰和宗教习俗方面。这些对"自我"与"他者"的界定，稳固地维护着族群内部的认同。

清朝至民国期间，傣皓刀氏土司统治着勐拉、铜厂、王布田（今金平县城）这一广大的区域，以等级制统治着这块地域上的人民。其所设置的统治机构将曼丈、傣泐这些"民族"视作山地民族。傣皓与曼丈、傣泐之间有着巨大的社会阶层的隔阂。相互之间被视为不同的民族，不存在认同。

中华人民共和国成立初期的民族识别，将他们识别为同一个民族：傣族。他们之间的关系在改革开放后呈现出了团结平等的良好势头。在社会互动中推动和影响着族群边界的维持与变迁。

认同并不是一蹴而就的，它受到根基性与工具性的影响。并且在勐拉乡的个案中，旅游业的发展、国家对人口较少民族的扶持等各种经济利益的吸引下，工具性认同成为影响认同中最主要的力量，渐次深化着族群内部的认同。根基性认同并不会轻易改变，而是在工具性认同的激发下，被作为一种集体记忆的力量爆发出来。这种集体记忆多是由民族精英所倡导，以强化人群间的根本情感。

群体之间的认同和区分是相对的，是随着具体的族群关系情境而变化的。而族群关系也随着认同的强弱、边界的清晰与模糊，处于不断的变动之中。

耿马摆夷土司及其与国家关系研究

作　者：朱　迪（云南大学中国少数民族史专业硕士）
指导教师：龙晓燕

导　论

（一）研究缘起

现阶段对摆夷土司的研究，集中在传统的土司制度及历史书写上，侧重研究国家层面对摆夷土司的设立、治理、改土归流等，缺乏本位的视角。耿马土司作为西南边疆摆夷土司，在与国家政权的互动以及在重大历史时刻的抉择的举动中都体现出一定的特殊性，对于研究西南边疆土司的社会历史变迁与王朝国家的互动，有重要的意义。耿马摆夷土司与国家的关系，是在中央政权与该地政治关系发展的进程中呈现的，有多层次的表现。由于以往的研究都是立足于"大一统"王朝观下的宏观研究，着重点在于国家如何对边疆"藩篱"地区进行治理，是一种单向的研究方法。本研究则注重从该地区土司本身的社会历史出发，考察它是如何主动参与到国家行政和主流文化体系当中，既研究它与国家的关系，也关注其独特的历史文化和历史叙事。

从 20 世纪到现在，前人已经为现今耿马摆夷土司管辖地的傣族研究打下了坚实的基础，方法上涉及史料梳理、实地调查；内容上涉及源流和分布研究、社会政治经济以及文化研究等。但这些更多的是材料和文献的收集、整理工作，仍是对该地区傣族历史较为传统的研究方式。这些已有的研究方式大致可以看作马健雄所说的、传统民族史研究所秉持的"文化主义"观点，即以文化主义所代表的空间扩展图示，加入了社会进化论所代表的时间观念，这两方面的结合在其后逐渐发展出了现代性背景下的中心与边缘、先进与落后的汉族与少数民族的社会关系和学术论述框架。[1] 就目前的研究来看，甚少有从边地摆夷土司的本位出发，对该地族群历史进行问题组织和解答的专门研究，尤其是在与国家关系的研究上，以往的研究多呈现中央单向的掌控深入，耿马摆夷自己的声音是被掩盖了的。整体来看，对耿马摆夷土司缺乏深入的问题研究。例如，耿马摆夷土司政权结构架构的特殊之处、与国家之间的关系、历史上大事件的解读，民国时期地方官员（国家权力的代表者）与边地土司的交往情况等方面。

（二）耿马摆夷地

耿马安抚司明万历十三年（1585）初建，清初晋升为宣抚司；至清末，辖地置分为"九勐十三圈"。"九勐"即勐角、勐董、勐岛、勐省、勐永、勐撒、耿马、勐旨、勐颇；"十三圈"包括悉尼、芒茂、空匹、军烈、海岛、海摆、军弄、娥德、轩岗、轩来、芒孟、军晚多、军晚恶。《新纂云南通志》言其辖域："管理纵五百里，横二百五十

---

[1] 马健雄：《再造的祖先：西南边疆的族群动员与拉祜族的历史建构》，香港：香港中文大学出版社，2013 年，第 59 页。

里。东北界顺宁，东界云州，东南界缅宁，南界镇边，西北界麻栗坝，北界镇康。"[1] 中华人民共和国成立后除了勐角、勐董、勐岛、勐省、勐旨、勐颇六勐，军弄、娥德、轩岗、轩来、芒孟、军晚多、军晚恶七圈被划分他县之外，其余地区基本都属于耿马傣族佤族自治县的范围。耿马由罕氏土司统治，土司被称为安雅召，共15代；除了罕氏土司家族之外，还有南、宋两家作为世袭的文官、武官家族对土司进行辅佐，在当地流传有"南宋保罕"的说法。

1. 研究对象

本研究的对象为历史上的耿马摆夷土司及所统治的区域。由于耿马土司是从孟定土司中分裂出来的，二土司关系紧密，因此在研究耿马社会文化、族群时，所指范围并不仅限于耿马土司所辖一地，而是泛指孟定、耿马两地同源傣族地区。

文中的摆夷即现在的傣族。历史上傣族他称众多，至近代，有关耿马的民族志及史料中都以"摆夷"一词来代指当地傣族。本文既为研究历史上耿马土司，因而袭用此称呼。只是在论及整体民族及其文化时，使用"傣族"或"傣族文化"。

2. 时限限定

研究土司时，以耿马土司的设立和消亡为始迄点。在研究源流和族群社会文化时，以耿马地区传说中傣族迁徙到耿马地区为始，至近

---

[1] 牛鸿斌等点校：《新纂云南通志七》，昆明：云南人民出版社，2007年，第723页。

现代耿马摆夷土司的消亡。

（三）相关理论

耿马摆夷土司与国家的互动并不能代表所有西南边疆土司与国家之间的关系，但耿马土司政权有其特殊性，这个特殊性在其自身的历史、其与国家互动的过程中体现了出来，因此研究土司与国家间的互动关系，也是对其特殊性的挖掘。以下是本研究主要的理论基础。

1. "国家化"

从现有的研究来看，"国家化"的含义在时空上的延展该如何界定并不统一。比较宽泛的共识是"国家化"主要表述的是一个处于政治和文化"边缘"的边疆在历史上逐渐"内地化"的过程；并且在近代民族国家概念生成以前，更适合被称为政治上的"王化"和文化上的"教化"[1]。更进一步地，有学者认为前近代时期的"国家化"主要表现为国家权力对边疆地区有意识地控制，以及为实现这一目标推行的一整套政治军事经济措施、教育礼仪制度及文化行为。[2] 也有学者认为它更多的是用来指涉中华大地上某一特定地区的特定民族，如何不断通过内外的互动与整合而参与构建多民族国家体系的动态过程。[3]

1　杨志强、张旭：《前近代时期族群的边界与认同——对清代"苗疆"社会中"非苗化"现象的思考》，《贵州大学学报》2011年第5期。
2　杨志强：《"国家化"视野下的中国西南地域与民族社会——以"古苗疆走廊"为中心》，《广西民族大学学报》2014年第3期。
3　蒙爱军：《国家化进程中的水族传统种族社会》，《西南民族大学学报》2010年第5期。

以上这些界定，大致可以分为两种类型：一是着眼于近代之前的边疆地区是如何被纳入王朝国家的统治下；一是着眼于在整个历史进程中，某特定地区的特定民族是如何参与到多民族国家体系的构建中。传统民族史学关注的重点主要在于前者。以西南少数民族地区的国家化进程研究为例，学界历来偏重于从史志出发，分析该地的建制起始，从该地最早何时与中央发生了联系，到被羁縻、设置土司制度、改土归流等，试图描绘出一幅完整的线性政治史图景。而后者更为人类学者所青睐，因之强调地方社会的能动性，并且更易从"底层视角"出发考察这一进程对普罗大众的影响及其回馈，本研究更倾向于采用后者视角来看耿马摆夷土司的"国家化"进程。

之所以讨论耿马土司的"国家化"进程的起点和归属，是因为学界普遍认为从明代开始中国的国家认识产生了很大的变化，疆域观开始走向成熟。上文也提到，明清两代对云南的开发，前提是其疆域意识的逐渐明确、内外有别观念的形成。其观念变化的核心是"中国"被明朝统治者认定为国家通称，这不仅包括传统意义上的"中国"，而且包括曾经被称为"四夷"的少数民族区域，即凡秦汉隋唐宋元至明已经进入统一王朝行政区划范畴的区域均为"中国"和中国的国家疆域。[1] 也就是说，从设置孟定御夷府开始，到独立出更加认同中央的耿马安抚司，直至近代民国耿马设治局的成立，这些施治手段同明清疆域观、民国的民族国家观念的逐渐成熟是一脉相承的，反映了中央对边地控制力的增强；理解该地的历史进程，有利于在中国的学术

---

1 陆韧：《明朝的国家疆域观及其明初在西南边疆的实践》，《云南师范大学学报》2010年第5期。

语境中构建出更为精准的"国家化"定义。

"国家化"与双向认同的建立是不可分割的，如果说中央对于边地的掌控建立在对其疆域不断深入认知的基础上，那么边地绝不是被动地在接受这个过程，而是在文化、政治等层面主动构建着自己的国家认同，这些可以在其历史中的抉择和做法中一探究竟。

2. 认同理论

本文所提到的"认同"有三种指涉，分别是族群认同、王朝国家认同与现代国家认同。

本文的族群认同，是用人类学"族群"的概念和理论，探讨耿马摆夷的内部认同的变化，也就是原生认同如何在族群边界不断弱化、重构的过程中产生变化。而王朝国家认同则主要表现在生活在"华夏边缘"的族群，对中央王朝逐渐"归附"的过程，设立土司、进行贡赋往往被视作王朝国家认同的鲜明表现。

现代国家认同的发端则建立在民族国家概念广泛传播的基础上。杜赞奇（Prasenjit Duara）在深入研究中国的民族与国家的演进发展轨迹后，认为现代民族身份认同的形式与内容是世代相传的有关群体的历史叙述结构与现代民族国家体系的制度性话语之间妥协的产物。[1] 他认为民族国家是一种有意义的实体，是对于社群的不同看法和不同表述。[2] 本尼迪克特·安德森（Benedict Anderson）认为民族、民族属

---

[1] [美]杜赞奇:《从民族国家拯救历史：民族主义话语与中国现代史研究》，王宪明译，北京：社会科学文献出版社，2003 年，第 60 页。

[2] [美]杜赞奇:《从民族国家拯救历史：民族主义话语与中国现代史研究》，王宪明译，北京：社会科学文献出版社，2003 年，第 220 页。

性和民族主义是"想象的文化的人造物",民族是一种想象的共同体,神圣共同体、语言及血统衰微、时间观念改变、资本主义和印刷术、国家方言发展等的相互交织作用,为民族出现提供了可能。[1] 在中国,近代以后,许多学者开始对这个问题进行研究,并在当时的历史情况下具有合乎时宜的新变化,最终演变成了在史学史中占上风的"中华民族多元一体"论。就耿马摆夷土司来说,其对中国的现代国家认同的形成过程,是一段非常复杂并充满了对抗性的历史。其间既有对国家化的认同和积极参与,又有对国家权力渗入的不满和抵抗,但总体来看,其民族国家认同在近代以后仍是逐步加深的。而就认同这一概念本身来说,它本就是对于传统"依附"或"归顺"等概念的颠覆,它用谨慎的方式描绘一系列政治选择背后的动因,这些动因有多方面的原因,但造成的结果绝不仅仅是一个弱小的政权被较为强大的政权"招降"了那么简单。

---

[1] [美]本尼迪克特·安德森:《想象的共同体——民族主义的起源与散布》,吴叡人译,上海:上海世纪出版集团,2005年,第6页。

一、耿马摆夷源流与族群关系

族源和族群迁徙、分布研究是进行一个地区族群社会历史文化研究的基础,本章通过文献记载及口述史中的源流、族称、迁徙等研究,总结该地摆夷族群形成发展的脉络;通过与周边族群、政权的交往情况,进一步探讨其在历史中层层建构起的族群身份,以及其族群和国家认同的演变进程。

(一) 耿马摆夷族群源流与历史记忆

1. 汉文文献对耿马地区摆夷的记载

有关傣族先民的文献,直到唐代才出现。《新唐书》[1] 载:"茫蛮本关南种,茫其君号也,或呼茫诏,永昌之南有茫天莲、芒吐薅、大赕、茫昌、茫鲜、茫施,大抵皆其种,楼居无城郭,或漆齿或金齿,衣青布短裤,露骭,以缯布缭腰,出其余垂后为饰,妇人披五色娑罗

---

[1] (宋) 欧阳修、宋祁:《新唐书》卷222《南蛮》,北京:中华书局,1976年,第6276页。

笼，象才如牛，养以耕。"方国瑜先生指出这些被称为"茫蛮"的族群就是傣族先民，自南而北迁徙的小泰（傣泐）称茫蛮，自西而东迁徙的大泰（傣那）则称金齿[1]。公元8世纪，乌蛮、白蛮建立了南诏政权，南诏势力强大后，调兵征讨滇西南茫蛮傣族诸部。这迫使滇西洱海以南的傣族陆续向西南也就是今临沧、耿马、双江、澜沧一带迁徙。樊绰《云南志》卷四载："茫蛮部落，并是开南杂种也……贞元十年南诏异牟寻攻其族类。"[2]《元史·地理志》则载："唐南诏蒙氏兴，异牟寻破群蛮，尽虏其人以实其南东北，取其地，南至青石山缅界，悉属大理。及段氏时，白夷诸蛮渐复故地，是后金齿诸蛮浸盛。"[3] 但这些记载都没有确切地提到耿马地区，只能作为傣族先民曾生活在滇西南的佐证。江应樑先生通过史料，论证了耿马地区的傣族是本土的古老民族之一。他提出秦汉时的百越部落分布地区，不仅是东起浙江西达中南半岛这一区域，还继续从中南半岛延伸，到伊洛瓦底江这一带。在元江经澜沧江、怒江到伊洛瓦底江这一地区的百越部落，就是今云南傣族的先民[4]。随后他指出唐代傣族就已经在永昌城南有分布了，"从保山到孟定一带地，唐代已为傣族部落分布区了"[5]。到宋朝，由于史料缺乏，"对于澜沧江以西的傣族，宋代文献中找

---

[1] 方国瑜：《云南史料丛刊》第三卷《元代云南行省傣族史料编年》，昆明：云南大学出版社，1998年，第22页。

[2] 转引自方国瑜：《云南史料丛刊》第三卷《元代云南行省傣族史料编年》，昆明：云南大学出版社，1998年，第12页。

[3] （明）宋濂等：《元史》卷61《志第十三·地理四》，北京：中华书局，1976年，第1482页。

[4] 江应樑：《江应樑民族研究文集》，北京：民族出版社，1992年，第288页。

[5] 江应樑：《江应樑民族研究文集》，北京：民族出版社，1992年，第292页。

不到记录"[1]。

元朝政府在云南广大地区设置了地方行政机构，促进了各民族的交往与联系；之后麓川政权的扩张与衰败，造成了傣族在这一区域进一步地流动和迁徙。《元史·本纪》载"至元二十一年春正月……丁卯，建都王、乌蒙及金齿一十二处俱降"。[2] 元于金齿[3]地区建金齿安抚司，后升为宣抚司，"金齿等处宣抚司，其地在大理西南，澜沧江界其东，与缅地接其西。土蛮凡八种：曰金齿、曰白夷、曰僰、曰峨昌、曰骠、曰繲、曰渠罗、曰比苏。按唐史，茫施蛮本关南种，在永昌之南，楼居无城郭，或漆齿，或金齿，故俗呼金齿蛮"。[4] 这里则是将傣族先民统归在"金齿"的称呼之下。之后元朝于金齿宣抚司辖境内又分建六路总管府，这六路境就是西部傣族主要分布区[5]，方国瑜先生在《元代云南行省傣族史料编年》中引用《经世大典·招捕录》："至元二十四年，金齿孟定甸官俺嫂、孟缠甸官阿受夫、鲁砦官木邦，共率民二万五来降"[6]，认为孟定即在当时的孟定土司境[7]，孟缠、鲁砦当与之接壤，故同来降。元初设金齿安抚司，仅领六路，自后开拓，多在征缅途中，孟定诸部则未尝以兵临之，至是内属，设孟定路军民

1　江应樑：《江应樑民族研究文集》，北京：民族出版社，1992 年，第 295 页。
2　（明）宋濂等撰，《元史》卷 13《本纪十三·世祖十》，北京：中华书局，1976 年，第 263 页。
3　金齿在元代之前为傣族别称，到了元代，金齿不仅用作族名，并且还用作地名。
4　（明）宋濂等撰，《元史》卷 61《志十三·地理四》，北京：中华书局，1976 年，第 1482 页。
5　江应樑：《江应樑民族研究文集》，北京：民族出版社，1992 年，第 300 页。
6　方国瑜：《云南史料丛刊》第三卷《元代云南行省傣族史料编年·傣那区域记事》，昆明：云南大学出版社，1998 年，第 32 页。
7　孟定地如今在孟定镇，属耿马县。

总管府，孟缠、鲁砦当并入。《正德云南志·孟定府》曰："元孟定路领二甸，或即是也。"[1] 又"至元三十一年……以金齿归附官阿鲁为孟定路总管，佩虎符。……六月……乙酉，云南金齿路进驯象三"[2]。可见到元代，云南西部地区已经大范围地生活着傣族先民，即"金齿蛮"，其地名也已以族名代称了；且怒江下游和伊洛瓦底江两岸的掸族，也被称为金齿百夷或白衣；而元代朝廷在这些地区建立起了一些政权机构，如孟定路军民府[3]，以期收到更好的管控效果。

元明之际，滇西傣族思氏麓川政权崛起（位于今德宏一带），势力拓展到独龙江伊洛瓦底江东西两岸和怒江以东，部分傣族先后向东南迁徙入今景东、景谷、临沧、耿马、孟定、双江等地。至正八年（1348）麓川思可发侵并孟定。《明实录》载"麓川宣慰使思任发……擅兴兵马，侵夺孟定、孟养地方，杀虏人民"。[4] 麓川势力崛起后，作为贵族的罕氏家族所统领的大批傣族迁徙到耿马一带。方国瑜先生在其《元代云南行省傣族史料编年》一书中也多次提到元朝及麓川政权崛起时，该地区的傣族的情况。例如，麓川政权兴盛时，"当时傣族区域云南所能保持者，仅麓川、车里宣慰司及孟定府耳"[5]。

之后明王朝三征麓川，原麓川统治的地方势力纷纷开始内附明王

1　转引自方国瑜：《云南史料丛刊》第三卷《元代云南行省傣族史料编年》，昆明：云南大学出版社，1998年，第32页。

2　（明）宋濂等撰：《元史》卷18《成宗本纪》，北京：中华书局，1976年，第384页。

3　今孟定及其南部缅甸地，元明时都是"白夷居地"。

4　（明）孙继宗监修：《明实录》，英宗实录，卷46，北京：中华书局，2016年，第895页。

5　方国瑜：《云南史料丛刊》第三卷《元代云南行省傣族史料编年》，昆明：云南大学出版社，1998年，第40页。

朝，孟定便是其中之一。战乱是引发迁徙的重要因素，可以推论这一时期也有大量傣族从麓川迁入当地。《百夷传》记："百夷，在云南西南数千里，其地方万里。景东在其东，西天古剌在其西，八百媳妇在其南，吐蕃在其北；东南则车里，西南则缅国，东北则哀牢，西北则西蕃、回纥。俗有大百夷、小百夷、漂人、古剌、哈剌、缅人、结些、哈杜、弩人、蒲蛮、阿昌等名，故曰百夷。"[1] 至明朝，这一地区已经广泛分布着被称为"百夷"的傣族先民了。明代及以后，关于该地的记载多见于史料。如《(景泰)云南图经志书》记："……孟定……其民皆百夷。"[2]

到了清代，傣族分布区域和明代没有多大差异。[3] 江应樑指出，"明代傣族的分布已形成一个连成一片的大聚居区和若干分散的聚居点"[4]，清《职贡图》记云南僰夷说："元初内附，其部落接壤缅甸、车里。今云南、曲靖、临安、武定、广南、元江、开化、镇沅、普洱、大理、楚雄、姚安、永北、丽江、景东十五府皆有之。"[5] 历史上耿马土司统治区的傣族，属于江应樑所说的"西部聚居区"。

---

[1] （明）钱古训、李思聪著，江应樑注：《百夷传校注》，昆明：云南人民出版社，1980年，第33页。

[2] （明）陈文簪：《景泰云南图经志书》，载《续修四库全书·史部·地理类》，上海：上海古籍出版社，2014年，第120页。

[3] 江应樑：《江应樑民族研究文集》，北京：民族出版社，1992年，第309页。

[4] 江应樑：《江应樑民族研究文集》，北京：民族出版社，1992年，第309页。

[5] 转引自江应樑：《江应樑民族研究文集》，北京：民族出版社，1992年，第309页。

2. 傣文文献中对耿马摆夷族源的追溯

《勐卯果占壁简史》[1] 中记：混鲁浑赖（天神）自天而降，到人间做"召勐"管理傣族地方，公元6世纪崛起，统一了傣族各地，并且历史上第一次跨过南宏（怒江）统一了其东南的勒宏傣族即今耿马、孟定、双江等地，采取分封诸子的办法管理各地，其子孙已遍布16个大勐。在混等王朝时期（8世纪左右），所分封的混鲁浑赖"召勐"子孙中亦有提到由混法温敦管理孟定、勐省、耿马和勐勐；在果占壁王国第三个政权雅鲁王朝时（10世纪），陶勐兄弟将迎来的13位混鲁混赖（官种）又分配到各地，其中派巴武藤去管理孟定、耿马、孟相（今镇康、永德县）。

根据《利赫猛》[2]：元末明初，麓川崛起。明代洪武初年，为逃避中缅之间的战争，猛卯贵族后裔罕刷法、罕谢法父子率众离开猛卯，经木邦、越过阿瓦山，于洪武十五年（1382）先在猛角建城，后罕氏父子又率众先后在猛董（今沧源县）、猛岛、猛省几个地方建村立寨。由于人口增多，罕氏父子又带领大部分人继续前行来到芒洪安雅、噶结建寨。一年后，罕氏父子按照傣族古老的仪式，以金鞍银鞍装扮一匹白色的骏马，向神明跪拜祷告后纵马驰骋，另寻生息之地。罕氏父子带领随从跟随白马来到了耿马城附近，白马顿时停滞不前，此处正

---

1 云南省少数民族古籍整理出版规划办公室：《勐果占壁及勐卯古代诸王史》，昆明：云南民族出版社，1988年，第27页。

2 此为音译，汉译《耿马罕氏土司世系始末》，作者耶户肯，成书时间为清朝咸丰、同治年间。清朝同治之后史料为收藏者补充，全书约60千字。全书陈旧发黄变黑，纸质枯朽，但内容清晰可认。载尹绍亭主编：《中国云南耿马傣文古籍编目·历史》，昆明：云南民族出版社，2004年，第9页。

是适宜人类生息定居的好地方，众人便纷纷跪拜，抛撒鲜花和"毫碟"米花，罕氏父子带领臣民再次开荒垦殖。

《景栋傣族迁勐梭》[1] 中则记载："傣历1138年（1776），景栋王子召哈勐丙、召哈勐刚为争王位，明争暗斗，矛盾重重。后两人发生王位争夺之战，二王子召哈勐刚战败，逃亡至勐腊郊外勐麻（时属景栋地界）……后令景栋王子召哈勐刚选一地暂居。景栋王子沿南垒河至景冒，抵垒河源头。后人多地少，三支以捻阄定所向，分三路寻居所：一路辗转至孟定；一路至勐梭；一路至西双版纳。"

另外据《巴塔麻木那吾把蝶》（汉译《孟定土司源流》）[2] 中的"勐卯果占壁傣王国史"和"宣慰谱牒"来看，耿马傣族先祖则是从孟定傣族中分支出去的，孟定地方史述："到明朝万历二十六年（1598），召法弄召们罕就分出孟定到'楞别'即大梁子山那面地方做官，朝廷委派叫做耿马安抚司，到他的兄弟罕们（闷）金接位时，朝廷颁发的大印到了。"

一个民族的迁徙是一个漫长而复杂的历史过程，通过这些傣文的地方志可以大概了解到，耿马这片土地早在公元6世纪已有傣族先民在此居住，这可以从《勐卯果占壁简史》记载的勒宏首次被"统一"是在6世纪推测得知，耿马傣族主流则应是元明时期从滇西德宏勐卯弄迁徙而来的傣族。之后还陆续有一些其他地区的摆夷迁徙而来，如从景栋来的部分摆夷。

---

[1] 尹仑等编：《中国云南孟连傣族古籍编目》，昆明：云南民族出版社，2010年，第180页。

[2] 尹绍亭主编：《中国云南耿马傣文古籍编目·历史》，昆明：云南民族出版社，2004年，第587页。

3. 祭祀呈现的历史

耿马摆夷对于其发源地以及迁徙的历史记忆，还表现在他们的祭祀活动中。耿马摆夷盛行勐神崇拜，即将已故的地方首领和对耿马历史上做出重大贡献的英雄人物尊奉为"勐神"，也就是地方的保护神，称之为"色勐"。其中耿马摆夷把勐卯弄（麓川）祖先神奉为色勐弄（意为"大勐神"，傣语有"色勐卯弄宾召"之说），此外还把带领族人开辟耿马的傣族首领罕刷、罕谢，以及在耿马迁徙途中曾暂居的"嘎结"神奉为耿马勐神；除此之外，在勐神重大祭祀活动中也把各勐勐神和四排山佤族王——邀请到祭祀之列。[1] 这也揭示出了耿马傣族将自己的族源追溯到勐卯的历史记忆；且邀请佤族王这一做法，也与和佤族争夺地盘的历史记载相对应。

将地方史志和汉文文献结合来看可以发现，该区域的傣族的源流和迁徙的历史表述是有所差异的，这似乎揭示了不同历史时间该地区傣族迁徙至此的情况。在麓川崛起前已有部分傣族人口居住在孟定、耿马一带，他们的首领是刀氏，此时佤族势力在当地更大。直到英宗正统年间，王骥破麓川王国，战争迫使更多的傣族人口从勐卯迁来孟定、耿马与原住在这里的同族人口会合，以更大的优势压倒了土著的佤族，而此时从勐卯分支的罕氏贵族的一支代替了原来傣族在这里的首领刀氏成为孟定土府的统治者[2]。此外，耿马地方傣族对自己迁徙

---

1 南桂香：《耿马傣族》，昆明：云南民族出版社，2013年，第188页。
2 中国科学院民族研究所云南民族调查组：《云南省傣族社会历史调查报告·七：耿马地区》，中国科学院民族研究所，1963年，第7页。

的历史记忆，应存在着建构的成分。耿马地方史的成书，可能有部分是受到汉文化影响的摆夷文化精英，将汉文文献和当地传说结合起来进行书写的。例如，对于耿马到底是何时有大批傣族迁入，并获得统治，各种版本的记载所说不一。但可以确定的是，在大量傣族迁入之前，耿马这片土地应早有傣族的先民居住，耿马傣族的主体是元明时期从滇西德宏勐卯弄（瑞丽）一带迁徙而来的傣族，加之后面不断地迁徙进入，构成了现在耿马傣族的聚居情况。

（二）历史上耿马地区摆夷与其他族群关系

1. 耿马地区族群概述

今耿马地区的民族，除了属于傣泰民族的摆夷以外还有佤族、德昂族、拉祜族、汉族、彝族等民族。在历史上，在耿马傣族聚居区形成以在"坝区"的傣族为中心，辐射四周的统治格局，以及以"山区—坝区"为体系的族群关系；傣族土司不仅统治着坝区各村各寨，还统治着山区其他民族，并最终将领地划分为"九勐十三圈"，"勐"即为坝区，也就是傣族居住的核心区域；"圈"则为山区、半山区各民族生活的区域，傣族土司还委任各民族头领为"圈官"，以怀柔羁縻的方式统治其他民族。

傣族内部因迁徙路线存在差异，主要分有傣德和傣那[1]两个支系。"傣那"意为居住在"上方"（北方）或更接近内地的傣族，俗称

---

1 亦有人将其称为"傣勒"，如芮逸夫在1935年实地调查的材料中，将耿马、孟定一带的傣族大致分为傣德和傣勒两支，"那""勒"应是音译的不同。

"汉（旱）傣"，是构成耿马摆夷的主体，土司和贵族家族皆为傣那，即为从麓川迁徙来的那部分傣族。"傣德"意为居住在下边（南边）接近缅甸掸邦的傣族，俗称"水傣"，多居住于南定河两岸，一般认为是从版纳迁徙来的。另外还有少部分在山区与布朗、佤族交错杂居的"山傣"，但数量比较少，许多研究都认为他们是最原始的本地傣族。[1] 根据笔者的调查，过去水傣和汉傣间是不通婚的，且水傣是当地傣族中的边缘族群，较受歧视。例如，孟定的一名叫作"岳相"的男子和他的前任是耿马、孟定土司政权中唯一可查的由傣德担任的官员，他曾被认为"刀枪不入"、力大无比，并且还在胳膊上镶嵌入金属，凭借这种种过人之处，才能当上"陶猛"（官员）。关于傣德绝少当官这一点他们自己的解释是：傣勒（傣那）要比傣德凶狠，而当官非得具有此秉性不可。[2] 傣那认为傣德"更加柔弱"的观点也时常出现在笔者的田野访谈中，似乎"临水而居"就决定了傣德喜好安静、不擅纷争的天性。

其他民族类似佤族、德昂族等在历史上受到耿马摆夷土司的羁縻统治，主要分布在被称为"圈"的山区。以佤族为例，当地佤族资料《罕富廷在中英勘界时与中立委员谈话》[3] 中记载：光绪十八年（1892），耿马土司委任绍兴佤族首领为"法足勐"即总管印官。委任时绍兴佤族首领送来了一封谢情谢恩信和白银200两、鸦片12甩（傣族计量单位，1甩等于1.5千克）。每年绍兴佤族首领要向耿马土司纳

1　南桂香：《耿马傣族》，昆明：云南民族出版社，2013年，第32页。
2　赵效牛：为1936年勇士衡赴孟定调查所摄照片所作之说明。
3　现存耿马县档案馆。

贡大米5卓（1250千克）、银200两。除此之外，耿马土司还委任了其他佤族部落首领，班洪、绍兴、满怀等佤族地方每年一次来耿马土司衙署探访，佤族送的礼物多半是黄蜡、黄果、甘蔗等，耿马土司则派人把银刀、红顶缎帽、缎衣送佤王，驮食盐送给佤族头人。傣族土司还有调解所统辖区域矛盾、纷争的责任。例如，1905年，佤山绍兴与完冷部落发生械斗。绍兴佤族酋长请当时在位的罕华基出面调解。罕华基是耿马土司中较有建树的一位，他不仅精通傣文、汉文，在位期间还参与了中英划界。佤山发生械斗后，罕华基来到佤山，把各部落酋长请来，剽牛敬酒，歃血为盟，使双方消除了仇恨积怨，边地得以安宁。[1]

也就是说，在耿马傣族土司统治的内部，也存在一个权力圈，中心是以傣那罕氏贵族为核心的统治者，往外则是臣服的汉傣和水傣群众，而其他如德昂族、佤族的少数民族，则是以"羁縻"的方式被统治着。

2. 历史记忆中的族群关系

耿马傣族民间流传着"尚过法，腊过勐"的说法，意思是：天神混尚开天，腊人辟地（天是神仙创造的，地是佤人开辟的）。佤族在傣族获得该地实际控制权之前，就已在此繁衍生息多年。按照《元史·本纪》的记载，元初设孟定路，其总管名阿鲁，这显然不是傣族名字而更近似佤族名字，也就是说在当时，孟定路归附的土官是佤

---

[1] 南桂香：《耿马傣族》，昆明：云南民族出版社，2013年，第68页。

族人。

傣族在迁徙的过程中，罕氏不断征服当地的佤族，以取得统治权。将传说和史书记载比照，在摆夷到来之前，这片地方受佤族统治是基本可以确定的。后来的傣族取得当地的统治权，是通过长期与佤族的争夺才得到的。当地对于争夺"金印"的故事流传着几个版本，例如：摆夷定居在盖杰等地之初，还是受佤族首领的统治，其首领即今大寨佤族马绍武的祖先。罕家为了争取领导权，便与佤族的首领通婚，得其公主为妻，后假称公主有病，要吃洗印水才能治好，佤族首领将印给罕家后，即为罕家夺取。还有地方史记载猛撒为佤族聚居区，在这里傣族和佤族争战很激烈，胜负难分，于是双方通过谈判使佤族退居到四排山一带。"猛撒"的"撒"在傣语里是和平的意思，传说就是为了纪念这次和平谈判。

另外还有一则传说：皇帝把佤族的首领和傣族的首领一齐叫了去，设好两个位子，一个是很光滑清洁的，一个上面则垫着似乎肮脏的虎皮，看谁坐虎皮垫的位子，便给谁当土官。傣族首领先入，见虎皮脏，便坐了清洁的位子；佤族首领后入，只好坐在虎皮垫的位子上，因此，皇帝即把土官印符给佤族首领，佤族首领得印，便有了调兵征粮之权。后来，傣族管家罕氏才通过娶佤族公主为妻的方式骗来了大印，从佤族首领手里夺得了对耿马地区调兵征粮之权。[1]

在这些传说中，"金印"是中央权力在地方的实体化，是一个地方政权是否被中央承认最直接的依据。一种势力能否在该地扎根，其

---

[1] 中国科学院民族研究所云南民族调查组：《云南省傣族社会历史调查报告·七：耿马地区》，中国科学院民族研究所，1963年，第10页。

背后所依仗的，除了其部族的实力之外，最重要的是一个远在千里之外的大国的承认。在这点上，傣族先民并没有依仗麓川王国的荫庇，而是从被"王朝中央"认可的佤族入手，将其地位取而代之。这不仅是一种对当地资源的争夺，也显示出了当时国家在地方的强大影响力。此外，这些传说取之于民众，又在一代代的口口相传中强化着民众对于一个遥远、模糊的"最伟大王国"[1]的认同和记忆。也就是说，他们对于国家在该地的控制已经有了一定认识，懂得借助国家层面的力量来获取自己统治的合法性。

从这些情况来看，在耿马摆夷早期迁徙的过程中，国家已有其存在感，但相对来说比较微弱。元初，该地区的少数民族（主要是佤族）就已经有了对中央王朝的认同萌芽，他们一方面承认中央的统治，另一方面又借助中央的认同对地方进行相对独立的统治。元末，麓川崛起，该地区也纳入了其势力范围，并最终被摆夷夺取了地方上最高的权力。明代，中央王朝和麓川进行了一系列政治、军事角力，从永乐初"析麓川地"[2]到麓川壮大吞并四周土地，再从正统九年（1444）撤销麓川宣慰司、改立陇川宣抚司到三征麓川的结束，虽然导致明朝将一些土司划归缅甸，但却笼络了包括孟定、耿马在内的一批愿意内附的摆夷头领。这实际上就是将这片被傣族势力渗透的广大边地，有选择地筛选一部分纳入国家可控的范围当中。同时，土司制度的完备使边疆土司和中央的联系史无前例地紧密起来，这一套中央

---

[1] "中国"在耿马傣那语中对应词汇的意思为"最伟大的王国"。
[2] 即将当时思氏领地分出木邦、孟养、孟定三府，直辖云南政府，又设潞江、干崖、大侯、湾甸四长官司，隶金齿卫。

赐印、封疆的办法，至此成了国家借助少数民族首领管理遥远边地的策略，并且也成为维系土官对中央认同的重要依凭。

(三) 耿马、孟定摆夷土司关系

1. 孟定摆夷土司的设立

孟定土司历史，宋前无考，自元朝至元二十四年（1287）至公元1950年止共663年。元朝置孟定路军民总管府，统治者为阿氏，传2代。明初置孟定御夷府，统治者刀氏，传5代。明正统至万历置左都督府，万历后改为土知府直至1950年，罕氏统治共传24代。

《经世大典·招捕录》载："至元二十四年，金齿孟定甸官俺嫂、孟缠甸官阿受夫、鲁砦官木邦，共率民二万五来降"，因置孟定路。《元史·成宗本纪》："至元三十年……以金齿归附官阿鲁为孟定路总管，佩虎符。"傣历七一〇年（元至正八年，1348年），麓川思可法兼并孟定，派昭鲁汉嫒来治理孟定。[1] 明洪武十五年（1382）大兵下金齿，析麓川，置孟定御夷府，编户五里，领孟琏；《明史·云南土司传》："孟定，蛮名景麻。至元中，立孟定路军民总管府，领二甸，隶大理、金齿等处宣慰司。明洪武三十五年（1402），土酋刀名扛来朝，贡方物，赐绮帛钞币，设孟定府，以刀浑立为知府。永乐二年（1404），孟定土官刀景发遣人贡马，赐钞罗绮。遣使往赐印诰、冠带、袭衣，复颁信符、金字红牌。四年，帝以孟定道里险远，每岁朝

---

[1] 南桂香：《耿马傣族》，昆明：云南民族出版社，2013年，第36页。

贡不便，令自今三年一贡，如庆贺谢恩不拘例。……正统中，麓川叛，孟定知府刀禄孟遁走。木邦土官罕葛从征有功，总督王骥奏令食孟定之土。……万历十二年，官兵取陇川，平孟定故地，以罕葛之后为知府。十五年颁孟定府印。崇祯末，孟定叛，降于缅甸。"[1] 《蛮司志》也载："正统间，知府刀禄孟为麓川所侵，远徙他部，会木邦舍目罕葛以从征功，请远伯王骥令篯食其地。"[2] 至此孟定易主罕氏。"万历十二年（1584），官兵陇川，平孟定故地，以罕葛之后为知府，十五年（1587）颁孟定府印。明《景泰云南志》曰："孟定府，旧名景麻，元时立军民总管府，属大理金齿等处宣慰使司都元帅府。"[3]

2. "分"与"立"：相悖的历史记忆

考究耿马和孟定的民间传说和史料，二者关于族源和迁徙的历史记忆是相悖的。一般认为耿马土司原是孟定土司所分封出去的，但耿马的传说中并没有提到孟定地方，而是直接将自己的族源追溯到勐卯；《明史》所载，正统麓川溃败时，罕葛作为木邦土舍从征有功，受封并得孟定之地，嘉靖间，木邦罕烈据地夺印，令土舍罕庆守之，名为耿马；地之所入，悉归木邦。[4] 后罕庆传位于其子信忠信忠法父子从

---

[1] （清）张廷玉等纂：《明史》，卷313，《列传二百一·云南土司》，北京：中华书局，1976年，第8082页。

[2] 转引自云南省编辑组：《临沧地区傣族社会历史调查》，昆明：云南人民出版社，1986年，第5页。

[3] （明）陈文纂著：《景泰云南图经志书》，载《续修四库全书·史部·地理类》，上海：上海古籍出版社，2014年，第120页。

[4] （清）张廷玉等纂：《明史》，卷三百一十三，列传二百一，云南土司，北京：中华书局，1976年，第8082页。

永昌参将邓子龙为首部抗击缅军有功，明万历十三年（1585）拨孟定附近的遮哈、弄办、四方井等数村归入耿马地，析孟定置耿马安抚司，隶孟定御夷府。也就是说表面上看，二者都曾是木邦土舍，在不同时期通过立功被王朝封立土司，但二者间是否存在深层关系，史书中没有提及。

孟定地方史书《巴塔麻木那吾把蝶》中记载，傣历辛巳年，萨嘎列789年（1427年，明宣德二年），思机、思昂两人争着继位做官，在勐暖地方发难，这时罕盖法的夫人南叠维认为都是侄儿，不好评价谁是谁非，就带三个儿子外出躲难，躲避到彩勐的交界处，回避侄儿们争权夺利之事。后来思机做了傣王，想到官种官根，就差人把南叠维及三个儿子迎接回来，划出土地给母子四人享用，叫管理广大的宣慰（木邦）地方，改姓封官，将思姓改为罕姓，老大叫罕把法，任遮兰法俸官，老二叫罕地法，任勐宣慰法崩勐官，老三叫罕贯法，任孟定官。罕贯法来孟定辟勐建寨，他就是孟定地方罕氏始祖。[1] ……到明朝万历二十六年（1598年，傣历960年），召法弄召们罕就分出孟定到"楞别"即大梁子山的那面做官，朝廷委派叫作耿马安抚司，到他的兄弟罕们金接位时，朝廷颁发的大印到了。[2] 故孟定《土官亲供册》[3] 载："一世祖罕贯，籍系木邦土官罕盖法之子，自明正统间因勐卯色鸡、色罕作乱，兵部尚书王骥，总兵襄城佰吴桢领兵攻剿，徽罕

1　尹绍亭主编：《中国云南耿马傣文古籍编目·历史》，昆明：云南民族出版社，2004年，第591页。
2　尹绍亭主编：《中国云南耿马傣文古籍编目·历史》，昆明：云南民族出版社，2004年，第594页。
3　现存耿马县档案馆。

盖三路金兵,罕贯领右军,奋勇克敌,得获首功,蒙纪功议叙,得授左都督府衔,颁给都督府印一颗,于孟定开府,镇抚南中。"

又据蛮海佛寺长老谈:孟定土司是从姐兰土司分支来的。从姐兰一共分出三支,大的是木邦土司,第二是孟连土司,第三就是孟定土司了。永乐帝派兵征服边疆,领兵者是"王帅",但这次战争中,孟定土司先降,木邦土司随着也投降,但姐兰土司蛇若蛇暗则不降逃缅。王帅无法,将中国土地送给缅甸,将蛇若蛇暗换回。孟定土司即与王帅将蛇若蛇暗押解往京城,永乐帝以其有功封为孟定土知府。在民间传说中,多数说他们的祖先是明初从勐卯迁来的,来的时候人很多,走起来可转九个圈圈,站住则可占满三棵大青树荫。耿马土司和孟定土司是一起从勐卯迁来的,过了滚弄江边才分道,耿马土司向勐角、勐董去了,孟定土司则先到四方井(今孟定北),然后再南下至景允,再到罕洪,最后才迁到今孟定镇住下来。[1]

由此,在孟定的历史记忆中,耿马摆夷土司是"分"出去的,而在耿马摆夷的历史书写中,自己则是通过不懈的努力而自"立"的。这首先体现出傣泰民族在土地资源争夺中,勐与勐之间的争斗并进行领土扩张的脉络;其次也应看出国家在场的影响,即孟定地方史在记述到耿马时,刻意强调其做官是受到国家委派的,并提到了"赐印"一事。这种微妙的历史叙述方式,或许是通过将耿马和大国天威联系在一起,掩盖在耿马崛起时自己被迫交出了一部分领地的难堪。

---

1 云南省编辑组:《临沧地区傣族社会历史调查》,昆明:云南人民出版社,1986年,第5页。

3. 耿马、孟定摆夷土司关系变化

孟定与木邦渊源甚深，其本族史书《宣慰牒谱》中亦载孟定首任土司罕贯法为木邦首领思维法罕盖伦之三子，永乐五年（1407），罕贯法投顺朝廷，被封赏管理怒江两岸广阔地方。永乐七年（1409），罕贯法离开宣慰（木邦）来到孟定当官。又《万历武功录》中载："是时，摆古莽应里政新立，兵使者遣木邦土舍罕拔如例称贺，应里辞谢。而木邦所部耿马罕虔亦使罕怕闰至，怕闰欲诱拔于缅，乃绐言欲治兵犯永昌，得趋去。因微告凤，令凤诱罕拔于应里所。于是，应里囚罕拔，而以罕拔象六十、马千骑、兵六千有余，尽杀略，而以耿马罕虔为宣慰使，而木邦于是乎又为罕虔有矣。"[1] 由此可见，耿马、孟定同源，其酋领皆为木邦属官。耿马最初分出时，仍属孟定御夷府管，但后来逐渐强大而不仅不再服属孟定，且连年对孟定发动战争，用各种方式吞并孟定的土地。

例如孟定坝分割一事。孟定坝全境原为孟定府所属，据传，耿马土司罕世藩在职时（康熙三十九年至雍正九年，1700—1731），有朝廷钦差来孟定巡边，行至孟定坝，被老虎所伤而亡。朝廷派员来清查，而当时孟定土司罕国荣十分胆小怕事，称朝廷钦差大人死处不在孟定境内，而是耿马地界。朝廷官员来到耿马询问耿马土司，罕世藩承认并以堆银三席（晒谷用的篾笆）送给朝廷官员，由此将此案了结，从此孟定坝子以南拱河为界，有一半归耿马宣抚司管辖。[2]

此外，从1902年发生在孟定允坎的"波边牙事件"中，孟定土

---

1 瞿九思：《万历武功录》卷之六，北京：中华书局影印本，第583页。
2 根据《耿马傣族》《临沧地区社会历史调查》等整理而成。

司和耿马土司的关系也可见一斑。波边牙是孟定金勐波将军的儿子，金勐波在参加镇压杜文秀回民起义中立了战功，被授予"将军"衔，并于战争中发了横财，战争结束后，他复员回到允坎后就以放高利贷为生，为地方一霸。光绪二十八年（1902），耿马土司集资赶马数百匹赴缅甸购货物，来到滚弄渡口，遭遇波边牙聚众抢劫。波边牙劫了50余驮货物后，逃亡孟定河北边的麻栗坝，将八九匹骡马送给孟定土司罕忠邦，并共饮鸡血宣誓，扬言"有福同享，有祸同担"。耿马土司得知消息后，立刻写信提出以3000大洋把马帮赎回，并派掌勐宣爷南跃彩和勐颇新爷到滚弄接洽。不料南跃彩到孟定、南伞后竟将赎金赌博输光了，迟迟不与波边牙会面。波边牙于是大怒，带着妻子回到孟定，对孟定土司说耿马毁约，不守信用，是看不起他和孟定土司，并挑拨说："孟定上坝（遮哈祖罗一带）原属孟定土司辖地，现在我们应该去向耿马要回来。"孟定土司于是派兵攻打耿马辖地，烧毁遮哈、弄板，抢走百姓牛马和财物。耿马土司罕华基立刻派其五弟罕跃堂调勐撒、勐永兵练攻打孟定，一路烧毁所经村寨，并将下城孟定土司衙署烧毁。孟定土司以此事告到永昌府（孟定府归属永昌府管辖），耿马亦告到顺宁府（耿马宣抚司属顺宁府管辖），彼此争论。永昌、顺宁两府于是同时派出四个差使一起调查，查清事情经过，判处了波边牙死刑，并判处南跃彩终身监禁，关押于顺宁府治，但之后很快被保释出来，仍委以重任。[1]

由此可见，虽然孟定土司先立，并在有明一代从左都督府直升为

---

[1] 根据《耿马傣族》《耿马文史资料·第二辑》《云南摆夷在历史上及现代与政府的关系》等整理而成。

土府知府，但在此后数次与耿马土司的争斗中并未占到上风。这很难说耿马背后没有朝廷的支持和操纵。尤其在清兵平滇之时，耿马土司顺应形势迅速投诚，自此脱离孟定府，由安抚司晋升直隶耿马宣抚司，其后事事压过孟定一头。尤以乾隆二十七年（1762）缅甸木邦王兵入境一事可见，当时的孟定土司罕大兴既不能抵御外敌，又不通报邻封，经云南总督部堂吴讯明奏请革职。[1] 这和耿马土司罕国楷在同年押解宫里雁，又派兵打败缅兵等行为形成了鲜明对比——这种种行为自然更得官府欢心，耿马土司因而得以后来居上，在与孟定土司的争斗中占尽上风。

（四）"花马礼"的消失：耿马土司与缅甸关系的变化

马健雄认为，明代大量内地移民进入云南，将原本"坝区－山区"土著族群之间的政治平衡打破之后，越来越多的汉人移民不断通过新建立的立足点，更进一步地渗透到无论山区还是坝区的土著居民的生活当中。由此而来的土地、资源的冲突，成为导致连绵不断的战争和冲突的重要动因。强大的王朝国家意识形态在移民开拓的背后，提供了改土归流、开设科举等一系列的制度支持，把那些原属边裔土司的模糊的领域，逐渐地变成为有行政设治的"内地"。但在王朝中央与缅甸、暹罗等更边远的边裔之间，其他各大大小小的土司往往能够灵活地一方面应对朝廷，另一方面对付缅甸、暹罗的影响，在一定

---

[1] 耿马文史资料委员会：《耿马文史资料·第二辑》，1992 年，第 44 页。

程度上利用这个模糊的空间保持自己的两重性。在这些边地土司停止进贡并强大到威胁了王朝国家的利益,而王朝也有能力进行武力干预时,才引起王朝的强烈反弹,如明代的三征麓川、乾隆的征缅战争。他认为朝贡土司与王朝之间的关系,主要还是象征性的、松散维持着的,一种星罗棋布的坝区土司同已经由流官控制着的内地府州县之间"点"与"面"的弹性关系。[1]

然而边地土司与国家间的关系可能远比这种松散的关系复杂且紧密得多。首先就《耿马宣抚司礼仪课赋底簿》来看,耿马虽然在历史上曾向缅甸阿瓦王府呈贡礼物,并且数量不少,且贡给国王、王太后、太子的都有具体规定,但至清代悉宜银厂开发时,还有向中国朝廷呈贡礼物的记载,但已不见向缅甸呈贡的记载;其次在贺土司登位、执政的祝词与答词中都有"我们九猛十三圈里里外外上坝下坝,如皇帝所说的是国家的边地……""全耿马九猛十三圈,城里城外,上坝下坝是中国的边地,皇帝给旨意,一代接一代,从古到今,看守边疆……"这种话语。因此在政治关系上,耿马地区的摆夷对中国的认同感应该更为强烈,这种认同感通过一个总的遥远的"中央朝廷"的世代任命为边疆官员所维系,到地方上摆夷土司与流官的交往,虽然是一种"点"与"面"的关系,但这种关系因为土司与国家利益的一致性,通过一代代在官方礼仪中被强调的记忆传承,其实是很牢固的。

---

[1] 马健雄:《再造的祖先:西南边疆的族群动员与拉祜族的历史建构》,香港:香港中文大学出版社,2013年,第116页。

1. 耿马摆夷土司与缅甸间"花马礼"考证

边地土司向缅甸朝贡，史书中称为呈送"花马礼"。所谓"花马礼"，花即为花银、银钱，马为马匹，为明中晚期时的某些边地土司每年送给缅甸王朝以银和马匹为代表的礼物。这种送礼并不单单是经济行为，而具有强烈的政治意味，通常缅甸王朝会对这些送礼的土司加委官爵。如有的版本的《泐史》称缅王封车里土司召应勐（约1569—1578年在位）为"左底纳戛拉玛哈宰雅巴瓦腊布瓦玛拉扎"（巴利语，最高爵位之一）[1]，后来缅甸国王委给车里土司的官爵一般被称为"缅方宣慰使"[2]。

《清史稿》卷五百二十八载："土司亦稍致馈遗，谓之'花马礼'，由来久矣。暨缅人内讧，礼遂废。瓮（雍）藉牙父子欲复其旧，诸土司弗应，乃遣兵扰其地，而普洱独先有事。……是年冬，缅人先遣刀派先之兄刀派新自阿瓦还至孟连，征索币货，又遣头目卜布拉、木邦罕黑至耿马责其礼。"[3] 清代赵翼在《平定缅甸略述》中亦提道："耿马虽我土司，而与缅甸亦旧有岁币。"[4]《耿马宣抚司礼仪课赋底簿》[5]中则详细记载了传统向缅甸阿瓦王府呈贡礼物的情况：

1　《四十四代召片领世系》：载《车里宣慰使世系集解》，刀述仁译，昆明：云南民族出版社，1989年，第244页。
2　杨煜达：《乾隆朝中缅冲突与西南边疆》，北京：社会科学文献出版社，2014年9月第1版，第22页。
3　赵尔巽纂：《清史稿》，卷五百二十八，列传三百十五，属国三，北京：中华书局，1976年，第14663页。
4　（清）赵翼：《平定缅甸述略》，载《魏源全集》第十四册，长沙：岳麓书社，第732页。
5　著作年代不详，重抄于1921年10月，傣那文书写而成。

金花两枝，每枝十二朵金花，重量三两二钱；银花两枝，每枝十二朵银花，重量三两二钱；拌马银泡四十二个，重量三两二钱；马鞍背褥子金泡三十二个，重量一两；绸缎二匹，马二匹，花毡一百床，针三包，干柿饼一百扎。这些是贡给国王。金花两枝，一只六朵金花，重一两六钱……绸缎一匹；马一匹。这些是贡给王太后。金花一枝，有三朵金花，重八钱……马一匹。这些贡给王太子。请求居住地盘向国王呈送礼品：绸缎四匹，马四匹，黄金十六两，大象四头，无象每头折银二十两。

这些礼物包括金花、银花、马、绸缎，应是《清史稿》所载"花马礼"无疑。

但到了清代，对缅甸保有岁币的，只有车里和孟连两个土司了。在乾隆二十七年（1762）缅甸第一次袭扰耿马时，耿马土司罕国楷称："从前因往外域办解象只，有送缅甸缎马礼物，此乃酬酢常情，现已停止多年。"[1] 由此可见，耿马土司历史上被缅甸索要"花马礼"确有此事，但尚未发现缅甸曾委任耿马摆夷土司官职的记载，因此对耿马来说，进献"花马礼"的政治意味相比车里等地应是比较弱的。

2. 耿马摆夷土司与缅甸关系变化

　　耿马摆夷土司在历史上与缅甸之间的关系大约经历了一种基于亲缘的"臣服"到作为中国在边地代言人与其"平等"交往的过程。但

---

[1] 《宫中档乾隆朝奏折》第 17 辑，乾隆二十八年三月初三日云贵总督吴达善云南巡抚刘藻奏，"台北故宫博物院"出版。

这种"臣服"并不是一种真正地被其"羁縻",而是对毗邻自己的大国自保的策略。例如1659年,清顺治年间,缅甸来犯耿马,时代理土司一职的西娥(袜)里率兵抗敌,英勇就义。后其子闷砒(罕闷摆)继位,欲为母报仇,就联络景东土司准备一起攻打缅甸。后消息走漏,景东土司出走逃避大理,闷砒所谋之事不成,又怕缅王进兵攻打,只得重金送缅王。

但这种在历史上长期达成的政治平衡,在莽氏王朝崛起时被打破了。乾隆五十二年(1787),正值缅甸莽瑞体父子向外四处扩张势力之时,中缅边界时常发生争斗,耿马土司罕朝瑗奉旨会同官军驻防边界以防犯外敌入侵。当时中缅边界线习惯以怒江为界,中方军队驻守滚弄江东岸,缅军驻扎西岸,虽以江相隔,但双方仍不断发生摩擦和冲突。罕朝瑗为避免事态的进一步恶化和发展,就利用耿马与木邦的历史渊源关系,主动致函木邦宣慰使土司。通过木邦土司疏通与缅王的关系,所出费用无论多寡均由耿马承担。经过一番努力,中缅边界矛盾得以缓解,双方军队各自向国内后撤,以避免接触。自此边界地区宁静了下来,两国边民又恢复了互市。串亲访友的也络绎不绝。罕朝瑗因此立功,受到朝廷嘉奖,并建大白塔以做纪念。[1]《清史》亦载:"五十二年,耿马土司罕朝瑗报言:滚弄隔岸即缅甸木邦,缅酋孟云……恳求进贡。译其文,称孟云乃瓮藉牙第四子,幼为僧,懵驳其长兄也。懵驳死,子赘角牙立。孟云次兄孟鲁……欲自立,国人不服,亦杀孟鲁,迎孟云立之。孟云深知父子行事错谬,感大皇帝恩德,

---

[1] 耿马文史资料委员会:《耿马文史资料·第二辑》,中国人民政治协商会议耿马傣族佤族自治县委员会,1992年,第13页。

屡欲投诚进贡，因与暹罗构衅，且移建城池，未暇备办。今缅甸安宁，特差头目遵照古礼进表纳贡。总督富纲等以闻，帝允所请，赍其使而归之，且赍孟云佛像、文绮、珍玩器皿。五十四年，孟云遣使贺八旬万寿，乞赐封，又请开关禁以通商旅，帝皆从之，封为缅甸国王，赐敕书、印信，及御制诗章、珍珠手串，遣道员、参将赍往其新都蛮得列，定十年一贡。自是西南无缅患。"[1]

表面上看，耿马土司同缅甸从"臣服"关系变成了一种"平等"交往的关系。但更值得注意的是这背后一系列复杂的政治博弈和反映出的国家认同、历史记忆。耿马安抚司，是万历十三年（1585）才分孟定地设置，该时阿瓦王朝已被东吁王朝取代，然而文献中仍记"向阿瓦王府进献"。依据所载内容的完整性来看，耿马对缅甸应是确有送礼的事实的。此处可能有两个解释：一是误记；二是耿马地区在还从属于孟定时便有此故事，故而延续。但无论如何，耿马向缅甸进献礼物应是较为早期时候的事，甚至可能源自主体摆夷族群刚迁徙到该地的14世纪。普遍的观点认为，进献"花马礼"主要是在中央王朝无力对这些地区进行统治的情况下，土司为了求平安才被迫进行的。但若当时耿马仍为木邦所属土舍，受木邦管辖庇佑，没有单独向缅甸进献的道理；因此可以进行另一种推测，即耿马的摆夷贵族一直在寻求权力，有极强的政治诉求，进献礼物是其与缅甸保持友好关系的重要手段。耿马土司的这种争求壮大的愿景，可以从其在文献中多次贬损与其有亲缘关系的孟定得见；而这种对资源、权力的争夺在最初可能是十分

---

[1] 赵尔巽纂：《清史稿》，卷五百二十八，列传三百十五，属国三，北京：中华书局，1976年，第14680页。

不易的，尤其在试图从已被明王朝所认可的孟定土司或是其附属在木邦中时分裂出来时，可能要采取"远交近攻"的方式，借助缅甸的实力来为自身增势。而当其能力足够强大，并发现从缅甸并得不到更多的"好处"时，就开始转变策略，积极投附中国当时的中央政权明王朝。

据当地地方志，罕边法、罕庆法父子执政期间，治下耿马地区繁荣无比，但好景不长，木邦土舍罕烈据地叛变，夺孟定府印，令耿马属官罕庆据守，地之所入悉归木邦管辖。庆在位55年死，传位子罕斌法（又名信忠法），继为木邦宣慰使司隶属下土官。后万历十一年（1583），罕斌法族舍罕虔投附莽应里，罕斌法父子从永昌参将邓子龙抗击缅军有功，万历十三年（1585）便拨孟定附近的遮哈、弄办、四方井等数村归入耿马地，置耿马安抚司，隶孟定御夷府。在暂时崛起的木邦、积弱的亲邻孟定、遥远的中国之间，耿马最终选择归依强大的胜利者明王朝。这无疑反映出其认为明王朝能为其繁荣安定提供足够强大的庇护，而选择将自己的利益与其挂靠，结成利益共同体；为此耿马的摆夷主动加强其与汉族共享的场景性认同，便是顺理成章的了。

小 结：耿马摆夷在族群互动中体现出的国家"想象"

耿马摆夷族群观念的构建过程，是在同其他族群的互动历史中表现出来的，而国家观念的产生，则是从与"异国"的对立中逐渐形成并清晰化。

在族群认同方面，总体来看，耿马摆夷的原生族群认同是非常强烈的，这得益于其对历史记忆的强化传承和独特的族群文化。但由于在历史中与不同族群接触、碰撞，这种认同感在逐步削弱、重建，最终与中国的强势文化取得了共情感，达成了妥协。以耿马傣族内部不同支系之间的关系为例：在"旱傣"看来，自己要比同样居住在当地的"水傣"更为汉化，这一方面是因为"旱傣"与"水傣"在迁入路线和时间上有所差异——总体来看旱傣比水傣较早迁入耿马地区；另一个方面，由于旱傣作为当地的统治者，无论是人数还是对资源的占有，在耿马地区都占有绝对的优势地位。这使旱傣产生了一种区别于水傣的"包装"需求，于是"汉文化"成了一把称手的武器，用来彰显区别。在笔者的调查中，当地旱傣不断强调这一点，并认为自己的生活方式已经几乎完全被汉化了，其中透露出既失望又骄傲的复杂情绪。也就是说，在与汉族的交往中，汉文化已经渗透到了耿马摆夷生活的方方面面，文化的变迁引发了认同的变迁，认同的变迁反过来又促使了其族群文化被动或主动地涵化。

而国家观念通过两方面构建：一是以认清"外国"与"我国"的区别为起点，通过在中缅斗争中不断地为中央立功，耿马土司得以争取到更多的资源，这将耿马土司推向了中国这一边，实际上与对中国认同的深入互为因果。二是建立在与山地族群争资源、与亲缘族群争权力的行为上，由此生出了依附国家政权、依仗国家力量的需求。总的来说，首先，耿马摆夷长期处在中缅争斗之中，从一开始模棱两可的双边贡奉，逐渐演变成只承认对中国的臣服，土司罕国概称"外域"一词，清晰地表达出了内外有别的国家观念。其次，最初耿马土司亟须在与佤族争斗的过程中稳固权力之时，统治者出于其自身利益的需求，积极地靠向王朝，在国家和群众中成了族群动员的桥梁角色，同时其原生的族群认同逐渐开始变得混淆，更加倾向于强势的汉文化，并将作为对手的佤族排斥到离汉文化更远的边缘地位，反映出耿马摆夷对王朝国家的某种想象和对自身族群认同的形塑——这种最初的投靠也许并不能同国家认同等同，只是对一个遥远的、有权势的大国的想象，但至少能在其中看出他们是如何认识国家这一概念的。最后，在同孟定土司的争斗中，耿马摆夷土司必须要争取到同其平等的地位。因此在耿马摆夷的历史叙述文本中，几乎找不到最初和孟定的关系的记载，而是将自己的族源直接追溯到勐卯，将自己的土司政权直接追溯到中央王朝的赋予。这一切最终形成了耿马摆夷的族群定位即"国家边地的保护力量"——对外代表国家进行与缅甸的战争，对内同样代表国家驱除、镇压异己，耿马土司这种强调自身是保卫国家边地的重要成员的行为，使其族群成员的国家意识逐渐得到了强化。

同时，明清开始中央对云南的种种施治手段，表现出其疆域观逐渐走向成熟的一面，在这个过程中，国家对于耿马摆夷土司的掌控多角度、多层次地加深了。而耿马土司的反应也揭示出对这些掌控的接受和认同。这种"国家化"进程将在下章进行详细说明。

二、耿马摆夷土司的国家化进程

本部分意在体现历史上，耿马摆夷土司怎样在国家化的过程中建立起民族国家认同。通过传统的民族史书写方式，归纳总结历史上边疆开发以及耿马摆夷土司建置、制度等情况，这是边疆土司政权受国家管控的直接体现，耿马土司的建置即为其国家化的开端。明清两代，在一些历史事件中，耿马摆夷土司的行为，使耿马摆夷土司与国家的关系一步步紧密起来，这些事件一方面体现了国家对该土司掌控的层层深入，另一方面反映出了耿马摆夷土司对国家认同的逐步加深。近代之后，民族国家概念的兴起带起了"边疆热"，在学者的研究中，人们逐渐转变了对摆夷土司地的看法，它从"徼外"的"瘴疠"边地，成为构成"国界线"重要的边疆；而在抗英、抗日战争之时，耿马摆夷土司通过其一系列举措，包括组织抗战武装、捐款、修建滇缅铁路等，在行动和认知上与内地越来越一致，逐渐建立起牢固的国家认同。这些都成了耿马摆夷土司和国家间双向认同不可缺少的组成部分。

（一）耿马摆夷土司设置及耿马地区开发

1. 耿马土司设置始末

元初蒙古军平云南，为了加强对少数民族酋领的驾驭与控制，创立了"蒙、夷参治"之法，官有"流""土"之分[1]。土司制度由此拉开序幕。元王朝于是设孟定路军民总管府，管辖滚弄江东西两岸广大地区。按《元史》，至元十四年（1277）大理路蒙古千户忽都、大理路总管信苴日、总把千户脱罗脱孩奉命伐永昌之西腾越、蒲、骠、阿昌、金齿未降部族，驻扎南甸。二十一年（1284）元将罕的斤破缅于江头城。[2] 之后金齿各部族陆续来降。

明代沿袭元朝土官土司制度，设置了许多摆夷土司，其中包括西部傣族聚居区中的孟定（孟定御夷府，包括今孟定、耿马、双江、沧源等及滚弄江以南缅甸掸邦一部分）、耿马（今耿马傣族佤族自治县，万历时析孟定地置耿马安抚司）、镇康（今镇康县，明为镇康御夷府）、湾甸（今昌宁南部及镇康北部地，明为湾甸御夷州）、大侯（今云县，明初置大侯长官司，后改为御夷州）、猛缅（今临沧县，明为猛缅长官司）、猛猛（今双江县，明为猛猛巡检司）、大猛麻（明大猛麻巡检司，其地在当今云县、景东、临沧间）等。按《明史》，正统中，麓川叛，孟定知府刀禄孟遁走。木邦土官罕葛从征有功，总督王

1　龚荫：《中国土司制度》，昆明：云南民族出版社，1992年，第23页。
2　（明）宋濂等撰：《元史》卷210《列传第九十七·外夷三》，北京：中华书局，1976年，第4658页。

骥奏令食孟定之土。嘉靖间，木邦罕烈据地夺印，令土舍罕庆守之，名为耿马；地之所入，悉归木邦。[1] 到信忠法时，耿马仍继为木邦宣慰使司隶属下土官。是时，族舍罕虔叛变，夺权占地、投附缅甸莽氏王朝。耿马信忠法率家属子女逃避永昌。罕虔与岳凤父子、湾甸土知州景宗真、景宗材兄弟与缅酋莽应里勾结反明，后被邓子龙所平。[2]《神宗万历实录》："万历十二年三月……兵部覆刘世曾为言，耿马贼罕虔，伏莽有年，弄兵无忌，今参将邓子龙擒贼八十二名，斩级三百九十六，俘获贼三百余，战象马牛殆百，其生擒贼人，相应处决枭示，报可之。"[3] 万历十二年（1584），官兵取陇川，平孟定故地，以罕葛之后为知府。在此期间，信忠法父子从永昌参将邓子龙为首部抗击缅军有功，奏报信忠法之嫡长子罕闷坎为安抚使。明万历十三年（1585）拨孟定附近的遮哈、弄办、四方井等数村归入耿马地，析孟定置耿马安抚司，隶孟定御夷府。[4]《明史》中载："耿马安抚司，万历十三年析孟定地置（西有三尖山，南有喳哩江，与孟定分界）。北距府百里。"[5] （孟定）其地……领安抚司一，曰耿马。万历十二年置，以们罕为安抚使。与孟定隔喳哩江。孟定居南，耿马居北。罕死，弟们罕金护印，屡奉朝贡。时木邦思礼作乱，侵湾甸、镇康，倚罕金

---

1 （清）张廷玉等纂：《明史》卷313《列传二百一·云南土司》，北京：中华书局，1976年，第8082页。
2 耿马文史资料委员会：《耿马文史资料·第二辑》，1992年，第6页。
3 （明）官修，据广方言馆本补用嘉业堂本校：《明实录明神宗实录》卷一百四十七，第2739页。
4 耿马文史资料委员会：《耿马文史资料·第二辑》，1992年，第7页。
5 （清）张廷玉等纂：《明史》卷46《志第二十二·地理志七》，北京：中华书局，1976年，第1194页。

为声援。¹ 万历十六年（1588），递赐印信"耿马安抚司"印信号纸，红顶帽一顶，万明伞一把，龙袍官服，项珠一串。公元1588年闷坎正式得印封耿马安抚司土司职，由其父护理执政，管理地方。从此耿马是为边徼十八土司地之一也。² 后天启二年（1622），缅人攻猛乃、孟艮，罕金欲救之。缅移兵攻金，金厚赂之，乃解。³

清顺治十六年（1660），缅甸兵犯耿马，扶孤护理的西袜里印太，女扮男装，披装上阵，然寡不敌众。缅兵入耿马，西袜里自刎于蛮烈。同年四月，清军平滇，清顺治十七年（1660），耿马土司罕闷摆投诚，吴三桂请准安抚使仍世袭。⁴《清史稿》载："夏四月甲寅，多尼、吴三桂军克镇南州，白文选纵火烧澜沧江铁桥遁走。我军进克永昌，李定国奉桂王走腾越，伏兵于磨盘山，我军力战，复克腾越。"⁵ 之后荡平云南。康熙二十二年（1683），耿马直隶云南布政司，晋升为宣抚司，颁"云南耿马宣抚司"号纸印信，罕闷摆为宣抚使。乾隆二十九年（1764）改隶顺宁府，为"云南省顺宁府耿马宣抚司"。⁶ 此时统治地方的为第十四代土司罕朝瑗，他将耿马土司的统治推向了顶峰，他于乾隆四十八年（1783）集丁开采悉宜银矿，同时加紧对地方区划

---

1 （清）张廷玉等纂：《明史》卷313《列传二百一·云南土司》，北京：中华书局，1976年，第8082页。
2 耿马文史资料委员会：《耿马文史资料·第二辑》，1992年，第7页。
3 （清）张廷玉等纂：《明史》卷313《列传二百一·云南土司》，北京：中华书局，1976年，第8083页。
4 耿马文史资料委员会：《耿马文史资料·第二辑》，1992年，第8页。
5 赵尔巽纂：《清史稿》卷5《本纪五·世祖本纪二》，北京：中华书局，1976年，第155页。
6 转引自中国科学院民族研究所云南民族调查组：《云南省傣族社会历史调查报告·七：耿马地区》，中国科学院民族研究所，1963年，第8页。

组织的规划和建立，将全辖地划分为九勐十三圈，并设头人和圈官制度以加强各勐各圈事务的管理和赋役的调派。清道光八年（1828），耿马土司属领中又复分裂出猛角、勐董土司，与耿马分立，且又与耿马土司连年争地而战，取代了耿马土司对南部阿瓦山区各部落的统治权。1885 年英国侵占缅甸，1897 年迫使清政府将耿马所属西部麻栗坝割让给英国，耿马疆域再次向东缩退。

民国元年（1912），国民政府废府置县，顺宁府改为顺宁县，耿马乃隶属顺宁县治，为第七区（河外）和第八区（河内），而后继为第五、六两个区，实行所谓"区乡自治"，推行保甲制度，均由土司署官员和大小头人充任乡保长。土司制度与保甲制双轨运行。1940 年耿马设立设治局，实行改土归流，但由于土司制度根深蒂固，改土归流成为形式，就任局长共 11 任，除了李天蕖因与土司关系较好，连任三届外，其余都是一年一换。设治局在耿马实际处于有名无实的地位，大权仍掌握于司署手里，地方大小事情以土司的决策为是。这种土流并举治理到 1950 年耿马人民政府成立后，土司制度才真正废除。

2. 明清西南边疆开发背景述略

总体而言，明清以来，中央王朝对于云南的控制是逐步加强的。西南边疆（这里特指云南）的开发同王朝的边疆战略与政策息息相关，这种历时长久的开发涉及方方面面，反映了整个边地的国家化进程。

明朝中央对于云南的开发，经历了一个主要从云南腹部、依靠主要交通线逐渐扩展到边疆的过程，明洪武初（1380），为了稳定和巩固云南，明朝政府采取了一系列措施，其中最重要的就是开设屯田，同时建立完善的土司制度。在此基础上,大规模的移民开始进入云南。到了清朝,边地少数民族地区因为其丰富的矿产资源更受重视,吸引了更多的移民来到边疆地区。在开发背景中本研究着重关注其中两点:一是开设屯田、设兵驻守、开发矿业资源等,以及随之而来的移民潮;二是设立土司制度以及土司制度的承袭和改土归流。

(1) 屯田及矿业开发

首先,明朝开始的屯田制度是和明王朝在云南的施治策略紧密相关的,在客观上促进了对边疆地区的开发。明初,云南各地抗明势力激烈,为了平定地方,明王朝先后派遣大量军队在西南边疆驻扎,并随之广泛开展以军屯为主的各类屯田,客观上形成了对云南大规模的开发形势。受中央王朝对云南施治政策重视的影响,明代移民云南的人数无论是在规模还是在人数上都达到了史无前例的高峰。这些移民方式主要有军士留成、行政安置与自发流移、仕宦任职、谪迁流放、商人流寓等[1]。据估计,明代主要设于重要城市和交通在线的屯田卫、所,加之民屯、商屯,屯种面积约为 150 万亩,进入云南的移民人口估计为 50 万~100 万人。[2]

清代以后,进入云南的移民除仕宦任职和军事戍守外,官府有组织的移民已不多见,因生计原因由大量不同个体汇集为规模性移民集中到某一区域,成为此时期移民的主要方式。[3] 云南矿产资源丰富,继明代之后,清代的矿冶业进一步发展,为吸引内地人口迁入的又一

---

1 古永继:《元明清时期云南的外地移民》,《民族研究》2003 年第 2 期。
2 马曜:《马曜学术自选集》,昆明:云南人民出版社,1998 年,第 481 页;古永继:《元明清时期云南的外地移民》,《民族研究》2003 年第 2 期。
3 古永继:《元明清时期云南的外地移民》,《民族研究》2003 年第 2 期。

途径。康熙二十一年（1682），云贵总督蔡毓荣在国家财政支出紧张、驻滇部队军费难筹的压力背景下，提出了《筹滇十疏》[1]，把"鼓铸宜广""矿铜宜开""庄田宜变价""荒地宜屯垦"，视为"利于滇而佐协济之不及"的四项根本的理财举措。在矿冶开发方面具体提出矿铜经营之法"莫若听民开采而官收其税之为便也"，同时以"凡有司招商开矿得税一万两者，准其优升；开矿商民上税三千至五千两者，酌量给予顶戴"的奖励措施，鼓励民间铜矿开采，把清代云南铜矿推进到大规模开发的新阶段。[2] 据道光《云南通志稿·食货志》记载，云南仅康熙时开采的银厂即有19家，以后不断增多，铜、锡、铁、铅等厂更是星罗棋布。[3] 这些随着矿业开放而来的内地移民聚集在矿厂，有组织，有经济基础，还拥有武装厂练。[4] 这其中，吴尚贤的茂隆银厂的兴衰极具代表性。茂隆银厂位于顺宁边境葫芦地，最初拥兵甚重，俨然边境一国中之国，后经中央插手整治，吴尚贤被拘捕，茂隆银厂被置于了王朝严密控制之下。这种策略也被用在其他矿厂、矿地之中。

（2）土司制度

明代对元代开始的土司制度，加以改进和完备，使之成了一种治理西南部少数民族较为合适的制度。元朝虽在云南设置了宣慰、宣抚、安抚、长官等各司，但这些职位并不局限于云南少数民族，而是遍布

---

[1] （清）贺长龄（魏源代编）：《皇朝经世文编》，卷二十六，户政一，理财上，《筹滇理财疏》，《魏源全集》第十四册，长沙：岳麓书社，第541页。

[2] 余文兵：《帝国深入西南边地——清中期中央政府对滇缅边区的治理（1723—1840）》，中央民族大学博士学位论文，2011年。

[3] 古永继：《元明清时期云南的外地移民》，《民族研究》2003年第2期。

[4] 杨煜达：《乾隆朝中缅冲突与西南边疆》，北京：社会科学文献出版社，2014年，第35页。

全国各地；到明代，宣慰、宣抚、安抚、长官等司，完全成为设在少数民族地区的统治机构；这些职官职称，也成为只用于少数民族首领的一套职官称呼，这才能说明土司制度已经形成。[1] 至清朝，为稳定边疆，清王朝一开始便继承了明王朝的土司制度，对于愿意归附其的土司授予旧职，基本沿袭原来的土司政策；对于反对其的土司则镇压、改土归流。恩威并济之下，边疆诸土司亦纷纷投诚。之后通过政权不断深入，进行了大规模的改土归流。尤其是对于遏制重要中缅交通线的勐缅长官司进行了改土归流[2]，大大加强了对边境土司的掌控。

（3）军事戍防

鉴于明后期中缅边境数十年的战乱，清王朝一开始就重视在中缅边疆地区的军事戍防。有明一代，明王朝军事上控制中缅边疆的重点始终是在北段，对中段、南段的控制，实力不足。清代的边防体系，在明代以永昌、腾越为中心的基础上，逐步加强了对南段和中段的设防。[3] 从明至清，国家力量从云南中心腹地逐步向偏远的边地、山间扩散。明代在云南设卫所，在整个明代进入云南的官兵数当不下28万人，东北部达沾益州，东达贵州、云南交界之地，西北达北胜州，滇西南达金齿（今保山、德宏）一带，滇南达蒙化、景东，滇东南达广南卫、新安守御千户所（领蒙自一带）。[4] 清代，作为清政府主要军事力量的绿营军在云南的布防不断深入，并且在有绿营兵分布的区域内，

---

1 龚荫：《明清云南土司通纂》，昆明：云南民族出版社，1985年，第10页。
2 乾隆十一年（1746）革去勐缅最后一任土司奉钦诏，其地改为缅宁厅，后改为猛缅厅。
3 龚荫：《明清云南土司通纂》，昆明：云南民族出版社，1985年，第32页。
4 秦树才：《绿营兵与清代的西南边疆》，《中国边疆史地研究》2004年6月第14卷第2期。

大量绿营兵又因分置于汛塘而由平坝向僻远的山区转移扩散。从清代绿营兵汛塘的设置情况看，在云南府、大理府、澄江府等发达地区，一般于每州县治所分设一汛。各汛又将汛兵中的相当部分分派到该汛防区内之交通要道和山险冲要之处，建立塘。而在原统治不深入的地区，尤其是边疆地区，清朝除于所在州县治所设置一个汛（有时称之为"大汛"）外，还于各偏远冲要或民族情况复杂之处设若干汛（有时称之为"小汛"），各汛下也同样分置塘。所设汛塘，部分分布于平坝地区，但大多数处山区和边远地区。[1] 值得注意的是，在云南很多未改土归流的地区，清朝也通过绿营兵的派驻、汛塘的设置，将统治触角伸入土司辖下的各民族。如雍正年间改土归流后，云南虽有孟定、永宁两个土府未改置流官，但永宁已分派了绿营兵，设置了汛塘；在未改流的耿马、陇川、干崖、南甸、孟连五个宣抚司内，陇川、干崖、南甸也设置了汛塘。

也就是说，清王朝对于西南边疆的控制是在不断地强化的，这种控制的强化不仅表现在广度和宽度上，也表现在已设防的地区的深度上。中央不仅对于重要的土司进行改土归流，在政权上保证了其势力的把控，还对移民社会（这些移民群体往往把控大量当地资源）进行了控制[2]，这些举措无疑加深了边疆地区与内地更深入、广泛交流的建立。

根据陆韧对云南明代以后卫所的研究，也能看出云南移民通过卫

---

[1] 秦树才：《绿营兵与清代的西南边疆》，《中国边疆史地研究》2004年6月第14卷第2期。
[2] 吴尚贤在"葫芦王国"茂隆银厂的衰败便是一例。

所的交通线向山区和边远少数民族地区扩展的趋势。她认为，明代云南汉族移民区的形成与发展，虽然从局部区域看，移民有相对聚居的特点。但是从全局看，汉族移民实际散处于云南各民族人民的汪洋大海之中，呈现出在滇中、滇东、滇西和滇南等广大地区与当地民族杂居共存的态势。[1] 汉族移民的散处分布，打破了云南当地民族原已存在的相对固定和完整的民族地域，分割了传统的民族聚居区或共居区，将云南各民族在千百年历史中逐渐形成的相对稳定的共同地域，割离为一个个互有联系而又分散的、较小的民族聚居区，使很多民族由此丧失了单独的地域，逐渐变成了汉夷（指当地少数民族）杂居、"僰汉同居"、彝汉共居等，形成各民族大杂居趋势。[2]

3. 耿马地区的开发及与内地移民的交往

通过对耿马地区的开发和当地民众同内地移民的交往，可以看出明清以后区域文化的交融和傣族群身份的清晰过程。

（1）耿马地区的开发

明、清中央政府对西南边疆的开发，根本原因是统治者疆域意识的逐渐增强。明以来和缅甸的多次战争，使得中央意识到对西南边疆把控的重要性；清代之后内外有别的国家观念更是坚不可摧[1]。中缅

1　陆韧：《明代云南汉族移民定居区的分布与拓展》，《中国历史地理论丛》2006 年 7 月第 21 卷第 3 辑。

2　陆韧：《明代云南汉族移民定居区的分布与拓展》，《中国历史地理论丛》2006 年 7 月第 21 卷第 3 辑。

1　乾隆帝有"人臣无境外之交"的说法，对于境外土司之进贡，多拒而不纳；康熙、雍正两朝更是与俄罗斯分别签订《尼布楚条约》和《布连斯奇条约》。这些都可以看出清代"内外有别"的国家观念已非常明确，对于边疆土司的从属权，更是毋庸置疑的。

边境呈新月形，北段是腾越、龙陵所辖的南甸、干崖、陇川、勐卯、芒市、遮放诸土司，中段是孟定、耿马、孟连诸土司，南段便是车里土司。耿马地区的开发从属于整个云南的开发，但因其地属偏远、瘴疠横行等原因，发展较为迟缓，社会及文化封闭的状态直到清代才逐渐被打破。清初，政府封禁全国其他地方发展矿业，而唯在云南鼓励矿业开发，使得边境的银矿吸引了大量的内地群众。耿马地区银矿富藏，有兴隆厂、悉宜银矿，顺宁边境的茂隆银厂交通也十分便捷，致使大量汉族移民进入。清中期之后，由于矿业的发展，耿马地方的资料开始多见于史书，为了解当时该地的开发情况提供了条件。

①军事布防

上文已提到，明代在云南设卫所，在明朝后期，其设置的卫所在滇西南达金齿（今保山、德宏）一带，滇南达蒙化、景东，滇东南达广南卫、新安守御千户所（领蒙自一带），虽未在耿马之地直接设卫所，但已经对受土司统治的耿马一带形成了包围之势，至清代在未改流的耿马、陇川、干崖、南甸、孟连五个宣抚司内，陇川、干崖、南甸也设置了汛塘。乾隆二十九年（1764）耿马宣抚司从直隶云南布政司，改为隶属顺宁府，为"云南省顺宁府耿马宣抚司"，而这也是建立在顺宁府地区的军事布防在清朝由薄弱逐渐加强的基础上的。

顺宁府"地居荒远，外逼强邻，内境辽阔"，是云南"安边固圉，禁暴戢奸"[1]之重地。虽然早在康熙初年，清政府就在该府布置了绿营兵，但所设仅顺云一营，统兵也只有区区500名，且该营又隶属于

---

[1] （清）朱占科修，周宗洛等纂：《云南省顺宁府志·武备志》，台北：成文出版社，1975年，第474页。

数百里外之腾越镇,这些都与顺宁府的边防地位极不相称。乾隆年间,随中缅冲突的升级,清政府开始逐渐增加顺宁府的兵力部署。嘉庆年间,顺宁府又先后发生了李文明、李小老、张辅国等率领的"裸黑、卡瓦、蒲蛮诸夷落扰缅宁"之事[1]。"为加强对顺宁的统治,清政府于嘉庆五年(1800)将顺云参将由顺宁移驻缅宁,并于次年在顺云营增兵四百名。乾隆十九年,又在顺云营增设外委把总二员、额外外委六员,分别将云南提标兵六十五名、楚雄协兵一百名、临元镇兵三十名、元江营兵四十名、永昌协兵七十名、鹤丽镇兵三十名、昭通镇兵六十名、景蒙营兵四十名,共四百三十五名拨归顺云营。虽然道光十二年(1832),同云南各地绿营一样,顺云营也裁兵一百三十五名。但因道光初年后,云南回汉互斗波及顺宁府,因此清政府又继续大幅度提高了顺宁府的绿营布防级别,增加了顺宁府的布防兵力,于道光二十九年(1849)将龙陵协降格为营,将其协副将移至顺云营,将顺云营升级为协,并相应地设兵一千七百九十六名,其所分防之汛也增加到了二十一个。"[2] 从而使顺宁府地区的绿营兵额达到了历史的最高峰,也使由开化府到永昌府的整个云南南部边境地区进入了有史以来布防兵力最多的历史时期[3]。这样一来,虽然仍未直接在耿马地布防,但为以后军事力量能顺利深入该地打下了基础。

---

1 (清)朱占科修,周宗洛等纂:《云南省顺宁府志·武备志》,台北:成文出版社,1975年,第474页。

2 (清)朱占科修,周宗洛等纂:《云南省顺宁府志·武备志》,台北:成文出版社,1975年,第474页。

3 余文兵:《帝国深入西南边地——清中期中央政府对滇缅边区的治理(1723—1840)》,中央民族大学博士学位论文,2011年。

至光绪初年，云贵总督岑毓英奏准，抽调绿营马、步战军设立练军。据《新纂云南通志·军制考三》："初，顺云协额设马、步战，守兵共一千四百八十人。"此后，由于中缅边境冲突时有发生，清王朝便在边地编设了大量的少数民族武装土练以防边。至民国，从资料上看，耿马地区的军事以土司所辖的土兵为主，战时则会从相邻地区临时调集军队、土练，是一种相对灵活的军事布防。

②矿业发展

有大量的史料记载了当时包括耿马在内的边地，开矿之风甚兴的盛况。例如《清稗类钞》载："云南边地五金矿产，所在皆是。如镇边之募乃银厂，腾冲之明光银厂，昔皆以畅旺著。且尚有镇边、西盟之金，上改心之铁，顺宁、耿马之银、铁，永昌、湾甸附近之铁，腾冲、南甸之煤，界头之铅。"[1] 云贵总督张允随奏道："至外夷地方，亦皆产有矿铜，夷人谙架罩，唯能烧炭及种植蔬菜，豢养牲畜，乐与厂民交易，以享其利。……至夷方之厂，如兴隆厂坐落耿马，募乃厂坐落孟连，俱系内地民人前往开采。"[2] 又据《续修顺宁府志·物产志》："悉宜银矿坐落耿马土司地方，乾隆四十八年（1783）总督富刚奏开……云南顺宁府属耿马地方悉宜厂年课银800两，遇闰加增，系耿马土司集丁开挖按年纳课。""案册：耿马土司经营悉宜厂，道光九年（1829）分报解课银800两。"按当时每两抽五分的课率计，年产约1.6万两白银，实际年产不止此数，古有"悉宜旺而招远人""穷

---

[1]（清）徐珂：《清稗类钞·矿物类·云南土司属地矿产》，北京：中华书局，2010年，第5951页。

[2]《张允随奏稿》，乾隆十一年五月初九日奏，转引自《云南史料丛刊》第8卷，昆明：云南大学出版社，2001年。

奔夷方急奔厂"的民谣。耿马的地方志中也记载,罕朝瑷于乾隆四十八年（1783）集丁开采悉宜银矿,年上缴岁银800两,凡闰年追加66两。

访居住耿马东、西山的汉民族开祖传说,查阅祖传家谱、宗支簿,考其习俗传说,观悉宜矿区及各分厂堆积如山的矿渣、简易的矿坑、薪炭窖穴及两湖、川贵黔及省内各地修建的大庙、财神殿和会馆、交易集市场地的遗址残迹、亡故者墓群等,可见曾兴旺一时,财源滚滚,吸引了大量内地民众来此谋生。据传悉宜厂开矿者数千,采用古老的围堰冲击,开挖简易坑道,镐掘人背,毫无安全设备的开矿工艺,冶炼也是使用手拉风箱、烧木炭用土炉锻银的办法。随着开采时间的流逝,由于冶炼工艺落后,易采原生矿减少,又加清朝咸丰、同治年间红白旗之乱,朝廷和耿马土司无力顾及,矿区逐渐衰落,返不了原籍的大量矿丁就地安家,从事农业生产,生息繁衍于耿马地方。[1]

可见,耿马地方的银矿开发可追溯到清朝初期,绵延时久,极大地促进了当地的社会经济发展,吸引了大量内地移民,且对各民族之间的经济文化交流起到了推动作用。陈庆德对清代云南矿业进行了研究,认为矿业的发展在云南的开发中扮演了"黏合剂"的角色,也就是说,对矿业的开发打破了以往边地以农业为唯一生计的模式,使得人力、物力可以依靠矿产的采伐和转运、买卖在云南得到交融,"得以超越以往的相对封闭的小地域开发格局"[2]。值得注意的是,耿马记载在册的悉宜银厂,是直接由土司经营的——耿马土司是乾、嘉银厂

---

1 杨铸主编：《耿马傣族佤族自治县志》,昆明：云南民族出版社,1995年,第230页。
2 陈庆德：《清代云南矿冶业与民族经济的开发》,《中国经济史研究》1994年第3期。

最盛时有额课记载的 19 家（附子厂 7 家）中唯一管厂的少数民族土司，其余的管厂人员多为知县、知州，其财力和地方势力可见一斑。而开矿的人也是"系耿马土司集丁开挖"，其开采出来的矿产，要"按年纳课"，更重要的是，由于开采规模很大，出现了"旺而招远人"的情况。得益于矿业的开发，耿马地区封闭状态逐渐被打破。根据笔者的田野调查和一些民国时期的资料，耿马等地的土司到缅甸做生意是他们一项重要的经济来源，在傣族的上层人士中，从土司、太爷、新爷、郎爷、圈官到布胜、布格大多数参与经商，他们经常把经商与放高利贷结合在一起。如末代土司罕富廷（又名罕裕卿机法）和长太爷罕华文合股在缅甸木邦开了一个裕华商号，有骡马 50 多匹，资本达 20 万银元。他们往来驮运贩卖于耿马和缅甸之间。其他耿马、孟定司衙城镇的属官，其资金都在万元、数千元不等，购进内外商人的货物，囤积销售，或组成马帮内外贩运。耿马土司这种从事贸易的做法应由来已久，这种运作自然和土司家族掌握当地资源关系密切。

（2）汉文化对摆夷社会的影响。

耿马作为清中期仍然没有改土归流的土司，一直远离汉文化的中心，大量的汉族移民是随着矿业的发展，直至乾隆年间才涌入，这同耿马地区国家化进程是一致的。清乾隆十一年（1746），以石屏人吴尚贤为首的许多汉族人，来到阿瓦山区的"葫芦王国"（今班洪等地区），取得佤族大山王蜂筑的信托，在当地开发茂隆银矿；另一批汉族人也于乾隆四十八年（1783）来到耿马土司境内开发悉宜银厂；另外，在明末追随明永历帝朱由榔西奔缅甸地的桂王后裔宫里雁为首的汉族人，也在当地开采波龙银厂。后因在缅地无法立足，于乾隆二十二年（1757）率3000余众回到孟连，受到当地土司的凌辱。恰在此时悉宜银厂的周彦青来请宫氏护厂，宫里雁便率领部分人马来到悉宜。虽然之后宫里雁被耿马土司罕国楷奉命押至昆明斩首，但其余众仍留在悉宜。根据中华人民共和国成立后的调查资料，现居耿马河外乡、清水河、糯峨的汉族，是茂隆、波龙银厂和金场坝银厂被封后，就地开荒种地的汉族矿工的后裔；勐撒镇、耿宣镇和勐简乡的汉族，是悉宜矿区矿工的后代；勐永镇香竹林、光木林、新和的汉族是芒茂银厂矿工的子孙；芒洪、安雅、科且、班康、东坡的汉族是安雅大箐水银厂矿工的后代。今科且大寨西侧尚遗存清乾隆甲午年（1774）的古墓群，其墓志都在200年左右。

清朝末年至民国时期前来耿马的汉族分两种：一是抗日战争时期修筑滇缅铁路的民工，铁路停工后难回家乡而流落在耿马，抗战胜利后，国民党部队撤走，留下部分兵卒和随军进入的经商人员。这些人多居住在交通沿线和集镇。二是为避免兵祸、赋税、灾害、仇杀等逃荒避难而来的。这些人多居住在山区、半山区，如四排山乡部分，勐永芒佑、芒来、大兴等山区的汉族，都是先后于清末民初由凤庆、云县、临沧、景东等地前来。他们到来后同原来的汉族佤族同寨而居，有的重新建寨开荒种地，既可躲过抓兵派款，又可利用偏僻的山区种植罂粟维持生计。

据民国时期的文献推测，在清末民初，耿马坝子里已有大量汉人在此安家落户。例如王建功《耿马一瞥》中道："耿马人种，颇为复杂……汉人约占十分之四，摆夷约占十分之三。"再如民国二十六年（1937）彭桂萼在《走进封建古国》中写道："……全境一万余户四万余口的居民中,摆夷只占十分之二三,大多数是汉人,密居于南定河内外。"¹ 再如 1963 年修筑滇缅铁路的工程师陶述曾先生在《耿马之行》² 中写道:"……耿马城在坝子中部靠北,建筑在从北山拖下的长冈尽头……城内居民都是摆夷族,约有 400 户。商人七八十家,都在南门外,多半是汉族。"

汉族移民对耿马傣族社会的影响主要在于汉族带来了先进的生产工具和耕作方式,促进傣族地区社会经济发展,如傣族群众所使用的铁制生产工具犁铧、砍刀、钐刀都是由祥云、保山等地的汉族工匠打制的。傣族从汉族工匠那里学会了锻造技术,能够打制生产工具,如孟定允相寨专门生产锯齿镰刀。傣族妇女所喜爱的各种金银首饰都是汉族、白族工匠直接传授给傣族工匠的。而傣族群众将自己生产的谷米和土特产品供给汉族及其他各族群众。民国在中央的政令下,土司还兴办过私塾学习汉文,末代土司罕富廷曾在耿马城内办了一所"裕卿小学",专收上层子女入学,由内地请来汉族教师,教习汉文课本,学制及课本全采用内地的;在勐捧也成立了一所类似的小学。³ 在民间,与汉族杂居的傣族学会了汉话。

在中国传统"中心－四夷"的文化和空间观念中,"以夏变夷"占有重要的地位,这传达出了边地的族群是需要被"汉化"、纳入华夏文明体系当中的传统。而耿马摆夷族群从单纯的"傣人"认知到民

---

1 (民国)张向德修,杨香池纂:《顺宁县志》卷十,凤庆县志编修委员会,1983 年,第 433 页。
2 陶述曾:《西南行纪》手稿之三《耿马之行》,耿马档案馆藏。
3 中国科学院民族研究所云南民族调查组:《云南省傣族社会历史调查报告·七:耿马地区》,中国科学院民族研究所,1963 年,第 13 页。

族国家认同的变迁,也是与"汉化"所引起的文化的变迁息息相关的,可以说对汉文化的接受,是近代以后建立民族国家认同不可或缺的前提。在历史上,耿马摆夷同汉族有长时段且密切的交往,虽然当地群众对于汉人迁入的历史记忆并不清晰,但至少从史料以及实物上来看,汉文化对于当地的影响是非常显著的。这里需要说明的是,虽然不同文化之间的涵化是相互的,但本节侧重讨论耿马摆夷的原生文化所掺杂的汉化痕迹,以作为论证耿马摆夷历史上国家认同形成过程的依据。

耿马摆夷文化中同时有勐卯果占壁和勐渤文化的因子存在,又受到印度和缅甸文化的影响。例如在语言方面,作为耿马傣族使用主体的傣那语,与德宏傣语同属一个方言区,但同时又存在一定的土语差异,主要表现在语音、语调和土语词上[1];耿马傣语中同时还借用了一些外来语词,如巴利语借词"年龄""慈悲""恩赐",梵语借词"黄金""天神"[2],由此可见,耿马摆夷文化经过长时段的积淀,杂糅了许多不同的文化,是非常复杂的。而通过汉文化出现的场域,大致可以推断某一历史时期耿马摆夷与汉族的交往情况,以及从侧面反映耿马摆夷群众心目中汉文化的地位,从而探究耿马历史上对汉族以及汉族背后的"国家"的看法。以下为部分例子。

①耿马官家所书的地方史志。

成书于傣历1238年(1876年,清光绪二年)的耿马土司地方史志,由傣那文写成,全书共24页,原稿为司署文书,其中开篇记述了

---

[1] 南桂香:《耿马傣族》,昆明:云南民族出版社,2013年,第86页。
[2] 南桂香:《耿马傣族》,昆明:云南民族出版社,2013年,第90页。

中国自明代以来的皇帝纪元年号，明朝从洪武到万历、崇祯，清朝从顺治、康熙到光绪。[1]

②佛寺、土司建筑。

兴建于清朝乾隆年间的耿马总佛寺，在佛教中称为"拉扎探"，是耿马佛教摆润教派中的总管佛寺，在佛寺级别中地位最高。这座佛寺融合了傣族佛寺的建筑文化和汉族工匠的木雕、石刻技术，有龙、狮子、各种鸟兽和花木，宏伟壮丽。清朝乾隆年间，在内地文化的影响下，耿马罕氏土司招募内地剑川、大理乃至缅甸瓦城、景栋一带的工匠艺人，就地烧制砖瓦、石灰，建造照壁、城楼宫殿似的司署衙门及四合院官邸。其中司署衙门为砖木结构建筑，由东至西一道照壁、门厅、二道照壁、甬道、议事厅及四合院官邸在一条中心轴线上左右对称。其中门厅上悬有"震威南陲""急公好义"等琳琅满目的匾额，大门门框门楣还刻有楹联，正厅内联为："宣怀问民俗履税田中竹笛芦笙谐治谱；抚雨重心劳藩封迆西丹书铁券著家声。"外联曰："文治武功炳焕一时德泽膏润思九勷；崇楼峻阁巍峨千载杰错光华耀六司。"另外，土司的墓葬碑文，也是出自汉族石匠之手。

③故事、歌谣等口头文化。

耿马傣族的许多传说中将汉族讲述为兄弟民族，如创世神话《人类的起源》中提到茫茫宇宙中有个巨大的"麻沾补"（地球），有五肘长。天神混桑用斧头来砍这个麻沾补的时候，侧耳一听，从中传来各种不同的话语和嘈杂的声音，一只白兔叫混桑赶紧砍开它。混桑将麻

---

[1] 尹绍亭主编：《中国云南耿马傣文古籍编目·历史》，昆明：云南民族出版社，2004年，第12页。

沾补用斧头劈开，从中走出各种人，有讲汉话的汉人，讲傣语的傣族。另外，当地傣族文学中有一种名为"马河"的，讲诸葛亮扶汉的故事，卷数很多，当为"三国演义"的译本；另有"窝斤"，此云"石猴"，则是"西游记的傣译本"。此外还有不少以汉族人物生活为题材的作品，如"王玉莲""九世不分家""张公钓鱼"等，显然都是从汉族故事翻译过来的。[1]

族群理论认为，族群认同是人们与不同起源和认同的人们之间互动的产物，个体的族群认同并非是绝对的，认同既可以是自己选择的，也可以是强加的。原生论和场景论观点常常组合起来解释社会中的族群互动，即族性是根深蒂固、与生俱来的，但它也是变迁的，社会文化和历史的条件决定了变迁趋势。汉文化元素在清中期以后开始在耿马傣族的日常生活中大量出现，并且有从上层向下层普及的趋势，这种族群互动现象和当地摆夷的认同之间产生了双向作用。并且，作为政治、文化上层的土司和佛寺也对这种认同起到了正面的引导和加强作用。

这种文化传播的情况可以用雷德菲尔德（Robert Redfield）的"大传统与小传统"理论视角来进行分析，雷德菲尔德认为，在较复杂的文明之中存在"大传统"（great tradition）和"小传统"（little tradition）两个不同层次的文化传统。所谓大传统是指一个社会里上层的士绅、知识分子所代表的文化，这多半是由思想家、宗教家反省深思所产生的精英文化；而相对地，小传统则是指一般社会大众，特别

---

[1] 中国科学院民族研究所云南民族调查组：《云南省傣族社会历史调查报告·七：耿马地区》，中国科学院民族研究所，1963年，第14页。

是乡民或俗民所代表的生活文化。学界一般认为，大小传统间的复杂互动，很大程度上构成了文化传统生成、定型与转化的内在机制和动力。回到耿马摆夷文化中汉元素出现的场域，可以发现，相对于掌握在耿马摆夷上层精英手中的书写地方史的权力，抑或是建造耗资巨大的府邸或寺庙而言，直至民国，除了土司衙门和佛寺，当地傣族社区中几乎没有其他大量汉族建筑文化的痕迹。再如土司府的楹联"宣怀问民俗履税田中竹笛芦笙谐治谱；抚雨重心劳藩封迤西丹书铁券著家声"，从如何治理、收取赋税到"劳藩封迤西"，体现出的无疑是土司家族作为清廷"边陲之臣"的自信与自豪，但这种更多是站在"臣子"的立场上来说的；而流传在民间的兄弟传说，却更有血有肉、易于传播并被大众接受。这种小传统的形成，自然有对以土司家族为代表的精英阶层文化的模仿学习，也深受民间交往的影响。这两种传统相互影响、互动，在耿马社会逐渐变得多元化的情况下，当地群体开始强调对汉族某些文化的认同，来增强协作、共享资源。但不可否认的是，民间对于汉文化的接受，仅限于很浅的层次上。

据笔者的调查访谈，不管是现在居住在耿马县城中的傣族，还是寨子里的傣族老人，都认为以前耿马坝子里的汉人很少，并且基本都是中华人民共和国成立以后才过来安家落户的。这似乎显示出在其民众模糊的历史记忆中，耿马一直都只是摆夷的家园，"汉人"对于他们来说仍是陌生的外族，是和"新中国"捆绑在一起，很晚才进入到他们生活的"外来者"。这看似和耿马开发的历史相左，但进一步探究就会发现，这是耿马摆夷原生族群认同依然强烈的表现。但不可否认的是，"汉"与"傣"的内外有别，其实是一种朴素的族群认同的自我区隔，而这种区隔，并不代表了其对自身属于"中国"这一认知的否认，相反，大量汉人的涌入加强了摆夷对自身族群身份的认同，进一步强化了他们的国家观念。通俗点说，历史上耿马的摆夷民众可能对于遥远的"朝廷"无甚认知，但通过汉族移民的到来得到了"他们是汉，而我们是傣"的族群认知。同时，汉人的涌入裹挟在中央对边地的开发进程中，又影射出了牢不可摧的国家权力，耿马摆夷就必须在这种场景中找到自身的定位。事实上，随着摆夷和汉人对彼此的认识更加深入，促成了耿马摆夷族群身份认知的清晰化，这种认同最终定位在土司所强调的"世代看守边疆的官家后裔"思想当中，一方面，他们固守其原有的原生认同，同时又在不断修正与汉族的关系过程中，潜移默化地表现出对国家化进程的承认和迎合。

（二）明清耿马摆夷土司与国家的互动

耿马摆夷处在多种文化的交汇之处，与不同民族的交往影响到了其原生认同的选择、变化，这其中最重要的两股文化力量无疑来自中国与缅甸。明清以后，传统中国的四夷观念逐渐改变，自然影响到了对边地的少数民族的态度，强大的中央政权也震慑并吸引着边地少数民族土司，耿马摆夷对中国的认同由上至下地建立起来，并随着与汉族交往的不断深入而加深，许多历史事件中耿马土司的选择都体现出了其与国家互动在深度和广度上的拓展。同时，由于和缅甸多次发生战争，客观上将耿马土司的政治认同无可避免地推到了中国这边。此外与普通摆夷不同的是，耿马土司有世系族谱流传，他们对于历史上所发生之事记忆深刻,"听令则为效忠尽力",不听下场则与数次战败的缅甸一般,为了保证权力、稳定地方,耿马摆夷土司对国家的认同就在这样的选择中逐渐树立了起来。

1. 明清中缅纷争:耿马摆夷土司国家化的开端

(1)从信忠法父子立功到西袜里女扮男装抗缅。

历史上缅甸曾多次进犯耿马,其中最重要的事件莫过于罕虔勾结岳凤与邓子龙战于三尖山一事。《明史·邓子龙传》曰:"十一年闰二月,缅甸犯云南。诏移子龙永昌。木邦部耿马奸人罕虔与岳凤同为逆,说缅酋莽应里内侵……生擒招罕、招色、罕老及其党百三十余人……"[1] 这段历史,在傣族文献《利赫猛耿马》中的记载更为详细,其中记载道:

明朝万历十一年(1583)木邦部耿马土酋罕虔同陇川岳凤谋反,勾结缅酋莽应里入侵,夺权占地投附缅甸莽氏王朝。耿马信忠法(又名罕斌法、罕尽忠)率家属子女逃避永昌。罕虔与岳凤父子、湾甸土知州景宗真、景宗材兄弟与缅酋莽应里勾结,欲图进犯我云南全省。他们分兵两路,掠干崖、南甸,引渡喳哩江,破施甸、焚顺宁。十一月直犯姚关,与驻防姚关之永昌参将邓子龙部发生激烈战斗,缅军大败后西逃。邓兵追至攀枝花,双方展开夜战,缅军覆败,西遁,景宗真被斩,唯耿马叛逆罕虔于东路军中未擒。邓子龙对此极为重视。他说:"凤贼虽列僻西隅,惟耿马乃缅贼入寇之停驿,居变心,牵制全

---

[1] (清)张廷玉等纂:《明史》卷247《列传一百三十五》,北京:中华书局,1976年,第6410页。

滇，虏子婿众且娇，得虏则凤为囊中之物。"攀枝花一战后，他又说："西贼已败走，东贼尚雄炽，宗真虽阵亡，渠魁罕虏尚未获，力取心费手。"于是，他改变策略以谋取之。邓子龙对景宗材说："虏者此兵端，本自罕尽忠，若能说虏，我愿缚进忠以罢兵，即奏虏为宣慰。"由宗材转话罕虏，虏初不信而犹豫不决。但后听说邓子龙已经将罕进忠捆缚在辕门里，这才命其子召罕为援，他本人则率领缅兵以及象马奔湾甸而来，中了邓子龙的计谋，于明万历十二年正月二十一日（1584年2月）被邓部伏兵生擒，部属被杀死杀伤800余众，湾甸始平。虏子召罕闻讯退回耿马，集耿马城下坝，双江的猛库、猛猛、猛撒的昆碎、孽颇诸部设寨防堵，然抵挡不住官军的奋勇进攻，只好退据到城西北20余华里的"三尖山"高地固守。三尖山山势陡峭险拔，道路坎坷曲折，易守难攻，峭壁之上储满凉水，虏自恃天兵亦难降，自傲神将不能克之。于是坐笑自若，呼喊邓兵投降，认定邓的官军有翅亦无法飞上此山。当邓兵发动攻击时，召罕即命令其叔父罕老率蒲人药弩手500人凭高据险，严守险要之地奋力阻止邓兵上山，官军力攻不克，后乃改以金钱诱买当地蒲人引导邓将率勇士自山间小道登山夜袭，生擒召罕、召色河罕老百三十余人及其余党，俘获折斩了数千人。罕虏等人亦被邓子龙斩首，耿马罕虏之叛乱至此告平。

上文已提及，据《云南土司传·陇川》条："万历十二年平岳凤后……复铸陇川宣抚司及孟定府印，添设安抚司二，曰蛮莫，曰耿马。"在《利赫猛耿马》中则记载：信忠法父子从永昌参将邓子龙为首部抗击缅军有功，明万历十三年官府决定拨孟定附近的遮哈、弄办、四方井等数村归入耿马地，析孟定置耿马安抚寺，隶孟定御夷府。公元1583年奏报信忠法之嫡长子罕闷坎为安抚使。万历十六年（1588），递赐印信"耿马安抚司"印信号纸，红顶帽一顶，万明伞一把，龙袍官服，项珠一串。公元1588年闷坎正式得印封耿马安抚司土司职，由其父护理执政，管理地方。从此耿马是为边徼十八土司地之一也。万历二十九年（1601）耿马安抚司提升宣抚司，闷坎乃职，其弟闷金护印。

信忠法父子凭此功在摆夷贵族内部争权中大获全胜，自此坚定其归附中国之心。在此后边境战争中，罕氏家族秉承祖训，自认为"朝廷命官"，行事基本唯中央朝廷之命为尊。例如清顺治十六年（1659），缅甸洞吾王领兵来犯，直逼耿马腹地。时年70高龄的西袜里号召全司军民齐心协力与敌军决一死战。她女扮男装，亲自披甲上阵，但寡不敌众难以突围，于是拔剑自刎，战死于猛省蛮烈。此事在耿马地区流传甚广，民众普遍认为她是一位保卫国土的战士英烈。

（2）罕国楷押送宫里雁与抗缅立功。

《清史稿》载："贵家者，随永明入缅之官族也，其子孙自相署曰'贵家'，据波龙厂采银。其酋宫里雁不附于瓮藉牙，约木邦酋攻之。兵败，逃入孟连，而孟连土司刀派春夺其孥赇，为宫酋妻囊占所袭杀。云贵总督吴达善诱宫里雁至，则坐以扰边罪，肆诸市。而木邦酋罕莽底亦兵败走死，懵驳立其弟罕黑。由是缅人益无忌。"[1]

《利赫猛耿马》载：乾隆二十七年（1762）十二世罕国楷任土司之时，上司命令罕国楷捕押宫里雁解往永昌府转昆明。宫里雁是明朝

---

[1] 赵尔巽纂：《清史稿》卷528《列传三百十五·属国三》，北京：中华书局，1976年，第14662页。

桂王官族之后裔，桂家众属经勐榜、耿马、孟定之邦模、南板、芒且回国内的孟连，希望能归属清朝廷，但贪得无厌、见财忘义的孟连土司刀派春早闻缅甸波龙山银矿总理的宫里雁一家携金银财宝来到勐尹，垂涎欲滴，便亲到勐尹"招抚"。他首先收缴了宫里雁等人的兵器，接着又解除了桂家部众的全部武装，同时向每户桂家勒索白银三两，然后将他们化整为零，分散安插到所辖各圈寨中。宫里雁本属叱咤风云人物，哪受得了孟连土司这一凌辱，但想到寄人篱下，也只得按捺住心头的痛恨和愤慨，此时恰遇耿马悉宜大寨石牛厂的周彦青请他前来护厂。于是宫里雁便带着妇妾六人来到了悉宜，其余部众及妻室子女千余人则仍留在原地。刀派春得知后就此机会将他们骗到了孟连城内，向宫妻南占索取所带的金银财宝、牛马及男女儿童，并指名道姓要宫里雁的两位千金为妾。既落人手，生死由天，南占无奈，只好割爱舍去两个女儿，但刀氏并不到此满足，乃生歹心，竟欲霸占南占。南占再也忍受不下去了。于是便于公元1762年5月率部众反刀，除杀死了刀派春及其家属等30余人外，还烧毁了孟连城，然后率部返回缅甸。事情发生，身居石牛的宫里雁并不得知，然而贪财如命的清朝官吏永昌太守杨垂谷却欲借此邀功，竟下令耿马土司罕国楷逮捕宫里雁解往永昌转昆明。国楷奉命后，深知其事原委，因此对执行上旨命令曾犹豫难决，但又恐以"藏犯"罪受到株连。他召集了头人会议，不得不从命照办。可他又知宫氏绝非凡人，于是设计将其捕获，解往永昌府后，转押昆明。

国楷为此立功，受命钦差大臣调查孟连事件。国楷率部前往孟连之时，缅兵乘此良机再次入侵耿马，烧杀抢掠后退回滚弄怒江边。

史载："莽纪觉遣其目普拉布，率兵二千来索。先阑入我孟定，执土司罕大兴，使为乡导，入耿马。土司罕国楷邀之于滚龙江，击斩普拉布，余贼遁去。"[1] 但在此事件未发生之前，国楷之侄罕寿基曾将此消息禀报了婶婶（国楷妻南足），反被婶婶训斥了一通。寿基为避开责任即离开耿马城。国楷于返回途中得知耿马城池已被缅兵洗劫一空，百姓四处逃散，悲痛非凡。当他回到猛端（沧源），即令人传回二侄寿基、寿祝兄弟。问曰："我去时就已交代你们，为什么会不理事？现在你俩快带兵去追打。"兄弟俩率部追至滚弄与缅兵发生激烈战斗，打败缅兵，并追回所失马牛及被劫财物和掳走的人员。耿马土司又再次立功。

由这次事件可以看出，耿马土司罕国楷基本对官府唯命是从，即便知道原委对错，也不会揽事上身，与代表国家权力的地方官员永昌太守对抗，冒险触犯国法条例，这也反映出了耿马土司愿意践行国家指示、尽职尽责听命效力。而在中缅冲突中，又与即刻投降并引兵入室的孟定土司形成了鲜明对比，表现出强烈的王朝认同。

2. 内部争权与"红白旗"之乱：国家掌控的深入

如果说对国家的认同生于"畏惧中央强大""感激封立之恩"，那么耿马摆夷土司对中央王朝统治认同的深化，则是在中央王朝对云南地区掌控的逐步加深中，逐渐到更深一层的；而究其本质，是二者利益的一致性，中央王朝需要边地的安定，而耿马摆夷土司则需要权力

---

[1] （清）贺长龄（魏源代编）：《皇朝经世文编》卷87《兵政十八·蛮防下》；赵翼：《平定缅甸述略》，载《魏源全集》第十四册，长沙：岳麓书社，第733页。

的稳固和统治的稳定。

(1) 耿马摆夷贵族内部夺权斗争。

罕国楷死后,依照惯例应该其弟国祖承位,国祖不从,出家为僧;其弟国封亦不愿,只有争取罕国康代理司职。但国康登基上任后,反遭其兄国封怨恨,背下活动,制造事端,致使耿马分成两派。当国康奉令到顺宁府议事时,国封便趁机广召心腹,策划组织待土司返回耿马途中设伏兵消灭之。国康回到耿马时,果被埋伏,城外发生激烈战斗,双方死伤甚重。该时罕朝瑷见叔伯弟兄残杀,欲从中劝说调解又无能为力,只好将此事如实禀报上司。上司接报,即时传令国康、国封到府调解。国康于是在代理了土司6年后退位,此时为乾隆三十六年(1771)。国康卸职后,无法决定谁来当土司,因此将整个土司直系亲属列名造册呈报上峰,经上报批奏准罕朝瑷接任,并颁赐印信号纸,世袭耿马宣抚司。同时赐"朝廷君恩荣华富贵"八个字续家谱。由其心腹汉族师爷杨文宪于同年将大印捧回。

也就是说,在耿马这一系列事件中,善于把握局势、与上级步调协调一致的罕氏支系出身[1]的罕朝瑷成了最大赢家。此外,在乾隆年间莽瑞体大肆扩张、中缅关系紧张之时,也是罕朝瑷从中斡旋、平息了矛盾。由此可见,耿马摆夷中的掌权者和国家权力已经达成了默契,前者向后者寻求掌权的合法性,后者利用前者稳固边地的安宁,因此成为这个掌权者的前提必须是他认同国家政权,并能审时度势、处理

---

[1] (清)《高宗实录》卷九七〇,第3页,北京:中华书局:"乾隆三十七年四月辛巳(1772)。以……云南大理府属耿马土司罕国楷侄朝瑷……袭职。"按一般承袭办法,父死子承、兄死弟承,以侄承的情况很少。

好边地复杂的形势。

(2)"红白旗"与勐角、董之乱。

清咸丰六年（1856），云南西部回民起义军攻克大理，推举杜文秀为"总统兵马大元帅"，建立大理政权，势力逐渐扩展到滇西的大部分州、县，震动全国。这次以云南回族为首的反抗斗争得到了云南各族人民的积极响应，许多汉族、白族、回族、纳西族、傣族、傈僳族、景颇族、拉祜族、佤族人民陆续参加了义军，包括耿马辖地的勐董、勐省的罕氏太爷亦投诚了义军，唯耿马土司罕恩泽土司因与清云顺协台魁昌歃血为盟、结为异姓兄弟，效忠清政府，不曾变节。白族义军将领蔡七二将军被耿马土司率兵援助败至勐底后，心中怀恨耿马，说没有耿马出兵助战他不致落败，因此就暗地派人带着他的亲笔信件给已投靠了白旗的勐董太爷，利用勐董与耿马之不和进行离间分化工作。勐董官本来就对耿马土司位梦寐以求，早有野心，于是当即召集了勐角、勐省、勐董全勐大小头人会议商量，主战派占了多数。后勐董土司打探到耿马有一半的兵还留守在缅宁协助魁昌未回，于是他们就立即调兵，出其不意地进犯耿马，罕恩泽土司立即派人带信给云顺协台魁昌要求撤回耿马城驻守缅宁的军队，并同时要求增兵援助。傣历一二二〇年（咸丰八年，1858 年）八月初八耿马部队全部撤回开往下坝防守。勐董屡战屡败。

后勐董用金银财宝策反耿马诏波[1]，有的诏波确实倒戈到勐董一方，一起反攻耿马，耿马不敌。罕恩泽在守城之战中战死，长子罕荣

---

1 勐董最后如何胜利，传说纷纭。此处以《耿马土司世系始末》为准。

升继位，继续守城的战役。然而在抵抗了两个多月后，还是被勐董军攻入了耿马城。勐董太爷罕恩伦被杜文秀封为抚夷大将军衔，在杜军的支持下攻占了耿马，做了耿马土司。此时各土司都已全部反戈白旗军，白旗军亦尾随逃亡的罕氏及其属官到镇康。耿马原土司罕荣升被逼率领部分宋、南属官历经艰辛万苦，山居野食，辗转从镇康、湾甸逃到芒市，最后亦投靠了白旗义军将领马正二到大理。随行勐永大新爷宋英那、勐撒安章回族首领金阿訇随义军将领张正泰出征剑川、鹤庆等地有功，分别被授予"都督"和"中郎将军"的头衔，即后来的宋大将军"都督"及金将军是也。

公元1870年耿马土司勐董太爷罕恩伦死，土司位由勐省三太爷罕恩庆继位，是时值杜文秀义军已打至昆明，清王朝政府下旨云贵总督岑毓英组织大军反击，回民起义最终失败。考虑到耿马原土司罕恩泽忠于正统，抗击义军有功，他虽然殉职，但耿马土司职位应由其嫡长子罕荣升继承。同治十二年（1873）云顺协台蒋宗汉奉旨临耿巡边，耿马伪土司勐省三太爷罕恩庆率头人前往勐永、勐撒叩见迎接，蒋宗汉下令随行差人把罕恩庆立刻扣押起来，同时急令他交出武器，以及抢去的耿马土司大印和号纸，而后据律颁旨用白色缎带将罕恩庆勒死，接着召集双方大小头人会议进行调解工作。同年蒋宗汉将缴回的耿马土司大印亲自交给了罕荣升，扶持他复了职，从此结束了勐董16年的统治。

公元1874年允佑太爷罕恩荣（亲勐董派）见荣升复职，心中不服，自恃武艺高超，能力过人，就在外面勾结了一批广东、广西人与勐角勐董太爷罕荣高联络，调集各处佤族举行叛乱，再次攻打耿马。

罕荣升准备不及，仓促出兵，败退至勐撒、勐永。叛军也追到勐撒、勐永。是时值七八月间，雨水季节，河水到处猛涨，道路泥泞难行而被迫停战，勐角董兵也撤回去了。荣升土司仍然留在勐永不回。

公元 1875 年勐董又再次发兵攻打耿马，经过几次激烈战斗，七月十五日勐董兵不但占据了耿马城子，而且出兵打到耿马的属地勐旨、勐颇一带，他们越打人越多、越强。因此勐撒、勐永外围的勐旨、勐颇均被勐董占领。罕荣升土司在与宋、南两姓新爷以及随行头人商议后，决定禀报顺宁府请兵。不多时，清政府下旨派顺宁知府督办耿马军务的陈泰琨和副将丁槐发大兵征讨，才把勐董兵打败。勐董兵九月退至耿马城下坝的者卖与杜文秀起义军残部姚六将军于者买筑垒共同坚守。耿马联合清政府官军连续打了八天八夜才把这座敌人堡垒攻克下来。十月耿马兵一直追打到勐角、董，把勐董兵团团围住，打败了罕荣高，并活捉了允佑太爷罕恩荣以正法典。叛乱结束，地方逐渐恢复了平静。直到公元 1882 年，云南省府才接到允佑太爷罕恩荣反叛勾结勐董罕荣高攻打耿马土司府的报告，于是派迤西道台然照境会同顺宁官府吴其祯、陈泰琨、刘万胜、顺云协副将丁槐来调解。参加调解的有耿马土司罕荣升、镇康土司刀闷锦图、上允土司刀世泽等。经过几番协商，划定了两土司的地界，以挡坝河为界，把它绘制成地图，以后互不得侵犯。公元 1887 年，勐角、董正式脱离耿马宣抚司属，改属直隶镇边厅管辖。公元 1891 年，总督王文韶奏准罕荣高为土千总荫袭勐角、董以息事端。[1]

---

1 据《耿马文史资料》整理。

尽管耿马与勐角、董的土地之争尚未完全解决，地方事务千头万绪急需处理，但罕荣升对上峰的各项指令仍是处处唯命是从，丝毫不敢怠慢。公元1883年，勐勐澜沧江沿岸拉祜族为首的各族人民爆发了反抗土司剥削的大规模武装斗争。罕荣升将此事件如实报告到昆明，云南省府急令刘万胜带兵至缅宁，刘以公文饬罕荣升派兵援助征剿，荣升奉命后立刻调兵到了缅宁联合官军进攻勐勐，一举将拉祜族的起义镇压下去，罕荣升为此立功，受到清王朝的奖励，授予"武功将军二品"衔。是令由刘万胜亲自送至耿马交给罕荣升，同时二人还结成了金兰兄弟。

在这一系列事件中，边地土司和清廷云南官员出现了一种特殊的结盟关系，即"结拜兄弟"，地方官员同一位边地土司结拜成兄弟，这无疑是国家掌控深入的体现；通过结拜，耿马摆夷土司主动地将自己的政治权力与地方掌权者联系在一起，而地方官员代表的是国家，因而这种"结拜"通过拟血缘关系的确立，清晰地体现出了耿马土司对中央的认同。

（三）近代耿马摆夷民族国家认同的确立

耿马摆夷对自身族群身份的建构，通过与周边族群的交往，在明清至近代开始走向完善和成熟；民国边疆的危机，使得现代民族国家观念的塑造迫在眉睫，这种时代背景给边疆族群契机以塑造自己的民族身份。其民族国家的认同也在这个时候开始成熟。

清末，随着近代民族主义的传入，先进的官员及知识分子逐渐认识到以夷制夷、不实力经营的政治理念已不能适应近代极为复杂的国际关系和地区力量演化的基本格局，只有建立强大统一的民族国家，加强对边疆地区的管理，才能最大限度地抵御外来入侵。[1] 而从对"中央"的认同转向对民族国家的"国家认同"，对于边地土司来说，也经历了一个曲折的过程。对于耿马摆夷土司来说，这一过程开端于"国界线"概念的明确，清光绪二十三年（1897）中英勘界时，孟定土司罕中兴、太爷罕定国与耿马土司罕华基参与其中，陈述耿马、孟定所属边界与证据，对"他国"与"我国"做出了区分；随后，在支持班洪抗英斗争中，耿马土司派出亲兵大队在爱国首领带领下与英国侵略军直接对抗，进一步强化了其国家认同；之后民国滇西抗日战争时，耿马摆夷土司的国家认同达到顶峰，这与边地其他一些少数民族上层为帝国主义奔走效劳的做法截然不同。

1. 中英勘界：民族国家认同的清晰

"国界线"的概念是现代民族国家概念中重要的一环，其中内涵与中国古代传统"天子守四方"的天下观截然不同。清末，随着席卷全球的资本主义浪潮，中国无可避免地被卷入了全球化进程中，并在军事、政治、文化种种压力下开始意识到"他国"与"我国"的泾渭分明，这是比以往"外域"与"本国"模糊的国家观念萌芽更深一层的认识，主要体现为用国界线划分不同国家的做法开始深入人心，这种用"法律"引领的"疆域"概念的成熟化，成了现代民族国家概念

---

[1] 龙晓燕：《民国民族国家建构过程中云南傣族边区民族关系研究》，《思想战线》2010年第4期。

重要的组成部分。

1885年英国侵占缅甸后，分别于1894年、1897年与中国签订《中英续议滇缅界务商务条款》《中缅条约附款》，在后一条约中划走果敢和北登尼，还把孟定土知府属地户板一带说成滚弄渡口的范围。为明确中缅界线，清政府与英国政府联合勘界，耿马、孟定两土司及属官多次参与划界，据实陈述辖区四至和管辖历史，维护国家领土完整。

据耿马地方史料记载，光绪二十四年（1898）十月十九日至二十五年（1899）三月十四日，清政府委派刘万胜和封太宗二人出组中方勘界委员会，耿马土司罕华基及孟定土舍罕定国奉中方堪委通知前往兴威（木邦）土司衙署，与英方商议，经双方协议预订立界桩。逢山以山岭为界，遇水则以河流最深处为界，无重要标定物的重要处，立石堆为界桩标定。耿马境立界桩18棵，编号76—93号；孟定境内立4棵，编号94—97号。界线以勐英纳伞为中心，西北至镇康为中国地皮，滚弄怒江以东至麻栗坝南岛河以南归属缅甸，即与英属缅甸以麻栗坡分界。划界工作尚未结束，雨季到来，交通阻塞，双方堪委只得暂回各地。

光绪二十六年（1900），堪委刘万胜、迤南道台陈灿入耿马通知罕华基到勐董，参与孟连、景控到阿瓦山赖竹母的勘划界工作。正碰上发生在勐董的中英"黄果事件"，事件平息后，中英双方堪委一同往勐允、孟连继续勘测南端界线，直至1901年罕华基才回到耿马。其后国内局势动荡，勘界工作一直未能继续。

1933年耿马末代土司罕富廷继位，典礼刚结束，就奉中英勘界委员尹明德令调派参加勘界工作,至南大、户算(今属缅甸)及阿瓦山一带活动3年多。至民国二十五年(1936),中英第二次会勘中缅南端未定边界[1],双方各设勘界委员会,以瑞士尹舍林上校为首的中英勘界中立委员会为第三方。三方均进行两国边境管辖沿革勘察,从中缅边境的南大、户算开始,在中国一侧经孟定、耿马、勐角、勐岭(澜沧上下允)、莫乃、勐梭、孟连等地。民国二十五年至二十六年(1936—1937),罕富廷因此被调参加勘划阿瓦山未定界,在会勘中多次会见中英双方堪委及中立委员尹舍林上校。他力述耿马土司地方历史、明清时就一直归顺中国王朝政府的事实,举出辖区四至阿瓦山的绍兴、绍怕、瓦冷、瓦莫、瓦暖、塔廷六个部落历史上一直均隶属耿马土司管辖的证据。同时向中英双方官员和中立委员出示任免、文书印信等实物。说明上述地区佤族也从不承认他们曾归附过缅甸,为此中立国委员尹舍林上校单独和罕富廷谈过话,并应他的要求专做了调查。[1] 虽然此次勘测由于种种原因未能立刻得出结果,但耿马土司所做出的努力不应被忽视。

在这旷日持久的勘、划界工作中,耿马土司和上层付出了大量的时间和精力,这一方面是为了保证自己的领土完整,另一方面何尝不是对国家权益的捍卫。尤其是在举例证明疆域四至时,用任免、文书印信等实物来证明己身从明代开始就属中国管辖,这无疑是在近代国界线纷争和争夺中,以法律、实证的方式在区分"他国"和"我国"上迈出的第一步。

1　此次勘界最终的结果便是形成了1941年线。
1　耿马文史资料委员会:《耿马文史资料·第二辑》,1992年,第36页。

2. 抗英、抗日斗争：民族国家认同的强化

对抗共同的敌人，是强化一个群体内部认同的重要手段，特殊时期的同仇敌忾往往会激发出强烈的团结。近代在国家危急存亡之际，耿马摆夷土司作为一边地土司竭尽所能、保家卫土，将自身视作国家的重要一分子，参与抗争。

（1）班洪事件。

1885 年，英国侵占缅甸之后，便对我国西南边境步步紧逼，向内渗透，通过各种手段掠夺资源。1933 年，英国军队侵入户板，扶持当地傣族上层宋忠福，宋忠福与班弄回族上层马美廷共同投英，户板的傣族人民起来反对，将粮食藏起来，人也躲起来。[1] 1934 年 1 月，英军强行开挖边境茂隆银矿，占领"炉房"矿区，马美廷和宋忠福均为英国奔走效力，英军攻入班志，焚毁村寨，激起了班洪、班老地区各族人民的反抗，耿马、孟定的摆夷在爱国民族仁人志士的号召下捐钱捐物，耿马土司派出以掌印太爷罕华文为首的慰问团，其成员有亲兵大队长罕富宁、宣爷南子相、大丛刀万金哥、圈官金陶全；运去支持物资步枪 50 支、子弹若干、火药、铅巴 50 驮、大米 1.5 万千克[2]，土司罕富国的印太景氏捐赠手枪两支。根据调查，孟定傣族人民甚至投英首领宋忠福所统治下的傣族人民都参加了这次斗争，总共参加抗英斗争的傣族群众有 400 多人，加上耿马、镇康、双江等地的傣族、佤

---

[1] 云南省编辑组：《临沧地区傣族社会历史调查》，北京：民族出版社，1986 年，第 18 页。

[2] 南桂香：《耿马傣族》，昆明：云南民族出版社，2013 年，第 68 页。

佤族、汉族一共有3000多人，这支部队系由孟定带到耿马集中，经贺旦、班洪，最终到达班宽，战事即在此发生。其中敌人分为四批向我方进攻，分别为英军收买的国外傣族、景颇族、缅甸人以及印度兵（或尼泊尔兵），皆被击败。[1]

(2) 以戈待敌：耿马抗日。

①抗日基本情况。

1942年六七月间，缅甸陷落日本手中，日军觊觎我国西南边疆，大举进犯缅北，先后占领了滇西的畹町、芒市、龙陵等地。有部分敌军在距离耿马边境仅58千米的缅甸滚弄扎下据点，伺机入侵滇西南的孟定、沧源。1943年2月和5月，日本侵略军先后两次入侵孟定，由滚弄顺滇缅铁路、公路毛道进入我境清水河、茫卡坝一带，接着占据孟定，烧毁孟定土司衙门，四处烧杀抢掠、奸淫妇女。洗劫了波广、允坎、波乃、沙坝、芒掌、允养等村寨及下城佛寺，烧毁粮食30多万斤及部分家具、农具，抢走大量的水牛、黄牛和黄金白银。在此危急之时，各族人民群众同仇敌忾，积极支援抗日战争。耿马与孟定一衣带水，抗日驱敌义不容辞。耿马土司罕富廷于1942年致电省府：

> 日寇侵我，凡属国民无不发指，裕卿守土有责，杀敌御侮，自当竭力以赴……[2]

同年9月，罕富廷受命民国政府组建"耿沧抗日支队"，担任第

---

[1] 整理自《临沧地区傣族社会历史调查》。
[2] 刘明主编，耿马傣族佤族自治县延安精神委员会编：《耿马抗日》，2015年，第13页。

一大队大队长,带领抗日队伍与日军激战,并捐献抗日军费百万元。在边民生活困难、抗战最艰苦的时候,罕富廷指令大寨圈官,让村民轮流供应驻军3个团部的蔬菜粮食,不允许一斤重的东西卖半个大洋,只能以最低的现价核算,由圈官管理,每周送驻军一头肥猪,按市价亏损部分由土司司署补偿。为抗日救国,耿马土司罕廷富还同时支援修建滇缅铁路与附属公路。1942年5月,罕富廷组织1500人的公路义勇抢险队,前往缅甸滚弄修路,被日军飞机轰炸后退回耿马。1943年6月,罕富廷为了抗日守边,不惜跋涉千里沿途拜见宋希濂、李根源、龙云等军政大员,徒步50余天到达重庆向蒋介石阐述西南边疆抗战情况,阐述日军占领缅甸后,边地各土司的最新动态。受到蒋介石的鼓励,面授机宜,赠送"中正匕首",军衔授勋为少将。罕富廷返回耿马后继续积极抗日。后在日军十八师团五六联队、五八师团一一三、一一四、一一五联队的胁迫下,兴威(木邦)土司倒向了日军,并写信给边境各土司,劝说投降日本。劝降书送到班洪后,罕富廷联络沧源、班隆、孟定土司说:"罕富廷誓死不降日寇,誓死为国,万一日本人伸进,耿马一万户百姓与我同归于尽。"

他亲做表率,当日军飞机在耿马上空盘旋时,他不让亲眷家属离城躲避,城内秩序井然,日军失去目标,耿马城免于劫难。他召集所属头目指责:"你们不要抗日三心二意,中央不会忘记我们,哪个敢去投日当汉奸,就先杀他全家再向中央报告。"

"其实边地世代受国家恩泽,如果降敌,边地民族都是死路一条。"[1]

由此可见其抗日心志之坚定。1943年，日军扫荡河外尖山时，国军九师二十七团二营在河外挖掘壕沟120多米，掩体避弹坑3个。耿马抗日支队副大队长宋国玺在尖山反击日军进攻后到尖山顶巨石上刻下"泰山石敢当"和"以戈待敌"九个大字，至今仍清晰可见。

就这样，在边地土司、群众、抗日军队的勠力合作下，最终取得了滇西抗战、耿马孟定地区的胜利，将日军驱逐出境。

②滇缅铁路及其他军事设施的修建。

20世纪30年代末40年代初，为适应抗日战争的需要，国民政府修筑横贯耿马、孟定两土司辖区的滇缅铁路及附属公路。1938年5月，滇缅公路通车，但远不能满足抗日战争运输军用物资的需要。国民政府决定修筑滇缅铁路。1939年开始勘测，1941年11月动工，1942年突击抢修。从中缅边界的芒卡沿南定河到云县勐赖坝，属孟定、耿马两土司辖区的135千米，为滇缅铁路境内西段一工程区，陶述曾任工程处长。国民政府抽调3万民工，带到滇缅铁路西段第一工程区服劳役。1941年1月至1942年5月，筑路民工风餐露宿，日夜奋战，劈石崖、凿隧洞、筑路基、架桥涵，历时1年零3个月，路基、涵洞、桥墩、隧道、挡墙等基本完工，滇缅铁路大样已形成。1942年4月底，日军侵占缅甸腊戍后进而进犯滇西各地，滇缅铁路工程被迫停工。但至今从芒卡到勐简的公路干线，大都利用原滇缅铁路路基、涵洞、桥墩等修筑。[2]

---

1 刘明主编，耿马傣族佤族自治县延安精神委员会编：《耿马抗日》，2015年，第14页。
2 南桂香：《耿马傣族》，昆明：云南民族出版社，2013年，第55页。

在此过程中，耿马、孟定土司为修筑铁路附属公路做出了巨大贡献。滇缅铁路附属公路是为滇缅铁路第一工程区挖修的汽车便道，经班幸，过南定河铁索便桥，顺滇缅铁路平行直上，迄勐赖，全长约250千米。1941年5月由两土司抽调6000余名劳役按勘测设计路线抢修。因从大平掌大段起到勐赖的便道公路远离铁路，筑路人员和物资均通过人挑马驮运至施工地。耿马土司辖区内由罕富廷、罕富春指挥，分别带领大小头人、监工、民工从1941年5月动工开挖修建，日夜奋战，次年4月便道通勐永。滇缅铁路附属公路，至今痕迹尚存，许多地段被改造利用至今。[1]

通过当年组织修建滇缅铁路的工程处长陶述曾《耿马之行》（1942年）的记载，对于耿马摆夷土司在抗战中的立场情况也能有进一步的认识。据这份史料，陶述曾重返耿马，目的是破坏之前所修的汽车运输便道，以便阻碍日军的行军。在他重返耿马之前，谣言纷传边地土司们都投敌了，当时由于通信不便、音信不通，这一消息竟似是要以假乱真，陶述曾于是从祥云辗转到耿马土司地，直到见到罕富廷。史料中描述道：

> 黄昏后罕裕卿（即罕富廷）带着十几名卫兵到来……"处长来，我的冤枉可以洗清了"。他兴奋得几乎要落泪，声音有些发颤。……"×局长本来因为我一心替铁路上做事，不肯替他刮钱，很不满意，但奈何我不得，这时铁路停办了，正好报复一下，

---

1 南桂香：《耿马傣族》，昆明：云南民族出版社，2013年，第55页。

便向省府呈报,诬我勾结敌人,图谋不轨。我向省府报告敌情的呈文都被他检查扣留了,您知道省府对土司地的情形向来很隔膜,我前年往仰光拜佛,就被前任专员告过叛逃。现在正当腾龙各司降敌之后,他这一告,省府当然会相信。您想,我世世代代受国家的恩泽,没有降敌的道理……"[1]

之后又讨论了附近其他几个土司的降敌情况,当时罕富廷即刻表示可以先"杀掉他(降敌的土司)再向中央报告"。[2]

此外,1943年6月,龙云与美驻云南驿(祥云)空军陈纳德通令耿马土司署,紧急修建勐撒飞机场,供抗日空军使用。耿马土司指定海弄宣爷南文敏(勐撒镇长)集大寨河、翁达、空岩等村寨,户均派遣30个工日,每天上工1800余人。经过30天修建,机场面积达539700平方米,跑道长2400米,宽90米。机场内建造窝室、汽车库、汽油库、视频库、弹药库、电台室、马厩等设施。一直使用到1945年日军投降,至今以军事机场用地做保护。

(四)官家礼仪:历史上耿马土司认同的选择及强化

中国朝廷历来看重君臣大义。甚至在君臣纲纪前,"华夷之辨"都并没那么重要。除了少数朝代,中国的王朝中央出发点历来立足于"中原—汉族—儒家",即便清朝的统治者,也习惯从中原视角出发来

---

1 陶述曾:《西南行纪》手稿之三《耿马之行》,耿马档案馆藏。
2 陶述曾:《西南行纪》手稿之三《耿马之行》,耿马档案馆藏。

看待边陲的少数民族地区。也就是说，虽然如耿马摆夷土司般的个体，其差异性是被王朝承认的，但如何做好一个"臣子"，表现出顺服，则是其必须履行的责任和必然要尽到的义务。在这种情况下，耿马摆夷土司如何表现其对中央的认同，就是其必须考虑的课题。

1. 亲供册和家谱：臣、子之成

作为土司袭位之一的必要手续——向上峰呈递"亲供宗图清册"（简称"亲供册"），是一种将对国家的臣服和认同固化并代代加深的手段。以《耿马宣抚司土职罕华基亲供宗图清册》[1] 为例，开篇为上任土司罕荣升"为遵奉循例，详情报袭事案奉"，接着陈述署府中对土司承位的规定，如是否嫡子、是否年已及岁、夷众是否悦服，然后便自答"卑土职亲生长男现已十六岁，俟后例应顶袭土职，遵将该应袭"，最后将亲供宗图、疆界户口造具清册呈贡。在宗支图里，从始祖罕谢追溯，每一世都将其如何继位、在位所做大事记载下来；宗支图结束后，又用文字将始祖罕谢如何开辟地方、耿马土府如何设立、纳贡规定等情况一一说明。最后附上疆界四至和户口数。从这些内容可以发现，耿马摆夷土司所呈递的宗图册，与汉族的家谱十分相似。在袭职程序中，耿马摆夷土司对于如何成为国家官员的记忆得以延续，王朝君臣之纲的纪律得以在边地彰显。

此外，前文提到，乾隆三十六年（1771）土司罕国康卸职后，无法决定谁来当土司，因此将整个土司直系亲属列名造册呈报，经上报

---

1 现存耿马县档案馆，影印本。罕华基任期为光绪二十三年至民国四年（1897—1915），为清代最后一任耿马摆夷土司，其清供宗图册记载详细完整。

批奏准罕朝瑷接任，并颁赐印信号纸，世袭耿马宣抚司。同时赐"朝廷君恩荣华富贵"八个字续家谱。这成为耿马摆夷土司家族与其他边地土司的标志性区别。虽有其他摆夷土司亦修家谱，但严格按照世系命名排列好的辈分序列，并事先标定字号，这明显带有儒家思想的汉文化印记在边地土司中却基本是看不到的。检阅耿马历代土司世袭表，在罕朝瑷之前，有汉姓者不多，更别提严格按照以某字作为其名中间一字的起名方法。这种赐字续家谱的方式，可视作王朝将自身放在了"父"的位置上，而将耿马摆夷土司视作"子"，这同中国臣为君之子的朝堂传统是一脉相承的。

很明显，这种承袭的程序是国家权力在边地的延伸，是土司之所以成为土司在文化、政治上必要的通过仪式，是耿马摆夷进入国家话语体系中的必要手段。也就是说，耿马摆夷土司通过遵守这一系列规则，从而得到政治上的承认和国家对它在文化上的认可——通过这种类"家谱"的呈现，实际上传达出耿马作为一个边地土司不再是"不开化"的，而是受到汉文化熏陶的、具有符合国家权力机构的性质，并且他们是如此真心实意地感念国家恩泽，从而在名字中都留下了国家认可的烙印。

2. 日常礼仪：耿马土司认同的强化

在《耿马宣抚司礼仪课赋底簿》中，第一部分就是对种种礼仪的规定，包括礼仪的种类、祝贺答谢词、书信格式等，内容涉及耿马摆夷日常生活的方方面面，占据十分特别的位置，并需要一代代地传承。其中最重要的部分莫过于土司登位和执政时的祝词答词，这些祝词在庆贺土司登位执政时的仪式上使用，其格式、语句、称谓等都有特定的要求，摘录如下：

我们所有的头人和百姓，都是您的臣民，全勐各村寨、城里城外、九勐十三圈和上坝下坝庶民百姓很荣幸向您叩首，祝贺您登位当土司，祝贺您的夫人当印太。

我们耿马九勐十三圈上坝下坝的地方，祖祖辈辈都是父传子子传孙的世袭相传来治理，现在传到您了。从祖辈老理老路来看，你俩完全符合接位，召法弄某某（原稿空缺，指司署太爷姓名，起用时谁主礼就填谁的姓名，下同）领着全勐大小头人百姓商议，最适合当土司，掌权执政的只有您了。我们九勐十三圈上坝下坝的佛寺僧侣、头人、百姓举荐呈礼到府、道台、布政总督等上司请求批准您接替父职掌管地方，上司也知道了由您承袭父位、掌权执篆。我们汇集了您的情况，填报宗支图、亲供册、邻封保结等呈奏到朝廷皇帝，皇上也知道您该袭位，下了印信号纸（委任状）的谕旨，让您治理全耿马九勐十三圈。现在是好年好月好日好时辰……（土司登位时的祝词）

是的，我们九勐十三圈里里外外上坝下坝，如皇帝所说的是国家的边地。按世袭传统，儿袭父、孙接祖，从历史到现在都是这样。现在有拢弄（土司长辈）某某、召法弄某某为主的全勐人士上书请求到上峰要我接父位，呈报亲供册到朝廷，皇帝准旨办法号纸赐我来接任掌权执印，守卫边地，治理耿马，现在是吉日良辰……为了使地方永远安稳，要我守住边地，抵御外侵。维持

秩序，保护百姓你们为我祝贺给我招魂……（土司登位时的答词）

您底下的僧侣、头人、百姓、九勐十三圈里里外外上坝下坝的人来叩拜您和您的相坎某某的金足下。现在是好年好月好日，是珍贵的吉时良辰了……

现在有拢弄某某何某某召为主带领全勐臣民百姓……为您二位叫魂，祝愿您二位长命百岁，稳坐江山……（土司执政时的祝词）

全耿马九勐十三圈，城里城外，上坝下坝是中国的边地，皇帝给旨，一代接一代，从古至今，看守边疆。现在有拢弄某某召老人领着全勐上书上司，要我接替父位，上司称报道朝廷，皇帝准旨，颁发印信号纸。叫我看守边疆，治理耿马地方。……永远好下去。（土司执政时的答词）

这些祝词答词可以分成几个层次来解析。第一层是表面的祝贺、臣服；第二层是宣告其登位及执政的合法性；第三层则是通过传统信仰中"叫魂"的手段，来给该仪式蒙上一层神圣的色彩。虽然土司登基、执政时所举行的仪式，不能完全等同于宗教仪式，但从这几个层次来看，它很明显地具备了人类学所研究的仪式的几个一般性特征，即程式化、重复性和相对的一成不变。特纳（Victor Turner）认为仪式是一种文化"舞台剧"（drama），他认为在某种意义上来说，仪式是一种展演或文化戏剧，但又有别于一般的戏剧，从而揭示了仪式的一些特点：首先，仪式是一种郑重其事的行为，承载了参与者身在其中的传统，仪式一代一代地重复，传承着久远的信息和价值；其次，仪式的目的不是娱乐，而是通过展演（performance）达到一定目的，发生某种转换（transformation）；最后，更为重要的是，参与者处在转化和神圣的状态。[1] 这种仪式不仅是一种"通过"的方式，更重要的是对自然秩序、民俗习惯、社会秩序和价值观等之间的联系起到了强化作用。

对耿马土司来说，通过对这种仪式的代代继承和展演，起到了至少两个方面的认同强化作用：一是号令臣民对他作为统治者表现认同和臣服，被加诸的神圣感在这个方面尤为重要；二是通过进行仪式表现出了与王朝的关系，表达自己作为臣子对中央王朝的认同，这体现在对自己掌权的合法性的一再强调上，也就是在祝词和答词中，将如何成为新任土司的流程进行叙述。因此可以说，耿马土司对于认同的选择和强化，在观念上是自发的，并且成了一种宣扬自身超然地位的有力手段。

小　结：消弭的"边地"——双向认同的建立

边地土司对中央、国家的认同与国家权力在边地民族地区的延伸是一体的，耿马摆夷土司虽地处边陲，但历史上几乎未脱离过中央政府的掌控，与地方官员的关系也十分密切，甚至多次与地方官员"歃血为盟"结为异姓兄弟，他们自觉"世代受国家恩泽"；且其政权利

---

[1] 庄孔韶：《人类学概论》，北京：中国人民大学出版社，2006年，第359页。

益与王朝中央的一致性,让土司衷心地拥护中国,不管是明、清还是民国政府,只要承认它边地土司的地位和权力,它便无条件地拥护。因此在近代民族国家概念发端之初,耿马摆夷土司就自觉地将自己归属到了中国之中。这同样体现出其国家认同。其后耿马土司的每次选择、站队,看似复杂,其实最终目的只有一个,就是维持自己的统治、保护自己的疆土。所以在解放战争胜利时,由于威胁到了土司的自身利益,从而遭到了他们的抵抗。

耿马摆夷土司地处特殊的自然环境,是与国家关系发展的内在前提。长久以来,耿马摆夷土司立足"夷方",在汉文书写中,它地处"瘴疠"横行的边地。这种特殊的自然环境给其一种天然的权力保证,使历代中央王朝经营云南的道路显得漫长而艰难,成为中央王朝在对云南实施特殊统治政策的原因之一;同时这些制度政策又在某种程度上成为瘴气长期存在的政治保障。[1] 瘴疠确保各自的族群控制空间,加强汉、夷区隔认同;瘴疠的存在,迫使清政府保持土司制度。土司制度和随之而来的部落认同,是疾病和人类机构间相互作用之下两个主要的以及互相关联的结果。[2] 但值得注意的是,这种"瘴疠"也反映出了在历史上,王朝边疆观念长期的不成熟,地处偏僻、气候炎热、

---

1 周琼:《清代云南民族生态环境变迁研究——以瘴气为中心》,云南大学历史文化学院博士毕业论文,2005 年,第 255 页。

2 David A. Bello, *To Go Where No Han Could Go for Long Malaria and the Qing Construction of Ethnic Administrative Space in Frontier Yunnan*, MODERN CHINA, Vol. 31 No. 3, July 2005, 283—317。

瘴疠横行等成了中央暧昧对待边地的一种"借口"[1]。直至到了民国，大量的调查资料才开始揭开瘴疠可怖的传说面纱，开始利用"科学"这一武器解除内地人民对于边地的偏见。例如，凌纯声在《西南边疆》上的《孟定——滇边一个瘴区的地理研究》中就以地理学的观点，说明瘴气的成因及开发瘴地可以消除瘴疟的道理。再如吴文祥在其《滇省孟定瘴气之概括》[2]中认为瘴疠不过是人们的一种迷信心理，其病症"瘴疟"则是一种疟疾，他在文章中这样写道："孟定既系平原……因此一到雨季，疟疾幼虫甚易繁生，雨季开始时，即瘴气盛行的时节，但烟瘴之说，骇人听闻……我国旧医以阴阳五行生克制化之说，深入人心，牢不可破加上恶性疟疾症状离奇……又有定期，正似鬼蜮从中作祟一般。地处边徼，烟雾四塞，既乏医药，又多迷信，因此瘴疠的信念自然发生了。"之后他详细论证了治病的医学原理和办法，并提倡先通过教育，逐步提高当地的公共卫生水平。

从对瘴疠认识的变化过程可看出，中央政府对于耿马这一边地土司的认识，也是一个由模糊到清晰的过程。也就是说，特殊的自然环境使中央统治者在很长的历史时期内不得不"以夷治夷"，这在一定程度上阻碍了国家权力在边地的扩张，反过来保障了耿马摆夷土司政权的长期存在。但当构建一个统一的民族国家观念席卷学界之后，边

---

1 三征麓川时，主和派的许多文官上书时，便将滇西瘴疠丛生、道路崎岖的自然环境作为一个有力的攻击武器，来证明出师是件劳而无功的事情。如刘球在正统六年（1441）开战麓川前的奏折中就说："王师不可轻出，夷性不可驯驯，地险不可用，众客兵不可久淹，是皆兵法所忌也。"（《明英宗实录·卷75》正统六年正月戊午条）

2 文章写于民国二十九年（1940），吴文祥时为交通部滇缅铁路工程局孟定医院工作人员。

地必须要去"鬼蜮"、去"异化",揭开瘴疠等异域色彩浓重的面纱,加入构建国族的进程当中。

由此可见,耿马摆夷土司的"国家化"是一个双向的进程,前提是二者对对方认识的递进。在这种认识不断深入的过程中,达成了一种基于共同利益的紧密关系。在国家层面,王朝中央找到了一种可以很好地控制边地的方法;在土司层面,通过在仪式中不断加强的历史记忆,来构建"忠于中国"的政治传承,并且在屡次突发事件中,都依仗国家实力来应对本政权的危机。需要注意的是,国家对于耿马摆夷土司的掌控,并不是步步紧逼施压的,而是根据其态度来决定施策方式,这同在西南地区内地所进行的剧烈"改土归流"举动相当迥异:孟定土司投靠木邦时,就开始扶持耿马而削弱孟定,耿马政权被勐董窃取时,为了平衡边地势力,便大力支持耿马夺回权力;同样地,耿马摆夷土司对于国家的态度也是依据形势而变,如果国家不能保证其统治的话,它也会借助其他强大的力量来稳固自身势力,如在杜文秀起义之时,流亡中的罕荣升无计可施,只得投靠"红白旗"中的一位将领。

在土司的观念变化方面,其国家认同之所以能树立,最重要的原因是在历史上边疆的冲突中,其上层为了自身的利益而在长期复杂的政治博弈中逐渐倒向中国的中央王朝,这种策略正好同明清直至民国中央的边疆治理、主权观念相符,二者为了各自的利益诉求而达成了政治上的一致。在长期历史累积过程中,以耿马土司为首的耿马摆夷已经自视为国家的一个单位了,并且基本都是遵照官府的指示做事,除了数次甘当边境冲突排头兵外,对各项政令也基本依从,如1914年云南省政府通令全省禁种大烟后，耿马土司罕华基即刻急令所辖各勐各圈务必坚决执行，并以重责处置违禁人员；在抗战中的种种行事亦是如此。

在近代的这个过程中，摆夷群众在历史中累积的对于中国的认同感达到了顶点，并在遭受外敌时爆发了。在这个过程中，当地群众无疑是将自己视作国家的一个单位来进行动员和行动的。但不应该忽视的是，耿马摆夷土司及摆夷群众的这种行为，是以其绝对的自身利益为前提的，因此可以说，其认同的建立中的主动性是十分强烈和明显的。综合以上，至近代，耿马摆夷的国家认同已臻于成熟，因此虽然由于利益冲突导致了某些认同冲突，但不论是耿马摆夷还是国家层面，都为对方建立起了相对牢固的认同。

三、边缘的姿态：
耿马摆夷社会与国家间的张力

　　历史上耿马摆夷社会，在政治上处于土司的管辖之中，在文化上受到当地以"勐"为中心、独特宗教信仰的长期影响，这两者交织着对其社会的制度、思想以及人们的日常行为产生了深远持续的影响，至今仍遗留在耿马摆夷社会当中。最初，耿马摆夷社会在接纳南传上座部佛教之时，以原本神灵信仰的社会文化将佛教思想内化吸收，成了南传佛教圈中的一分子；之后，通过土司对佛教的掌控，这二者结合成为一种对国家化进程的"抵抗"力量，因为在政治、日常生活、文化等多层社会结构都被国家力量侵入之时，耿马摆夷社会并不是被动地接受这种涵化，而是通过本身文化的独特性和复杂性，将外来的文化体系整合到自己的社会文化之中。也就是说，在耿马摆夷社会和国家之间存在着一种张力，这种张力源于其社会的独特性。耿马摆夷社会具有很强的包容性和变通性，这与它从源头伊始就处在缅、中、暹罗等的交融地不无关系，虽然在每种文化区域，它都是个"边缘者"，但它从未回避过这种定位，而是在吸收不同文化的同时发展自身的文化，耿马摆夷一次次地在与他者的文化碰撞中发展壮大，并在屡次抉择中主动建立了国家认同，都得益于其社会的这种特点。正如杜赞奇所说："历史学家一般来说很关注民族身份认同形成和发展过程，而忽略同一过程中其他身份认同或替代性的（常常是新生的）民族叙述结构被压制和遮掩的事实。"[1]

（一）耿马摆夷的文化内核：传统信仰与佛教的融合

1. 文化"外向"：南传上座部佛教的传入

根据《百夷传》记载，明代麓川摆夷"其俗：不祀先，不奉佛，亦无僧道""酒与食物，必祭而后食""有事惟鸡卜是决""病甚，命巫祭鬼路侧"[2] 以及《明史·云南土司传》"洪武三十年，麓川刀干逐思混法。初，平缅俗不好佛。有僧至自云南，善为因果报应之说，伦法信之"等几条史料来看，耿马摆夷既是明初从猛卯迁来，又在傣族文献上有明确的关于佛教传入的记载，那么在他们刚迁入耿马地区时，他们应是不信佛教，只崇尚鬼神。

根据传说和文献记载，在耿马罕氏第四世祖土司罕边法当政时芒雨寨的傣族波岩望（岩望之父）等四人每人携带着四砣（傣族计量单位，相当于现在12市斤）白银前去缅甸景栋（孟抗——缅甸南掸邦首府，傣族土司地）经商，参与赌博把银子都输光了，不久又生了病

---

[1] ［美］杜赞奇：《从民族国家拯救历史：民族主义话语与中国现代史研究》，王宪明译，北京：社会科学文献出版社，2003年，第14页。

[2] （明）钱古训、李思聪著，江应樑注：《百夷传校注》，昆明：云南人民出版社，1980年，第98页。

民族、区域与国家　中国民族史研究的西南传统与多元范式

回不来，后来到了大景栋（城子），各在一家受雇种田三四年。天天见佛爷、长老拜佛诵经，四人深感好奇，有一天四人中天回家很累，就相约在一处休息议论起拜佛的好处来，说：有四五百人，吃的穿的都与众不同，到底是做什么？四人各说不一，没有答案就相约去问主人家，主人家告诉他们，你们瞧见的叫拜佛，拜的是帕召（菩萨），披黄氅的叫佛爷、长老。又告诉他们拜佛有许多好处，"地方混乱、人生灾难，就念经做赕，求佛保佑，消灭灾难，地方繁荣，人丁兴旺"[1]。他们听后很喜欢，想到耿马人烟稀落，瘟疫灾害频繁，地方冷淡，其原因是无佛，若得佛回耿马供奉，其繁华热闹不会亚于孟抗的。四人想到离家四五年了，钱没赚到，一样东西也没能带回家，见了亲戚朋友多不好意思，经大家商量同意，相约到缅寺去向长老说明来意，乞讨一尊石佛迎至耿马供奉，使耿马傣族人民个个得以供赕，修真养性，皈依佛法，造成佛门功果，遂得孟抗缅寺住持长老毅然许诺同意送给。他们也知道耿马系傣族地方，将来佛教亦可得到发展，又见其四人要求恳切，义不容辞，即赐一尊石佛，又恐四人不知佛教礼仪习俗和经典，并派遣英达、专达二位佛爷护送菩萨、经典随同启程，一路诵经讲道，宣传佛教教义。由此可见，南传上座部佛教在传入耿马之初，就带着文化上的"外向性"，这一方面使耿马摆夷的文化认同更加偏向其原生母系族群，一方面加强了其与缅甸社会文化上的联系。

及至耿马土司罕康法（罕朝瑗）执政以后，为方便朝拜，另择城内南门城墙边建盖洼窝坎缅寺，又叫睡佛缅寺，接着又建洼貌、洼脑、

---

[1] 耿马文史资料委员会：《耿马文史资料·第二辑》，（无出版社）1992年，第147页。

洼勒和耿马城下坝莫陆村的洼东湖等几个佛寺。以后南、宋两姓新爷又出面筹措在北门建盖了洼吴即观音阁缅寺。此后，南传佛教寺院几乎遍及耿马全境傣族、布朗族、德昂族和部分佤族聚居的各村寨，成为各民族信仰的主要宗教之一，对各民族社会、经济、文化、思想、艺术乃至生活习俗、道德伦理各个方面产生了深刻的影响。

2. 佛教思想的"内化"与社会功能探讨

从以上资料看，耿马地区的佛教是该地人民主动"请"来的，这与许多傣族地区是随着战争被迫传入的十分不同。这可以说是耿马摆夷在脱离了其原生文化土壤之后，社会在主动寻求另外一种强势文化作为支撑。可以推断，这种文化让逐渐被汉化了的耿马社会保存住独特性，同时保持了与其母系族群的联系。

根据笔者的田野调查发现，在某种意义上来说，南传上座部佛教可以说是被耿马摆夷人民"内化"了的，与其"勐"的地理、政治概念融合在了一起[1]。虽然一般认为在耿马地区，原始神灵崇拜和佛教信仰是同时存在的，但事实上和尚不光承担着佛教宗教仪式的主持工作，也同样承担着神灵崇拜祭祀仪式的主持工作。例如，当地每年最重要的活动之一"祭寨心"，"寨心"象征村寨神灵的居所，这项习俗是最传统的原始宗教活动的代表。寨心通常用一根木棍削尖如心脏状涂以红色，插在地上或用石块垒起为记，人们在寨心上建盖寨心房，四周缠绕达寮哈秀神符。每年定期祭祀，在整个祭寨心仪式上要有佛

---

[1] 蒋天天：《近代德宏摆夷土司的民族国家认同研究》，云南大学硕士学位论文，2013年。

爷和尚全程念诵"蒙嘎啦"。另外根据笔者在允楞寨子的调查发现，现在该寨子的"叫魂"仪式也全程由和尚主持，在维持传统的祭祀方式的同时，还要小和尚向被叫魂者泼洒清水，以示将不好的东西驱赶走，而旁听的其余群众则要带上一袋子米献给和尚，并且在最后需要用传统抛撒米花的方式示意仪式的结束并表达祝福。再如《耿马宣抚司礼仪课赋底簿》中关于念大经的规定，就明确写着在念大经的日子前一天，"城子的五大佛寺僧侣集中到土司衙门念经，给银五两，烟茶合成十包。诵经前由安章（神职人员）送鬼驱邪，送礼钱银一两六钱"。其他的例子不胜枚举，事实上，在当地傣族群众的心目中，念经拜佛做赕等和占卜祭祀并没有什么冲突，都是在"做好事"，都是为自己和家人保平安。这些早已深入到当地摆夷的生活中，成了再普通不过的日常。

缅寺在摆夷社会中的作用的确不应忽视，尤其缅寺在摆夷社会中还担当了教育机关的功能，其影响十分深广。例如，不曾做过和尚的男子是受人歧视的，只有做了和尚还俗后才有政治地位，也才有当伙头等的资格；缅寺的一切费用，都是由群众直接供给的，一般农民常常是省吃俭用，把平生愿望寄托在做"赕"与做"布雷""扒戛"上去。统计耿马地区一年内宗教活动的天数，每个人至少在宗教活动上要花费 25 天。[1] 佛事活动众多，包括毫洼（关门节）、念大经、奥洼（开门节）、贺陇南（赶河摆）、赕、赕冈听（大型赕佛）、赶白塔等，另外摆夷一生生老病死等都与佛事有密切的联系，如出生的孩子要由

---

[1] 中国科学院民族研究所云南民族调查组：《云南省傣族社会历史调查报告·七：耿马地区》，中国科学院民族研究所，1963年，第95页。

佛爷起名，丧葬活动要有佛爷和尚来念经，盖屋要由长老卜算吉日，等等。由此可见，佛教及缅寺在当地扮演了极重要的社会角色。耿马摆夷通过佛教得以拥有本土文化信仰，这种在历史中愈加坚定的信仰成了土司统治更加牢固的基础。

（二）秩序观念的树立与土司统治的结合

1. 耿马佛教系统与土司政权组织结构

（1）耿马佛教系统。

耿马地区主要有两个南传上座部佛教的支系，即摆润和摆多支系。耿马的傣那主要信奉摆润支系，其中心在耿马城周边一带。

历史上摆润派佛寺等级森严，分为三级：耿马城区土司所在的最高一级佛寺，有官佛寺、金莲寺、甘东佛寺、小街佛寺、观音阁佛寺，其中官佛寺为全耿马土司辖区内总管佛寺，称"拉扎探"，其余四大佛寺为佛总管佛寺，称作"洼猛"。中级佛寺有8个，称"贺巴八乍"或"贺窝顺"，有洞景、猛简、猛撒、猛永、允捧、允楞、芒抗、大寨，分别管理各下级佛寺，即村寨佛寺。

缅寺内部的等级制度也十分严格，下一级必须服从上边各级的指使行事。初入称小和尚，略知经书后升大和尚，大和尚在满20岁时可升佛爷（俘被），之后则是四长老（天召）、小佛爷（细米召）、大佛爷（扎火马）直至副印长老（洪马）、印长老（阿牙汤木）。各个佛寺最高长老基本是不流动的，且核心经文、历法只有最高一级佛寺的长老可以学习。另外，在每年关门节后至开门节前，照例有两次朝拜活动,即基层僧侣到中级佛寺朝拜两次,中级佛寺向高级佛寺朝拜两次;各村寨佛寺的信众若要做大赕活动须向中级佛寺长老请示。

(2) 耿马摆夷土司政权组织结构。

耿马土司所设置的行政、司法、军事组织系统较为完整,基本承袭了自明朝开始中央王朝所规定的土官土司的体系。但由于自身社会的特殊性,最终在历史上形成一套完整的金字塔形的行政组织体系;封建等级森严,阶级划分明显,并且其授职和承袭受到中央政府的控制。耿马宣抚司最高统治者为宣抚使,傣语称"安雅召",由罕氏正统世袭受朝廷册封者担任;其次为太爷,由罕氏宗亲担任;再往下为掌握着文武重权的五大宣爷,世代由南、宋两家把持。从明代开始,对土司的承袭规定了一系列办法,如凡世袭土司者要具本结状,呈上亲供册接受审核,从耿马地区现存的文献资料来看,耿马摆夷土司的授职和承袭严格遵循了这一套办法。

耿马第十四代土司罕朝瑗在之前的基础上将其行政辖区置分为"九勐十三圈",坝区称"勐",山区称"圈"。在土司之下,设专由罕氏亲族担任的大小太爷和以南、宋两大家族为主的大小宣爷,分别称"召法弄"和"召法旺";下设属官郎爷,傣语称"召法朗",其下设众多的陶猛、布综、圈猛、布格、布胜、布岗等大小圈官、伙头村寨头人统治阶层;广大各族百姓则属于"哈芒滚猛"。

耿马摆夷土司的承袭办法同明、清以来规定的土司承袭基本一致。明代较为简单,在老土司亡故后,其承袭人必须赴朝廷请袭;承袭人范围是"父死子继,嫡子继承";具体操作是具图本结状、预定承袭人并报批。土司的凭证在明朝为诰敕、印章、冠带等信物,到了清朝改为颁给印信号纸,号纸是任命书,印信是权力象征。清代对于土司的承袭规定更为细致,包括承袭的顺序必须按宗支嫡庶次序,还规定了承袭人的年龄。从记载来看,清代土司承袭规定完备而严格,但实际多未执行或未认真执行。[1]

从明代开始,土司地区建立起了自己的土兵,其作用主要是保境、轮戍、征讨;耿马土司设有自己的军事武装和司法监狱,土司拥有亲兵、民兵和自卫团。按规定,亲兵120名,为土司的专职警卫和随行人员,由忠诚于土司的傣族子弟充当,全境共设有12个什长,各分管10个亲兵,土司专拨一份"亲兵田"让他们耕种;耿马土司常备大队(自卫团),以悉宜大寨佤族为主体,平时脱离生产,设大队长、副大队长、大什长、小什长等官衔,末代土司罕富廷统治时期由金弄太爷罕富霖兼武装大队长,掌勐老宣爷南文敏统管,武器装备有八二炮、六○炮10余门,轻重机枪20余挺,各种步枪、火药枪千余支,武装人员2000余众。民兵土练为各族年轻男子,不脱离生产,由各圈勐的大丛统一指挥管理,平时分散,战时集中服役出征,自带装备口粮,每个大丛带60~100名土练。

土司领地的兵役制度也是十分完善的。从乾隆四十八年(1783)起,耿马土司规定境内百姓按"三户一夫,五户一兵"的制度服役,兵(民)建什(排)、棚(班),实行派兵款、划兵田制度,由圈官、伙头摊派到户。1942年,为抵御日本侵略军,土司武装在国民党第十一集团军的支持配合下,组建了600余人的"耿沧抗日支队",耿马

---

[1] 龚荫:《中国土司制度》,昆明:云南民族出版社,1992年,第124页。

土司罕富廷任司令，下设三个大队，第一大队长由罕富廷兼任，带兵250人驻守耿马城；第二大队长为勐董土司罕富明，带兵150人驻守勐董、勐角；第三大队长为孟定土司罕万贤，带兵100余人驻守孟定；特务连连长张振武带兵100余人。耿马土司还修建了较为完善的军事设施，清乾隆四十八年（1783），耿马土司罕朝瑗开始建立相应的防御体系，修筑四至驿道765米，东至勐勐（双江），南至孟连，西至孟定、镇康，北至云州（云县）、顺宁（凤庆）。光绪二十八年（1902）为防外侵内扰，调集民兵工匠修筑耿马城墙，设城门7道、碉堡19个、观察哨2个、兵房2幢，分别派兵把守，现存召木寨北门城墙高3丈，厚3尺许。土司府还设有炮台和机枪射击孔。[1]

　　边地土司一大重要的作用，就是作为机动的军事力量听从中央王朝的调遣。土兵的作用平时是"保境安民"，有重大战事时"出征打仗"。[2] 耿马摆夷土司一套完备的军事司法制度，既保障了自己的统治权力和地方安宁，又在历史上的数次边疆民族冲突中为中央政府充当了马前卒的角色。例如嘉庆年间，澜沧江沿边拉祜族、佤族反土司苛派，进行武装反抗，耿马土司被派去镇压此次反抗，立功，被授予"宣武都尉"，赐蓝翎世袭耿马宣抚司衔。可见在历史上，摆夷土司对其统治下的领地的管控力是十分强大的。

1　中国科学院民族研究所云南民族调查组：《云南省傣族社会历史调查报告·七：耿马地区》，中国科学院民族研究所，1963年，第49页。

2　龚荫：《中国土司制度》，昆明：云南民族出版社，1992年，第133页。

2. 佛教与耿马社会的秩序观念

（1）土司对佛教的掌控。

根据调查，一般每个村寨寺庙中的和尚都来自该村寨，耿马城区的寺庙自然也是居住在耿马城区的人才可入寺做小和尚；而耿马城区土司所在地的居民，基本都是耿马摆夷中的贵族、"官种"，这就使历代高层佛寺的长老和土司之间的紧密关系得以维系，耿马佛教内地位的层次，基本和土司政权组织是一致的。这些都保证了摆夷社会层级的相对固定性。

从对"念大经"（傣语称"当坦弄"）的规定中，也能看出土司对佛教的掌控。按传统习俗，念大经是这样规定的：

十月九日，小街、观音阁、上坝、南混河畔、虎老等地的僧侣在总佛寺合念《仿南晚》经，甘东佛寺和下坝各佛寺僧侣集中合念《衣习吉利》经。十月十日，观音阁和虎老等地佛寺僧侣集中总佛寺念《阿搭纳》经……

十月十四日，城子的五大佛寺僧侣集中到土司衙门念经，给银五两，烟茶合成十包。诵经前由安章（神职人员）送鬼驱邪，送礼钱银一两六钱。

十月十五日，是念大经的日子，城子和上下坝佛寺僧侣全部集中到城，送大礼银四十两，茶五筒……十五日夜天亮前五大寺念经时，各信徒僧众敲锣打鼓前往土司衙门，共进早餐。先由戛莫（神头）请勐神、城神和衙门神到土司衙门供奉，摆置被褥三套、红毡三条，点蜡三桌，三桌饭菜水果，碗十五只。佛爷长老到各佛寺八角亭受戒结

束后，又回土司衙门吃中饭，饭后回各佛寺正式念大经。……[1]

作为耿马摆夷重要的宗教活动之一，念大经的过程中处处可见土司的影子，土司衙门是一个将各长老、僧侣、信徒聚集起来的汇合及中转场所。

这里的一切宗教活动都靠土司政权来支持。同时宗教则宣传有土司人民才能生活，土司福气好所以才做官，土司是保护人民生命财产的，有了土司才风调雨顺。人民生活苦是由于福气不好，所以要服从土司，潜心赕佛做好事，死后便能到西方极乐世界去过幸福生活，二世的日子也就幸福好过。[2] 和尚的升级需报土司批准，尤其是升大长老和印长老，要由土司直接做大赕方行。另外信众要做大赕，也要向土司请示，得到允许方可。由此可见，佛寺大权事实上掌握在土司手中。

传统对土司统治的臣服与日常生活中严格的宗教等级结构，不可避免地在耿马摆夷的观念中树立了强烈的秩序感，直到现在，在笔者访谈关于土司的组织系统时，被访者都会将现在行政机构的系统拿来做比对。他们的信仰深植于其日常生活中，这种等级秩序在近代被打破以后，仍有印记留在其文化当中，佛教与缅寺在傣族中的影响力仍十分巨大。

（2）井然有序的秩序建立。

前文曾提到，在耿马礼仪中，礼物占有重要的地位；且耿马摆夷

---

[1] 尹绍亭主编：《中国云南耿马傣文古籍编目·附录》，昆明：云南民族出版社，2004年，第627页。

[2] 中国科学院民族研究所云南民族调查组：《云南省傣族社会历史调查报告·七：耿马地区》，中国科学院民族研究所，1963年，第95页。

社会秩序井然,这从对礼物的规定中就能看出。各种日常事务,如亲友交往做客、提亲说亲迎亲、向邻封土司请兵、问候病人吊唁等,都对送礼的标准有详细的规定。莫斯(Marecel Mauss)认为物品的交换(甚至商品交换)不是机械的,而是一项道德事务,包含了人类的、个人的及个人与群体之间的关系,涉及理想、价值和习惯等。[1] 且礼物表达、联结和创造了社会关系,具有超出礼物物质价值以外的价值。在耿马社会,礼物无疑具有明确社会身份和建立社会秩序的功能。

例如,关于勐与勐之间友善往来时的礼仪及礼物的规定:

①到土司衙门(指土司之间)送信三封,即问候信、叫魂信和联盟信。

②太爷之间会面互访送信一封。

③众官员之间相互问候时送信一封。

④到土司衙门时送礼物:三封信以外,备金马、金杯、丝绸等礼物。

⑤召法弄太爷衙门和其他官员府上,一封信和八五成色的白银一甩(1500克),茶二十筒,芦子二十斤。

⑥掌实权的召法弄太爷衙门:另加小礼一份,茶一筒,芦子一斤。

⑦莫勐(文官,一般指诵念书信人或文牍官员):小礼一份,茶、芦子各一斤。

⑧大郎爷:小礼一份,茶、芦子各一斤。

⑨随信的压信钱:问候信是茶、芦子各两斤;叫魂信是茶两筒、

---

[1] 庄孔韶:《人类学概论》,北京:中国人民大学出版社,2006年,第47页。

芦子两斤；联盟信是茶、芦子各两斤，不能多也不能少。[1]

很明显，耿马传统社会对于不同的身份，规定了礼物的不同种类和分量，这在《耿马宣抚司礼仪课赋底簿》中占了很大的比例，足见其重要性。尤其是在每种礼物的规定方面，几乎都强调了其数量"不能多也不能少"。耿马作为一个等级社会，礼物的馈赠方式对社会秩序的建立和观念的强化起到了不可或缺的作用。

（三）耿马摆夷土司认同的复杂性

在1939年至1949年期间，耿马土司的选择体现出了其自身与国家间存在的张力，折射出了其认同的复杂性。在龙云和蒋介石政府对抗的过程中，耿马土司的行动和选择颇为耐人寻味。在国民政府尝试对耿马土司"改土归流"之时，遭到了其排斥和消极对待，在近代，耿马摆夷民族国家的认同情况是相当复杂的。

1. 土司与设治局之争

在民国元年（1912）推行保甲制度后，耿马地区土司制度与保甲制度双轨运行。直至1939年10月耿马脱离顺宁府，民国政府欲在耿马筹设设治局，实行"改土归流"，这威胁到了土司在当地的统治，自然引起了耿马土司的反对。

云南省政府委派的设治局筹备专员张廷钰到了耿马后，1940年3

---

[1] 尹绍亭主编：《中国云南耿马傣文古籍编目·附录》，昆明：云南民族出版社，2004年，第623页。

月，经全勐耿马头人会议一致决定请土司罕富廷率数名太爷、大新爷赶赴昆明，直接向省主席龙云禀报耿马地处夷方，民族跨境而居，不宜设设治局，请求暂缓，但被龙云申斥驳回。在归途经保山时，正好遇上腾龙边区行政监督龙云的长公子龙绳武。土司即刻派出随从专函昼夜送回衙署，令勐永南包大新爷宋国荣等，运送各种贵重物资，经由缅甸转入滇缅公路昼夜兼程送到腾冲，以礼呈送龙督办。礼物十分贵重，相传有重达数十公斤的一对象牙，上好的鹿茸、鹿蹄、烟土等，还有饰银傣族长刀和银元。然后将耿马设设治局专员一事呈诉给龙督办，龙督办既收了礼，欣然同意罕富廷的观点，暗示耿马搞一份调查材料，同时附带托罕富廷为其父龙云代购数万两本地所产上好的鸦片烟。罕富廷回到耿马后，就抓住设治局筹备专员张廷钰大开赌场和没收商人的几万两大烟中饱私囊的事情，向上告状，状纸刚好送到龙督办的手上。借此赶跑了张廷钰。其后的各届局长，几乎都难以在耿马立足。也就是说，虽然耿马设立了设治局，但事实上只是个空架子，有名无实，大权仍在土司手中，也罔说"改土归流"一事了。

2. 动荡时局中的周旋

抗战期间国民政府内部并不是铁板一块，云南省主席龙云与重庆政府早生罅隙，因此他特别在意边疆土司的动向。耿马土司在抗战中表现突出，不管是成立耿沧抗战支队，还是抢修铁路、捐献银钱给中央，都触及了龙云的敏感之处。1943年，经过宋希濂总司令及中央派来的陶述曾等人的关系，罕富廷及其外甥罕万贤蒙受蒋介石的最高统帅电令至重庆述职。此前罕富廷受云南省官员排挤，心中对云南省政府早有芥蒂，幸得陶述曾等人在其中周转才脱困，对此消息自然欣喜万分。然而在其去重庆路上抵达昆明时，龙云得知了消息，认为小小地方土司竟然敢越级直接与中央联系，自然是对其不忠。于是将罕富廷、罕万贤软禁了起来，并追究先前捐给中央 100 万元款项的款源。陶述曾等人获悉此事后，设法给蒋介石去电，蒋介石接电后，即刻向龙云询问二土司的去向。龙云一面佯装不知此事，一面交代二土司款源尚待调查再论。二罕早已暗查龙云此举的意图，最后借了 20 万大洋托人送礼说情，龙云这才将二人释放。而后如前文所提，二人在陶述曾、纳汝珍的陪同下赴重庆，并受到蒋介石、孔祥熙、曾养甫的嘉奖和鼓励，特赐少将军衔。

抗战胜利后，蒋介石趁卢汉率第一方面军调越南受降、云南空虚，欲解决云南问题。1945 年 9 月 30 日，昆明防守司令杜聿明趁昆明兵力空虚之际，部署第五军（军长邱清泉）发动兵变，10 月 2 日将昆明城内滇军缴械，发动"驱龙事件"，3 日下令免去龙云本兼各职，调任"军事参议院院长"（空衔）；6 日龙云被挟持到重庆，15 日就任军事委员会军事参议院院长，形同软禁，从此失去了对云南的控制权。1946 年 1 月，云南省政府颁令耿马解散耿沧支队，陈克菲师长率一团兵力将耿马城包围，宣告耿马土司抗拒撤销抗日自卫支队、图谋不轨等罪名，局势十分紧张，耿马亦调兵准备应付。后经多方说情协商，又贿赂了陈克菲 200 两黄金，这才了事。

1947 年罕富廷被选为代表边区各民族的国大代表赴南京开会，第二次见到蒋介石，次年又被委以耿马设治局局长。时值云南各族民众反对国民党统治，争人权、争民主、反内战进入高潮，云南人民自卫军军事活动在全省全面铺开。罕富廷为了地方安宁,防御"共革盟"进犯耿马辖境。成立了近两千人的"城防大队"增强地方军力,并下令所辖各乡镇动员组织本地武装,驻守各地通往外地的山隘道口。

1949年冬,边纵副司令朱家璧率部经过耿马时,罕富廷为避免上峰的追究,带部队出城分散躲藏到乡村中,决定明哲保身;但又暗示掌印太爷(当时兼任耿马参议会议长)罕华文留在城内接待并与边纵谈判,接受和谈条件,欢迎解放军进城和路过司境,当云南省主席卢汉宣布云南和平起义时,罕富廷立即致电响应,欢迎中国人民解放军和卢汉派人到耿马。这一切都是因为他认为"解放"不过是和过去一样只是改朝换代,土司还是土司,汉人到夷地不会有多大作为,如辛亥革命、国民党设治局,乃至日本人入侵德宏各土司地区后,无不仍然要依靠当地土司头人,方能维持。因此,当李希哲欲从耿马撤退到缅甸时均遭其拒绝,甚至还曾谋拟将李希哲及其部下扣住,交给解放军。后经过罕华文从中讲情,再加上当时的形势,恐此一举发生战事,祸害地方便放弃了。

但后经李弥等人多次派人来到耿马,挑拨、恐吓罕富廷说他是被共产党骗了,共产党来是要他的命、夺他的权,加之罕富廷对共产党的方针、政策完全不了解,存有戒备心理,导致最终罕富廷决定联合国民党在耿马一带的残存势力(李希哲部队),联合阻止解放军进入耿马。但最终,于1950年之后率部分随从武装人员出走缅甸。至此,统治耿马长达560余年的傣族罕氏土司宣告结束。[1]

---

[1] 以上根据《耿马文史资料》《耿马抗日》《傣族社会历史调查七·耿马地区》整理而成。

耿马摆夷土司在历史上对中国的认识，由模糊到清晰，其归属感也由弱到强，但这都建立在其政治安全感得到满足的基础上。到了近代，民族国家浪潮的兴起、时局的动荡，使耿马摆夷土司有了强烈的危机和不安感，为了应对种种危机，耿马土司做了许多紧扼自身话语权的努力。其一，耿马摆夷土司加强对社会秩序的规整，紧密政权和佛教的联系，不断拓深收紧在当地社会权力的把控。其二，耿马摆夷土司与设治局的对抗[1]直接触及了云南政府的逆鳞，由此，耿马摆夷土司用尽各种办法，来增强自己在民国政府中的话语权，试图在复杂的国内形势中明哲保身。其三，民国政府在解除了来自龙云军政府的威胁之后，便立刻开始向耿马施压，这让耿马摆夷土司意识到所处形势并未好转，自己的统治仍然受到威胁；但由于此后国内革命风起云涌，民国政府无力进一步控制边地，因此罕富廷被委任为设治局局长；然而不信任的种子已经播下，因此在边纵队进入时，他的态度是暧昧不清的。

但很明显，罕富廷的这种动摇，并不是因为其国家认同的动摇，而是因为并没有一个政权可以给予他能够接受的"身份"与定位。与同时期其他摆夷土司相比，他与接受了共产党理念方针的最后一任车里宣慰使刀世勋不同，缺乏对共产党政策的深入了解；又与留学过日本的德宏摆夷土司刀安仁不同，没有受到近代民族国家理念的深入影响，缺乏对自己身份定位的思考。这一切导致了他作为一名传统的摆

---

[1] 作为一个边疆土司，这种反抗无法动摇国民政府的根基，尤其在国民政府还未完全控制、收紧云南的军政权力之时，边疆土司的自主性反而能作为制约云南本土龙云政府的力量，所以国民政府可以任由其在地方上安享权力。而龙云被软禁之后，耿马立刻遭到了来自国民政府的军事、政治压力。

夷土司，在特殊的历史条件下对自身、对族群的定位和认同都产生了一定的迷茫和焦虑；而作为当地的最高掌权者，他的这种身份的焦虑被放大、折射到其政治选择中，导致其时耿马与国家间出现了裂缝与张力。在这种情况下，虽然对自己是"中国人"的身份依然认同，但他事实上已经落后于时代潮流，只能一味地通过强化对权力、话语权的把控，来巩固自身的政治安全感。可以说，近代耿马土司缺乏对时局的深入判断，只看到表象而看不见深层次的驱动力，这直接导致了其身份认同复杂性和混乱的产生，以及最终其政治生涯的终结和耿马传统社会秩序的轰然崩塌。

小　结：捆绑的神圣与世俗——耿马摆夷社会特征探析

耿马摆夷社会处在多种文化交融之地和多边关系之中，此地是勐卯果占壁、勐泐、中、缅等文化交汇的地方，并且在摆夷到来之前已经有其他族群在此繁衍生息。这种独特性的文化环境是耿马摆夷土司进行政治选择的原因之一，历代土司更倾向于依附强大的中央政权，而不是像西双版纳的土司一样，在历史上长期保存着对缅甸和中国的双边认同；从猛卯迁徙出来之后，耿马摆夷土司的兴衰无一不与国家有关，它失去了原生的族群文化土壤，来到了已被纳入国家统治区域的新的地域，其权力离不开国家的认可，其政权合理性也是国家赋予的，因此，虽然耿马摆夷土司对追溯自己的族源有强烈的自觉，在许多宗教祭祀活动中都会追溯自己的族源；但更多的，它是将自己的统治与国家捆绑在一起，以保证自己政权的维系与传承。总体来看，在根源文化上，耿马摆夷从其母亲地猛卯继承了传统的鬼神信仰和等级制度，从缅甸主动迎来了佛教，其社会广受南传上座部佛教的影响；但其统治的合理性和稳固性，是被中国的中央王朝所赋予的，并且社会生活受到了汉族广泛的影响。

虽然在历史进程中，耿马摆夷对王朝国家的认同感不断加强，但由于受到"改土归流"和近代"设治"的威胁，在依附的同时为了保持其统治的独立性，耿马土司有意识地在保持自己社会的独特性，这样才能确保在动荡的局势中争得自己的话语权。其中最重要的做法，就是对佛教的推崇和不断加强的掌控。佛教为其深受汉族影响的社会文化带来"外向"的一面，这对保持其边地上独立统治的地位很有利。由于南传上座部佛教是从缅甸传到耿马的，因此在当地摆夷的心目中，"佛"是在外国的，到外国去拜佛做贱更为虔诚——末代土司罕裕卿就曾去缅甸贱佛，上行下效，此观念自然深入人心。因而其宗教上与中国之外的缅甸联系得更紧密。

因此在近代，土司进一步收缩了对缅寺的掌控，根据《耿马宣抚司礼仪课赋底簿》记载，原先念大经的时候上坝下坝的佛寺僧侣不集中在一起，只有城子五大佛寺的僧侣集中进行，到傣历1260年（1898）时，才请上下坝佛寺僧侣到城里集中念大经。也就是说，在国家化进程中，为反弹国家势力的全面侵入和确保自己的独立性，在"瘴疠"这种环境的"异化"已经逐渐消弭之时，耿马土司试图通过多种手段维系其族群精神世界的"异化"，不断加深其社会文化的独特内核，借此与强大的中央王朝的同化力量对抗，以保证统治的稳固。

结　论：不仅止于想象的共同体

以耿马摆夷土司为例探讨边地土司与国家关系的问题时，发现该地土司历史的书写无法脱离中央王朝的边疆开拓史，但同时，由于摆夷社会文化和政治架构的独特性，应当有从摆夷土司角度出发的研究，但遗憾的是，虽然已知存在着许多傣文文献，但真正被利用起来的并不多。因此，本文试图利用傣族文献，将研究的主体放在土司和当地族群的身上。

本文通过耿马摆夷土司与国家化过程中的主动参与和历史叙述，展现该地方在与国家互动中的地方适应性和灵活性，耿马摆夷土司有独特的历史文化、社会结构及秩序的合理性，在国家化过程中积极主动地进行参与，体现出其强烈的生命活力。诚然，现代民族身份认同的形式与内容或许正如同杜赞奇所认为的那样，是世代相传的有关群体的历史叙述结构与现代民族国家体系的制度性话语之间妥协的产物。[1] 但不可否认的是，在中国漫长的历史进程中，地方和国家达成的不仅是一种"妥协"，还是一种双向的认同，是一种建立在双方了解基础上，对双方无论政治、文化还是社会结构的认可。耿马摆夷土司的例子说明，中华民族不仅是个"想象的共同体"，而是边缘民族通过灵活地调整自身策略，主动加入中华民族的构建当中。其间虽存在对抗和矛盾，但总体来看耿马摆夷土司是基于本身的历史传统、社会文化结构，主动形成了对自身、对国家的认识，并顺从了国族的构

1　[美]杜赞奇：《从民族国家拯救历史：民族主义话语与中国现代史研究》，王宪明译，北京：社会科学文献出版社，2003年，第60页。

建。对这种复杂历史过程的认识，或许可以让我们在安德森"想象的共同体"之外，探寻现代国家对于地方更深层次的意义以及双方的关系，而不是仅仅停留在整合与被整合的学术话语中。

过去对西南边地进行的研究主要偏重社会形态史，因此在与国家关系问题上，使用的主要方法还是一种线性政治史的梳理，大多是将国家当作主体，研究对边地土司施治历程，甚少关注土司的反应和应对方式，以及"底层社会"与国家的互动关系。追本溯源，这是同民族史的传统书写方式密切相关的。民族史是作为历史的一个分支学科出现的，秉承的是研究汉族史书书写的操作方式，这样很容易造成一种错觉，即他们的历史与中国的朝代史是完全同步的，但事实上并非如此。任何一个民族都有其独特的历史观，抛开建立在其民族文化上的历史观而以汉族中心主义的叙述方式来塑造其民族历史，使该地区民族的国家化与华夏的扩张融为一个整体，本身就带着一种历史先验主义的偏见。当今民族史对近代边疆民族关系的研究，关注中央政府与地方权力中心之间的张力，是对传统研究手段的补充。此外华南学派的历史人类学也提供了另外一种思路，即隐藏在地方社会文化结构之中的对国家化的主动参与。综上，国家化可以被看作在国家权力对边缘地区有意识的控制的历史进程中，地方是如何通过社会文化结构对其进行反应、主动地参与到构建之中——在他们的日常生活中，国家的概念如何被建立起来；在这个相互的作用力过程之中，当地政治结构又是怎样利用这些和国家沟通的，它如何同时承载着当地社会文化的变迁和外部的压力，在这个历史过程中它经历了怎样的变化；从这个角度使用传统民族史的研究成果，也许可以在一定程度上摆脱单纯的政治史的书写方法。

除此以外，对类似的少数民族地区与国家关系的研究仅止于近代十分可惜，虽然这些民族地区发生了巨大的社会变迁，但在其民族文化中一定保存着其独特的历史观，而这种历史观可能被掩盖在一些日常社会结构之下，而这些被我们认为缺乏文献资料的少数民族地区，其实并不是什么"无历史"的社会，只不过他们自己的历史被掩盖在了近代逐渐产生的、"局限于我们自己进步的历史"[1] 当中。笔者希望通过对田野资料的进一步整理，探寻现下当地傣族人民历史记忆，如在中华人民共和国成立以后耿马的信仰世界受到了较大的冲击，但目前在其日常生活中表现出的宗教行为和仪式，是否反映了当地傣族秩序观念的坍塌与重建，这又和国家的关系有什么联系等。

中国是一个超越了民族、经济、宗教、文化等各种类型的复杂国家，如何构建一个能包容多种民族、文化、宗教传统、社会结构的现代国家是史学界历来的难题。民国开始形成的"中华民族"概念如何才能从"想象的共同体"走向真正的多元一体格局，现代中国如何摆脱以欧洲为代表单一民族国家的叙事惯例，这些都需要全面地考察历史上那个多种民族、多样经济政治体制、多元宗教文化并存交集的"大中国"的形成。[2] 本研究通过耿马这一边地摆夷土司在历史上与国家种种复杂关系及其变化的考察，望可见微知著，对以上诸问题做些补充。

---

1 王铭铭：《在历史的垃圾箱中——人类学是什么样的历史学?》，《新史学》，北京：中国人民大学出版社，第 223 页。
2 江湄：《重新将"中国史"置于"世界史"之中——全球史与中国史研究的新方向》，《全球史评论》2014 年第 7 辑。